Thomas Gordon

Familienkonferenz

Die Lösung von Konflikten
zwischen Eltern und Kind

Aus dem Amerikanischen
von Maren Organ

Hoffmann und Campe

Für meine Judy und die Hunderte von Kindern, die ich beraten habe und die mir Gelegenheit gaben, etwas über Elternschaft zu lernen.
Für Elaine, meine Gefährtin, meine Ratgeberin und Kollegin in Elternschaft, deren scharfsichtige Erkenntnisse mein eigenes Denken so oft bereicherten und zur Entwicklung und dem Vorankommen des Elterlichen Effektivitätstrainings unermeßlich beitrugen.
Der Gruppe aufopfernder Lehrer, deren Glaube und deren begeisterte Anstrengungen als Pioniere unseres Programms in ihren Gemeinden halfen, aus meinem Traum Wirklichkeit werden zu lassen.

Titel der Originalausgabe
Parent Effectiveness Training, The »No-Lose« Program for Raising Responsible Children
Erschienen bei Peter H. Wyden, Inc., New York
© Thomas Gordon, 1970

1. Auflage, 1. bis 10. Tausend, August 1972
2. Auflage, 11. bis 20. Tausend, Juni 1973
3. Auflage, 21. bis 30. Tausend, Januar 1974
4. Auflage, 31. bis 50. Tausend, August 1974
5. Auflage, 51. bis 75. Tausend, November 1974
© Hoffmann und Campe Verlag, Hamburg 1972
Gesetzt aus der Borgis Garamond-Antiqua
Umschlag Jan Buchholz und Reni Hinsch
Gesamtherstellung
Kleins Druck- und Verlagsanstalt, Lengerich (Westf.)
ISBN 3-455-02320-7 · Printed in Germany

Inhaltsverzeichnis

1. Die Eltern werden beschuldigt, aber nicht geschult   11

2. Eltern sind Menschen, keine Gottheiten   22

»Annahme-Diagramm« für Eltern - Eltern können und werden inkonsequent sein - Eltern brauchen keine »geschlossene Front« zu bilden - Falsche Annahme - Können Sie das Kind annehmen, nicht aber sein Verhalten? - Unsere Definition von Eltern, die wirkliche Menschen sind

3. Wie man zuhört, damit Kinder mit einem sprechen werden:
Die Sprache der Annahme   37

Die Macht der Sprache der Annahme - Annahme muß demonstriert werden - Annahme wortlos übermitteln - Nichteinmischung als Zeichen der Annahme - Passives Zuhören als Zeichen der Annahme - Verbal übermittelte Annahme - Was ist mit den »Typischen Zwölf«? – Einfache Türöffner - Aktives Zuhören - Warum sollen Eltern aktives Zuhören lernen? - Zur Anwendung aktiven Zuhörens notwendige Einstellungen - Das Risiko aktiven Zuhörens

4. Die Kenntnis des Aktiven Zuhörens in die Praxis umsetzen   67

Wann »besitzt« das Kind das Problem? - Wie es Eltern schaffen, daß aktives Zuhören funktioniert - Wann beschließt ein Elternteil, aktives Zuhören anzuwenden? - Verbreitete Fehler bei der Anwendung aktiven Zuhörens - Kinder durch »Lenkung« manipulieren - Die Tür öffnen und sie dann zuschlagen - Der »nachplappernde Elternteil« - Zuhören ohne Einfühlung - Aktives Zuhören zur falschen Zeit

5. *Wie man Kindern zuhört, die zu jung sind, um viel zu sprechen* 97

Wie sind Babys? - Sich auf die Bedürfnisse und Probleme von Babys einstellen - Aktives Zuhören anwenden, um Babys zu helfen - Geben Sie Ihrem Kind Gelegenheit, seine Bedürfnisse selbst zu befriedigen

6. *Wie man sprechen muß, damit Kinder einem zuhören* 104

Wenn der Elternteil das Problem hat - Kinder auf ineffektive Weise konfrontieren - Eine »Lösungsbotschaft« senden - Eine »herabsetzende« Botschaft senden - Kinder auf effektive Weise konfrontieren - »Du-Botschaften« und »Ich-Botschaften« - Warum »Ich-Botschaften« wirksamer sind

7. *»Ich-Botschaften« in die Praxis umsetzen* 120

Die verkleidete »Du-Botschaft« - Betonen Sie nicht das Negative - »Einen Jungen schicken, die Arbeit eines Mannes zu tun« - Der ausbrechende Vesuv - Was effektive »Ich-Botschaften« bewirken können - Sehr kleinen Kindern wortlose »Ich-Botschaften« senden - Drei Probleme mit »Ich-Botschaften«

8. *Das Ändern unannehmbaren Verhaltens durch Veränderung der Umwelt* 136

Die Umwelt bereichern - Die Umwelt reizarm machen - Die Umwelt vereinfachen - Den Lebensraum des Kindes einschränken - Die Umwelt kindersicher machen - Eine Beschäftigung durch eine andere ersetzen - Das Kind auf Veränderungen seiner Umwelt vorbereiten - Mit älteren Kindern vorausplanen

9. *Unvermeidliche Eltern-Kind-Konflikte: Wer soll siegen?* 144

Das Wesen des Konflikts - Der Eltern-Kind-Machtkampf: Wer siegt, wer unterliegt? - Die zwei Sieg-Niederlage-Betrachtungsweisen - Warum Methode I unwirksam ist -

Warum Methode II unwirksam ist - Einige zusätzliche
Probleme mit Methode I und Methode II

10. Elterliche Macht: notwendig und gerechtfertigt? 158

Was ist Autorität? - Gefährliche Grenzen elterlicher
Macht - Elterliche Macht erschöpft sich unvermeidlich -
Die »Flegeljahre« - Erziehung durch Macht erfordert
strenge Bedingungen - Die Auswirkungen elterlicher
Macht auf das Kind

Widerstand, Trotz, Rebellion, Negativismus - Ärger,
Zorn, Feindseligkeit - Aggression, Vergeltungsmaßnahmen, Zurückschlagen - Lügen, Empfindungen verbergen - Andere beschuldigen, klatschen, schwindeln - Dominieren, herumkommandieren, tyrannisieren - Siegen
müssen, ungern unterliegen - Bündnisse schließen, sich
gegen die Eltern organisieren - Fügsamkeit, Gehorsam,
Unterwerfung - Einschmeicheln, um Gunst buhlen -
Anpassung, Mangel an schöpferischer Kraft, Angst,
selbst etwas Neues zu versuchen, vorherige Erfolgsversicherung benötigen - Rückzug, Flucht, Phantasien, Regression

Einige tiefergehende Fragen im Hinblick auf elterliche
Autorität - Wollen Kinder nicht Autorität und Beschränkung? - Ist gegen Autorität nichts einzuwenden, wenn die
Eltern konsequent sind? - Haben Eltern denn nicht die
Verpflichtung, auf ihre Kinder einzuwirken? - Warum hat
sich die Macht in der Kindererziehung behauptet?

11. Die »Niederlage-lose« Methode der Konfliktbewältigung 186

Das Kind ist motiviert, die Lösung auszuführen - Mehr
Chance, eine Lösung von hoher Qualität zu finden - Methode III entwickelt das Denkvermögen der Kinder -
Weniger Feindseligkeit - mehr Zuneigung - Sie erfordert
weniger Verstärkung (Durchsetzen) - Methode III enthebt der Notwendigkeit, Macht anzuwenden - Methode
III dringt zum eigentlichen Problem vor - Kinder wie Erwachsene behandeln - Methode III als »Therapie« für das
Kind

12. Elterliche Befürchtungen und Besorgnisse im Hinblick auf die »Niederlage-lose« Methode 206

Nichts als die altbekannte Familienkonferenz unter einem neuen Namen? - Methode III als elterliche Schwäche gesehen - »Gruppen können keine Entscheidungen treffen« - »Methode III nimmt zu viel Zeit in Anspruch« - »Sind Eltern nicht zur Anwendung von Methode I berechtigt, weil sie klüger sind?« - Kann Methode III bei kleinen Kindern funktionieren? - Gibt es nicht Zeiten, in denen Methode I angewendet werden muß? - »Werde ich nicht den Respekt meiner Kinder verlieren?«

13. Die praktische Anwendung der »Niederlage-losen« Methode 224

Wie beginnt man? - Die sechs Schritte der Niederlagelosen Methode

Den Konflikt identifizieren und definieren - Mögliche Lösungen entwickeln - Die Alternativlösungen kritisch bewerten - Sich für die beste annehmbare Lösung entscheiden - Feststellen, wie sich die Lösung durchführen läßt - Nachfolgende Untersuchung, um zu bewerten, wie sie funktionierte

Die Notwendigkeit für aktives Zuhören und »Ich-Botschaften« - Der erste Macht-lose Versuch - Probleme, denen Eltern begegnen werden

Anfänglicher Argwohn und Widerstand - »Wenn wir nun keine annehmbare Lösung finden?« - Rückkehr zur Methode I, wenn man mit Methode III nicht weiterkommt? - Soll in die Entscheidung eine Strafe eingebaut sein? - Wenn Vereinbarungen gebrochen werden - Wenn Kinder daran gewöhnt gewesen sind, zu siegen

Die Macht-lose Methode für Kind-Kind-Konflikte - Wenn beide Elternteile in Eltern-Kind-Konflikte verwickelt sind

Jeder für sich alleine - Ein Elternteil wendet Methode III an, der andere nicht - »Können wir alle drei Methoden anwenden?«

Funktioniert die Niederlage-lose Methode jemals nicht?

14. Wie vermeidet man, als Elternteil »gefeuert« zu werden? 250

Eine Frage der Wertvorstellungen - Eine Frage der Bürgerrechte - »Kann ich meine Wertvorstellungen nicht lehren?«

Der Elternteil als Vorbild – Die Eltern als Ratgeber - »Mich mit dem abfinden, was ich nicht ändern kann.«

Die Zwei-Spalten-Methode, um mit dem Niederlage-losen Problemlösen zu beginnen

15. Wie Eltern Konflikte vermeiden können, indem sie sich selber ändern 268

Kann man sich selbst gegenüber annehmender werden? - Wessen Kinder sind es? - Mögen Sie Kinder wirklich - oder nur einen bestimmten Kindertyp? - Sind Ihre Wertvorstellungen und Überzeugungen die einzig richtigen? - Ist Ihre primäre Beziehung die zu Ihrem Ehepartner? - Können Eltern Ihre Einstellung ändern?

16. Die anderen Eltern Ihrer Kinder 279

Ein Glaubensbekenntnis für meine Beziehungen zur Jugend

Anhang 289

1. Auf Empfindungen hören (Eine Übung) - 2. Unwirksame Botschaften erkennen (Eine Übung) - 3. »Ich-Botschaften« senden (Eine Übung) - 4. Die Anwendung elterlicher Autorität (Eine Übung) - 5. Ein Verzeichnis der Folgen, die die typische Art nach sich zieht, mit der Eltern auf ihre Kinder reagieren - 6. Lektüre, die wir den Eltern empfehlen - 7. Literaturverzeichnis und -hinweise

Register 331

1. Die Eltern werden beschuldigt, aber nicht geschult

Alle geben den Eltern Schuld an den Problemen der Jugend und an den Schwierigkeiten, die junge Menschen der Gesellschaft zu verursachen scheinen. Die Eltern haben an allem Schuld, klagen die Psychologen nach Untersuchung der beängstigenden Statistiken über die rapide zunehmende Zahl von Kindern und Jugendlichen, die schwerwiegende oder lähmende emotionale Probleme entwickeln, zu Rauschgiftsüchtigen werden oder Selbstmord begehen. Politiker und Strafvollzugsbeamte beschuldigen die Eltern, eine Generation von Undankbaren, Rebellen, Protestierenden, Hippies, Demonstranten und Wehrdienstverweigerern heranzuziehen. Und wenn die Kinder in der Schule versagen oder hoffnungslose Dropouts werden, behaupten Lehrer und Schulverwaltung, daß die Eltern schuld daran haben.

Wer aber hilft den Eltern? Was wird getan, um die Eltern dabei zu unterstützen, in der Kindererziehung erfolgreicher zu werden? Wo können Eltern lernen, was sie falsch machen und was sie anders tun könnten?

Eltern werden beschuldigt, aber nicht geschult. Millionen neuer Mütter und Väter übernehmen jedes Jahr eine Arbeit, die zu den schwierigsten zählt, die jemand haben kann; sie bekommen ein Kind, einen kleinen Menschen, der fast vollkommen hilflos ist, und nehmen die volle Verantwortung für sein physisches und psychisches Wohl auf sich, um ihn zu erziehen, auf daß er ein produktiver, kooperativer und mitwirkender Bürger werde. Gibt es eine schwierigere und anspruchsvollere Aufgabe?

Wie viele Eltern aber sind dafür geschult? Welches »Berufsausbildungsprogramm« steht den Eltern zur Verfügung; wo können sie das Wissen und die Kenntnisse erwerben, um in dieser Arbeit erfolgreich zu sein?

1962 unternahm ich in Pasadena, Kalifornien, einen sehr kleinen Schritt, um diesem Mangel in meiner eigenen Gemeinde abzuhelfen. Ursprünglich plante ich einen Kursus, der den Gedanken verfolgte, Eltern auszubilden, die bei ihren Kindern bereits auf Probleme stießen, und lud einige Eltern ein, daran teilzunehmen. Acht Jahre später hatte sich diese »Elternschule«, in der mehr als 300 aufopferungsvolle Lehrer Unterricht erteilen, die eine Spezialausbildung für dieses Studienprogramm erhalten haben, auf mehr als zweihundert Orte in achtzehn Staaten ausgedehnt. Unter der Bezeichnung Elterliches Effektivitätstraining ist der Kursus von über fünfzehntausend Müttern und Vätern absolviert worden und wird, während er sich weiter auf andere Bundesländer und Staaten ausdehnt, in Kürze noch vielen Eltern eine Ausbildung bringen. Nicht mehr nur ausschließlich ein Schulungsprogramm für Eltern, bei deren Kindern sich bereits Probleme eingestellt haben, zieht das Elterliche Erfolgstraining viele Eltern sehr kleiner Kinder und sogar viele Elternpaare an, die selbst noch keine Kinder haben. Für diese junge Eltern hat das Programm eine vorbeugende Funktion - *Schulung, bevor es zu Schwierigkeiten kommt*.

In diesem interessanten Elterntraining haben wir gezeigt, daß viele Menschen ihre Effektivität als Eltern mit einer bestimmten Art von Spezialausbildung erheblich zu steigern vermögen. Sie können ganz spezifische Kenntnisse erwerben, die die Kommunikation zwischen Eltern und Kindern - von beiden Seiten - offenhalten. Und sie können eine neue Methode der Konfliktbewältigung zwischen Eltern und Kindern lernen, die eine Stärkung anstatt eine Verschlechterung der Beziehung zuwege bringt.

Dieses Schulungsprogramm hat diejenigen von uns, die damit zu tun haben, überzeugt, daß Eltern und ihre Kinder zu einem herzlichen, vertrauten, auf gegenseitiger Liebe und Respekt beruhenden Verhältnis kommen können. Es hat auch gezeigt, daß es den »Generationsunterschied« in Familien nicht zu geben braucht.

Vor zehn Jahren war ich ebenso überzeugt davon wie die meisten Eltern und Fachleute, daß die Periode der »Flegeljahre« so gut wie unvermeidbar ist - eine Konsequenz des natürlichen Bedürfnisses der Kinder, ihre Unabhängigkeit zu erringen. Ich war sicher, daß die Adoleszenz, wie die meisten Untersuchungen gezeigt haben, unvermeidlich eine Zeit der Stürme und Krisen in den Familien war. Unsere Erfahrung mit dem Elterlichen Erfolgstraining hat mir meinen Irrtum bewiesen. Immer und immer wieder haben in diesem Programm geschulte Eltern über das überraschende Ausbleiben von Rebellion und Unruhe in ihren Familien berichtet.

Heute bin ich überzeugt davon, daß *Jugendliche nicht gegen die Eltern rebellieren*. Sie rebellieren nur gegen bestimmte destruktive Erziehungsmethoden, die fast überall von den Eltern angewendet werden. Aufruhr und Uneinigkeit in Familien können die Ausnahme, nicht die Regel sein, wenn die Eltern lernen, eine neue Methode zur Bewältigung von Konflikten zu substituieren.

Das Programm hat auch ein neues Licht auf die Strafe in der Kindererziehung geworfen. Viele unserer ausgebildeten Eltern haben uns den Beweis erbracht, daß in der Kindererziehung ein für allemal auf Bestrafung verzichtet werden kann - und ich meine damit *jede Art von Bestrafung*, nicht nur die körperliche Züchtigung. Eltern können verantwortungsbewußte, selbstdisziplinierte, kooperative Kinder erziehen, ohne sich dabei auf die Waffe der Angst zu verlassen; sie können lernen, wie man Kinder dazu bringt, sich aus echter Rücksichtnahme auf die Bedürfnisse der Eltern zu verhalten, anstatt aus Angst vor Bestrafung oder der Zurücknahme von Vergünstigungen.

Klingt das zu schön, um wahr zu sein? Wahrscheinlich. Mir erging es so, bevor ich die Erfahrung machte, persönlich Eltern im Elterlichen Erfolgstraining zu unterweisen. Wie die meisten Fachleute, hatte ich die Eltern unterschätzt. Unsere Eltern haben mich gelehrt, wie sehr sie imstande sind, sich zu wandeln - vorausgesetzt, sie haben Gelegenheit zur Schulung. Ich habe neues Zutrauen in die Fähigkeit von Müttern und Vätern, neues Wissen zu erfassen und sich neue Kenntnisse anzueignen. Mit wenigen Ausnahmen sind unsere Eltern in Ausbildung bestrebt gewesen, eine neue Einstellung zur Kindererziehung zu lernen, zuerst aber mußten sie überzeugt davon sein, daß die neue Methode funktionieren wird. Die meisten Eltern wissen bereits, daß ihre alten Methoden unwirksam gewesen sind. Daher sind die modernen Eltern zur Umstellung bereit, und unser Programm hat gezeigt, daß sie sich auch umzustellen vermögen.

Wir sind durch ein weiteres Resultat des Programms belohnt worden. Eines unserer frühesten Ziele war, den Eltern einige der Kenntnisse zu vermitteln, deren sich professionelle Berater und Therapeuten mit akademischer Ausbildung bedienen, um Kindern zu helfen, emotionale Probleme und unangepaßtes Verhalten zu überwinden. So absurd es manchen Eltern (und nicht wenigen Fachleuten) scheinen mag - heute wissen wir, daß diese erprobten Kenntnisse selbst Eltern, die niemals an einem Einführungskursus in Psychologie teilgenommen haben, beigebracht werden können und daß sie zu lernen vermögen, wie und wann sie effektiv anzuwenden sind, um ihren eigenen Kindern zu helfen.

Während der Weiterentwicklung des Programms sind wir dahin gekommen, eine Realität zu akzeptieren, die uns manchmal entmutigt, uns jedoch häufiger das Gefühl einer um so größeren Herausforderung gibt: die Eltern verlassen sich heute in der Kindererziehung und bei der Behandlung von Problemen innerhalb der Familie fast überall auf die gleichen Methoden, die von ihren Eltern, von den Eltern der Eltern und von den Großeltern der Eltern angewendet wurden. Im Gegensatz zu fast allen anderen Einrichtungen der Zivilisation scheint die Eltern-Kind-Beziehung unverändert geblieben zu sein. Eltern verlassen sich auf Methoden, deren man sich vor zweitausend Jahren bediente!

Nicht daß die menschliche Rasse keine neuen Erkenntnisse im Hinblick auf menschliche Beziehungen gewonnen hat. Ganz im Gegenteil. Psychologie, Kinderentwicklung und andere Verhaltenswissenschaften haben eindrucksvolle neue Erkenntnisse über Kinder, Eltern, zwischenmenschliche Beziehungen und über die Frage zusammengetragen, wie man anderen Menschen beim Heranwachsen hilft und wie man ein für Menschen psychologisch gesundes Klima schafft. Man weiß eine Menge über zwischenmenschliche Kommunikation, die Auswirkungen der Macht auf menschliche Beziehungen, konstruktive Konfliktbewältigung usw.

Leider haben es diejenigen, die neue Tatsachen aufgedeckt und neue Methoden entwickelt haben, nicht sonderlich gut verstanden, die Eltern darüber zu informieren. Wir machen unseren Kollegen in Büchern und Zeitschriften Mitteilung, wenden uns aber nicht auch an die Eltern, die rechtmäßigen Nutznießer dieser neuen Methoden.

Sicherlich haben einige Fachleute* versucht, neue Ideen und Methoden an die Eltern weiterzugeben, insbesondere Haim Ginott, der in seinem Buch *Eltern und Kinder*** darauf hinwies, wie Eltern therapeutischer mit einem Kind sprechen und eine Schädigung seiner

---

* Siehe Hinweise auf diese Bücher in der Liste der im Anhang empfohlenen Lektüre für Eltern.

** vgl. S. 322 und S. 326

Selbstachtung vermeiden können. Dennoch zeigen selbst jene verhältnismäßig wenigen Eltern in unseren Kursen, die dieses und andere Bücher gelesen haben, kaum Anzeichen einer sehr signifikanten Veränderung ihres Verhaltens, *besonders ihrer Einstellung zur Disziplin und der Behandlung von Eltern-Kind-Konflikten.*

Von diesem Buch mag sich erweisen, daß es manche der gleichen Unzulänglichkeiten wie vorangegangene hat, aber ich hege die Hoffnung, daß dem nicht so ist, denn es präsentiert eine umfassendere Darstellung dessen, was erforderlich ist, eine unter allen Umständen effektive, *totale Beziehung* zu einem Kind zu schaffen und zu erhalten.

Aus diesem Buch können Eltern nicht nur Methoden und Kenntnisse entnehmen, sondern auch, wann, warum und zu welchem Zweck sie anzuwenden sind. Wie in unseren Kursen wird den Eltern ein *vollständiges System* gegeben - Grundbegriffe wie auch Techniken. Ich bin überzeugt davon, daß man Eltern alles sagen muß - alles, was man über das Schaffen einer effektiven Eltern-Kind-Beziehung weiß, angefangen mit einigen grundsätzlichen Dingen über das, was sich in allen Beziehungen zwischen zwei Menschen abspielt. Dann werden sie verstehen, warum sie unsere Methoden anwenden, wann es richtig ist, sie anzuwenden, und was die Ergebnisse sein werden. Die Eltern werden Gelegenheit erhalten, *selbst Fachleute* in der Behandlung der unvermeidlichen Probleme zu werden, zu denen es in allen Eltern-Kind-Beziehungen kommt.

Wie in unserem Programm, wird den Eltern in diesem Buch versuchsweise *alles, was wir wissen,* mitgeteilt, nicht nur Bruchstücke. Das vollständige Modell einer richtig verstandenen Eltern-Kind-Beziehung wird in allen Einzelheiten beschrieben und oft durch Material aus unserer Arbeit veranschaulicht werden. Die meisten Eltern halten unser Programm für revolutionär, weil es sich wesentlich von der Tradition unterscheidet. Und doch eignet es sich ebenso gut für Eltern mit sehr kleinen Kindern wie für solche mit Teenagern, für Eltern mit behinderten Kindern oder solche mit »normalen« Kindern.

Wie in unseren Kursen wird das Erziehungsprogramm in Ausdrükken erläutert, die jedem geläufig sind, möglichst nicht in Fachsprachen. Manche Eltern finden vielleicht, daß sie anfänglich der einen oder anderen Idee nicht zustimmen, doch sehr wenige werden feststellen, daß sie sie nicht verstehen.

Da die Leser nicht in der Lage sein werden, einem Lehrer ihre Bedenken persönlich mitzuteilen, sind hier einige Punkte aufgeführt, die für den Anfang vielleicht eine Hilfe sind.
Handelt es sich hierbei um eine andere nachgiebige Einstellung zur Kindererziehung?
Keineswegs. Allzu nachgiebige Eltern geraten in ebenso viele Schwierigkeiten wie überstrenge Eltern, denn ihre Kinder erweisen sich oft als selbstsüchtig, widerspenstig, unkooperativ und rücksichtslos gegenüber den Bedürfnissen ihrer Eltern.
Kann ein Elternteil diese neue Methode effektiv anwenden, wenn der andere Elternteil bei der alten Methode bleibt?
Ja und nein. Wenn nur *ein* Elternteil damit beginnt, die neue Methode anzuwenden, wird sich die Beziehung zwischen dem Elternteil und dem Kind eindeutig bessern. Aber die Beziehung zwischen dem anderen Elternteil und dem Kind verschlechtert sich vielleicht. Überdies, wenn beide Eltern versuchen, die neue Methode zusammen zu erlernen, können sie einander sehr helfen.
Werden die Eltern bei dieser neuen Methode etwa ihren Einfluß auf die Kinder verlieren? Werden sie von der Verantwortung zurücktreten, dem Leben ihrer Kinder Orientierung und Richtung zu geben?
Wenn Eltern die ersten Kapitel lesen, mag dieser Eindruck bei ihnen entstehen. Ein System kann in einem Buch nur Schritt für Schritt dargelegt werden. Die ersten Kapitel befassen sich mit den Möglichkeiten, Kindern zu helfen, ihre *eigenen* Lösungen für die Probleme zu finden, denen sie begegnen. In diesen Situationen wird die Rolle eines »ausgebildeten« Elternteils andersartig scheinen - sehr viel passiver und »weniger bestimmend«, als Eltern vielleicht gewöhnt sind. Die späteren Kapitel jedoch handeln davon, wie man das unannehmbare Verhalten von Kindern modifiziert und wie man sie beeinflußt, Rücksicht auf die Bedürfnisse ihrer Eltern zu nehmen. In diesen Situationen werden Ihnen spezifische Möglichkeiten aufgezeigt werden, ein sogar noch verantwortungsvollerer Elternteil zu sein - und sogar noch mehr Einfluß zu erlangen, als Sie jetzt haben. Es ist vielleicht nützlich, sich im Inhaltsverzeichnis über die in späteren Kapiteln behandelten Themen zu informieren.
Dieses Buch - ebenso wie der Kursus - vermittelt den Eltern eine leicht zu erlernende Methode, Kinder dazu anzuregen, Verantwortung zu akzeptieren, *selbst* eine Lösung ihrer Probleme zu finden,

und veranschaulicht, wie Eltern diese Methode sofort zu Hause in die Praxis umsetzen können. Eltern, die diese Methode (»aktives Zuhören« genannt) lernen, erleben vielleicht, was so geschulte Eltern beschrieben haben:

Der Gedanke, nicht sämtliche Antworten auf die Probleme meiner Kinder haben zu müssen, ist eine solche Erleichterung.«

»Dieses Programm hat mich dazu gebracht, die Fähigkeit meiner Kinder, ihre eigenen Probleme zu lösen, viel mehr anzuerkennen.«

»Ich war überrascht davon, wie die Methode des aktiven Zuhörens funktioniert. Meine Kinder kommen mit Lösungen ihrer eigenen Probleme, die oft sehr viel besser als alle sind, die ich ihnen hätte geben können.«

»Ich glaube, mir ist immer sehr unbehaglich dabei zumute gewesen, die Rolle eines Gottes zu spielen – das Gefühl zu haben, wissen zu müssen, was meine Kinder tun sollen, wenn sie Probleme haben.«

Heute haben Tausende von Jugendlichen ihre Eltern entlassen; und was die Kinder angeht, aus gutem Grund.

»Meine Eltern verstehen Kinder meines Alters nicht.«

»Ich hasse es einfach, nach Hause zu kommen und jeden Abend eine Strafpredigt hören zu müssen.«

»Ich erzähle meinen Eltern nie etwas; wenn ich es täte, würden sie es nicht verstehen.«

»Ich wünschte, meine Eltern würden mich in Ruhe lassen.«

»Sobald ich kann, werde ich von zu Hause fortgehen – ich kann es nicht ertragen, daß sie ständig wegen allem an mir herumnörgeln.«

Wie die Aussagen in unseren Kursen beweisen, sind sich die Eltern gewöhnlich völlig darüber klar, daß sie ihre Stellung verloren haben.

»Ich habe absolut keinen Einfluß mehr auf meinen sechzehnjährigen Sohn.«

»Wir haben es mit Sally aufgegeben.«

»Tim will nicht einmal mit uns essen. Und er richtet kaum jemals das Wort an uns. Jetzt will er ein Zimmer draußen in der Garage.«

»Mark ist nie zu Hause. Nie will er uns sagen, wohin er geht oder was er unternimmt. Wenn ich ihn je danach frage, sagt er, das ginge uns nichts an.«

Für mich ist es eine Tragödie, daß eine der potentiell engsten und befriedigendsten Beziehungen im Leben so häufig böses Blut schafft. Warum kommen so viele Jugendliche dahin, ihre Eltern als »den

Feind« anzusehen? Warum ist der Generationsunterschied heute in den Familien so vorherrschend? Warum liegen Eltern und Jugendliche heute in unserer Gesellschaft buchstäblich im Krieg miteinander?

Kapitel 14 wird sich mit diesen Fragen befassen und zeigen, warum Kinder es nicht nötig haben, gegen ihre Eltern zu rebellieren und zu revoltieren. Unser Programm ist *revolutionär, ja, aber keine Methode, die zur Revolution aufruft*. Vielmehr ist es eine Methode, die den Eltern helfen kann, ihre Entlassung zu vermeiden, die Eltern und Kinder einander näherbringt, statt daß sie sich als feindliche Widersacher gegenüberstehen.

Eltern, die zuerst geneigt sein mögen, unsere Methoden als zu revolutionär abzulehnen, werden vielleicht angeregt, sich unvoreingenommen mit ihnen zu befassen, wenn sie den folgenden Auszug aus einer Schilderung lesen, die eine Mutter und ein Vater gaben, nachdem sie am Kursus teilgenommen hatten.

»Als Bill sechzehn Jahre alt war, stellte er unser größtes Problem dar. Er hatte sich von uns abgewandt. Er streunte herum und war vollkommen verantwortungslos. In der Schule erhielt er die ersten Vieren und Fünfen. Nach Verabredungen kehrte er nie zur vereinbarten Zeit heim und gab als Entschuldigung Reifenpannen, stehengebliebene Uhren und leere Benzintanks an. Wir spionierten ihm nach, er log uns an. Wir verhängten Hausarrest. Wir nahmen ihm den Führerschein ab. Wir sperrten ihm das Taschengeld. Unsere Gespräche waren voller Anklagen. Es war alles nutzlos. Nach einer heftigen Auseinandersetzung lag er in der Küche auf dem Fußboden, strampelte, schrie und brüllte, er würde verrückt werden. Da meldeten wir uns zu Dr. Gordons Kursus für Eltern an. Der Wandel kam nicht über Nacht ... Wir hatten uns nie als eine Einheit, als einander herzlich und liebevoll zugetane Familie empfunden. Dazu kam es erst nach tiefgehenden Veränderungen in unserer Haltung und unseren Wertvorstellungen ... Der neue Gedanke, eine Persönlichkeit zu sein – eine starke, eigenständige Persönlichkeit, die ihre eigene Meinung äußert, sie anderen aber nicht aufdrängt, sondern ein gutes Beispiel ist – das war der Wendepunkt. Wir hatten viel größeren Einfluß ... Von Rebellion und Wutanfällen, vom Versagen in der Schule wandelte sich Bill zu einem offenen, freundlichen, liebevollen Menschen, der seine Eltern als ›zwei der mir liebsten Leute‹ bezeichnet ... Endlich gehört er wie-

der zur Familie ... Ich habe ein Verhältnis zu ihm, das ich niemals für möglich hielt, voller Liebe, Vertrauen und Unabhängigkeit. Er ist innerlich stark motiviert, und wenn jeder von uns das auch ist, leben und wachsen wir wirklich als eine Familie.«

Eltern, die lernen, sich unserer neuen Methoden zu bedienen, um ihre Empfindungen mitzuteilen, haben wahrscheinlich kein Kind wie den sechzehnjährigen Jungen, der in meinem Sprechzimmer saß und mit unbewegtem Gesicht erklärte:

»Ich brauche zu Hause nichts zu tun. Warum sollte ich? Meine Eltern haben die Pflicht, sich um mich zu kümmern. Sie sind gesetzlich dazu verpflichtet. Ich habe nicht darum gebeten, geboren zu werden, oder? Solange ich minderjährig bin, müssen sie mich ernähren und kleiden. Und ich brauche keinen Handschlag zu tun. Ich bin keineswegs dazu verpflichtet, ihnen Freude zu machen.«

Als ich hörte, was dieser junge Mann sagte und offenbar glaubte, mußte ich denken: »Was für eine Art von Menschen ziehen wir heran, wenn es Kindern erlaubt ist, mit der Einstellung aufzuwachsen, die Welt schulde ihnen so viel, obwohl sie so wenig zurückgeben? Was für Bürger entlassen die Eltern in die Welt. Was für eine Gesellschaft werden diese egoistischen Menschen schaffen?

Grob gesprochen können Eltern fast ohne Ausnahme in drei Gruppen eingeteilt werden - in die »Sieger«, die »Unterliegenden« und die »Schwankenden«. Eltern in der ersten Gruppe verteidigen nachdrücklich und begründen überzeugend ihr *Recht, Autorität* oder *Macht* über das Kind auszuüben. Sie glauben an *Verbote*, an das Auferlegen von *Beschränkungen,* fordern ein bestimmtes Verhalten, geben *Befehle* und erwarten *Gehorsam*. Sie bedienen sich der Androhung von *Strafen,* um das Kind zum Gehorsam zu bewegen, und verhängen Strafen, falls es unfolgsam ist. Entstehen Konflikte zwischen den Bedürfnissen der Eltern und denen des Kindes, bewältigen diese Eltern die Konflikte stets so, daß der *Elternteil siegt und das Kind unterliegt.* Im allgemeinen begründen diese Eltern ihren »Sieg« durch so klischeehaftes Denken wie: »Vater weiß es am besten«, »Es geschieht zum Guten des Kindes«, »In Wahrheit wollen Kinder die elterliche Autorität«, oder einfach die vage Überzeugung, daß »es Sache der Eltern ist, ihre Autorität zum Wohle des Kindes auszuüben, denn die Eltern wissen am besten, was gut oder schlecht ist«.

Die zweite Elterngruppe, zahlenmäßig etwas kleiner als die »Sieger«, räumt ihren Kindern meistens viel Freiheiten ein. Diese Eltern vermeiden es bewußt, Beschränkungen aufzuerlegen, und bekennen stolz, keine autoritären Methoden zu dulden. Entsteht zwischen den Bedürfnissen der Eltern und denen des Kindes ein Konflikt, ist es fast durchweg *das Kind, das siegt, und der Elternteil, der unterliegt,* weil diese Eltern glauben, es ist schädlich, das Kind in seinen Bedürfnissen zu frustrieren.

Die wahrscheinlich größte Gruppe von Eltern setzt sich aus denen zusammen, denen es unmöglich ist, konsequent *einer* der beiden Auffassungen zu folgen. Dementsprechend schwanken sie in dem Versuch, zu einer »vernünftigen Mischung« aus beiden zu kommen, zwischen Strenge und Nachsicht, Härte und Milde, Beschränkung und Duldsamkeit - Siegen und Unterliegen hin und her. Wie uns eine Mutter sagte:

»Ich versuche, mit meinen Kindern nachsichtig zu sein, bis es so arg wird, daß ich sie nicht mehr ertragen kann. Dann habe ich das Gefühl, andere Saiten aufziehen zu müssen, und fange an, meine Autorität zu gebrauchen, bis ich so streng werde, daß ich mich selbst nicht mehr ausstehen kann.«

Die Eltern, die in einem unserer Kurse diese Empfindungen teilten, sprachen unbewußt für die vielen in der »Gruppe der Schwankenden«. Sie sind die Eltern, die wahrscheinlich am verwirrtesten und unsichersten sind, und deren Kinder, wie wir später zeigen werden, oft die gestörtesten sind.

Das Hauptdilemma der heutigen Eltern ist, daß sie nur zwei Auffassungen kennen, um mit Konflikten in der Familie fertig zu werden - Konflikten, die unvermeidlich zwischen Eltern und Kindern auftreten. Sie kennen in der Kindererziehung nur zwei Alternativen. Die einen schließen sich der »Ich-siege-du-unterliegst«-Auffassung an, die anderen der »Ich-unterliege-du-siegst«-Auffassung, während andere sich zwischen beiden anscheinend nicht entscheiden können.

Eltern, die sich bei uns über die Probleme klarwerden wollen, sind überrascht festzustellen, daß es eine Alternative zu den zwei »Sieg-Niederlage«-Methoden gibt. Wir nennen sie die »Niederlage-lose« Methode der Konfliktbewältigung, und es ist eines der wichtigsten Ziele unseres Programms, den Eltern lernen zu helfen, wie man sie erfolgreich anwendet. Obschon diese Methode seit Jahren zur Bewältigung andersgelagerter Konflikte gebraucht worden ist, haben wenige Eltern sie jemals als eine Methode zur Bewältigung von Konflikten zwischen Eltern und Kindern angesehen.

Viele Ehemänner und Ehefrauen klären ihre Konflikte durch gemeinsames Lösen der Probleme. Ebenso verfahren Geschäftspartner. Gewerkschaften und Betriebsführungen handeln Verträge aus, die für beide verbindlich sind. Vermögensregelungen im Fall von Scheidungen werden häufig erreicht, indem gemeinsame Beschlüsse gefaßt werden. Sogar Kinder bewältigen ihre Konflikte in gegenseitigem Einvernehmen oder durch formlose Verträge, die für beide Seiten annehmbar sind (»Wenn du das tust, gebe ich meine Einwilligung dazu«). Mit zunehmender Häufigkeit schulen industrielle Organisationen leitende Angestellte darin, sich der partizipatorischen Beschlußfassung bei der Bewältigung von Konflikten zu bedienen.

Kein Kunstgriff, »Trick« oder leichter Weg zu richtig verstandener Elternschaft, erfordert die »Niederlage-lose« Methode einen sehr grundlegenden Wandel in der Einstellung der meisten Eltern gegenüber ihren Kindern. Es braucht Zeit, sie zu Hause anzuwenden, und sie verlangt, daß die Eltern zuerst die Fähigkeit vorurteilslosen Zuhörens und des aufrichtigen Mitteilens ihrer Empfindungen lernen. Die Niederlage-lose Methode ist daher in späteren Kapiteln dieses Buches beschrieben und veranschaulicht.

Ihr Platz in diesem Buch spiegelt jedoch nicht die wahre Bedeutung der Niederlage-losen Methode innerhalb unserer Gesamteinstellung zur Kindererziehung wider. Tatsächlich ist diese neue Methode, durch wirksame Behandlung von Konflikten Disziplin in die Familie zu bringen, der Kern unserer Auffassungen. Sie ist der Hauptschlüssel zu elterlicher »Effektivität«. Eltern, die sich die Zeit nehmen, sie zu verstehen, und sie dann als Alternative zu den beiden Sieg-Niederlage-Methoden gewissenhaft in der Familie anwenden, werden reich belohnt, gewöhnlich weit über ihre Hoffnungen und Erwartungen hinaus.

2. Eltern sind Menschen, keine Gottheiten

Wenn aus Menschen Eltern werden, geschieht etwas Seltsames und Bedauerliches. Sie übernehmen eine Funktion oder spielen eine Rolle und vergessen, daß sie Menschen sind. Jetzt, da sie das heilige Reich der Elternschaft betreten haben, glauben sie, sich den »Elternmantel« umlegen zu müssen. Sie versuchen nun angelegentlich, sich auf bestimmte Weise zu verhalten, weil sie glauben, »daß sich Eltern so verhalten sollten«. Frank und Helen Müller, zwei menschliche Wesen, werden unvermittelt in Herrn und Frau Müller, Eltern, verwandelt.
Diese Transformation - das Übernehmen einer Rolle - ist schwerwiegend und bedauerlich, denn sie geschieht so oft bei Eltern, die vergessen, daß sie noch Menschen mit menschlichen Fehlern, Personen mit persönlichen Unzulänglichkeiten, *wirkliche* Menschen mit wirklichen Empfindungen sind. Indem sie die Realität ihres eigenen Menschseins vergessen, hören Menschen, wenn sie Eltern werden, häufig auf, menschlich zu sein - womit ich ausdrücklich *keine* Abstraktion meine. Sie fühlen sich nicht mehr frei, sie selbst zu sein, gleichgültig, was sie in anderen Augenblicken empfinden mögen. »Als Eltern« haben sie jetzt die Verpflichtung, irgend etwas Besseres zu sein als »bloße« Menschen.
Diese furchtbare Last der Verantwortung bringt für die zu Eltern gewordenen Menschen einen Anspruch mit sich. Sie glauben, sie müssen in ihren Gefühlen immer konsequent sein, müssen ihre Kinder stets lieben, müssen bedingungslos annehmend und tolerant sein, müssen ihre eigenen, egoistischen Bedürfnisse beiseite schieben und ihren Kindern Opfer bringen, müssen allezeit gerecht sein und dürfen vor allem nicht die Fehler begehen, die ihre Eltern bei ihnen machten.
Obgleich diese guten Absichten verständlich und bewundernswert sind, verleihen sie Eltern meistens weniger anstatt mehr Effektivität. Sein Menschsein zu vergessen, ist der erste schwerwiegende Fehler, den man am Beginn der Elternschaft machen kann. Eltern, die

sich dieses »Rollenverhalten« bewußt gemacht haben, erlauben es sich, Menschen zu sein - wirkliche Menschen. Kinder anerkennen diese Qualität der Echtheit und des Menschseins bei ihren Eltern in hohem Maße. Sie drücken sich oft so aus: »Mein Vater ist ein *echter* Kumpel«, oder »Meine Mutter ist ein netter *Mensch*«. Wenn sie ins Jugendalter kommen, sagen Kinder manchmal: »Meine Eltern sind für mich mehr Freunde als Eltern. Sie sind prima Leute. Sie haben Fehler wie alle anderen, aber ich mag sie, wie sie sind.«
Was sagen diese Kinder? Ziemlich offensichtlich gefällt es ihnen, wenn ihre Eltern Menschen und keine Gottheiten sind. Sie reagieren positiv auf ihre Eltern als Menschen, nicht als Schauspieler, die eine Rolle verkörpern und vorgeben, etwas zu sein, was sie nicht sind.

Wie können Eltern für ihre Kinder Menschen *sein*? Wie können sie die Qualität der Echtheit in ihrer Elternschaft bewahren? In diesem Kapitel möchten wir den Eltern zeigen, daß sie ihr Menschsein nicht abzulegen brauchen, um ein »ausgebildeter« Elternteil zu sein. Sie können sich selbst als Menschen akzeptieren, der Kindern gegenüber sowohl positive als auch negative Empfindungen hat. Es bedarf nicht einmal überstarker Konsequenz, um ein solcher Elternteil zu sein. Sie müssen nicht vorgeben, einem Kind gegenüber annehmend und liebevoll zu empfinden, wenn sie es in Wahrheit nicht tun. Sie brauchen auch nicht allen Kindern gegenüber die gleiche Liebe und Annahme zu empfinden. Und endlich, Sie und Ihr Ehepartner müssen keine gemeinsame Front im Umgang mit Ihren Kindern bilden. Aber es ist wesentlich, daß Sie lernen, sich darüber klar zu sein, was Sie wirklich empfinden. Wir stellten in unseren Kursen fest, daß ein paar Diagramme den Eltern zu erkennen helfen, was sie empfinden und was sie dazu veranlaßt, in verschiedenen Situationen verschieden zu empfinden.

»Annahme-Diagramm« für Eltern
Alle Eltern sind Menschen, die von Zeit zu Zeit zwei verschiedene Arten von Empfindungen ihren Kindern gegenüber haben werden - Annahme und Nicht-Annahme. »Wirkliche-Menschen«-Eltern empfinden demgegenüber, was ein Kind tut, manchmal annehmend und manchmal nicht annehmend.
Das gesamte mögliche Verhalten unseres Kindes - alles, was es mög-

licherweise tut oder sagt - kann durch eine rechteckige Fläche dargestellt werden.

```
┌─────────────────────────┐
│    Alle möglichen       │
│  Verhaltensweisen Ihres │
│        Kindes           │
└─────────────────────────┘
```

Es liegt auf der Hand, daß Sie einen Teil seines Verhaltens ohne weiteres annehmen können, den anderen nicht. Wir können diesen Unterschied darstellen, indem wir das Rechteck in einen *Bereich der Annahme* und einen *Bereich der Nicht-Annahme* teilen.

```
┌─────────────────────────┐
│   Bereich der Annahme   │
├─────────────────────────┤
│ Bereich der Nicht-Annahme │
└─────────────────────────┘
```

Das Fernsehen Ihres Kindes am Samstagmittag, das Ihnen Zeit für Ihre Hausarbeit gibt, würde in den Bereich der Annahme fallen. Stellt es den Fernsehapparat so laut an, daß Sie die Wände hochgehen, würde dieses Verhalten in den Bereich der Nicht-Annahme fallen.

Wo die Trennungslinie in dem Rechteck gezogen wird, ist bei verschiedenen Eltern natürlich unterschiedlich. Die eine Mutter wird sehr wenige Verhaltensweisen ihres Kindes für sich nicht annehmbar finden und fühlt daher sehr häufig Herzlichkeit und Annahme gegenüber ihrem Kind.

```
                              ┌─────────────────────────┐
                              │   Bereich der Annahme   │
   Ein relativ                │                         │
»annehmender« Elternteil      ├─────────────────────────┤
                              │ Bereich der Nicht-Annahme │
                              └─────────────────────────┘
```

Eine andere Mutter mag vielleicht sehr viele Verhaltensweisen ihres Kindes für sich nicht annehmbar finden und wird daher *selten* in der Lage sein, ihrem Kind gegenüber Herzlichkeit und Annahme zu fühlen.

Ein relativ
»nicht annehmender«
Elternteil

Bereich der Annahme
Bereich der Nicht-Annahme

Wie annehmend ein Elternteil gegenüber seinem Kind ist, hat zum Teil damit zu tun, welche Art von Mensch dieser Elternteil ist. Einfach auf Grund ihrer persönlichen Veranlagung haben manche Eltern die Fähigkeit, Kindern viel Annahme entgegenzubringen. Interessanterweise bringen solche Eltern gewöhnlich viel Annahme für Menschen im allgemeinen auf. Annahme ist ein Charakteristikum ihrer Persönlichkeit, ihrer hohen Toleranzschwelle, der Tatsache, daß sie sich selbst mögen, der Tatsache, daß ihre Empfindungen im Hinblick auf sie selbst völlig unabhängig von dem sind, was um sie herum geschieht, und einer Unmenge anderer Persönlichkeitsvarianten. Jeder hat solche Leute gekannt: obgleich Sie vielleicht nicht gewußt haben, was sie dazu machte, halten Sie sie für »annehmende Menschen«. In der Umgebung solcher Menschen fühlt man sich wohl - Sie können offen mit ihnen reden, sich gehenlassen. Man kann »man selbst« sein.
Andere Eltern sind als Menschen anderen gegenüber schlichtweg nicht annehmend. Irgendwie finden sie viele Verhaltensweisen anderer Menschen für sich unannehmbar. Wenn Sie sie mit ihren Kindern beobachten, sind Sie vielleicht verwundert, warum so viele Verhaltensweisen, die Ihnen annehmbar erscheinen, für sie unannehmbar sind. Im stillen sagen Sie sich vielleicht: »Ach, laß die Kinder doch - sie stören niemanden!«
Häufig sind es Menschen mit sehr ausgeprägten und strengen Ansichten darüber, wie andere sich verhalten »sollten«, welches Verhalten »richtig« und welches »falsch« ist - nicht nur in bezug auf Kinder, sondern in bezug auf jedermann. Und Sie fühlen vielleicht ein unbestimmtes Mißbehagen in der Gegenwart derartiger Men-

schen, weil Sie sich wahrscheinlich fragen, ob sie für Sie Annahme aufbringen.

Kürzlich beobachtete ich eine Mutter in einem Supermarkt mit ihren beiden kleinen Söhnen. Mir schien, daß sich die Jungen recht gut benahmen. Sie waren weder laut, noch stellten sie irgendeinen Unsinn an. Trotzdem sagte diese Mutter den Jungen unaufhörlich, was sie tun und was sie nicht tun sollten. »Bleibt nicht hinter mir zurück!« »Nehmt die Hände vom Wagen.« »Geht beiseite, ihr steht im Weg.« »Beeilt euch.« »Faßt die Lebensmittel nicht an.« »Laßt die Säcke in Ruhe.« Es schien, als ob die Mutter nichts, was die Jungen taten, anzunehmen vermochte.

Während die Linie, die den Bereich der Annahme und der Nicht-Annahme trennt, teilweise von Faktoren beeinflußt ist, die ausschließlich *im Wesen des Elternteils* liegen, wird der Grad der Annahme auch von *dem Kind* bestimmt. Manchen Kindern gegenüber ist es schwerer, Annahme zu empfinden. Sie sind vielleicht höchst unternehmungslustig und aktiv oder körperlich nicht anziehend, oder sie können gewisse Charakterzüge an den Tag legen, die einem nicht besonders gefallen. Für ein Kind, das das Leben mit Krankheiten beginnt, schwer einschläft, häufig schreit oder Koliken hat, würden die meisten Eltern begreiflicherweise schwerer Annahme aufbringen.

Der in vielen für Eltern geschriebenen Büchern und Artikeln vertretene Gedanke, daß ein Elternteil jedem Kind gegenüber die gleiche Annahme empfinden sollte, ist nicht nur irrig, sondern hat viele Eltern dazu veranlaßt, sich *schuldig* zu fühlen, wenn sie bei sich ihren Kindern gegenüber unterschiedliche Grade von Annahme feststellen. Die meisten Menschen würden sofort einräumen, daß sie gegenüber Erwachsenen, die sie kennenlernen, unterschiedliche Grade der Annahme empfinden. Warum sollte sich die Art, wie sie Kindern gegenüber empfinden, in irgendeiner Form davon unterscheiden?

Die Tatsache, daß die elterliche Annahme gegenüber einem besonderen Kind von den Eigentümlichkeiten dieses Kindes beeinflußt wird, kann wie folgt dargestellt werden:

Bereich der Annahme	Bereich der Annahme
Bereich der Nicht-Annahme	Bereich der Nicht-Annahme

Eltern mit Kind A   Eltern mit Kind B

Manche Eltern finden es leichter, Mädchen anzunehmen als Jungen – andere umgekehrt. Sehr lebhafte Kinder sind für manche Eltern schwerer anzunehmen. Kinder, die von aktiver Neugierde sind und viele Dinge gern selbständig erkunden, sind für manche Eltern schwerer anzunehmen als Kinder, die passiver und unselbständiger sind. Ich habe Kinder gekannt, die unerklärlicherweise auf mich einen derartigen Charme und eine solche Anziehungskraft ausübten, daß es schien, als könnte ich fast alles annehmen, was sie taten. Ich habe auch das Mißgeschick gehabt, einigen zu begegnen, deren Gegenwart mir unangenehm war, und vieles im Verhalten dieser Kinder schien mir unannehmbar.

Ein weiterer Umstand von großer Bedeutung ist, daß die Trennungslinie zwischen Annahme und Nicht-Annahme nicht unverändert bleibt, sondern sich nach oben und unten verschiebt. Sie wird von vielen Faktoren berührt, einschließlich des gegenwärtigen Gemütszustandes des Elternteils und der Situation, in der sich Elternteil und Kind befinden.

Ein Elternteil, der sich in einem bestimmten Augenblick innerlich tatkräftig, gesund und glücklich fühlt, kann wahrscheinlich für vieles im Verhalten seines Kindes Annahme empfinden. Weniger Dinge, die das Kind tut, werden den Elternteil stören, wenn er sich selbst wohl fühlt.

Elternteil, der sich wohl fühlt

Bereich der Annahme
Bereich der Nicht-Annahme

Wenn ein Elternteil aus Mangel an Schlaf todmüde ist, Kopfschmerzen hat oder mit sich unzufrieden ist, können sehr viele Dinge, die das Kind tut, seinen Vater oder seine Mutter stören.
Diese Inkonsequenz kann folgendermaßen veranschaulicht werden:

Elternteil, der sich nicht wohl fühlt	Bereich der Nicht-Annahme
	Bereich der Annahme

Das Gefühl der Annahme wird sich bei einem Elternteil auch von einer Situation zur anderen ändern. Alle Eltern wissen selbst, daß sie dem Verhalten ihrer Kinder gegenüber gewöhnlich sehr viel weniger annehmend sind, wenn die Familie Freunde besucht, als wenn sie alle zu Hause sind. Und wie plötzlich verschiebt sich die Toleranzschwelle der Eltern gegenüber dem Verhalten ihrer Kinder, wenn die Großeltern zu Besuch kommen!
Es muß den Kindern oft verwunderlich erscheinen, daß ihre Eltern an ihren Tischmanieren Anstoß nehmen, wenn Gäste zu Besuch sind, obgleich die gleichen Manieren akzeptiert werden, wenn die Familie unter sich ist.
Diese Inkonsequenz kann folgendermaßen veranschaulicht werden:

Bereich der Annahme	Bereich der Annahme
Bereich der Nicht-Annahme	Bereich der Nicht-Annahme
Situation A (z. B. Besuch)	Situation B (z. B. Familie unter sich)

Die Existenz von zwei Elternteilen trägt zur Komplexität des Annahme-Bildes in Familien bei. Zuerst einmal ist ein Elternteil häufig annehmender als der andere.
Hans, ein kräftiger, lebhafter Junge von fünf Jahren, nimmt einen Fußball und fängt an, ihn im Wohnzimmer seinem Bruder zuzu-

werfen. Die Mutter ärgert sich und findet das völlig unannehmbar, weil sie befürchtet, daß Hans im Zimmer etwas kaputtmachen wird. Vater hingegen akzeptiert das Verhalten nicht nur, sondern sagt stolz: »Sieh dir Hans an - aus ihm wird mal ein guter Ballspieler werden. Hast du diese Flanke gesehen?«
Überdies verschiebt sich die Trennungslinie jedes Elternteils abhängig von der Situation und auch von der momentanen Stimmung des einzelnen Elternteils zu verschiedenen Zeiten von oben nach unten. Daher können Vater und Mutter nicht *immer* die gleichen Empfindungen im Hinblick auf dasselbe Verhalten ihres Kindes in einem bestimmten Augenblick haben.

Eltern können und werden inkonsequent sein
So ist es denn unvermeidlich, daß Eltern inkonsequent sein werden. Wie wäre es anders möglich, wenn sich ihre Empfindungen von Tag zu Tag, von Kind zu Kind, von Situation zu Situation ändern? Wenn Eltern versuchten, sich konsequent zu verhalten, könnten sie es nicht wirklich sein. Die traditionelle Mahnung an die Eltern, daß sie unter allen Umständen mit ihren Kindern konsequent sein müssen, übersieht die Tatsache, daß Situationen unterschiedlich sind, Kinder unterschiedlich sind und Vater und Mutter Menschen, die sich voneinander unterscheiden. Außerdem hat dieser Rat die schädliche Wirkung gehabt, Eltern zur Heuchelei zu veranlassen und die Rolle eines Menschen zu spielen, dessen Empfindungen stets die gleichen sind.

Eltern brauchen keine »geschlossene Front« zu bilden
Wichtiger noch, der Rat, konsequent zu sein, hat manche Mutter und manchen Vater zu dem Glauben geführt, daß sie sich in ihren Empfindungen immer einig sein und ihren Kindern eine geschlossene elterliche Front darbieten müßten. Das ist Unsinn. Und doch stellt es eine der am tiefsten verwurzelten Überzeugungen in der Kindererziehung dar. Dieser traditionellen Vorstellung zufolge sollten Eltern einander immer den Rücken stärken, damit das Kind veranlaßt wird zu glauben, daß beide Eltern im Hinblick auf ein bestimmtes Verhalten das gleiche empfinden.
Abgesehen von der unerhörten Unfairneß dieser Strategie - sich in einem Zwei-gegen-einen-Bündnis gegen das Kind zusammenzuschließen -, führt es oft zur »Unwirklichkeit« bei einem Elternteil.

Meistens wird das Zimmer eines sechzehnjährigen Mädchens nicht so sauber gehalten, daß es den Ansprüchen der Mutter genügt. Die Putzgewohnheiten dieser Tochter sind für die Mutter unannehmbar (in ihrem Bereich der Nicht-Annahme). Ihr Vater aber findet das Zimmer annehmbar sauber und aufgeräumt. Dasselbe Verhalten liegt bei ihm im Bereich der Annahme. Die Mutter setzt den Vater unter Druck, damit er in bezug auf das Zimmer ihre Ansicht teilt und sie eine geschlossene Front bilden können (und somit mehr Einfluß auf ihre Tochter ausüben). Wenn der Vater mitmacht, ist er unaufrichtig gegenüber seinen wirklichen Empfindungen.

Ein sechsjähriger Junge spielt mit seinem Lastauto und veranstaltet mehr Lärm, als sein Vater akzeptieren kann. Die Mutter jedoch stört es überhaupt nicht. Sie ist begeistert, daß ihr Kind für sich spielt, anstatt ihr, wie den ganzen Tag, nachzulaufen. Der Vater wendet sich an die Mutter: »Warum tust du nichts, damit er mit diesem Lärm aufhört?« Wenn die Mutter mitmacht, ist sie unaufrichtig gegenüber ihren wirklichen Empfindungen.

Falsche Annahme

Kein Elternteil empfindet für jedes Verhalten eines Kindes Annahme. Manche Verhaltensweisen eines Kindes werden immer im »Bereich der Nicht-Annahme« eines Elternteils liegen. Ich habe Eltern gekannt, deren »Annahmelinie« in unserem Rechteck sehr tief lag, aber ich bin niemals einem »bedingungslos annehmenden« Elternteil begegnet. Manche Eltern geben vor, vieles im Verhalten ihrer Kinder zu akzeptieren, aber auch diese Eltern spielen nur die Rolle musterhafter Eltern. Ein gewisses Maß ihrer Annahme ist daher falsch. Sie mögen äußerlich annehmend handeln, innerlich aber empfinden sie in Wirklichkeit unannehmend.

Falsche Annahme

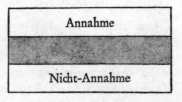

Angenommen, ein Elternteil ärgert sich darüber, daß das fünfjährige Kind abends lange aufbleibt. Der Elternteil hat persönliche Bedürfnisse - möchte beispielsweise ein neues Buch lesen. Er würde das sehr viel lieber tun als dem Kind Zeit zu widmen. Außerdem macht er sich Sorgen darum, daß das Kind nicht genügend Schlaf bekommt und dann am nächsten Tag vielleicht reizbar ist und sich erkältet. Dieser Mutter, die der »nachgiebigen« Auffassung zu folgen versucht, widerstrebt es jedoch - aus Angst, daß es unvereinbar mit ihren Prinzipien sein könnte -, Forderungen an das Kind zu stellen. Diesem Elternteil bleibt nichts anderes übrig, als »falsche Annahme« an den Tag zu legen. Sie mag sich so verhalten, als ob sie es akzeptiert, daß das Kind aufbleibt - innerlich aber empfindet sie ganz und gar keine Annahme dafür; sie ist ausgesprochen gereizt, vielleicht ärgerlich und zweifellos frustriert, weil ihre eigenen Bedürfnisse nicht befriedigt werden.

Worin besteht die Wirkung auf das Kind, wenn ein Elternteil falsche Annahme an den Tag legt? Wie jedermann weiß, reagieren Kinder auf die Haltung ihrer Eltern erstaunlich sensibel. Sie besitzen eine recht unheimliche Fähigkeit, die *wirklichen* Empfindungen ihrer Eltern zu ahnen oder zu spüren, weil die Eltern ihren Kindern »wortlose Botschaften« senden, Hinweise, die von den Kindern manchmal bewußt, manchmal unbewußt erfaßt werden. Ein Elternteil, dessen innere Haltung gereizt oder ärgerlich ist, kann nicht anders als subtile Hinweise geben, ein Stirnrunzeln vielleicht, eine hochgezogene Augenbraue, ein besonderer Tonfall, eine bestimmte Geste, eine Gespanntheit der Gesichtsmuskeln. Selbst sehr kleine Kinder erfassen solche Hinweise und lernen aus Erfahrung, daß diese Hinweise gewöhnlich bedeuten, Mutter empfindet keine wirkliche Annahme gegenüber dem, was sie tun. Folglich ist das Kind imstande, Mißbilligung zu fühlen - in diesem besonderen Augenblick spürt es, daß der Elternteil es nicht mag.
Was geschieht, wenn die Mutter in Wirklichkeit nicht annehmend ist, ihr *Verhalten* dem Kind aber annehmend erscheint? Das Kind empfängt auch diese Verhaltensbotschaft. Nun ist es wirklich verwirrt. Es erhält »gemischte Botschaften« oder widersprechende Hinweise - ein *Verhalten*, das ihm sagt, es ist in Ordnung, aufzubleiben, aber auch *wortlose* Hinweise, die ihm verraten, daß Mutter es eigentlich nicht mag, weil es aufbleibt. Das Kind ist »in einer

Zwickmühle«. Es möchte aufbleiben, möchte aber auch geliebt (angenommen) werden. Sein Aufbleiben scheint für die Mutter annehmbar, und doch liegt dieser Ausdruck der Mißbilligung auf Mutters Gesicht. Was soll es also tun?

Das Kind in eine solche Zwickmühle zu bringen, kann seine psychische Gesundheit ernstlich beeinträchtigen. Jedermann weiß, wie frustrierend und unangenehm es ist, wenn man nicht weiß, zu welchem Verhalten man sich entschließen soll, weil man gemischte Botschaften von einem anderen Menschen empfängt. Angenommen, Sie fragen Ihre Gastgeberin, ob sie etwas dagegen hat, wenn Sie in ihrem Haus Pfeife rauchen. Sie erwidert: »Es stört mich nicht.« Zünden Sie dann aber Ihre Pfeife an, gehen von ihrem Gesicht und ihren Augen wortlose Botschaften aus, die Ihnen sagen, daß sie durchaus etwas dagegen hat. Was tun Sie? Sie können fragen: »Stört es Sie bestimmt nicht?« Oder Sie stecken Ihre Pfeife wieder ein und sind verärgert. Oder Sie kümmern sich nicht darum und rauchen, während Sie die ganze Zeit das Gefühl haben, daß Ihrer Gastgeberin Ihr Verhalten mißfällt.

Kinder erleben die gleiche Art von Dilemma, wenn sie sich einer Annahme gegenübersehen, die ihnen falsch erscheint. Das häufige Erleben derartiger Situationen kann Kinder dazu veranlassen, sich ungeliebt zu fühlen. Es kann zu häufigen »Testen« seitens des Kindes führen, kann Kinder veranlassen, eine schwere Sorgenlast herumzutragen, in Kindern das Gefühl der Unsicherheit nähren, usw.

Ich bin zu der Ansicht gekommen, daß die Eltern, mit denen Kinder am schwersten fertig werden, der freundlich sprechende, »nachgiebige«, keine Ansprüche stellende Elternteil ist, der so tut, als sei er annehmend, aber auf subtile Art Nicht-Annahme spüren läßt.

Es gibt ein bedenkliches Nebenprodukt der falschen Annahme, und auf die Dauer gesehen kann es sogar noch schädlicher für die Beziehung zwischen Elternteil und Kind sein. Wenn ein Kind »gemischte Botschaften« erhält, kann es sein, daß es ernste Zweifel an der Aufrichtigkeit oder der Echtheit des Elternteils zu haben beginnt. Aus vielen Erfahrungen lernt es, daß Mutter oft das eine sagt, während sie das andere empfindet. Schließlich kommt das Kind dazu, einem solchen Elternteil zu mißtrauen. Hier folgen einige Empfindungen, an denen mich Teenager teilhaben ließen:

»Meine Mutter ist eine Schwindlerin. Sie tut so nett, aber in Wahrheit ist sie es nicht.«

»Ich kann nie Vertrauen zu meinen Eltern haben, denn obwohl sie es nicht sagen, weiß ich, daß sie mit vielem, was ich tue, nicht einverstanden sind.«
»Ich gehe fort und denke, es interessiert meine Eltern nicht, wann ich nach Hause komme. Und wenn ich dann zu spät heimkomme, werde ich am nächsten Tag mit Schweigen bestraft.«
»Meine Eltern sind überhaupt nicht streng. Sie erlauben mir fast alles, was ich will. Aber ich kann merken, womit sie nicht einverstanden sind.«
»Jedesmal, wenn ich barfuß zu Tisch erscheine, bekommt meine Mutter einen ärgerlichen Gesichtsausdruck. Aber sie sagt nie ein Wort.«
»Meine Mutter ist immer so verdammt nett und verständnisvoll, aber ich weiß, daß ihr ein Mensch wie ich nicht liegt. Sie mag meinen Bruder, denn er ist ihr ähnlicher.«

Wenn Kinder solche Empfindungen haben, ist ersichtlich, daß ihre Eltern ihre wahren Gefühle oder Einstellungen nicht wirklich verheimlicht haben, obgleich sie vielleicht glaubten, es zu tun. *In einer so engen und dauernden Beziehung wie der Eltern-Kind-Beziehung können die wahren Empfindungen des Elternteils selten vor dem Kind verborgen werden.*

Wenn Eltern daher von den Verfechtern der »Nachgiebigkeit« beeinflußt worden sind, den Versuch zu machen, sich weit über ihre eigene, wahre Einstellung hinaus annehmend zu verhalten, haben sie sowohl der Beziehung zu ihren Kindern ernsten Schaden zugefügt als auch psychische Schäden der Kinder selbst hervorgerufen. Eltern müssen begreifen, daß sie besser daran täten, nicht zu versuchen, ihren Bereich der Annahme über ihre wahre Einstellung hinaus auszudehnen. Viel besser ist es für die Eltern zu erkennen, wann sie nicht annehmend empfinden, und nicht vorzugeben, daß sie so empfinden.

Können Sie das Kind annehmen, nicht aber sein Verhalten?
Ich weiß nicht, woher diese Idee stammt, aber sie hat allgemeinen Beifall und große Anziehungskraft gehabt, besonders bei Eltern, die von den Verfechtern der Nachgiebigkeit beeinflußt wurden, doch ehrlich genug mit sich selbst sind, um zu erkennen, daß sie das Verhalten ihrer Kinder nicht immer akzeptieren. Ich bin zu der Ansicht gekommen, daß es sich um eine weitere irreführende und

schädliche Idee handelt - eine, die die Eltern daran hindert, *wirklich* echt zu sein. Obwohl sie von einem Teil der Schuldgefühle, die zu empfinden Eltern gezwungen worden sind, befreit haben mag, ist diese Idee für viele Eltern-Kind-Beziehungen verderblich gewesen.
Sie hat Eltern die professionelle Billigung verschafft, ihre Autorität und Macht anzuwenden, um bestimmte Verhaltensweisen, die sie nicht akzeptieren können, zu verbieten (ihnen »Grenzen zu setzen«). Die Eltern haben das dahingehend ausgelegt, daß es in der Ordnung ist, zu kontrollieren, zu beschränken, zu verbieten, zu fordern oder irgend etwas zu versagen, solange sie es auf eine geschickte Art tun, damit das Kind es nicht als persönliche *Ablehnung*, sondern als Ablehnung seines *Verhaltens* auffaßt. Darin liegt der Irrtum.
Wie können Sie unabhängig von und im Gegensatz zu Ihren nicht annehmenden Empfindungen gegenüber *allem, was das Kind tut oder sagt*, Ihrem *Kind* Annahme entgegenbringen? Was ist »das Kind«, wenn es nicht auch das sich verhaltende Kind ist, das zu einem bestimmten zeitlichen Augenblick auf bestimmte Weise handelt? Es ist ein sich *verhaltendes Kind*, demgegenüber ein Elternteil Empfindungen hat, ob annehmende oder nicht annehmende, und keine »Kind« genannte Abstraktion.
Ich bin sicher, daß es dem Kind aus seiner eigenen Sicht ebenso erscheint. Wenn es spürt, Sie empfinden ihm gegenüber keine Annahme, wenn es seine schmutzigen Füße auf Ihre neue Couch legt, bezweifle ich sehr, daß es dann die anspruchsvolle Schlußfolgerung zieht, Sie empfänden, obgleich Ihnen sein Füße-auf-der-Couch-Verhalten nicht gefällt, *ihm* »als Mensch« gegenüber nichtsdestoweniger sehr annehmend. Ganz im Gegenteil - es fühlt zweifellos, daß Sie auf Grund dessen, was es als Gesamtpersönlichkeit in diesem Augenblick *tut*, ihm gegenüber keinerlei Annahme aufbringen.
Einem Kind begreiflich zu machen versuchen, daß seine Eltern *ihm* gegenüber annehmend sind, aber nicht annehmen, was es *tut*, muß, selbst wenn es den Eltern möglich wäre, diese Dinge zu trennen, ebenso schwer sein, wie ein Kind glauben zu machen, daß eine Tracht Prügel, die es erhält, »seinen Eltern mehr weh tut als ihm«.
Ob sich ein Kind *als Persönlichkeit* nicht angenommen fühlt, wird davon abhängen, wieviel in seinem Verhalten nicht annehmbar ist. Eltern, die vieles, was ihre Kinder tun oder sagen, nicht annehmbar finden, werden in diesen Kindern unvermeidlich die tiefe Überzeu-

gung nähren, daß sie als Persönlichkeiten nicht annehmbar sind. Umgekehrt: Eltern, die vieles, was ihre Kinder tun oder sagen, annehmen, werden Kinder heranziehen, die sich mit größerer Wahrscheinlichkeit als Persönlichkeiten angenommen fühlen.

Am besten ist es, wenn Sie vor sich selbst (und dem Kind) zugeben, daß Sie es als Persönlichkeit nicht annehmen, falls es in einem bestimmten Moment etwas auf bestimmte Art tut oder sagt. Auf diese Weise wird das Kind lernen, Sie als offen und ehrlich zu empfinden, weil sie *wirklich* sind.

Wenn Sie einem Kind sagen: »Ich akzeptiere dich, aber hör auf mit dem, was du tust«, werden Sie seine Reaktion auf diese Anwendung Ihrer Macht wahrscheinlich um keine Spur ändern. Kinder hassen es, wenn ihre Eltern ihnen etwas versagen, sie einengen oder ihnen etwas verbieten, gleichgültig, welche Art von Erklärung mit der Ausübung derartiger Autorität oder Macht einhergeht. Das »Auferlegen von Beschränkungen« schlägt mit großer Wahrscheinlichkeit in Form von Widerstand, Rebellion, Lüge und Groll auf die Eltern zurück. Überdies gibt es weitaus wirksamere Methoden, um Kinder zu beeinflussen, ein für ihre Eltern nicht annehmbares Verhalten zu modifizieren, als die Anwendung elterlicher Macht, um »Beschränkungen aufzuerlegen« oder zu verbieten.

Unsere Definition von Eltern, die wirkliche Menschen sind
Unsere schematischen »Annahme-Diagramme« helfen den Eltern, ihre eigenen unvermeidbaren Empfindungen und die Umstände zu verstehen, die den fortwährenden Wechsel dieser Empfindungen beeinflussen. Wirkliche Eltern werden ihren Kindern gegenüber unvermeidlich sowohl annehmend als auch nicht annehmend empfinden; ihre Einstellung zu dem gleichen Verhalten kann nicht gleichbleibend sein; sie muß sich von Zeit zu Zeit ändern. Sie sollten (und können) ihre wahren Empfindungen nicht verbergen; sie sollten sich mit der Tatsache abfinden, daß demselben Verhalten gegenüber ein Elternteil annehmend, der andere nicht annehmend empfinden kann; und sie sollten erkennen, daß jeder jedem ihrer Kinder gegenüber verschiedene Grade der Annahme empfinden wird.

Mit einem Wort, Eltern *sind* Menschen, keine Gottheiten. Sie müssen sich nicht bedingungslos oder auch nur gleichbleibend annehmend verhalten. Sie sollten auch nicht vorgeben, annehmend zu sein, wenn sie es nicht sind. Obschon Kinder es unzweifelhaft *vorziehen*, angenommen zu werden, können sie die nicht annehmenden Empfindungen ihrer Eltern konstruktiv verarbeiten, wenn die Eltern unmißverständliche und ehrliche Botschaften senden, die ihren wahren Empfindungen entsprechen. Das wird es den Kindern nicht nur erleichtern fertig zu werden, sondern es wird jedem Kind helfen, seinen Elternteil als wirkliche Persönlichkeit zu sehen - durchschaubar, menschlich, als jemanden, zu dem es gerne eine Beziehung haben würde.

3. Wie man zuhört, damit Kinder mit einem sprechen werden: Die Sprache der Annahme

Am Schluß einer ihrer wöchentlichen Beratungen bei mir steht ein fünfzehnjähriges Mädchen von ihrem Stuhl auf, bleibt, bevor es zur Tür geht, stehen und sagt:
»Es tut gut, mit jemandem darüber sprechen zu können, wie ich wirklich empfinde. Ich habe bisher noch mit keinem über diese Dinge gesprochen. So könnte ich mit meinen Eltern niemals sprechen.«
Mutter und Vater eines sechzehnjährigen Jungen, der in der Schule versagt, fragen mich:
»Wie können wir Peter dazu bringen, sich uns anzuvertrauen? Wir wissen nie, was er denkt. Wir wissen, daß er nicht glücklich ist, aber wir haben keine Ahnung, was in dem Jungen vorgeht.«
Ein aufgewecktes, sympathisches dreizehnjähriges Mädchen, das man unmittelbar nachdem sie mit zwei Freundinnen von zu Hause fortgelaufen war, zu mir brachte, machte die folgende bezeichnende Bemerkung über die Beziehung zu ihrer Mutter:
»Wir kamen an einen Punkt, wo wir uns einfach überhaupt nichts mehr anvertrauen konnten, sogar über die nebensächlichsten Dinge nicht – zum Beispiel die Schularbeiten. Ich befürchtete, eine Arbeit verhauen zu haben, und sagte ihr, ich sei nicht besonders gut gewesen. Dann sagte sie: ›Und warum nicht?‹ und wurde wütend auf mich. Darum fing ich einfach an zu lügen. Ich mochte nicht lügen, aber ich tat es, und es kam soweit, daß es mir eigentlich nichts mehr ausmachte ... Am Ende war es einfach, als ob zwei fremde Leute miteinander sprechen – keiner von uns zeigte seine wahren Empfindungen – was wir wirklich *dachten.«*
Das sind keine ungewöhnlichen Beispiele dafür, wie Kinder ihre Eltern im dunkeln lassen, wie sie sich weigern, sie an dem teilnehmen zu lassen, was wirklich in ihnen vorgeht. Kinder lernen, daß es nicht hilft und oft gefährlich ist, mit ihren Eltern zu sprechen. Folglich versäumen viele Eltern Tausende von Gelegenheiten, ihren Kindern bei den Problemen mitzuhelfen, denen sie im Leben begegnen.

Warum werden so viele Eltern von ihren Kindern als Quelle der Hilfe »abgeschrieben«? Warum hören Kinder auf, mit ihren Eltern über die Dinge zu sprechen, die ihnen wirklich Kummer machen? Warum sind so wenige Eltern bei der Aufrechterhaltung einer hilfreichen Beziehung zu ihren Kindern erfolgreich?

Warum finden Kinder es so viel leichter, mit tüchtigen, professionellen Beratern zu sprechen als mit ihren Eltern? Was macht der professionelle Berater so anders, daß er in der Lage ist, eine hilfreiche Beziehung zu den Kindern zu pflegen?

In den letzten Jahren haben die Psychologen einige Antworten auf diese Fragen gefunden. Durch Forschung und klinische Erfahrung beginnen wir, die notwendigen Elemente einer hilfreichen, effektiven Beziehung zu verstehen. Das vielleicht wesentlichste unter ihnen ist die »*Sprache der Annahme*«.

Die Macht der Sprache der Annahme

Wenn ein Mensch imstande ist, einem anderen gegenüber echte Annahme zu empfinden und sie ihn spüren zu lassen, besitzt er die Fähigkeit, dem anderen ein mächtiger Helfer zu sein. Seine Annahme des anderen, so wie er ist, stellt einen wichtigen Faktor in der Pflege einer Beziehung dar, in der der andere Mensch wachsen, sich entfalten, konstruktive Veränderungen durchmachen, seine Probleme lösen lernen, sich psychologischer Gesundheit nähern, produktiver und schöpferischer werden und seine ganzen Möglichkeiten verwirklichen kann. Es ist eines jener einfachen, aber wunderschönen Paradoxe im Leben: Wenn ein Mensch fühlt, daß ihn ein anderer wirklich annimmt, wie er ist, dann ist er frei geworden, sich von dort aufzumachen und mit der Überlegung zu beginnen, wie er sich verändern möchte, wie er anders werden kann, wie er mehr von dem werden könnte, das zu sein er befähigt ist.

Annahme ist wie fruchtbarer Boden, der einem winzigen Samenkorn erlaubt, sich zu der lieblichen Blume zu entfalten, die zu werden es befähigt ist. Der Boden *ermöglicht* es dem Samenkorn nur, zur Blume zu werden. Er setzt die Fähigkeit des Samenkorns zum Wachsen *frei,* die Fähigkeit dazu aber liegt ausschließlich im Samenkorn selbst. Wie beim Samenkorn, ist die Fähigkeit des Kindes sich zu entwickeln ausschließlich in seinem Organismus enthalten. Annahme ist wie der Boden - sie ermöglicht dem Kind nur, sein Potential zu verwirklichen.

Warum ist elterliche Annahme ein so signifikanter, positiver Einfluß auf das Kind? Das verstehen die Eltern im allgemeinen nicht. Die meisten Eltern sind in dem Glauben erzogen worden, daß ein Kind einfach so bleibt, wie es ist, wenn man ihm Annahme entgegenbringt; daß der beste Weg, einem Kind zu helfen, in Zukunft etwas Besseres zu werden, der ist, ihm zu sagen, was man jetzt an ihm *nicht* akzeptiert.

Die meisten Eltern verlassen sich daher bei der Erziehung der Kinder weitgehend auf die Sprache der *Nicht-Annahme* und glauben, daß das der beste Weg ist, ihnen zu helfen. Der Boden, den die meisten Eltern für das Wachstum ihrer Kinder bereithalten, ist reich an Bewertung, Urteil, Kritik, Predigen, Moralisieren, Ermahnen und Kommandieren - Botschaften, die Nicht-Annahme des Kindes, wie es ist, übermitteln.

Ich erinnere mich der Worte eins dreizehnjährigen Mädchens, das gerade begann, gegen elterliche Wertvorstellungen und Maßstäbe zu rebellieren:

»Sie sagen mir so oft, wie schlecht ich bin, wie dumm meine Ideen sind, wie wenig man mir trauen kann, so daß ich einfach mehr Dinge tue, die ihnen nicht gefallen. Wenn sie schon glauben, daß ich schlecht und dumm bin, kann ich ja ebensogut weitermachen und das alles einfach tun.«

Dieses aufgeweckte Mädchen war klug genug, um die alte Redensart zu verstehen: »Sag einem Kind oft genug, wie schlecht es ist, und es wird mit Sicherheit schlecht werden.« Kinder werden häufig das, was ihre Eltern ihnen einreden zu sein.

Von dieser Wirkung abgesehen, stößt die Sprache der Nicht-Annahme Kinder zurück. Sie hören auf, mit ihren Eltern zu sprechen. Sie lernen, daß es sehr viel bequemer ist, ihre Gefühle und Probleme für sich zu behalten.

Die Sprache der Annahme läßt Kinder auftauen. Sie macht sie frei, an ihren Gefühlen und Problemen teilnehmen zu lassen. Professionelle Berater und Therapeuten haben gezeigt, wie wirksam diese Annahme eigentlich sein kann. Die erfolgreichsten Therapeuten und Berater sind diejenigen, die den Menschen, die sich um Hilfe an sie wenden, das Gefühl vermitteln können, wirklich angenommen zu werden. Darum hört man Menschen oft sagen, daß sie sich bei Beratung oder Therapie vollkommen unabhängig vom Urteil des

Beraters fühlten. Sie geben an, daß sie sich frei fühlten, ihm das Schlimmste über sich selbst zu erzählen. Sie hatten die Empfindung, ihr Berater würde sie annehmen, gleichgültig, was sie sagten oder fühlten. Eine derartige Annahme ist einer der wichtigsten Faktoren, die zu der durch Beratung und Therapie bei Menschen stattfindenden Weiterentwicklung und Veränderung beitragen.

Umgekehrt haben wir von diesen »professionellen Veränderern« auch gelernt, daß Nicht-Annahme die Menschen nur zu oft verschließt, ihnen das Gefühl gibt, sich in der Defensive zu befinden, Unbehagen hervorruft, ihnen Angst macht, zu sprechen oder sich selbst zu erkennen. Ein Teil »des Erfolgsgeheimnisses« der Fähigkeit des professionellen Therapeuten, bei gestörten Menschen Veränderung und Entfaltung zu fördern, ist daher die fehlende Nicht-Annahme in seiner Beziehung zu ihnen und seine Fähigkeit, die Sprache der Annahme so zu sprechen, daß sie von dem anderen wirklich empfunden wird.

Bei der Arbeit mit den Eltern in unseren Elterlichen Erfolgstrainings-Kursen haben wir gezeigt, daß den Eltern dieselben Kenntnisse gelehrt werden können, die professionelle Berater anwenden. Die meisten Eltern reduzieren sehr drastisch die Häufigkeit von Botschaften, die Nicht-Annahme übermitteln, und erlangen ein überraschend hohes Maß an Geschicklichkeit im Gebrauch der Sprache der Annahme.

Wenn Eltern lernen, gegenüber einem Kind durch ihre Worte ein inneres Gefühl der Annahme zu demonstrieren, sind sie im Besitz des Rüstzeugs, das erstaunliche Erfolge zeitigen kann. Sie können Einfluß darauf nehmen, daß es lernt, sich selbst zu akzeptieren und zu mögen und ein Gefühl seines eigenen Wertes zu erlangen. Sie können ihm die Entwicklung und Verwirklichung seines Potentials, das es als Erbanlage mitbekommen hat, weitgehend erleichtern. Sie können seinen Weg aus der Abhängigkeit in die Unabhängigkeit und Selbstbestimmung beschleunigen. Sie können ihm helfen, die Probleme, die das Leben unvermeidlich mit sich bringt, selbst zu lösen, und sie können ihm die Kraft geben, sich auf konstruktive Weise mit den üblichen Enttäuschungen und Schmerzen der Kindheit und des Jugendalters auseinanderzusetzen.

Von allen Auswirkungen der Annahme ist keine so wichtig wie das innere Gefühl des Kindes, geliebt zu sein. Denn einen anderen anzunehmen, »wie er ist«, stellt einen wahrhaften Akt der Liebe dar;

sich angenommen zu fühlen, heißt sich geliebt zu fühlen. Und in der Psychologie haben wir eben erst begonnen, die ungeheure Macht des Sich-geliebt-Fühlens zu begreifen. Es kann das Wachstum von Seele und Körper fördern und ist wahrscheinlich die wirksamste uns bekannte therapeutische Kraft zur Heilung sowohl psychologischer als auch physischer Schäden.

Annahme muß demonstriert werden
Wenn ein Elternteil einem Kind gegenüber Annahme empfindet, ist das eine Sache; diese Annahme fühlen zu lassen, ist eine andere. Erreicht die elterliche Annahme das Kind nicht, kann sie keinen Einfluß auf das Kind haben. Der Elternteil muß lernen, wie er seine Annahme zeigt, damit das Kind sie fühlen kann.
Um das zu können, sind besondere Kenntnisse erforderlich. Die meisten Eltern sind jedoch geneigt, Annahme für etwas Passives zu halten - für einen Gemütszustand, eine Haltung, ein Gefühl. Gewiß, Annahme kommt aus dem Inneren, aber um eine effektive Kraft bei der Beeinflussung anderer zu sein, muß sie aktiv mitgeteilt oder demonstriert werden. Ich kann nie sicher sein, daß mich ein anderer akzeptiert, bis er es mir auf irgendeine aktive Weise zeigt.
Der professionelle Psychologe oder Psychotherapeut, dessen Effektivität als Helfer in so großem Maße von der Befähigung abhängt, seine Annahme des Patienten zu demonstrieren, verbringt Jahre damit, Methoden zu lernen, um diese Haltung durch seine eigenen Kommunikationsgepflogenheiten zu ergänzen. Durch methodische Schulung und lange Erfahrung erwerben professionelle Berater besondere Geschicklichkeit darin, Annahme auszudrücken. Sie lernen, daß von dem, was sie sagen, abhängt, ob sie helfen oder nicht.
Das Gespräch kann heilen und das Gespräch kann konstruktive Veränderungen anregen. Aber es muß die richtige Art von Gespräch sein.
Dasselbe trifft bei Eltern zu. Wie sie mit ihren Kindern sprechen, wird entscheiden, ob sie hilfreich oder destruktiv sind. Der Elternteil muß nicht anders als der Berater lernen, wie er seine Annahme mitteilt, und die gleichen Kommunikationskenntnisse erwerben.

Die Eltern in unseren Kursen fragen skeptisch: »Ist es einem Laien wie mir möglich, die Kenntnisse eines professionellen Beraters zu erlernen?« Vor zehn Jahren würden wir »Nein« gesagt haben. Wir haben jedoch in unseren Kursen gezeigt, daß die meisten Eltern lernen können, wie sie effektive Helfer ihrer Kinder werden. Heute wissen wir, daß es nicht psychologische Kenntnisse oder ein intellektuelles Verständnis *für* Menschen sind, die einen guten Berater ausmachen. Es hängt in erster Linie davon ab zu lernen, wie man auf »konstruktive« Art mit Menschen spricht.

Psychologen nennen das »therapeutische Kommunikation«, was so viel bedeutet, daß bestimmte Arten von Botschaften eine »therapeutische« oder heilsame Wirkung auf Menschen haben. Sie bringen sie dazu, sich wohler zu fühlen, ermutigen sie zum Sprechen, helfen ihnen, ihren eigenen Empfindungen Ausdruck zu verleihen, fördern ein Gefühl des Wertes oder der Selbstachtung, reduzieren Bedrohung oder Angst, ermöglichen Entfaltung und konstruktive Veränderungen.

Andere Arten des Gesprächs sind »nicht-therapeutisch« oder destruktiv. Derartige Botschaften neigen dazu, Menschen das Gefühl zu geben, verurteilt oder schuldig zu sein; sie schränken die Äußerung ehrlicher Empfindungen ein, bedrohen den Menschen, nähren Gefühle des Unwerts oder der geringen Selbstachtung und verhindern Entfaltung und konstruktive Veränderungen, indem sie den Menschen dazu veranlassen, seine Art heftiger zu verteidigen.

Obgleich nur sehr wenige Eltern diese therapeutischen Kenntnisse intuitiv besitzen und demzufolge »Naturtalente« sind, müssen die meisten Eltern einen Prozeß durchmachen, in dem sie zuerst ihre destruktiven Kommunikationsmethoden vergessen und dann konstruktive Methoden lernen. Das heißt, daß die Eltern erst ihre typischen Kommunikationsgepflogenheiten aufdecken müssen, um selbst zu sehen, warum ihr Gespräch destruktiv und nicht-therapeutisch ist. Alsdann muß man sie neue Methoden des Reagierens auf Kinder lehren.

Annahme wortlos übermitteln

Wir senden Botschaften vermittels des gesprochenen Wortes (was wir sagen) oder dessen, was Soziologen *wortlose* Botschaften (was wir nicht sagen) nennen. Wortlose Botschaften werden durch Gesten, Körperhaltung, Gesichtsausdruck oder andere Verhaltensweisen übermittelt. Winken Sie, die Handfläche dem Kind zugewandt, mit der rechten Hand von sich ab, so ist es sehr wahrscheinlich, daß das Kind diese Geste als »Geh fort« oder »Mach, daß du wegkommst«

oder »Ich möchte im Augenblick nicht gestört werden« auslegt. Wenden Sie die Handfläche vom Kind ab und winken auf sich zu, wird das Kind diese Geste wahrscheinlich als Botschaft mit der Bedeutung »Komm her«, »Komm näher«, oder »Ich möchte dich hier bei mir haben« verstehen. Die erste Botschaft übermittelte Nicht-Annahme, die zweite Annahme.

Nichteinmischung als Zeichen der Annahme
Eltern können die Annahme ihres Kindes durch Nichteinmischung in seine Betätigung zeigen. Nehmen Sie zum Beispiel ein Kind, das am Strand eine Sandburg zu bauen versucht. Der Elternteil, der das Kind allein läßt, sich selbst mit etwas beschäftigt und dem Kind erlaubt, »Fehler« zu machen oder seine eigene, einzigartige Konstruktion einer Burg zu schaffen (die wahrscheinlich nicht wie die des Elternteils sein wird oder, was das betrifft, vielleicht nicht einmal wie eine Burg aussieht) - dieser Elternteil übermittelt eine wortlose Botschaft der Annahme.
Das Kind wird fühlen: »Was ich tue, ist gut«, »Mein Burgenbau-Verhalten stößt auf Annahme«, »Mutter akzeptiert, was ich in diesem Augenblick tue«.
Wenn das Kind sich einer Beschäftigung hingibt, ist das Abseitsbleiben eine deutliche, wortlose Methode, Annahme auszudrücken. Vielen Eltern fehlt es an der Erkenntnis, wie oft sie ihren Kindern nur durch das Einmischen, Stören, Eindringen, Kontrollieren, Mitmachen Nicht-Annahme zu verstehen geben. Zu häufig lassen Erwachsene Kinder einfach nicht in Ruhe. Sie dringen in die private Sphäre ihrer Zimmer ein oder drängen sich in ihre persönlichen und privaten Gedanken und weigern sich, ihnen ein Einzeldasein zuzugestehen. Das ist oft die Folge elterlicher Befürchtungen und Ängste, ihres eigenen Gefühls der Unsicherheit.
Eltern wollen, daß Kinder lernen (»So sollte eine Burg in Wirklichkeit aussehen«). Sie fühlen sich beunruhigt, wenn Kinder einen Fehler machen (»Bau die Burg weiter vom Wasser entfernt, damit nicht eine Welle die Burgmauer einreißt«). Sie wollen stolz auf die Leistungen ihrer Kinder sein (»Seht doch die schöne Burg, die unser Klaus gebaut hat«). Sie unterwerfen Kinder strengen Erwachsenenvorstellungen von richtig und falsch (»Müßte deine Burg nicht einen Wassergraben haben?«). Sie hegen geheime Ambitionen für ihre Kinder (»Du wirst nie etwas lernen, wenn du den ganzen Nach-

mittag an dem Ding baust«). Sie machen sich übertriebene Sorgen darum, was andere über ihre Kinder denken (»Du könntest eine viel bessere Burg bauen«). Sie möchten fühlen, daß ihr Kind sie braucht (»Laß Vati helfen«), usw.

Nichts tun kann daher in einer Situation, in der das Kind einer Beschäftigung nachgeht, deutlich zu verstehen geben, daß die Eltern es akzeptieren. Ich habe die Erfahrung gemacht, daß Eltern diese Art des »Für-sich-Seins« nicht häufig genug zulassen. Begreiflicherweise fällt eine »Hände-weg«-Einstellung nicht leicht.

Bei der ersten Party für Jungen und Mädchen, die unsere Tochter während ihres ersten Jahres in der Oberschule gab, erinnere ich mich, mir sehr zurückgestoßen vorgekommen zu sein, nachdem sie mir gesagt hatte, daß meine höchst einfallsreichen und konstruktiven Vorschläge zur Unterhaltung ihrer Gäste gänzlich unerwünscht waren. Erst nachdem ich mich von meiner leichten Depression über die Bitte, mich herauszuhalten, erholt hatte, konnte ich verstehen, auf welche Art ich wortlose Botschaften der Nicht-Annahme übermittelte – »Du kannst alleine keine gelungene Party geben«, »Du brauchst meine Hilfe«, »Ich mißtraue deinem Urteil«, »Du bist keine perfekte Gastgeberin«, »Du könntest einen Fehler machen«, »Ich möchte nicht, daß diese Party ein Mißerfolg ist«, usw.

Passives Zuhören als Zeichen der Annahme

Nichts sagen kann ebenfalls deutlich Annahme ausdrücken. Schweigen – »passives Zuhören« – ist eine überzeugende, wortlose Botschaft und kann wirksam angewendet werden, um einem Menschen das Gefühl aufrichtiger Annahme zu geben. Professionelle Helfer wissen das sehr wohl und machen bei ihren Interviews ausgiebig vom Schweigen Gebrauch. Ein Mensch, der sein erstes Interview mit einem Psychologen oder Berater beschreibt, stellt häufig fest: »Er sagte kein Wort; gesprochen habe nur ich.« Oder: »Ich habe ihm alle die schrecklichen Dinge über mich erzählt, aber er äußerte nicht einmal Kritik.« Oder: »Ich glaubte kein Wort sagen zu können, aber ich habe die ganze Zeit geredet.«

Was diese Menschen beschreiben, ist ihre Erfahrung – höchstwahrscheinlich ihre erste Erfahrung – im Gespräch mit jemandem, der ihnen *zuhört*. Es kann eine wunderbare Erfahrung sein, wenn einem das Schweigen eines Menschen das Gefühl der Annahme gibt. Keine Mitteilung stellt dann in Wirklichkeit eine Mitteilung dar, wie in

dieser Begegnung zwischen einem Elternteil und seiner eben aus der Oberschule nach Hause gekommenen Tochter:
Kind: Ich bin heute zum Direktor ins Büro geschickt worden.
Elternteil: Oh?
Kind: Ja, Herr Meier sagte, ich rede in der Stunde zu viel.
Elternteil: Aha.
Kind: Ich kann das alte Fossil nicht ausstehen. Er sitzt an seinem Pult und redet über seine Sorgen oder über seine Enkel und erwartet, daß uns das interessiert. Du würdest nicht glauben, wie langweilig das ist.
Elternteil: Hm - hmhm.
Kind: Man kann einfach nicht in der Stunde sitzen und nichts tun! Man wird verrückt. Janne und ich sitzen da und machen Unsinn, während er spricht. Ach, er ist einfach der schlimmste Lehrer, den man sich denken kann. Er macht mich rasend.
Elternteil: (Schweigen)
Kind: Bei einem guten Lehrer lerne ich gut, aber wenn ich jemanden wie Herrn Meier kriege, habe ich einfach überhaupt keine Lust zum Lernen. Warum lassen sie so einen Kerl Lehrer sein?
Elternteil: (Achselzucken)
Kind: Vermutlich gewöhne ich mich besser daran, denn ich werde nicht immer gute Lehrer kriegen. Es gibt mehr schlechte als gute, und wenn ich zulasse, daß die schlechten mich unterkriegen, werde ich nicht die Zensuren bekommen, die ich brauche, um auf eine Oberschule zu gehen. Wahrscheinlich schneide ich mir ins eigene Fleisch.

Diese kurze Episode demonstriert deutlich den Wert des Schweigens. Das passive Zuhören des Elternteils ermöglichte es dem Kind, über den ursprünglichen Tatsachenbericht, zum Direktor geschickt worden zu sein, hinauszugehen. Es erlaubte ihm zuzugeben, warum es bestraft wurde, den zornigen und haßerfüllten Gefühlen gegenüber seinem Lehrer Luft zu machen und schließlich zu seiner eigenen, unabhängigen Schlußfolgerung zu kommen, daß es sich durch diese Art von Verhalten in Wirklichkeit nur selbst Schaden zufügt. In der kurzen Zeitspanne, in der das Kind *angenommen* wurde, *wuchs* es. Es durfte seinen Gefühlen Ausdruck geben, ihm wurde geholfen, alleine in eine Art selbst eingeleiteter Problemlösung einzutreten. Daraus ging seine eigene, konstruktive Lösung hervor, so zaghaft sie auch gewesen sein mag.

Das Schweigen des Elternteils ermöglichte dieses »Entwicklungsmoment«, diese kleine »Wachstumszunahme«, dieses Beispiel eines im Prozeß einer selbstbestimmten Veränderung befindlichen Organismus. Welch eine Tragödie für den Elternteil, die Gelegenheit verpaßt zu haben, zur Entwicklung dieses Kindes beizutragen, wenn er die Mitteilung des Kindes mit dem Einwurf solch typischer, nicht annehmender Bemerkungen gestört hätte wie:

»Was war mit dir? Du bist zum stellvertretenden Direktor geschickt worden? Du meine Güte!«
»Na, das sollte dir eine Lehre sein!«
»Hör mal, so schlecht ist Herr Meier doch nicht, oder?«
»Liebling, du mußt einfach ein bißchen Selbstbeherrschung lernen.«
»Es ist besser, du lernst, dich auf alle möglichen Lehrer einzustellen.«

Alle diese Botschaften und die vielen anderen mehr, die Eltern in Situationen wie dieser charakteristischerweise vermitteln, würden nicht nur Nicht-Annahme des Kindes übermittelt, sondern weitere Mitteilungen des Kindes abgeschnitten und jegliche Problemlösung seinerseits verhindert haben.

Demgemäß kann *nichts sagen* sowohl als auch *nichts tun* Annahme übermitteln. Und Annahme begünstigt konstruktive Weiterentwicklung und Veränderung.

Verbal übermittelte Annahme

Die meisten Eltern wissen, daß man in einer menschlichen Wechselbeziehung nicht lange schweigsam bleiben kann. Menschen wollen irgendeine Art von verbaler Einflußnahme. Es liegt auf der Hand, Eltern müssen mit ihren Kindern sprechen, und ihre Kinder brauchen das Gespräch mit ihnen, wenn sie eine innige, lebendige Beziehung haben sollen.

Das Gespräch ist wesentlich, *wie* die Eltern aber mit ihren Kindern sprechen, ist entscheidend. Ich kann dadurch, daß ich nur auf die Arten verbaler Kommunikation achte, die zwischen Elternteil und Kind stattfinden, insbesondere darauf, wie der Elternteil auf die Kommunikation des Kindes reagiert, sehr viel über eine Eltern-Kind-Beziehung sagen. Eltern müssen untersuchen, wie sie verbal auf Kinder reagieren, denn hier findet sich der Schlüssel zur Effektivität der Eltern.

In unseren Kursen verwenden wir eine Übung, um Eltern bei der Erkenntnis zu helfen, welcher Art von verbalen Erwiderungen sie sich bedienen, wenn ihre Kinder mit Empfindungen und Problemen zu ihnen kommen. Wenn Sie diese Übung jetzt ausprobieren möchten, brauchen Sie nichts als ein leeres Blatt Papier und einen Bleistift oder einen Füllfederhalter. Nehmen Sie an, Ihr fünfzehnjähriges Kind verkündet eines Abends bei Tisch:
»Die Schule ist für die Katz'. Alles, was man dort lernt, ist ein Haufen unwichtiger Tatsachen, von denen man nichts hat. Ich habe beschlossen, gar nicht zu studieren. Man braucht keine Hochschulausbildung, um etwas zu werden. Es gibt eine Menge anderer Möglichkeiten, um im Leben weiterzukommen.«
Jetzt schreiben Sie auf dem Papier ganz genau auf, wie Sie auf diese Botschaft verbal reagieren würden. Sie schreiben Ihre verbale Kommunikation auf - genau die Worte, die Sie in Erwiderung auf diese Botschaft Ihres Kindes gebrauchen würden.

Wenn Sie das getan haben, probieren Sie es mit einer anderen Situation. Ihre zehnjährige Tochter sagt zu Ihnen:
»Ich weiß nicht, was mit mir los ist. Tina mochte mich immer leiden, aber jetzt nicht mehr. Sie kommt nie mehr zum Spielen hierher. Und wenn ich zu ihr gehe, spielt sie immer mit Julia, und die beiden spielen zusammen und haben Spaß, und ich stehe immer alleine herum. Ich hasse die beiden.«
Schreiben Sie wiederum genau auf, was Sie in Erwiderung auf diese Botschaft zu Ihrer Tochter sagen würden.

Und jetzt eine andere Situation, in der Ihr elfjähriges Kind zu Ihnen sagt:
»Wie kommt es, daß ich den Hof sauberhalten und die Abfalleimer raustragen muß? Johnnys Mutter verlangt so etwas alles nicht von ihm! Du bist nicht gerecht. Kinder sollten nicht so viel arbeiten müssen. Keiner wird gezwungen, so viel zu tun wie ich.«
Schreiben Sie Ihre Erwiderung auf.

Eine letzte Situation. Ihr fünfjähriger Sohn wird immer frustrierter, als es ihm nicht gelingt, nach dem Abendessen die Aufmerksamkeit seiner Mutter, seines Vaters und Ihrer zwei Gäste auf sich zu lenken. Sie vier unterhalten sich eifrig und erneuern nach langer

Trennung Ihre Freundschaft. Auf einmal sind Sie entsetzt, als Ihr kleiner Junge laut schreit:
»*Ihr seid alle ein Haufen dreckiger, alter, fieser Stinkstiefel. Ich hasse euch.*«
Schreiben Sie wieder genau auf, was Sie in Erwiderung auf diese deutliche Botschaft sagen würden.

Die verschiedenen Arten Ihrer Erwiderung auf diese Botschaften können in Kategorien eingeteilt werden. Es gibt nur etwa ein Dutzend unterschiedliche Kategorien, in die verbale Erwiderungen der Eltern fallen. Sie sind unten aufgeführt. Nehmen Sie die Erwiderungen, die Sie auf Ihr Blatt Papier geschrieben haben und versuchen Sie, jede einzelne in die Kategorie einzuordnen, die Ihrer Erwiderung am besten entspricht.

1. Befehlen, anordnen, kommandieren
Dem Kind sagen, daß es etwas tun soll, ihm eine Anordnung oder einen Befehl geben:
»Es ist mir gleich, was andere Eltern tun, du mußt die Hausarbeit erledigen.«
»Sprich nicht so mit deiner Mutter!«
»Nun geh zurück und spiel mit Tina und Julia!«
»Hör damit auf, dich zu beklagen!«

2. Warnen, ermahnen, drohen
Dem Kind sagen, welche Folgen eintreten werden, wenn es etwas tut:
»Wenn du das machst, wird es dir leid tun!«
»Noch eine solche Bemerkung wie diese, und du verläßt das Zimmer!«
»Das wirst du bleiben lassen, wenn du weißt, was gut für dich ist!«

3. Zureden, moralisieren, predigen
Dem Kind sagen, was es tun *müßte* oder *sollte*:
»Du solltest dich nicht so aufführen.«
»Du solltest...«
»Du mußt Erwachsenen gegenüber immer respektvoll sein.«

4. Beraten, Lösungen geben oder Vorschläge machen
Dem Kind sagen, wie es ein Problem löst, ihm raten oder Vorschläge machen, ihm Antworten oder Lösungen liefern:
»Warum bittest du nicht Tina und Julia zusammen, hier zu spielen?«
»Warte noch ein paar Jahre, bevor du im Hinblick auf die Universität eine Entscheidung triffst.«
»Ich schlage vor, du besprichst das mit deinen Lehrern.«
»Geh und freunde dich mit ein paar anderen Mädchen an.«

5. Vorhaltungen machen, belehren, logische Argumente anführen
Das Kind mit Fakten, Gegenargumenten, Logik, Information oder Ihrer eigenen Meinung zu beeinflussen versuchen:
»Das Studium kann zum schönsten Erlebnis werden, das du jemals haben wirst.«
»Wir wollen uns mal mit den Fakten über Berufsaussichten befassen.«
»Kinder müssen lernen, wie sie sich miteinander vertragen.«
»Wenn Kinder lernen, zu Hause Verantwortung zu übernehmen, werden aus ihnen verantwortungsbewußte Erwachsene.«
»Betrachte es einmal so - deine Mutter braucht Hilfe im Haus.«
»Als ich in deinem Alter war, mußte ich doppelt soviel tun wie du.«

6. Urteilen, kritisieren, widersprechen, beschuldigen
Zu einer negativen Beurteilung oder Bewertung des Kindes kommen:
»Du denkst nicht logisch.«
»Das ist ein unreifer Standpunkt.«
»Da bist du ganz im Unrecht.«
»Ich bin vollkommen anderer Meinung als du.«

7. Loben, zustimmen
Eine positive Beurteilung oder Bewertung des Kindes äußern, zustimmen:
»Nun, ich finde dich hübsch.«
»Du hast die Fähigkeit, etwas zu leisten.«
»Ich finde, du hast recht.«
»Ich bin deiner Meinung.«

8. Beschimpfen, lächerlich machen, beschämen
Dem Kind das Gefühl geben dumm zu sein, das Kind in eine Kategorie einordnen, es beschämen:
»Du bist ein verzogenes Gör.«
»Hör mal zu, Herr Neunmalklug.«
»Du benimmst dich wie ein wildes Tier.«
»Na schön, du Baby.«

9. Interpretieren, analysieren, diagnostizieren
Dem Kind sagen, welche Motive es hat, oder analysieren, warum es etwas tut oder sagt; es wissen lassen, daß Sie es durchschauen oder zu einer Diagnose gekommen sind:
»Du bist nur eifersüchtig auf Tina.«
»Du sagst das, um mir einen Schreck einzujagen.«
»In Wirklichkeit glaubst du das alles selber nicht.«
»Du hast dieses Gefühl, weil du in der Schule nichts leistest.«

10. Beruhigen, bemitleiden, trösten, unterstützen
Das Kind dahin zu bringen versuchen, sich besser zu fühlen; ihm seine Empfindungen ausreden, seine Empfindungen zu zerstreuen versuchen, die Heftigkeit seiner Empfindungen leugnen:
»Morgen denkst du anders darüber.«
»Alle Kinder machen das gelegentlich durch.«
»Mach dir keine Sorgen, das kommt alles zurecht.«
»Bei deiner Begabung könntest du ein ausgezeichneter Schüler sein.«
»Das habe ich früher auch gedacht.«
»Ich weiß, die Schule kann manchmal ziemlich langweilig sein.«
»Mit anderen Kindern verträgst du dich doch sonst sehr gut.«

11. Forschen, fragen, verhören
Gründe, Motive, Ursachen zu finden versuchen; nach weiteren Informationen suchen, die Ihnen helfen, das Problem zu lösen:
»Wann hattest du dieses Gefühl zum erstenmal?«
»Warum glaubst du die Schule zu hassen?«
»Erzählen dir die Kinder jemals, warum sie nicht mit dir spielen wollen?«
»Mit wie vielen Kindern hast du über die Arbeit, die sie zu tun haben, gesprochen?«

»Wer hat dir diesen Gedanken in den Kopf gesetzt?«
»Was willst du tun, wenn du nicht auf die Uni gehst?«

12. Zurückziehen, ablenken, aufheitern, zerstreuen
Das Kind von dem Problem abzubringen versuchen; sich selbst von dem Problem zurückziehen; das Kind ablenken; die Sache scherzhaft behandeln; das Problem beiseite schieben:
»Denk einfach nicht mehr daran.«
»Laß uns bei Tisch nicht darüber sprechen.«
»Komm – laß uns über angenehmere Dinge reden.«
»Wie steht's eigentlich mit deinem Korbballspiel?«
»Warum versuchst du nicht, die Schule niederzubrennen?«
»Das habe ich früher auch alles durchgemacht.«

Wenn Sie jede dieser Erwiderungen in eine der Kategorien einordnen konnten, sind Sie ein ziemlich »typischer« Elternteil. Falls eine Ihrer Erwiderungen in keine der zwölf Kategorien paßte, heben Sie sie auf, bis wir später noch ein paar Arten der Erwiderung auf kindliche Botschaften behandeln. Vielleicht paßt sie in eine von ihnen.
Wenn die Eltern in unseren Kursen diese Übung machen, fallen mehr als 90 Prozent der Erwiderungen der meisten Eltern in diese zwölf Kategorien. Die meisten dieser Mütter und Väter sind von der Übereinstimmung verblüfft. Zudem sind die meisten von ihnen noch nie von jemandem darauf hingewiesen worden, wie sie mit ihren Kindern sprechen – welcher Kommunikationsformen sie sich bedienen, wenn sie auf die Empfindungen und Probleme ihrer Kinder reagieren.
Einer der Eltern fragte stets: »Also schön, da wir nun wissen, wie wir sprechen, was ist damit? Was sollen wir aus der Erkenntnis lernen, daß wir uns alle der ›Typischen Zwölf‹ Kategorien bedienen?«

Was ist mit den »Typischen Zwölf«?
Um zu verstehen, welchen Effekt die »Typischen Zwölf« auf Kinder haben oder wie sie sich auf die Eltern-Kind-Beziehung auswirken, muß den Eltern erst gezeigt werden, daß ihre verbalen Erwiderungen gewöhnlich mehr als eine Bedeutung oder eine Bot-

schaft beinhalten. Einem Kind, das sich gerade darüber beklagt hat, daß seine Freundin es nicht mag oder nicht mehr mit ihm spielt, beispielsweise zu sagen: »Ich schlage vor, du versuchst Tina besser zu behandeln, dann wird sie vielleicht mit dir spielen wollen«, übermittelt einem Kind viel mehr als den einfachen »Inhalt« Ihres Vorschlags. Das Kind kann daraus irgendeine oder alle dieser verborgenen Botschaften »hören«:

»Du akzeptierst nicht, daß ich so empfinde, darum willst du, daß ich mich ändere.«

»Du traust mir nicht zu, mit diesem Problem alleine fertig zu werden.«

»Du glaubst also, es ist meine Schuld.«

»Du meinst, ich bin nicht so gescheit wie du.«

»Du denkst, ich tue etwas Böses oder Falsches.«

Oder wenn das Kind sagt: »Ich kann die Schule oder alles, was damit zusammenhängt, nicht ausstehen«, und Sie erwidern: »Ach, irgendwann haben wir alle einmal so über die Schule gedacht - du wirst darüber hinwegkommen«, dann kann das Kind diese zusätzlichen Botschaften daraus entnehmen:

»Du hältst meine Empfindungen für nicht sehr wichtig.«

»Du kannst mich so, wie ich empfinde, nicht annehmen.«

»Du hast das Gefühl, es liegt nicht an der Schule, sondern an mir.«

»Du nimmst mich also nicht sehr ernst.«

»Du hast das Gefühl, daß mein Urteil über die Schule ungerechtfertigt ist.«

»Es scheint dir gleichgültig zu sein, wie ich empfinde.«

Wenn Eltern etwas *zu* einem Kind sagen, sagen sie häufig etwas *über* ein Kind. Darum macht die Mitteilung an ein Kind einen solchen Eindruck auf das Kind als Person und letztlich auf die Beziehung zwischen Ihnen und ihm. Jedesmal wenn Sie mit einem Kind sprechen, tragen Sie mit einem weiteren Stein zur Form der Beziehung bei, die zwischen Ihnen beiden errichtet wird. Und jede Botschaft sagt dem Kind etwas über das, was Sie von ihm denken. Allmählich macht es sich ein Bild davon, wie Sie es als Person sehen. Das Gespräch kann *konstruktiv* für das Kind und für die Beziehung sein, oder es kann *destruktiv* sein.

Ein Weg, durch den wir Eltern zu verstehen helfen, auf welche Weise die »Typischen Zwölf« destruktiv sein können, ist die Bitte,

sich ihrer eigenen Reaktionen zu erinnern, wenn sie einem Freund ihre Empfindungen anvertrauten. Die Eltern in unseren Kursen geben stets an, daß die »Typischen Zwölf« bei den meisten Gelegenheiten eine destruktive Wirkung auf sie oder ihre Beziehung zu der Person haben, der sie ihre Sorgen erzählen.
Hier sind einige der Wirkungen, die unsere Eltern angaben:
Sie veranlassen mich, nichts mehr zu sagen, verschließen mir den Mund.
Sie drängen mich in die Defensive, machen mich störrisch.
Sie veranlassen mich zu streiten, zum Gegenangriff überzugehen.
Sie geben mir ein Gefühl von Unzulänglichkeit und Inferiorität.
Sie machen mich empört und zornig.
Sie geben mir das Gefühl, schuldig oder schlecht zu sein.
Sie geben mir das Gefühl, daß ich gedrängt werde, mich zu ändern - daß ich nicht akzeptiert werde, wie ich bin.
Sie geben mir das Gefühl, fürsorglich behandelt zu werden, als ob ich ein Kind bin.
Sie geben mir das Gefühl, nicht verstanden zu werden.
Sie geben mir das Gefühl, daß meine Empfindungen nicht gerechtfertigt sind.
Sie geben mir das Gefühl, unterbrochen worden zu sein.
Sie geben mir das Gefühl der Frustration.
Sie geben mir das Gefühl, im Zeugenstand einem Kreuzverhör unterzogen zu werden.
Sie geben mir das Gefühl, der Zuhörer hat einfach kein Interesse.
Die Eltern in unseren Kursen begreifen sofort, daß die »Typischen Zwölf«, wenn sie diese Wirkung auf *sie* in ihrer Beziehung zu anderen haben, wahrscheinlich dieselbe Wirkung auf ihre Kinder haben würden.
Und sie haben recht. Diese zwölf Arten verbaler Erwiderungen sind gerade jene, die professionelle Therapeuten und Berater in ihrer Arbeit mit Kindern zu vermeiden gelernt haben. Diese Formen der Erwiderung sind potentiell »nicht-therapeutisch« oder destruktiv. Fachleute lernen, sich auf andere Arten der Erwiderung auf kindliche Botschaften zu verlassen, die sehr viel weniger Gefahr zu bergen scheinen, das Kind zu veranlassen, nicht mehr zu sprechen, ihm das Gefühl von Schuld oder Unzulänglichkeit zu geben, seine Selbstachtung herabzusetzen, es in die Defensive zu treiben, Unmut auszulösen, sich nicht angenommen zu fühlen, usw.

Im Anhang dieses Buches bringen wir ein Verzeichnis dieser »Typischen Zwölf« und gehen näher auf die destruktiven Wirkungen ein, die jede von ihnen haben kann.
Wenn die Eltern begreifen, wie sehr sie sich auf die »Typischen Zwölf« verlassen, fragen sie stets mit einiger Ungeduld: »Wie können wir anders reagieren? Welche sonstigen Möglichkeiten gibt es noch?« Den meisten Eltern fallen keine anderen Erwiderungen ein. Aber es gibt einige.

Einfache Türöffner
Eine der wirksamsten und konstruktivsten Arten der Erwiderung auf kindliche Empfindungs- oder Problembotschaften ist der »Türöffner« oder die Aufforderung, mehr zu sagen. Es sind Erwiderungen, die keine der persönlichen Gedanken, Urteile oder Gefühle des Zuhörers übermitteln, doch sie fordern das Kind dazu auf, an seinen eigenen Gedanken, Urteilen oder Empfindungen teilhaben zu lassen. Sie öffnen ihm die Tür, sie fordern es zum Sprechen auf. Die einfachsten unter ihnen sind so unverbindliche Erwiderungen wie:
»Aha.«
»Oh.«
»Hmhm.«
»Interessant.«
»Tatsächlich.«
»Was du nicht sagst.«
»Im Ernst.«
»Das hast du getan, was.«
»Wirklich.«
Andere übermitteln die Aufforderung, zu sprechen oder mehr zu sagen, ein bißchen deutlicher:
»Erzähl mir darüber.«
»Ich möchte etwas darüber hören.«
»Dein Standpunkt würde mich interessieren.«
»Möchtest du darüber sprechen?«
»Wir wollen uns darüber unterhalten.«
»Mal hören, was du dazu zu sagen hast.«
»Erzähl mir die ganze Geschichte.«
»Schieß los, ich höre.«
»Klingt, als ob du etwas darüber zu sagen hättest.«
»Das scheint etwas zu sein, das *dir* sehr wichtig ist.«

Diese Türöffner oder Aufforderungen zum Sprechen können der Kommunikation einer anderen Person sehr die Wege ebnen. Sie ermuntern den anderen Menschen dazu, mit dem Sprechen anzufangen oder weiterzusprechen. Überdies »lassen sie ihn am Ball«. Sie wirken sich nicht so aus, als ob Sie ihm den Ball wegnehmen, wie es Ihre eigenen Botschaften tun, beispielsweise fragen, raten, belehren, moralisieren, usw. Diese Türöffner halten Ihre eigenen Empfindungen und Gedanken aus dem Kommunikationsprozeß heraus. Die Erwiderungen von Kindern und Jugendlichen auf diese einfachen Türöffner werden die Eltern überraschen. Die Jugendlichen fühlen sich ermuntert, näherzukommen, sich zu eröffnen, und schütten ihre Gedanken und Empfindungen buchstäblich vor Ihnen aus. Nicht anders als Erwachsene wollen Jugendliche gerne sprechen und tun es gewöhnlich, wenn sie jemand dazu auffordert.
Diese Türöffner übermitteln auch die Annahme des Kindes und die Achtung vor ihm als Person, indem sie ihm, *sinngemäß*, sagen:
»Du hast das Recht auszudrücken, wie du empfindest.«
»Ich achte dich als Person mit Gedanken und Empfindungen.«
»Ich könnte von dir etwas lernen.«
»Ich möchte wirklich deinen Standpunkt hören.«
»Deine Gedanken sind es wert, angehört zu werden.«
»Du interessierst mich.«
»Ich möchte in Beziehungen zu dir treten, dich besser kennenlernen.«
Wer reagiert auf eine derartige Einstellung nicht günstig? Welcher Erwachsene empfindet es nicht als wohltuend, wenn er sich geschätzt, geachtet, bedeutend, angenommen, interessant fühlen kann? Kinder sind nicht anders. Geben Sie Ihnen eine verbale Aufforderung, und dann springen Sie vor ihrer Ausdruckskraft und Mitteilsamkeit beiseite. Dabei könnten Sie auch etwas über sie oder über sich selbst lernen.

Aktives Zuhören
Es gibt eine andere Form der Erwiderung auf die Botschaften junger Leute, die unendlich viel wirksamer als die Türöffner ist, bei denen es sich lediglich um Aufforderungen zum Sprechen handelt. Sie *öffnen* dem Kind die Tür zum Sprechen. Die Eltern jedoch müssen lernen, wie sie die Tür *offenhalten*.
Weitaus effektiver als *passives Zuhören* (Schweigen) stellt *aktives*

Zuhören eine bemerkenswerte Art dar, den »Sender« mit dem »Empfänger« in Beziehung zu bringen. Dabei ist sowohl *der Empfänger* als auch der Sender *aktiv*. Um aber zu lernen, wie sie aktiv zuhören, müssen Eltern gewöhnlich mehr von dem Kommunikationsprozeß zwischen zwei Menschen verstehen. Ein paar Diagramme werden dabei helfen.

Immer wenn ein Kind beschließt, in Kommunikation zu seinen Eltern zu treten, tut es das, weil es ein *Bedürfnis* hat. Es geschieht stets, weil etwas in seinem Inneren vorgeht. Es möchte etwas, es fühlt Unbehagen, es hat eine Empfindung im Hinblick auf irgend etwas oder ist über etwas verstimmt - wir sagen, daß sich der Organismus des Kindes in einer Art von *gestörtem Gleichgewicht* befindet. Um den Organismus wieder in einen Zustand des Gleichgewichts zu versetzen, beschließt das Kind zu sprechen. Sagen wir, das Kind empfindet Hunger.

Um den Hunger loszuwerden (Zustand des gestörten Gleichgewichts), wird das Kind ein »Sender« und teilt etwas mit, von dem es glaubt, daß es ihm Nahrung bringen könnte. Es vermag nicht mitzuteilen, was tatsächlich in ihm vorgeht (seinen Hunger), denn Hunger ist eine komplexe Folge physiologischer Prozesse, die im *Inneren des Organismus* stattfinden, wo sie immer bleiben müssen. Um *irgend jemand anderem* seinen Hunger *mitzuteilen*, muß es daher ein Signal wählen, von dem es glaubt, es könnte für einen anderen »ich bin hungrig« bedeuten. Dieser Vorgang der Wahl heißt »Verschlüsseln« - das Kind sucht einen Code aus.

Wir wollen einmal sagen, dieses besondere Kind wählt den Code »Wann ist das Abendbrot fertig, Mammi?« Dieser Code oder diese

Kombination verbaler Symbole wird dann in die Atmosphäre gesendet, wo der Empfänger (Mutter) sie auffangen könnte.

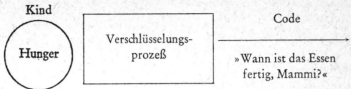

Wenn die Mutter die verschlüsselte Botschaft empfängt, muß sie sie in einem Entschlüsselungsprozeß verarbeiten, damit sie ihre Bedeutung im Sinne dessen verstehen kann, was in dem Kind vorgeht.

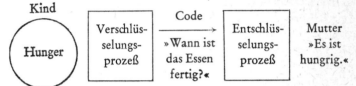

Wenn die Mutter richtig entschlüsselt, wird sie verstehen, daß das Kind Hunger hat. Wenn es aber geschieht, daß die Mutter die Botschaft dahingehend entschlüsselt, daß das Kind gerne essen möchte, damit es rausgehen und vor dem Zubettgehen spielen kann, würde sie sie mißverstehen; der Kommunikationsprozeß ist zusammengebrochen. Hier aber liegt die Schwierigkeit – das Kind weiß das nicht, ebensowenig wie die Mutter, denn das Kind kann die Gedanken im Inneren der Mutter ebensowenig sehen, wie die Mutter in das Kind hineinsehen kann.

Das ist es, was so häufig im Kommunikationsprozeß zwischen zwei Menschen falsch läuft: Seitens des Empfängers kommt es zu einem Mißverständnis im Hinblick auf die Botschaft des Senders, und keiner von beiden weiß, daß das Mißverständnis besteht.

Nehmen wir jedoch an, daß Mutter beschließt, die Richtigkeit ihres Entschlüsselns zu prüfen, nur um sich zu vergewissern, daß sie nichts mißverstanden hat. Sie kann das tun, indem sie dem Kind tatsächlich ihre Gedanken sagt – das Resultat ihres Entschlüsselungsprozesses. »Du möchtest Gelegenheit, vor dem Zubettgehen draußen zu spielen.« Nun, da es die Rückmeldung der Mutter hört, kann das Kind seiner Mutter sagen, daß sie falsch entschlüsselt hat:

Kind: Nein, das meine ich nicht, Mutter. Ich meinte, daß ich wirklich hungrig bin und bald essen möchte.

Mutter: Ach so. Du hast großen Hunger. Was hältst du inzwischen von ein paar Kräckern mit Erdnußbutter? Wir können erst essen, wenn Vater nach Hause kommt – in etwa einer Stunde.
Kind: Das ist eine gute Idee. Ich glaube, ich esse ein paar Kräcker.

Als die Mutter zum erstenmal das »rückmeldete«, was sie aus der anfänglichen Botschaft des Kindes entnahm, übte sie aktives Zuhören.

In diesem besonderen Fall mißverstand sie die Botschaft des Kindes zuerst, aber gerade das sagte ihm ihre Rückmeldung. Darum sandte es einen anderen Code, der endlich zum richtigen Verständnis seiner Botschaft führte. Hätte sie das erste Mal richtig entschlüsselt, könnte der Vorgang graphisch wie folgt dargestellt werden:

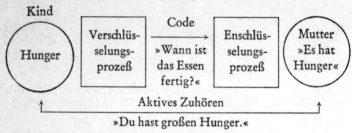

Hier sind einige weitere Beispiele für aktives Zuhören.

1. *Kind* (weinend): Klaus hat mir mein Lastauto weggenommen.
   Elternteil: Darüber ärgerst du dich sicher – du magst es nicht, wenn er das tut.
   Kind: Stimmt.
2. *Kind:* Ich habe niemanden zum Spielen, seit die Familie von Joachim in Urlaub gefahren ist. Ich weiß einfach nicht, was ich hier tun soll, um mich zu unterhalten.
   Elternteil: Du vermißt Joachim beim Spielen und weißt nicht, womit du dir die Zeit vertreiben könntest.
   Kind: Ja, ich wünschte, mir fiele etwas ein.
3. *Kind:* Mensch, habe ich eine schreckliche Lehrerin dieses Jahr. Ich mag sie nicht. Sie ist ein alter Miesepeter.
   Elternteil: Das klingt, als ob du richtig enttäuscht von deiner Lehrerin bist.
   Kind: Das bin ich auch wirklich.
4. *Kind:* Du wirst es nicht glauben, Vater. Ich bin in die Korbballmannschaft gekommen.

Elternteil: Na, darüber freust du dich aber wirklich.
Kind: Und ob!
5. *Kind:* Vater, was hat dir an Mädchen gefallen, als du ein Junge warst? Woran lag es, wenn du ein Mädchen richtig gern mochtest?
Elternteil: Das hört sich an, als dächtest du darüber nach, was du an dir haben mußt, damit dich die Jungen mögen. Stimmt's?
Kind: Ja. Es scheint, als ob sie mich aus irgendeinem Grund nicht mögen, und ich weiß nicht warum.

In jedem dieser Beispiele hat der Elternteil die Empfindungen des Kindes - das, was im »Inneren« des Kindes vor sich geht - richtig entschlüsselt. In jedem einzelnen Fall bestätigte das Kind dann die Richtigkeit der elterlichen Entschlüsselung durch eine Bemerkung, die besagte: »Du hast mich richtig gehört.«

Beim aktiven Zuhören versucht der Empfänger also zu verstehen, was der Sender empfindet oder was seine Botschaft besagt. Darauf formuliert er sein Verständnis mit eigenen Worten (Code) und meldet es zur Bestätigung an den Sender zurück. Der Empfänger sendet *keine* eigene Botschaft - zum Beispiel ein Urteil, eine Meinung, einen Rat, ein Argument, eine Analyse oder eine Frage. Er meldet *nur das zurück, was nach seinem Gefühl die Botschaft des Senders bedeutete* - nicht mehr, nicht weniger.

Hier folgt eine längere Unterhaltung, in der der Elternteil fortwährend aktives Zuhören anwendet. Achten Sie darauf, wie das Kind jedesmal die Rückmeldung des Elternteils bestätigt. Beachten Sie auch, wie aktives Zuhören es dem Kind erleichtert, mehr zu sagen, tiefer zu gehen, seine Gedanken weiterzuentwickeln. Können Sie die Weiterbewegung spüren? Verfolgen Sie, wie das Kind von sich aus seine Probleme zu definieren beginnt, dann einige Einsichten über sich selbst entwickelt und einen guten Anlauf zur Lösung seiner Probleme macht.

Sabine: Ich wünschte, ich würde mir wie Barbie ab und zu mal eine Erkältung holen. Die hat Glück.
Vater: Du hast das Gefühl, ein bißchen benachteiligt zu werden.
Sabine: Ja. Sie kann zu Hause bleiben und ich nie.
Vater: Du würdest wirklich gern öfter nicht zur Schule gehen.
Sabine: Ja. Ich mag nicht jeden Tag zur Schule gehen - einen Tag nach dem anderen. Es hängt mir zum Halse raus.
Vater: Du bist der Schule oft überdrüssig.

Sabine: Manchmal finde ich sie einfach tödlich.
Vater: Es ist mehr, als sie nicht mögen, du haßt sie manchmal wirklich.
Sabine: Genau. Ich hasse Schularbeiten, ich hasse den Unterricht und ich hasse die Lehrerinnen.
Vater: Du haßt einfach alles, was mit der Schule zusammenhängt.
Sabine: Alle Lehrerinnen hasse ich eigentlich nicht - nur zwei von ihnen. Die eine davon kann ich nicht ausstehen. Sie ist die schlimmste.
Vater: Die eine haßt du ganz besonders, ja?
Sabine: Und wie! Es ist diese Frau Klose. Ich kann sie nicht riechen. Obendrein habe ich sie das ganze Jahr hindurch.
Vater: Du mußt sie eine lange Zeit aushalten.
Sabine: Ja, ich weiß nicht, wie ich das überhaupt ertragen werde. Weißt du, was sie tut? Jeden Tag hält sie uns eine lange Predigt - sie steht da vorne, lächelt (macht es vor) und erzählt uns, wie sich ein verantwortungsbewußter Schüler zu benehmen hat; und sie liest uns alles das vor, was man tun muß, um in ihrer Klasse eine gute Zensur zu bekommen. Es kann einem übel werden.
Vater: Du haßt es bestimmt, dir das alles anzuhören.
Sabine: Ja. Sie läßt es unmöglich erscheinen, eine gute Zensur zu bekommen - es sei denn, man ist eine Art Genie oder der Liebling der Lehrerin.
Vater: Du fühlst dich unterlegen, bevor du überhaupt angefangen hast, weil du glaubst, daß du unmöglich eine gute Zensur bekommen kannst.
Sabine: Ja. Ich werde keiner dieser Lehrerlieblinge sein - die anderen Kinder hassen sie. Ich bin ohnehin nicht besonders beliebt bei den Kindern. Ich habe einfach das Gefühl, die meisten Mädchen mögen mich nicht! (Tränen)
Vater: Du hast das Gefühl, nicht beliebt zu sein, und das kränkt dich.
Sabine: Ja, natürlich. Da ist diese Clique von Mädchen, die die besten in der Klasse sind. Sie sind die beliebtesten Mädchen. Ich wünschte, ich könnte in diese Clique hineinkommen, aber ich weiß nicht wie.
Vater: Du möchtest sehr gerne zu dieser Clique gehören, aber du hast keine Ahnung, wie du das anstellen mußt.
Sabine: Genau. Ich weiß wirklich nicht, wie die Mädchen in diese

Clique hineinkommen. Sie sind nicht die hübschesten - nicht alle von ihnen. Es sind nicht immer diejenigen mit den besten Zensuren. Einige in der Clique bekommen gute Zensuren, aber die meisten bekommen schlechtere als ich. Ich verstehe es einfach nicht.
Vater: Es ist dir ziemlich rätselhaft, was man an sich haben muß, um in diese Clique zu kommen.
Sabine: Nun, das eine ist, daß sie alle ziemlich freundlich sind - sie reden viel und, na, du weißt schon, sie finden Freunde. Sie grüßen einen zuerst und reden ganz ungezwungen. Das kann ich nicht. Ich habe für diese Dinge einfach kein Talent.
Vater: Du denkst, vielleicht ist es das, was sie haben und du nicht.
Sabine: Ich weiß, ich kann mich nicht gut unterhalten. Mit einem Mädchen kann ich ganz frei reden, aber nicht, wenn ein ganzer Haufen Mädchen beisammen ist. Ich halte einfach den Mund. Mir fällt einfach nichts ein, was ich sagen könnte.
Vater: Du fühlst dich wohl mit einem Mädchen, aber mit vielen Mädchen ist es anders.
Sabine: Ich habe immer Angst, etwas Dummes oder Falsches zu sagen. Darum stehe ich einfach da und fühle mich ausgestoßen. Es ist schrecklich.
Vater: Bestimmt haßt du dieses Gefühl.
Sabine: Ich hasse es, nicht dazu zu gehören, aber ich habe Angst zu versuchen, mich an der Unterhaltung zu beteiligen.
In diesem kurzen, modellartigen Gespräch zwischen Vater und Sabine läßt Vater seine eigenen Gedanken und Empfindungen (Ich-Botschaften) beiseite, um zuzuhören, zu entschlüsseln und Sabines Gedanken und Empfindungen zu verstehen. Achten Sie darauf, daß die Rückmeldungen des Vaters gewöhnlich mit »du« beginnen. Achten Sie auch darauf, daß Sabines Vater es unterließ, sich irgendeiner der »Typischen Zwölf« zu bedienen. Indem er sich konsequent auf aktives Zuhören verließ, bezeigte er Verständnis und Einfühlungsvermögen für Sabines Empfindungen, erlaubte ihr aber, die Verantwortung für ihr Problem zu behalten.

Warum sollen Eltern aktives Zuhören lernen?
Manche Eltern, die in unseren Kursen mit dieser neuen Technik bekannt gemacht werden, sagen:
»Es scheint mir so unnatürlich.«
»So sprechen Menschen nicht miteinander.«

»Was ist der Zweck des aktiven Zuhörens?«
»Ich würde mir wie ein Idiot vorkommen, wenn ich meinem Kind so antwortete.«
»Meine Tochter würde mich für verrückt halten, wenn ich ihr gegenüber aktives Zuhören anzuwenden begänne.«
Das sind verständliche Reaktionen, weil die Eltern so daran gewöhnt sind: anzuordnen, zu predigen, zu fragen, zu urteilen, zu drohen, zu ermahnen oder zu beruhigen. Es ist gewiß natürlich, daß sie fragen, lohnt es die Mühe, sich zu ändern und aktives Zuhören zu lernen?
Einer der skeptischeren Väter in einem Kursus wurde nach einem Erlebnis mit seiner fünfzehnjährigen Tochter überzeugt, das in der Woche nach der Unterrichtsstunde stattfand, in der er mit dieser neuen Art des Zuhörens bekannt gemacht worden war.
»Ich möchte dem Kursus über ein erstaunliches Erlebnis berichten, das ich in dieser Woche hatte. Meine Tochter und ich haben seit etwa zwei Jahren, abgesehen vielleicht von ›Gib mir das Brot‹ oder ›Kann ich Salz und Pfeffer haben?‹ kein freundliches Wort mehr miteinander gewechselt. Als ich neulich abends heimkam, saßen sie und ihr Freund am Küchentisch. Ich hörte, daß meine Tochter ihrem Freund erzählte, wie sehr sie die Schule hasse und wie empört sie über die meisten ihrer Freundinnen sei. Ich beschloß auf der Stelle, mich hinzuzusetzen und nur aktives Zuhören zu üben, und wenn es mich umbringen sollte. Nun, ich will nicht behaupten, daß ich es perfekt gemacht habe, aber ich überraschte mich selbst. Ich war gar nicht so übel. Also, stellen Sie sich vor, die beiden begannen mit mir zu sprechen und hörten zwei Stunden lang nicht auf. In diesen zwei Stunden lernte ich mehr über meine Tochter als in den vergangenen fünf Jahren. Obendrein war sie die übrige Woche ausgesprochen freundlich zu mir. Welch eine Veränderung!«
Dieser überraschte Vater steht nicht alleine da. Viele Eltern haben sofortigen Erfolg, wenn sie die neue Methode ausprobieren. Selbst bevor sie sich im aktiven Zuhören ein annehmbares Maß an Befähigung erworben haben, berichten sie häufig von erstaunlichen Resultaten.
Manche Menschen glauben, daß sie sich von ihren Empfindungen befreien können, indem sie sie unterdrücken, sie vergessen oder an etwas anderes denken. In Wirklichkeit befreien sich Menschen selbst von beunruhigenden Empfindungen, wenn sie ermutigt werden,

ihnen offen Ausdruck zu geben. *Aktives Zuhören unterstützt diese Art von Katharsis.* Es hilft den Kindern, genau festzustellen, was sie empfinden. Nachdem sie ihren Empfindungen Ausdruck gegeben haben, scheinen die Empfindungen oft wie durch ein Wunder zu verschwinden.
Aktives Zuhören hilft den Kindern, sich vor negativen Empfindungen weniger zu fürchten. »Empfindungen sind gut« ist ein Ausdruck, den wir in unseren Kursen verwenden, um den Eltern zu helfen, zu der Erkenntnis zu kommen, daß Empfindungen nicht »schlecht« sind. Wenn ein Elternteil durch aktives Zuhören zeigt, daß er die Empfindungen des Kindes annimmt, wird auch dem Kind geholfen, sie anzunehmen. Aus der Reaktion des Elternteils lernt es: Empfindungen *sind* gut.
Aktives Zuhören fördert - gleichsam als »Nebenprodukt« - eine herzliche Beziehung zwischen Elternteil und Kind. Das Erlebnis, von einem anderen Menschen gehört und verstanden zu werden, ist so befriedigend, daß es den Sender stets veranlaßt, dem Zuhörer gegenüber herzlich zu empfinden - ohne daß dies etwa ein bewußtes Ziel sein kann. Insbesondere Kinder reagieren mit liebevollen Gedanken und Gefühlen. Ähnliche Gefühle werden im Zuhörer hervorgerufen - er beginnt, für den Sender herzlicher und inniger zu empfinden. Wenn jemand einem anderen einfühlsam und genau zuhört, kommt er dazu, diesen Menschen zu verstehen, seine Art der Weltbetrachtung anzuerkennen - in gewisser Hinsicht *wird er dieser Mensch* für die Spanne Zeit, in der er sich an seine Stelle versetzt. Indem man sich in den anderen Menschen »hineinversetzt«, ruft man stets Gefühle der Verbundenheit, der Zuneigung und Liebe hervor. Sich in einen anderen hineinzufühlen heißt, ihn als Einzelperson zu sehen, jedoch bereit zu sein, sich ihm anzuschließen oder neben ihm zu stehen. Es bedeutet, ihm für eine kurze Spanne Zeit auf dieser Lebensreise ein »Gefährte zu werden«. Zu einer solchen Handlung gehören tiefe Zuneigung und Liebe. Eltern, die einfühlsames, aktives Zuhören lernen, entdecken eine neue Art von Verständnis und Achtung, ein tieferes Gefühl der Zuneigung; umgekehrt reagiert das Kind auf die Eltern mit ähnlichen Empfindungen.
Aktives Zuhören ermöglicht das Problemlösen durch das Kind. Wir wissen, daß Menschen ein Problem besser durchdenken und einer Lösung näherbringen, wenn sie es »durchsprechen« können, an-

statt nur darüber nachzudenken. Weil aktives Zuhören das Sprechen so wirksam erleichtert, hilft es einem Menschen bei der Suche nach Lösungen seiner Probleme. Alle hatten Ausdrücke wie »Laß mich bei dir eine Resonanz finden«, oder »Ich möchte das Problem mit dir erörtern«, oder »Vielleicht hilft es mir, mich mit dir auszusprechen«, gehört.

Aktives Zuhören beeinflußt das Kind, den Gedanken und Ideen der Eltern mit größerer Bereitwilligkeit zuzuhören. Es ist eine allgemeine Erfahrung, wenn jemand gewillt ist, sich meinen Standpunkt anzuhören, ist es leichter, *seinem* zuzuhören. Kinder sind eher geneigt, die Botschaften ihrer Eltern zu empfangen, wenn ihre Eltern sie zuerst bis zu Ende anhören. Wenn Eltern sich beklagen, daß ihre Kinder nicht auf sie hören, kann man wetten, daß die Eltern ihren Kindern nicht sehr gut zuhören.

Aktives Zuhören »überläßt dem Kind den Ball«. Wenn Eltern durch aktives Zuhören auf die Probleme ihrer Kinder reagieren, werden sie beobachten, wie oft die Kinder selbst zu denken beginnen. Ein Kind wird anfangen, sein Problem selbst zu analysieren, und schließlich zu irgendwelchen konstruktiven Lösungen kommen. Aktives Zuhören regt das Kind dazu an, selbst nachzudenken, zu einer eigenen Diagnose des Problems zu kommen, seine eigenen Lösungen zu finden. Aktives Zuhören drückt Vertrauen aus, während ratende, logische, belehrende und dergleichen Botschaften Mißtrauen ausdrücken, indem sie dem Kind die Verantwortung für die Lösung des Problems abnehmen. Aktives Zuhören ist daher eine der wirksamsten Methoden, einem Kind zu helfen, selbstbestimmender, selbstverantwortlicher und unabhängiger zu werden.

Zur Anwendung aktiven Zuhörens notwendige Einstellungen

Beim aktiven Zuhören handelt es sich nicht um eine einfache Technik, die die Eltern jedesmal aus ihrem »Werkzeugkasten« hervorholen, wenn ihre Kinder Probleme haben. Es ist eine Methode, um eine Reihe grundlegender Einstellungen in die Praxis umzusetzen. Ohne diese Einstellungen wird die Methode selten wirksam sein; sie wird falsch, inhaltslos, mechanisch und unaufrichtig klingen. Hier sind etliche grundlegende Einstellungen, die vorhanden sein müssen, wenn ein Elternteil aktives Zuhören praktiziert. Immer wenn diese Einstellungen nicht vorhanden sind, kann der Elternteil kein wirksamer aktiver Zuhörer sein.

1. Sie müssen hören *wollen*, was das Kind zu sagen hat. Das heißt, Sie sind gewillt, sich Zeit zum Zuhören zu nehmen. Wenn Sie keine Zeit haben, brauchen Sie es nur zu sagen.
2. Sie müssen ihm in diesem Augenblick bei seinem besonderen Problem wirklich behilflich sein *wollen*. Wenn Sie es nicht wollen, warten Sie, bis Sie soweit sind.
3. Sie müssen wirklich imstande sein, *seine Empfindungen anzunehmen*, gleichgültig, um was es sich handeln mag oder wie sehr sie sich von Ihren eigenen Empfindungen oder den Empfindungen unterscheiden, die Ihrer Meinung nach ein Kind haben »sollte«. Es braucht Zeit, um zu dieser Einstellung zu kommen.
4. Sie müssen ein tiefes Gefühl des Zutrauens in die Fähigkeit des Kindes haben, mit seinen Empfindungen fertig zu werden, sich hindurchzuarbeiten und Lösungen seiner Probleme zu finden. Sie gewinnen dieses Zutrauen, wenn Sie Ihr Kind bei der Lösung seiner eigenen Probleme beobachten.
5. Sie müssen sich bewußt sein, daß Empfindungen vorübergehend und nicht von Dauer sind. Empfindungen ändern sich - Haß vermag sich in Liebe zu verwandeln, an Stelle von Entmutigung kann schnell Hoffnung treten. Demzufolge brauchen Sie sich nicht vor der Äußerung von Empfindungen zu fürchten; sie werden sich nicht für immer in dem Kind festsetzen. Das wird Ihnen aktives Zuhören zeigen.
6. Sie müssen imstande sein, Ihr Kind als jemanden zu betrachten, der von Ihnen *getrennt* ist - als einen einmaligen, nicht mehr mit Ihnen verbundenen Menschen, als ein Individuum für sich, das von Ihnen sein *eigenes* Leben und seine *eigene* Identität erhalten hat. Dieses »Getrennt-sein« wird Sie in die Lage versetzen, dem Kind zu »erlauben«, seine *eigenen* Empfindungen zu haben, seine *eigene* Art, die Dinge zu sehen. Nur durch das Gefühl des »Getrennt-seins« sind Sie imstande, dem Kind ein Helfer zu sein. Sie müssen »bei« ihm sein, wenn es seine Probleme erlebt, aber nicht mit ihm verbunden.

Das Risiko aktiven Zuhörens

Aktives Zuhören verlangt vom Empfänger ganz offenbar, seine eigenen Gedanken und Empfindungen zurückzuhalten, um ausschließlich auf die Botschaft des Kindes zu hören. Es nötigt zu genauem Empfang: wenn der Elternteil die Botschaft im Sinne der kindlichen Bedeutung verstehen soll, muß er sich an die Stelle des Kindes versetzen (in sein Bezugssystem, seine Welt der Realität), dann kann er die vom Sender *beabsichtigte* Bedeutung hören. Der Rückmelde-Teil des aktiven Zuhörens ist nichts anderes als die letzte Kontrolle des Elternteils im Hinblick auf die Korrektheit seines Zuhörens, obgleich er dem Sender (Kind) auch die Gewißheit gibt, daß er verstanden worden ist, wenn er die korrekte Rückmeldung seiner »Botschaft« vernimmt.

Wenn ein Mensch aktives Zuhören praktiziert, geschieht etwas mit ihm. Um richtig zu verstehen, wie *ein anderer Mensch* von seinem Standpunkt aus denkt oder empfindet, um sich momentan an seine Stelle zu versetzen, um die Welt mit *seinen* Augen zu sehen - laufen Sie als Zuhörer das Risiko, daß Ihre eigenen Meinungen und Einstellungen verändert werden. Mit anderen Worten, die Menschen werden durch das, was sie *wirklich verstehen*, tatsächlich verändert. »Aufgeschlossen für die Erfahrungen« eines anderen zu sein, fordert die Möglichkeit heraus, die eigenen Erfahrungen neu interpretieren zu müssen. Das kann beängstigend sein. Ein »defensiver« Mensch kann es sich nicht leisten, sich selbst Ideen und Anschauungen auszusetzen, die sich von seinen eigenen unterscheiden. Ein flexibler Mensch jedoch fürchtet sich nicht davor, verändert zu werden. Und Kinder, die flexible Eltern haben, reagieren positiv, wenn sie ihre Mütter und Väter bereit sehen, sich zu ändern - menschlich zu sein.

4. Die Kenntnis des Aktiven Zuhörens in die Praxis umsetzen

Die Eltern sind gewöhnlich erstaunt, wenn sie entdecken, was aktives Zuhören vollbringen kann, aber es bedarf der Mühe, um es in die Praxis umzusetzen. Außerdem muß man, so schwer es zuerst erscheinen mag, aktives Zuhören häufig praktizieren. »Werde ich wissen, wann ich es anwenden muß?« fragen die Eltern. »Kann ich genügend Übung darin bekommen, um ein effektiver Berater meiner Kinder zu werden?«

Frau T., eine intelligente, gebildete Mutter von drei Kindern, bekannte den anderen Eltern in ihrem Kursus: »Ich erkenne jetzt, in welch starkem Maße ich die Angewohnheit habe, meinen Kindern mit Ratschlägen oder meiner Lösung ihrer Probleme zu kommen. Es ist eine Angewohnheit, die ich auch mit anderen Menschen gemeinsam habe – mit Freunden, mit meinem Mann. Kann ich mich ändern und aufhören, Frau Weißbescheid zu sein?«

Unsere Antwort besteht in einem etwas bedingten »Ja«. Ja, die meisten Eltern können sich ändern und lernen, aktives Zuhören richtig anzuwenden – vorausgesetzt, sie wagen den entscheidenden Schritt und beginnen, es in die Praxis umzusetzen. Übung macht den Meister – oder Praxis wird den meisten Eltern wenigstens einen annehmbaren Grad des Könnens vermitteln. Zaghaften Eltern, die es sich nicht zutrauen, die neue Gesprächsmethode bei Kindern auszuprobieren, sagen wir: »Macht es wie in der Schule – der Lohn wird der Mühe wert sein.«

In diesem Kapitel soll gezeigt werden, wie Eltern aktives Zuhören anzuwenden gelernt haben. Wie beim Erlernen jeglicher neuen Tätigkeit, erleben die Menschen unvermeidlich Schwierigkeiten und sogar Fehlschläge. Heute jedoch wissen wir, daß Eltern, die ernsthaft an der Entwicklung ihres Könnens und ihrer Sensibilität arbeiten, Fortschritte im Wachstum ihrer Kinder auf Unabhängigkeit und Reife zu sehen und sich neuer Zuneigung und Vertrautheit mit ihnen erfreuen werden.

Wann »besitzt« das Kind das Problem?

Aktives Zuhören ist am angebrachtesten, wenn das Kind zu erkennen gibt, daß es ein Problem hat. Gewöhnlich wird der Elternteil derartige Situationen ausmachen, weil er das Kind Empfindungen ausdrücken hört.

Alle Kinder stoßen in ihrem Leben auf Situationen, die enttäuschend, frustrierend, schmerzlich oder niederschmetternd sind: sie haben Probleme mit ihren Freunden, ihren Brüdern oder Schwestern, ihren Eltern, ihren Lehrern, ihrer Umgebung und Probleme mit sich selbst. Kinder, die Hilfe bei der Lösung solcher Probleme finden, bewahren ihre psychische Gesundheit und fahren fort, mehr Kraft und Selbstbewußtsein zu erlangen. Kinder, bei denen das nicht der Fall ist, entwickeln emotionale Probleme.

Um zu erkennen, wann es angebracht ist, aktives Zuhören zu praktizieren, müssen sich die Eltern darauf einstellen, diese Art von Ich-habe-ein-Problem-Empfindungen zu hören.

Zuerst aber müssen wir ihnen ein sehr wichtiges Prinzip bewußt machen - das Prinzip der *Problem-Eigentümerschaft*.

In jeder menschlichen Beziehung gibt es Zeiten, in denen der eine Mensch (A.) »das Problem besitzt« - das heißt, eines seiner Bedürfnisse wird nicht befriedigt, oder er ist nicht zufrieden mit seinem Verhalten. In einem bestimmten Augenblick in der Beziehung kann er gestört, beunruhigt, frustriert, ausgeschlossen oder bedürftig sein. Deshalb ist die Beziehung in diesem Augenblick für A. unbefriedigend. *A. besitzt das Problem.*

Zu anderen Zeiten werden A.s Bedürfnisse durch sein Verhalten befriedigt, aber das Verhalten beeinträchtigt B. bei der Befriedigung seiner eigenen Bedürfnisse. Nun ist B. derjenige, der auf Grund von A.s Verhalten beunruhigt, frustriert, ausgeschlossen, bedürftig oder gestört ist. Demzufolge *besitzt B. das Problem* zu diesem Zeitpunkt.

In der Eltern-Kind-Beziehung kommen drei Situationen vor, die wir an Hand von Unterlagen kurz erläutern wollen:

1. Das Kind hat ein Problem, weil es an der Befriedigung seiner Bedürfnisse gehindert wird. Es ist kein Problem für den Elternteil, weil das Verhalten des Kindes den Elternteil bei der Befriedigung seiner eigenen Bedürfnisse auf keine greifbare Weise beeinträchtigt. Daher *besitzt das Kind das Problem.*
2. Das Kind befriedigt seine eigenen Bedürfnisse (es wird nicht dar-

an gehindert), und sein Verhalten beeinträchtigt die persönlichen Bedürfnisse des Elternteils nicht. Daher *gibt es innerhalb der Beziehung kein Problem.*
3. Das Kind befriedigt seine eigenen Bedürfnisse (es wird nicht gehindert). Aber sein Verhalten stellt für den Elternteil ein Problem dar, weil es auf irgendeine greifbare Weise den Elternteil bei der Befriedigung seiner persönlichen Bedürfnisse beeinträchtigt. *Nun besitzt der Elternteil das Problem.*

Entscheidend ist, daß Eltern jede Situation, die innerhalb der Beziehung auftritt, immer einstufen. In welche dieser drei Kategorien fällt die Situation? Es hilft, sich dieses Diagramms zu erinnern:

Bereich der Annahme	Kind besitzt das Problem	Das Verhalten des Kindes stellt für es selbst ein Problem dar
	Kein Problem	
Bereich der Nicht-Annahme	Elternteil besitzt das Problem	Das Verhalten des Kindes stellt für den Elternteil ein Problem dar

Aktives Zuhören seitens des Elternteils ist angebracht und hilfreich, wenn das Kind das Problem besitzt, aber oft sehr unangebracht, wenn der Elternteil das Problem besitzt; es hilft dem *Kind,* Lösungen für *seine eigenen* Probleme zu finden, hilft jedoch selten den Eltern, Lösungen zu finden, wenn das Verhalten des Kindes für den Elternteil ein Problem darstellt. (Im nächsten Kapitel werden wir Eltern mit Methoden zur Lösung von Problemen bekannt machen, die sie besitzen.)

Probleme wie die folgenden würde *das Kind besitzen:*
Klaus fühlt sich von einem seiner Freunde abgelehnt.
Peter ist traurig, weil er nicht in die Tennismannschaft aufgenommen wurde.
Linda ist enttäuscht, weil sich kein Junge mit ihr verabredet.
Jutta kann sich nicht entschließen, was sie werden will.
Ralf weiß nicht, ob er auf die Oberschule gehen soll.

Hans ist wegen Schuleschwänzens zwei Tage suspendiert.
Franz ist unglücklich über seine Klavierstunden.
Robert wird böse, wenn er ein Spiel an seinen Bruder verliert.
Jürgen arbeitet schlecht in der Schule, weil er seinen Lehrer haßt.
Barbara ist wegen ihrer Größe befangen.
Erika macht sich Sorgen, weil sie in zwei Fächern vielleicht durchfällt.
Johannes fällt es schwer, Schularbeiten zu machen.
Probleme dieser Art sind es, denen Kinder unvermeidlich bei dem Versuch begegnen, mit dem Leben - ihrem *eigenen* Leben - fertig zu werden. Die Frustrationen, Verwirrungen, Entbehrungen und Kümmernisse der Kinder, ja, sogar ihre Fehlschläge, gehören ihnen, nicht den Eltern.
Das ist der Gedanke, den Eltern anfänglich schwer akzeptieren können. Die meisten Mütter und Väter haben die Neigung, zu viele der Probleme ihrer Kinder zu ihren eigenen zu machen. Indem sie das tun, verursachen sie sich, wie wir später zeigen werden, unnötigen Kummer, tragen zur Verschlechterung ihrer Beziehungen zu ihren Kindern bei und versäumen zahllose Gelegenheiten, ihren Kindern echte Berater zu sein.
Wenn ein Elternteil die Tatsache akzeptiert, daß Probleme im Besitz des Kindes sind, so heißt das keineswegs, daß er, der Elternteil, nicht *interessiert sein*, sich *Sorgen machen* oder seine *Hilfe* anbieten kann. Ein professioneller Berater hat wirkliches Interesse für und macht sich echte Sorgen um jedes Kind, dem er zu helfen versucht. Anders als die meisten Eltern aber überläßt er die Verantwortung für die Lösung der Probleme des Kindes *dem Kind*. Er läßt das Kind die *Probleme haben*. Er akzeptiert, daß das Kind die Probleme hat. Er akzeptiert das Kind als eine *von ihm getrennte Person*. Und er verläßt sich weitgehend und *vertraut* grundsätzlich auf die eigenen, inneren Möglichkeiten des Kindes, seine eigenen Probleme zu lösen. Nur weil er das Kind seine Probleme besitzen läßt, ist der professionelle Berater in der Lage, aktives Zuhören anzuwenden.
Aktives Zuhören ist eine wirksame Methode, um einem anderen Menschen bei der Lösung eines Problems zu helfen, das er besitzt, unter der Voraussetzung, daß der Zuhörer die Eigenständigkeit des anderen zu akzeptieren und den anderen Menschen stets seine eigenen Lösungen finden zu lassen vermag. Aktives Zuhören kann die

Effektivität der Eltern als Helfer ihrer Kinder ungemein steigern, doch es ist eine andere Art von Hilfe als die, die Eltern gewöhnlich zu geben versuchen.

Paradoxerweise wird diese Methode den Einfluß des Elternteils auf das Kind vergrößern, aber es ist ein Einfluß, der sich von dem, den die meisten Eltern auf ihre Kinder auszuüben versuchen, unterscheidet. *Aktives Zuhören ist eine Methode, um Kinder zu beeinflussen, selbst Lösungen für ihre eigenen Probleme zu finden.* Die meisten Eltern sind jedoch versucht, wie im folgenden Fall die »Eigentümerschaft« der Probleme ihrer Kinder zu übernehmen:

Jan: Tomas will nicht mit mir spielen. Er will nie, was ich will.

Mutter: Na, warum sagst du nicht, du willst tun, was er will? Du mußt lernen, dich mit deinen kleinen Freunden zu vertragen. *(Raten, Moralisieren.)*

Jan: Ich will nicht das tun, was er will, und außerdem will ich mich mit dem blöden Kerl nicht vertragen.

Mutter: Nun, dann geh und such dir jemand anderen zum Spielen, wenn du ein Spielverderber sein willst. *(Eine Lösung vorschlagen, Beschimpfen.)*

Jan: Er ist der Spielverderber, nicht ich. Und es ist niemand anders zum Spielen da.

Mutter: Du bist nur schlechter Laune, weil du müde bist. Morgen wirst du anders darüber denken. *(Interpretieren, Beruhigen.)*

Jan: Ich bin nicht müde, und morgen werde ich nicht anders darüber denken. Du begreifst einfach nicht, wie sehr ich diesen kleinen Angeber hasse.

Mutter: Nun hör aber auf, so zu reden! Wenn ich dich jemals wieder so über einen deiner Freunde sprechen höre, wird's dir leid tun ... *(Befehlen, Drohen.)*

Jan: (entfernt sich verdrießlich): Ich hasse diese Gegend. Ich wünschte, wir würden fortziehen.

Nun zeigen wir, wie ein Elternteil dem selben Jungen durch aktives Zuhören helfen kann:

Jan: Tomas will heute nicht mit mir spielen. Er will nie tun, was ich will.

Mutter: Du scheinst böse mit Tomas zu sein. *(Aktives Zuhören.)*

Jan: Und wie. Ich will nie wieder mit ihm spielen. Ich will ihn nicht als Freund.

Mutter: Du bist so böse, daß du das Gefühl hast, ihn nie wiedersehen zu wollen. *(Aktives Zuhören.)*
Jan: Stimmt. Aber wenn er nicht mein Freund ist, werde ich niemanden zum Spielen haben.
Mutter: Du würdest ungern ohne Freund sein. *(Aktives Zuhören.)*
Jan: Ja. Ich glaube, ich muß mich irgendwie mit ihm vertragen. Aber es fällt mir so schwer, nicht mehr wütend auf ihn zu sein.
Mutter: Du möchtest dich lieber mit ihm vertragen, aber es fällt dir schwer, nicht wütend auf Tomas zu werden. *(Aktives Zuhören.)*
Jan: Früher kam das nie vor - aber das war, als er immer bereit war, das zu tun, was ich wollte. Er will sich von mir nicht mehr herumkommandieren lassen.
Mutter: Tomas ist jetzt nicht so leicht zu beeinflussen. *(Aktives Zuhören.)*
Jan: Bestimmt nicht. Er ist kein solches Baby mehr. Es macht aber auch mehr Spaß mit ihm.
Mutter: Eigentlich gefällt er dir so besser. *(Aktives Zuhören.)*
Jan: Ja. Aber es ist schwer, ihn nicht mehr herumzukommandieren - ich bin so daran gewöhnt. Vielleicht würden wir uns nicht so oft streiten, wenn ich ihm ab und zu seinen Willen lasse. Glaubst du, das würde gehen?
Mutter: Du meinst, es könnte helfen, wenn du gelegentlich nachgeben würdest. *(Aktives Zuhören.)*
Jan: Ja, vielleicht. Ich versuch's mal.

In der ersten Version wendet die Mutter acht der »Typischen Zwölf« Erwiderungen an. In der zweiten praktiziert die Mutter fortwährend aktives Zuhören. In der ersten Version »übernahm« die Mutter das Problem. In der zweiten ließ ihr aktives Zuhören Jan im Besitz des Problems. In der ersten Version sträubte sich Jan gegen die Vorschläge seiner Mutter: Sein Zorn und seine Frustration verminderten sich keinen Augenblick, das Problem blieb ungelöst, und es gab auf Jans Seite keine Weiterentwicklung. In der zweiten verging sein Zorn, er begann mit der Problemlösung und warf einen genaueren Blick auf sich selbst. Er kam zu einer eigenen Lösung und entwickelte sich offensichtlich einen Schritt weiter auf einen verantwortungsbewußten, selbstbestimmenden Problemlöser zu.

Hier ist eine weitere Situation, um zu verdeutlichen, auf welch typische Weise Eltern ihren Kindern zu helfen versuchen:
Kathy: Ich möchte heute abend nicht essen.
Vater: Komm schon. Kinder in deinem Alter brauchen drei Mahlzeiten am Tag. *(Anweisen, mit Logik überreden.)*
Kathy: Ich habe mittags doch viel gegessen.
Vater: Na, komm wenigstens an den Tisch und sieh dir an, was wir essen. *(Vorschläge machen.)*
Kathy: Ich werde bestimmt nichts essen.
Vater: Was ist heute abend mit dir los? *(Forschen.)*
Kathy: Nichts.
Vater: Na, dann setz dich an den Tisch. *(Befehlen.)*
Kathy: Ich habe keinen Hunger und will mich nicht an den Tisch setzen.

Nun zeigen wir, wie dem selben Mädchen durch aktives Zuhören geholfen werden kann:
Kathy: Ich möchte heute abend nicht essen.
Vater: Dir ist heute abend nicht nach Essen zumute. *(Aktives Zuhören.)*
Kathy: Bestimmt nicht. Mein Magen ist heute wie zugeschnürt.
Vater: Du fühlst dich heute angespannt, stimmt's? *(Aktives Zuhören.)*
Kathy: Angespannt ist gar kein Wort dafür - ich fürchte mich richtig.
Vater: Du fürchtest dich richtig vor etwas. *(Aktives Zuhören.)*
Kathy: Ja, bestimmt. Bob rief mich heute an und sagte, daß er mich heute abend sprechen möchte. Er klang richtig ernst, gar nicht wie sonst.
Vater: Du hast das Gefühl, es ist etwas im Busch, hm? *(Aktives Zuhören.)*
Kathy: Ich fürchte, er will mit mir Schluß machen.
Vater: Es wäre dir nicht recht, wenn das geschieht. *(Aktives Zuhören.)*
Kathy: Das würde mir den Rest geben! Vor allem, weil ich glaube, er will mit Susanne gehen. Das wäre das schlimmste!
Vater: Das ist es, wovor du eigentlich Angst hast - daß Susanne ihn bekommen könnte. *(Aktives Zuhören.)*
Kathy: Ja, sie kriegt alle netten Jungen. Es kann einem übel wer-

den - immer redet sie mit Jungen und bringt sie zum Lachen. Sie schwärmen alle für sie. Auf den Korridoren hat sie immer drei oder vier Jungen um sich. Ich weiß nicht, wie sie das macht - mir fällt in Gegenwart der Jungen nie ein Gesprächsthema ein.
Vater: Du möchtest dich in Gegenwart der Jungen ebenso unbefangen wie Susanne unterhalten können. *(Aktives Zuhören.)*
Kathy: Ja. Ich bin eben ein Versager. Wahrscheinlich liegt mir so viel daran, von ihnen gemocht zu werden, daß ich Angst habe, etwas Falsches zu sagen.
Vater: Du möchtest so gerne beliebt sein, daß du Angst hast, einen Fehler zu machen. *(Aktives Zuhören.)*
Kathy: Ja. Aber ich könnte es nicht verkehrter machen als jetzt - wie ein Dämelack herumstehen.
Vater: Du hast das Gefühl, so vielleicht schlechter dran zu sein, als wenn du einfach losreden würdest. *(Aktives Zuhören.)*
Kathy: Das bin ich mal sicher. Ich habe es satt, nichts zu sagen.
In der ersten Version mißlang es Kathys Vater, ihre Botschaft schon am Anfang zu entschlüsseln, darum blieb ihr Gespräch am Essenproblem hängen. Beim zweitenmal half des Vaters einfühlsames, aktives Zuhören, das grundsätzliche Problem freizulegen, machte Kathy Mut, das Problem zu lösen, und half ihr schließlich, eine Änderung ihrerseits in Erwägung zu ziehen.

Wie es Eltern schaffen, daß aktives Zuhören funktioniert
Hier ist Gelegenheit, einige Eltern dabei zu beobachten, wie sie aktives Zuhören daheim praktisch anwenden, wenn sie mit lästigen Problemen konfrontiert werden, denen Väter und Mütter begegnen. Man tut klug daran, sich von diesen authentischen Situationen nicht so gefangennehmen zu lassen, daß man vergißt, auf das aktive Zuhören zu achten, das diese Eltern praktizieren.

DANIEL: DAS KIND, DAS SICH VOR DEM EINSCHLAFEN FÜRCHTET
Als sie sich mit dieser Situation auseinandersetzte, gebrauchte diese Mutter, eine Absolventin unseres Kurses, einige der »Typischen Zwölf« Erwiderungen, verließ sich aber ebenfalls weitgehend auf aktives Zuhören. Das achtjährige Kind hatte von seinem fünften Lebensjahr an zunehmend Schwierigkeiten gehabt einzuschlafen. Ungefähr acht Monate bevor der folgende Dialog stattfand, zog es aus dem Zimmer aus, das es mit seinen zwei jüngeren Brüdern ge-

teilt hatte. Obgleich ihm viel an einem eigenen Zimmer lag, intensivierte sich das Problem des Einschlafens für Daniel.
Mutter: Es ist spät. Mach das Licht aus und geh schlafen.
Daniel: Ich schlafe nicht ein.
Mutter: Du mußt aber, es ist spät. Morgen wirst du sonst müde sein.
Daniel: Ich schlafe nicht ein.
Mutter (streng): Mach sofort das Licht aus!
Daniel (mit Entschiedenheit): Ich schlafe *niemals* ein.
Mutter (Ich habe das Gefühl, ihn erwürgen zu können. Ich bin so müde, ich halte das heute abend nicht aus ... ich gehe in die Küche, rauche eine Zigarette und beschließe, zu ihm hineinzugehen und es mit aktivem Zuhören zu versuchen, und wenn es mich umbringt! Betritt Daniels Zimmer): Na komm, es ist spät, aber ich will mich ein Weilchen an dein Bett setzen und meine Füße ausruhen, bevor ich das Geschirr abwasche. (Sie nimmt ihm das Buch weg, knipst das Licht aus, macht die Tür zu, setzt sich neben ihm auf das Bett und lehnt sich mit dem Rücken an die Wand.)
Daniel: Gib mir das Buch! Laß das Licht an. Geh raus. Ich will dich nicht hier haben. Ich schlafe nicht ein. Ich hasse dich!
Mutter: Du ärgerst dich.
Daniel: Ja, ich hasse die Schule, und ich gehe nie wieder hin, niemals!
Mutter (Er geht sehr gerne zur Schule): Du hast die Schule satt.
Daniel: Sie ist schrecklich. Ich bin nicht gut in der Schule. Ich weiß überhaupt nichts. Ich gehörte in die 2. Klasse. (Er ist in der 3.) Mathematik, ich kann Mathematik nicht. (Er ist darin sehr gut.) Der Lehrer muß denken, daß wir in der Oberschule sind oder so etwas.
Mutter: Mathematik fällt dir ziemlich schwer.
Daniel: Nein! Es ist leicht. Ich habe einfach keine Lust dazu.
Mutter: Oh.
Daniel (Plötzlicher Themawechsel): Aber ich mag Korbball. Ich spiele viel lieber Korbball, als daß ich zur Schule gehe.
Mutter: Du spielst wirklich gerne Korbball.
Daniel: Muß man auf die Oberschule gehen? (Der älteste Bruder geht bald in die Oberschule, und in der Familie wird viel darüber gesprochen.)
Mutter: Nein.

Daniel: Wie lange muß man zur Schule gehen?
Mutter: Du mußt die mittlere Reife beenden.
Daniel: Also ich gehe nicht auf die Oberschule. Ich muß nicht, stimmt's?
Mutter: Stimmt.
Daniel: Prima, ich werde Korbball spielen.
Mutter: Korbball macht Spaß.
Daniel: Genau. (Hat sich völlig beruhigt, spricht gelassen, ohne Zorn.) Na, dann gute Nacht.
Mutter: Gute Nacht.
Daniel: Bleibst du noch ein bißchen bei mir sitzen?
Mutter: Hmhm.
Daniel (Zieht die Decke herauf, die fortgestrampelt worden war, bedeckt damit sorgfältig Mutters Knie und streichelt sie): Bequem?
Mutter: Ja, danke.
Daniel: Gern geschehen. (Eine Zeitlang Schweigen, dann beginnt Daniel mit viel übertriebenem Räuspern und Schnauben zu schnüffeln und zu schnaufen.) Schnauf, schnauf, schnauf. (Daniel leidet unter einer leichten Allergie in Verbindung mit einer verstopften Nase, aber die Symptome sind nie akut. Die Mutter hat Daniel noch nie auf diese Weise schnaufen hören.)
Mutter: Quält dich deine Nase?
Daniel: Ja, und wie. Meinst du, ich brauche die Nasentropfen?
Mutter: Glaubst du, die würden dir helfen?
Daniel: Nein. (Schnauf, schnauf.)
Mutter: Die Nase quält dich wirklich.
Daniel: Ja. (Schnauf.) (Bedrückter Seufzer.) Ach, ich wünschte, man müßte im Schlaf nicht durch die Nase atmen.
Mutter (Sehr verwundert darüber, ist versucht, ihn zu fragen, woher er diese Idee hat.): Du glaubst also, du mußt beim Schlafen durch die Nase atmen?
Daniel: Ich *weiß*, daß man das muß.
Mutter: Du bist dir dessen ganz sicher.
Daniel: Ich weiß es. Tomas hat es mir gesagt, vor langer Zeit. (Sehr bewunderter, zwei Jahre älterer Freund.) Er sagte, man muß das. Man kann nicht durch den Mund atmen, wenn man schläft.
Mutter: Du meinst, man sollte es nicht?
Daniel: Man *kann* einfach nicht. (Schnauf.) Mammi, das stimmt doch, oder? Ich meine, man muß beim Schlafen durch die Nase

atmen, nicht wahr? (Lange Erklärung - viele Fragen Daniels über den bewunderten Freund. »Er würde mich doch nicht anlügen.«)
Mutter: (Erklärt, daß der Freund ihm wahrscheinlich zu helfen versucht, Kinder aber manchmal an falsche Informationen geraten. Mutter betont nachdrücklich, daß viele im Schlaf durch den Mund atmen.)
Daniel (Sehr erleichtert): Na, dann gute Nacht.
Mutter: Gute Nacht. (Daniel atmet ohne Schwierigkeiten durch den Mund.)
Daniel (Plötzlich): Schnauf.
Mutter: Noch immer Angst?
Daniel: Hm. Mammi, was ist, wenn ich einschlafe und durch den Mund atme - und meine Nase ist verstopft -, und was ist, falls ich mitten in der Nacht, wenn ich fest schlafe - was ist, wenn ich meinen Mund schließen würde?
Mutter (Begreift, daß er jahrelang vor dem Einschlafen Angst gehabt hat, weil er fürchtet, er würde ersticken. Denkt: »Ach, du armer, kleiner Kerl.«): Du hast Angst, du könntest vielleicht ersticken?
Daniel: Hmhm. Man *muß* atmen. (Er brachte es nicht fertig zu sagen: »Ich könnte sterben.«)
Mutter (Weitere Erklärungen): Es könnte ganz einfach nicht passieren. Dein Mund würde sich öffnen - genauso wie dein Herz Blut pumpt oder deine Augen blinzeln.
Daniel: Bist du sicher?
Mutter: Ja, ich bin sicher.
Daniel: Also, gute Nacht.
Mutter: Gute Nacht, mein Schatz. (Kuß. Daniel ist innerhalb von Minuten eingeschlafen.)

Der Fall Daniel ist kein alleinstehendes Beispiel für einen Elternteil, dessen aktives Zuhören die dramatische Lösung eines emotionalen Problems herbeiführte. Ähnliche Berichte von Eltern in unseren Kursen bestätigen unsere Überzeugung, daß die meisten Eltern das Können, dessen sich professionelle Berater bedienen, gut genug zu lernen vermögen, um es in die Praxis umzusetzen und ihren eigenen Kindern bei der Lösung ziemlich tiefgehender Probleme zu helfen, die früher als die ausschließliche Domäne von Fachleuten angesehen wurden.

Manchmal erzielt diese Art therapeutischen Zuhörens nur die katharische Auslösung der Empfindungen eines Kindes; alles, was das Kind zu brauchen scheint, ist ein einfühlsames Ohr oder eine Resonanz, wie zum Beispiel Betty, eine sehr aufgeweckte Zehnjährige. Bettys Mutter machte den Vorschlag, das Gespräch aufzunehmen, damit sie das Band in ihren Kursus mitbringen konnte. Wir ermutigen die Eltern in unseren Kursen dazu, damit wir das Band verwenden können, um der Mutter Hinweise zu geben und andere zu belehren. Während Sie die wörtliche Aufzeichnung lesen, versuchen Sie sich vorzustellen, wie die meisten ungeschulten Eltern in Erwiderung auf Bettys Gefühle im Hinblick auf ihren Lehrer die »Typischen Zwölf« angewendet haben würden.

Mutter: Du hast keine Lust, morgen zur Schule zu gehen, Betty, hm?
Betty: Es gibt nichts, worauf man sich da freuen kann.
Mutter: Du meinst, es ist ein bißchen langweilig ...
Betty: Ja - man kann nichts anderes tun als Frau Doof ansehen - sie ist so dick und schwabbelig und sieht so blöd aus!
Mutter: Sie ärgert dich richtig durch das, was sie tut ...
Betty: Ja - und dann geht sie rum: »In Ordnung, ich werde euch das morgen mitbringen.« Und dann ist es morgen, und sie sagt: »Ach, ich habe es vergessen. Ich werde es euch ein andermal geben.«
Mutter: Sie verspricht also, daß sie etwas tun wird ...
Betty: Und tut es nie ...
Mutter: Und sie kommt nicht darauf zurück, und das verstimmt dich sehr ...
Betty: Ja, sie hat mir die Papierklammer, die sie mir im September versprochen hat, noch immer nicht gegeben.
Mutter: Sie sagt, sie wird irgend etwas tun, und du verläßt dich darauf, und sie tut es nicht.
Betty: Und alle möglichen Ausflüge, die wir angeblich unternehmen sollen, und sie sagt, daß wir an einem der nächsten Tage in die Bücherei gehen ... und dann, wenn sie so etwas gesagt hat, hören wir nie wieder etwas darüber - sie spricht davon, und das ist alles - und dann macht sie neue Versprechungen ...
Mutter: Sie macht euch also Hoffnungen, und ihr glaubt, daß sich die Dinge wirklich bessern und etwas Interessantes passiert, und es geschieht nichts.
Betty: Genau - es ist alles blöd.

Mutter: Dann seid ihr richtig enttäuscht über das, was im Laufe des Tages vor sich geht.
Betty: Ja. Die einzige Stunde, die ich mag, ist Kunsterziehung, weil sie da wenigstens nicht wegen der Schrift oder etwas anderem an einem herumnörgelt. Sie ist ständig hinter mir her - »Oh, deine Schrift ist *so* schlecht! Warum tust du nichts, um besser zu schreiben? Warum bist du so schlampig?«
Mutter: Als ob sie beständig hinter dir steht ...
Betty: Ja, und in Kunsterziehung sagt sie, welche Farben ich nehmen soll, und ich nehme sie nicht ... ich mache, daß es hübsch aussieht, und sie zeigt mir bloß, wie ich Schatten hineinbringe ...
Mutter: Die übrige Zeit läßt sie dich in Kunsterziehung ziemlich in Ruhe.
Betty: Hmhm. Nur bei den Ziegeldächern ...
Mutter: Sie verlangt von dir, daß du sie auf eine bestimmte Art zeichnest ...
Betty: Hmhm. Aber ich zeichne sie nicht so ...
Mutter: Es stört dich richtig, daß sie dir ihre Ideen sagt, nach denen du dich richten mußt ...
Betty: Ich werde es nicht tun ... ich werde mich nicht darum kümmern - dann kriege ich Ärger ...
Mutter: Wenn du dich nicht um ihre Ideen kümmerst, hast du Angst, Ärger zu kriegen.
Betty: Hmhm. Meistens habe ich keinen. Ich muß immer tun, was sie will - die Art, wie sie mich in Mathematik zählen läßt: eins A, eins B und - oh.
Mutter: Du möchtest dich eigentlich gar nicht um ihre Ideen kümmern, aber du tust es doch und richtest dich danach, und dann bist du zu böse ...
Betty: Bei ihr dauert alles so lang - sie muß alles erklären, geht alles mit den Kindern durch und sagt ihnen, wie sie es machen sollen, und ich habe das Gefühl, wir sind Babys - »Nun kommen wir zu etwas ganz Neuem« - sie behandelt uns, als wären wir im Kindergarten.

Es ist manchmal schwer für Eltern, ein derartiges Gespräch ergebnislos oder unabgeschlossen enden zu lassen. Wenn Eltern begreifen, daß das in Sitzungen, die von professionellen Beratern abgehalten werden, häufig vorkommt, fällt es ihnen viel leichter, das Kind abbrechen zu lassen und ihm zuzutrauen, später seine eigene Lösung zu finden. Fachleute lernen aus Erfahrung, daß man zu der Fähigkeit der Kinder, sich konstruktiv mit ihren eigenen Lebensproblemen auseinanderzusetzen, Vertrauen haben kann. Eltern unterschätzen diese Fähigkeit.

Es folgt ein Beispiel, das einem Interview, das ich mit einem Jugendlichen hatte, entnommen ist. Es verdeutlicht die Behauptung, daß aktives Zuhören nicht immer eine sofortige Änderung bewirkt. Häufig löst aktives Zuhören nur eine Kette von Ereignissen aus, und der Abschluß wird den Eltern vielleicht nie bekannt oder für geraume Zeit nicht offenbar werden. Das geschieht, weil Kinder häufig später zu einer eigenen Lösung kommen. Professionelle Berater beobachten das ständig. Ein Kind kann eine Sitzung noch mitten in der Diskussion über ein Problem beenden, nur um nach einer Woche wiederzukommen und zu berichten, daß es das Problem gelöst hat.

Das passierte mit Ed, einem Sechzehnjährigen, der zur Beratung zu mir gebracht wurde, weil seine Eltern sich über sein völliges Desinteresse an der Schule, seine Aufsässigkeit gegenüber Erwachsenen, seine Gewohnheit, Drogen zu nehmen, und seine mangelnde Hilfsbereitschaft zu Hause Sorgen machten.

Mehrere Wochen verbrachte Ed die Beratungsstunden damit, sein Haschischrauchen zu verteidigen und die Erwachsenen wegen ihres Alkohol- und Tabakkonsums zu kritisieren. Er sah nichts Tadelnswertes im Gebrauch von Hasch. Er meinte, jedermann sollte es versuchen, weil es für ihn ein so großartiges Erlebnis darstellte. Überdies bezweifelte er stark den Wert der Schule. Er betrachtete sie nur als Vorbereitung dafür, eine Stellung zu bekommen, damit man Geld verdienen und in der gleichen Falle sitzen konnte, in der sich jedermann in der Gesellschaft befand. In der Schule hatte er Vieren und Fünfen bekommen. Ed schien jegliche konstruktive Tätigkeit sinnlos. Eines Tages kam er in die Beratungsstunde und verkündete, er habe beschlossen, nicht mehr Hasch zu rauchen - er sei fertig damit, »sein Leben zu ruinieren«. Obgleich er noch nicht wußte, was er im Leben tun wollte, sagte er, er sei sicher, sein Leben nicht dadurch wegwerfen zu wollen, daß er die »Hippie-Route« einschlug. Er erklärte außerdem, daß er für die zwei Fächer, die er in der Sommerschule belegt hatte, hart arbeitete, nachdem er im Laufe des Jahres mit einer Ausnahme in allen Fächern durchgefallen war. Ed bestand diese zwei Fächer schließlich mit 2 plus, legte die Abschlußprüfung der Oberschule ab und ging zur Universität. Ich weiß nicht, was die Veränderung bewirkte, aber ich habe den Verdacht, daß sein eigener Verstand dadurch mobilisiert wurde, daß man ihm zuhörte - aktiv zuhörte.

Manchmal hilft aktives Zuhören einem Kind nur, eine Situation zu akzeptieren, von der es weiß, daß es sie nicht ändern kann. Aktives Zuhören hilft einem Kind, seinen Empfindungen über eine Situation Ausdruck zu geben, sie loszuwerden und sich, weil es diese Empfindungen hat, von jemandem angenommen zu fühlen. Es handelt sich dabei wahrscheinlich um das selbe Phänomen wie das Mekkern in der Armee; der Meckerer weiß gewöhnlich, daß er die Situation nicht ändern kann, doch es scheint ihm gutzutun, wenn er negativen Empfindungen in Gegenwart eines Menschen Luft machen kann, der sie akzeptiert und versteht.
Das wird in dem folgenden Gespräch zwischen Jane, 12 Jahre, und ihrer Mutter verdeutlicht:
Jane: Wie ich diese Frau Adams, meine neue Englischlehrerin, hasse! Sie ist wohl das Hinterletzte.
Mutter: In diesem Halbjahr hast du wirklich keine gute Lehrerin bekommen, was?
Jane: Na Mensch! Sie steht da vorne und quasselt in einem fort über sich selbst, bis es mir so langweilig wird, daß ich es nicht mehr aushalten kann. Ich möchte ihr am liebsten sagen, sie soll den Mund halten.
Mutter: Du kriegst eine richtige Wut auf sie.
Jane: Und alle anderen auch. Niemand mag sie. Warum lassen sie solche Lehrer an einer staatlichen Schule unterrichten? Wie können sie nur ihre Stellung halten, wenn sie so schlecht sind?
Mutter: Du wunderst dich, wie jemand, der so schlecht ist, unterrichten darf.
Jane: Ja, aber sie ist da, und ich werde ihr jeden Tag gegenübersitzen müssen. Na, ich muß ein paar Plakate für Margrets Umzug machen. Bis später.
Man kam offenbar zu keiner klaren Lösung, und Jane kann auch nicht viel tun, um ihre Lehrerin zu ändern. Ihren Empfindungen Ausdruck geben zu dürfen und sie angenommen und verstanden zu sehen, ermöglicht es Jane jedoch, sich etwas anderem zuzuwenden.

Dieser Elternteil zeigt seiner Tochter überdies, *daß sie im Fall von Schwierigkeiten einen annehmenden Menschen hat, den sie an ihnen teilnehmen lassen kann.*

Wann beschließt ein Elternteil, aktives Zuhören anzuwenden?
Muß man, um aktives Zuhören anzuwenden, warten, bis ein ernstes Problem auftritt, wie beispielsweise im Fall von Daniel, der Angst vor dem Einschlafen hatte? Ganz im Gegenteil. Ihre Kinder senden Ihnen täglich Botschaften, die Ihnen verraten, daß sie beunruhigende Empfindungen erleben.
Der kleine Klaus hat sich eben den Finger an einem der elektrisch beheizten Lockenwickler seiner Mutter verbrannt.
Klaus: Oh, ich habe mir den Finger verbrannt; Mammi, ich habe mir den Finger verbrannt. Au, das tut weh, das tut weh! (Jetzt weint er.) Mein Finger ist verbrannt. Au, au!
Mutter: Ach, das tut aber weh. Das tut schrecklich weh.
Klaus: Ja, guck mal, wie schlimm ich ihn verbrannt habe.
Mutter: Es fühlt sich an, als ob du ihn ganz schlimm verbrannt hast. Das tut so weh.
Klaus (hört zu weinen auf): Mach schnell etwas drauf.
Mutter: Gut. Ich hole Eis, um ihn zu kühlen, und dann streichen wir eine Salbe darauf.
Als sie auf diesen alltäglichen kleinen Vorfall im Haus reagierte, vermied die Mutter es, Klaus mit: »Es ist gar nicht so schlimm«, oder »Es wird gleich besser«, oder »So schlimm hast du dich nicht verbrannt«, zu beruhigen. Sie achtete Klaus' Empfindungen, daß er sich schlimm verbrannt *hatte* und daß es sehr weh *tat*. Sie enthielt sich auch der typischsten Erwiderungen in Situationen wie dieser: »Komm, Klaus, sei kein kleines Baby. Hör sofort auf zu weinen.« (*Bewerten und Kommandieren.*)
Mutters aktives Zuhören spiegelte einige wichtige Einstellungen Klaus gegenüber wider:
Er hat einen schmerzhaften Augenblick in *seinem* Leben erfahren - es ist *sein* Problem, und er hat das Recht auf seine *eigene* alleinige Reaktion darauf.
Ich will seine persönlichen Empfindungen nicht in Abrede stellen - für *ihn* sind sie wirklich.
Ich kann akzeptieren, wie schlimm *er* die Verbrennung empfindet und wie sehr sie *ihm* weh tut.

Ich kann es nicht darauf ankommen lassen, ihm wegen *seiner persönlichen* Empfindungen das Gefühl der Schuld oder des Unrechts zu geben.
Die Eltern in unseren Kursen geben an, daß aktives Zuhören bei einem verletzten oder heftig schreienden Kind häufig zu einer dramatischen und sofortigen Beendigung des Geschreis führt, *wenn das Kind erst einmal gewiß ist, der Elternteil weiß und versteht, wie übel es sich fühlt oder wie sehr es sich ängstigt.* Für das Kind ist das Verständnis für seine Empfindungen das, was es vor allem braucht.
Kinder können den Eltern sehr viel Verdruß bereiten, wenn sie sich verängstigt, erschreckt oder unsicher fühlen, wenn ihre Eltern für den Abend fortgehen oder wenn sie ihre Lieblingspuppe oder ihre Kuscheldecke vermissen oder in einem fremden Bett schlafen müssen. Beruhigen wirkt in diesen Situationen selten, und die Eltern werden begreiflicherweise ungeduldig, wenn das Kind nicht aufhören will zu weinen oder nach dem zu verlangen, was es vermißt:
»Ich will meine Kuscheldecke, ich will meine Kuscheldecke, ich will meine Kuscheldecke.«
»Ich will nicht, daß du fortgehst! Ich will nicht, daß du fortgehst!«
»Ich will meine Puppe. Wo ist meine Puppe? Ich will meine Puppe!«
Aktives Zuhören vermag in dergleichen unangenehmen Lagen Wunder zu tun. Das Kind will vor allem, daß der Elternteil erkennt, wie heftig das Kind empfindet.
Kurz nach seiner Teilnahme an einem unserer Kurse berichtete Herr H. den folgenden Vorfall:
Michaela, dreieinhalb Jahre alt, begann unaufhörlich zu heulen, als Mutter sie bei mir im Auto zurückließ, während sie im Supermarkt einkaufte. »Ich will meine Mammi«, wurde ein dutzendmal wiederholt, obwohl ich ihr jedesmal sagte, daß Mammi in wenigen Minuten zurück sein würde. Dann ging sie zu lautem Geschrei über: »Ich will meine Puppe. Ich will meine Puppe.« Nachdem nichts sie zu beruhigen vermochte, erinnerte ich mich der Methode des aktiven Zuhörens. Verzweifelt sagte ich: »Du vermißt deine Mammi, wenn sie fortgeht.« Sie nickte. »Du magst nicht, daß Mammi ohne dich fortgeht.« Sie nickte wieder, drückte verängstigt ihre Sicherheitsdecke an sich und sah, in der Ecke des Rücksitzes zusammengekauert,

wie ein furchtsames, verlorenes Kätzchen aus. Ich fuhr fort: »Wenn du Mammi vermißt, möchtest du deine Puppe.« Heftiges Nicken. »Aber du hast deine Puppe nicht hier, und sie fehlt dir auch.« Dann, wie durch ein Wunder, kam sie aus ihrer Ecke hervor, ließ ihre Decke fallen, hörte zu weinen auf, krabbelte zu mir auf den Vordersitz und begann liebenswürdig über die Leute zu plaudern, die sie auf dem Parkplatz sah.
Wie für Herrn H. besteht die Lehre für Eltern darin, das, was ihr Kind empfindet, *anzunehmen*, anstatt den Versuch der direkten Annäherung zu machen und dem Heulen und der Quälerei durch Beruhigen oder Drohen *zu entgehen* (!) versuchen. *Kinder wollen wissen, daß man weiß, wie elend sie sich fühlen.*

Eine weitere Situation, in der aktives Zuhören angewendet werden kann, ist die, in der Kinder Botschaften senden, die seltsam verschlüsselt sind und es dem Elternteil schwermachen zu verstehen, was denn eigentlich in ihren Köpfen vorgeht. Häufig, aber nicht immer sind ihre Botschaften als Fragen verschlüsselt:
»*Werde ich jemals heiraten?*«
»*Was fühlt man, wenn man stirbt?*«
»*Warum nennen mich die Kinder Sanellabomber?*«
»*Pappi, was gefiel dir an Mädchen, als du ein Junge warst?*«
Die letzte Frage kam eines Morgens aus dem Mund meiner Tochter, bevor sie sich auf den Weg zur Oberschule machte. Wie die meisten Väter war ich sofort versucht, den Ball aufzunehmen und damit weiterzulaufen, nachdem ich einmal eine solche Gelegenheit hatte, in Erinnerungen an meine Knabenjahre zu schwelgen. Glücklicherweise nahm ich mich zusammen und brachte eine Entgegnung des aktiven Zuhörens hervor:
Vater: Das klingt, als überlegtest du dir, was du an dir haben mußt, damit dich die Jungen leiden mögen, habe ich recht?
Tochter: Ja. Sie scheinen aus irgendeinem Grund nichts an mir zu finden, und ich weiß nicht warum ...
Vater: Du zerbrichst dir den Kopf darüber, warum sie dich nicht zu mögen scheinen.
Tochter: Na ja, ich weiß, ich sage nicht viel. Ich habe Angst, vor Jungen etwas zu sagen.
Vater: Du scheinst einfach nicht den Mund aufzubekommen und ganz natürlich in Gegenwart von Jungen sein zu können.

Tochter: Ja. Ich habe Angst, daß ich etwas sagen werde, das mich in ihren Augen dumm erscheinen läßt.
Vater: Du willst nicht, daß sie dich für dumm halten.
Tochter: Ja. Wenn ich nichts sage, riskiere ich das gar nicht erst.
Vater: Es scheint sicherer, nichts zu sagen.
Tochter: Ja, aber ich komme damit nicht weiter, denn nun müssen sie denken, ich bin blöd.
Vater: Mit Schweigen erreichst du nicht das, was du willst.
Tochter: Nein. Ich glaube, ich muß es einfach darauf ankommen lassen.

Wie würde ich die Gelegenheit, eine Hilfe zu sein, vertan haben, wenn ich der Versuchung nachgegeben hätte, meiner Tochter von meinen Jugendvorlieben für Mädchen zu erzählen! Dank des aktiven Zuhörens machte meine Tochter einen kleinen Schritt vorwärts. Sie kam zu einer neuen Einsicht, von der Art, die oft zu konstruktiver, selbst begonnener Verhaltensänderung führt.

Ungewöhnlich verschlüsselte Botschaften, die Kinder senden, insbesondere Fragen, bedeuten nicht selten, daß sich das Kind mit einem tieferen Problem auseinandersetzt. Aktives Zuhören gibt den Eltern die Möglichkeit, sich einzuschalten, dem Kind zu helfen, selbst sein Problem zu definieren und den Prozeß des Problemlösens *im Kind* in Gang zu setzen. Auf diese als Fragen verschlüsselten Empfindungen direkte Antworten zu geben, hat fast unvermeidlich zur Folge, daß der Elternteil eine Gelegenheit vertut, bei dem wirklichen Problem, mit dem sich das Kind herumschlägt, ein »effektiver« Berater zu sein.

Wenn sie es zuerst ausprobieren, vergessen die Eltern in unseren Kursen oft, daß aktives Zuhören eine Kenntnis ist, der auch beim Reagieren auf die intellektuellen Probleme von Kindern ungeheurer Wert zukommt. Kinder stoßen ständig auf Probleme, während sie sich mühen, den Sinn dessen zu erfassen, was sie über die Welt, in der sie leben, lesen oder hören - Krawalle, Minderheitenverfolgung, Brutalität der Polizei, Krieg, Attentate, Luftverschmutzung, Geburtenkontrolle, Scheidung, Kriminalität, usw.

Das, was Eltern so häufig aus dem Konzept bringt, ist, daß Kinder im allgemeinen ihre Ansichten mit großer Bestimmtheit oder in einer Form vorbringen, die die Eltern wegen einer scheinbaren Naivität oder Unreife schaudern läßt. Die Versuchung besteht für

»Mammi« und »Pappi« darin, sich einzumischen und das Kind zu belehren oder ihm das umfassendere Bild zu zeigen. Die Motivation der Eltern kann dabei gut sein - sie wollen zur intellektuellen Entwicklung ihrer Kinder beitragen. Oder sie kann egoistisch sein - sie wollen ihre eigenen überlegenen intellektuellen Fähigkeiten demonstrieren. In beiden Fällen mischen sich die Eltern mit einer oder mehreren der »Typischen Zwölf« Erwiderungen ein und rufen den unvermeidlichen Effekt hervor, die Kinder abzuschalten oder ein Wortgefecht in Gang zu bringen, das mit verletzten Gefühlen und schneidenden Bemerkungen endet.

Wir müssen unseren Kursusteilnehmern einige recht eindringliche Fragen stellen, um sie dazu zu bewegen, mit der Anwendung aktiven Zuhörens zu beginnen, wenn ihre Kinder sich sowohl mit Ideen oder Tagesfragen als auch mit mehr persönlichen Problemen herumschlagen.

Wir fragen:

»Muß Ihr Kind wie Sie denken?«

»Warum haben Sie das Bedürfnis, es zu belehren?«

»Können Sie keine sehr von der Ihren abweichende Meinung tolerieren?«

»Können Sie ihm nicht helfen, zu einer eigenen Betrachtungsweise dieser komplexen Welt zu gelangen?«

»Können Sie ihm nicht erlauben, in seinem Ringen um eine Frage dort zu stehen, wo es steht?«

»Können Sie sich nicht daran erinnern, daß Sie als Kind einige recht naseweise Ansichten über weltweite Probleme hatten?«

Wenn die Eltern in unseren Kursen anfangen, sich auf die Zunge zu beißen und die Ohren zu spitzen, berichten sie von einem merklichen Wandel der Tischgespräche. Ihre Kinder beginnen, Probleme aufs Tapet zu bringen, an denen sie die Eltern vorher nie teilnehmen ließen - Drogen, Sex, Abtreibung, Alkohol, ethische Fragen usw. Aktives Zuhören kann Wunder bewirken und das Zuhause zu einem Ort machen, an dem sich die Eltern mit ihren Kindern zu tiefschürfenden, eindringlichen Diskussionen der komplexen, entscheidenden Probleme treffen, denen sich Kinder gegenübersehen.

Wenn die Eltern in unseren Kursen klagen, daß ihre Kinder zu Hause niemals über ernste Probleme sprechen, stellt sich meistens heraus, daß derartige Probleme von ihren Kindern bei Tisch versuchsweise und zögernd vorgebracht worden sind, aber die Eltern folgten der traditionellen Routine: ermahnen, predigen, moralisieren, belehren, bewerten, urteilen, sarkastisch sein oder ablenken. Langsam beginnen die Kinder dann den Vorhang herabzulassen, der ihre eigenen Gedanken von denen der Eltern auf immer trennen wird. Kein Wunder, daß es einen Generationsunterschied gibt! Er besteht in so vielen Familien, weil die Eltern nicht zuhören - sie belehren und korrigieren und mißbilligen und verspotten die Botschaften, die sie von dem in der Entwicklung begriffenen Verstand ihrer Kinder hören.

Verbreitete Fehler bei der Anwendung aktiven Zuhörens

Eltern finden es selten schwer zu verstehen, was aktives Zuhören ist und wie es sich von den »Typischen Zwölf« unterscheidet. Es ist auch selten ein Elternteil darunter, der nicht den potentiellen Nutzen erkennt, der sich bei Kindern aus aktivem Zuhören ziehen läßt. Manchen Eltern jedoch fällt es schwerer als anderen, diese Kenntnisse erfolgreich anzuwenden. Wie bei allen anderen neuen Kenntnissen, die man zu lernen versucht, können entweder auf Grund mangelnder Geschicklichkeit oder durch falsche Anwendung der Kenntnisse Fehler gemacht werden. In der Hoffnung, daß es den Eltern helfen wird, sie zu vermeiden, zeigen wir einige dieser Fehler auf.

Kinder durch »Lenkung« manipulieren

Manche Eltern versagen beim Beginn der Anwendung aktiven Zuhörens einfach deshalb, weil ihre Absichten falsch sind. Sie wollen sich seiner bedienen, um ihre Kinder zu manipulieren, damit sie sich so verhalten oder denken, wie die Eltern glauben, daß sie es sollten. Frau J. kam in die vierte Stunde ihres Kurses und konnte es kaum erwarten, ihrer Enttäuschung und ihrem Unmut über die erste Erfahrung mit aktivem Zuhören Ausdruck zu geben. »Was glauben Sie, mein Sohn starrte mich einfach an und sagte gar nichts. Uns ist erklärt worden, aktives Zuhören würde Kinder dazu ermuntern, mit uns zu sprechen. Nun, in meinem Fall traf das nicht zu.«

Als der Leiter des Kurses sie fragte, ob sie der Klasse erzählen möchte, was geschehen ist, berichtete Frau J.:

Tomas, sechzehn Jahre alt, kam aus der Schule nach Hause und erklärte, ihm sei gesagt worden, daß er in zwei Fächern durchfallen würde. Frau J. versuchte sofort, ihn zum Sprechen zu ermuti-

gen, indem sie sich ihrer neuerworbenen Kenntnisse bediente. Tomas verfiel in Schweigen und ließ seine Mutter schließlich stehen.
Der Lehrer schlug dann vor, daß er die Rolle von Tomas übernehmen und mit Frau J. zusammen versuchen würde, die Szene nachzuspielen. Frau J. stimmte zu, warnte die Kursusteilnehmer allerdings, daß der Lehrer in seiner Rolle wahrscheinlich niemals ebensowenig mitteilsam sein könnte, wie ihr Sohn es gewöhnlich zu Hause ist. Hier folgt, wie der Lehrer die Rolle von Tomas spielte. Achten Sie auf die Erwiderungen der Mutter:
Tomas: Puh! Heute haben sie mich abgeschossen. Zwei Benachrichtigungen – eine in Mathematik und die andere in Englisch.
Frau J.: Du bist durcheinander (kalt).
Tomas: Natürlich bin ich durcheinander.
Frau J.: Du bist enttäuscht (noch immer kalt).
Tomas: Das ist milde ausgedrückt. Es bedeutet nichts anderes, als daß ich die Abschlußprüfung nicht machen werde. Mich hat's erwischt.
Frau J.: Du hast das Gefühl, daß du jetzt, nachdem du benachrichtigt worden bist, nichts mehr daran ändern kannst. (Die Mutter sendet ihre eigene Botschaft.)
Tomas: Du meinst, ich soll anfangen, intensiver zu arbeiten. (Tomas hat ihre Botschaft gehört.)
Frau J.: Ja, es ist bestimmt noch nicht zu spät dazu, nicht wahr? (Jetzt drängt ihm die Mutter ihre Lösung wirklich auf.)
Tomas: Das Zeug lernen? Warum sollte ich? Nichts als Unsinn!
Und so ging es weiter. Tomas wurde von Frau J. in die Ecke gedrängt. Unter dem Vorwand, aktives Zuhören zu praktizieren, versuchte sie Tomas dahingehend zu manipulieren, in letzter Minute intensiver zu arbeiten. Unter dem Gefühl der Bedrohung durch seine Mutter ließ Tomas sich nicht darauf ein und ging in die Defensive.
Wie viele Eltern im Anfang, warf sich Frau J. auf aktives Zuhören, weil sie in ihm eine neue Technik zur Manipulation von Kindern sah – einen subtilen Weg, um sie zu beeinflussen, das zu tun, was sie nach Ansicht des Elternteils tun sollten, oder um *das Verhalten oder Denken des Kindes zu lenken.*

Sollten Eltern nicht versuchen, ihre Kinder zu lenken? Ist die Lenkung nicht eine der wichtigsten Verantwortungen der Eltern? Wäh-

rend »elterliche Lenkung« für Eltern eine der am häufigsten sanktionierten Funktionen darstellt, ist es auch eine der am mißverstandensten. Lenken heißt in irgendeine Richtung steuern. Es besagt auch, daß sich die Hand des Elternteils am Steuerrad befindet. Wenn Eltern das Steuerrad packen und das Kind in eine bestimmte Richtung lenken wollen, stoßen sie beständig auf Widerstand.
Kinder sind schnell im Erfassen der elterlichn Absichten. Sie begreifen sofort, daß elterliche Lenkung gewöhnlich mangelnde Annahme des Kindes wie es ist bedeutet. Das Kind fühlt, daß der Elternteil versucht, etwas mit ihm zu tun. Es fürchtet sich vor dieser indirekten Kontrolle. Seine Unabhängigkeit ist bedroht.
Aktives Zuhören ist keine Lenkungstechnik für Eltern-bestimmte Änderungsversuche. Eltern, die das glauben, werden indirekte Botschaften senden: die Vorurteile des Elternteils, Ideen, subtilen Druck. Es folgen einige Beispiele elterlicher Botschaften, die sich in die Erwiderungen auf die Kommunikationen ihrer Kinder einschleichen:
Tina: Ich bin wütend auf Sabine, und ich will nicht mit ihr spielen.
Elternteil: Du magst heute nicht mit ihr spielen, weil du vorübergehend wütend auf sie bist.
Tina: Ich will nie wieder mit ihr spielen - niemals!
Beachten Sie, wie der Elternteil seine eigene Botschaft einfließen ließ: »Ich hoffe, daß es nur vorübergehend ist und du morgen nicht mehr wütend auf sie sein wirst.« Tina spürte den Wunsch des Elternteils, sie zu ändern, und korrigierte ihn in ihrer zweiten Botschaft nachdrücklich.
Ein anderes Beispiel:
Bob: Was ist denn so falsch daran, Haschisch zu rauchen? Anders als Zigaretten und Alkohol schadet es einem nicht. Ich finde es nicht richtig, es illegal zu machen. Das Gesetz müßte geändert werden.
Elternteil: Du meinst, das Gesetz sollte geändert werden, damit immer mehr Kinder ins Unglück geraten können.
Die Rückmeldung des Elternteils ist offensichtlich ein Versuch, das Kind von seiner Ansicht über Haschisch abzubringen. Kein Wunder, daß sich seine Rückmeldung als unkorrekt herausstellt, denn sie enthält seine eigene Botschaft an das Kind, statt nur das zu reflektieren, was das Kind ihm mitteilt. Eine genaue Rückmeldung würde etwa gelautet haben: »Du bist überzeugt davon, daß sie Haschisch legalisieren sollten, nicht wahr?«

Die Tür öffnen und sie dann zuschlagen

Wenn sie es zuerst mit aktivem Zuhören versuchen, beginnen es manche Eltern anzuwenden, um der Kommunikation ihrer Kinder die Tür zu öffnen, dann aber schlagen sie die Tür zu, weil sie das aktive Zuhören nicht lange genug durchhalten, um das Kind vollständig anzuhören. Es ist, als sagte man: »Komm, erzähl mir, was du fühlst, ich werde dich verstehen.« Und dann, wenn der Elternteil hört, was das Kind fühlt, schlägt er schnell die Tür zu, weil ihm das, was er hört, nicht gefällt.

Fred, zehn Jahre alt, zieht die Mundwinkel herunter, und seine Mutter schaltet sich ein, um zu helfen:

Mutter: Du siehst aus, als ob du traurig wärst. *(Aktives Zuhören.)*
Fred: Frank hat mich geschubst.
Mutter: Du fandest das nicht nett. *(Aktives Zuhören.)*
Fred: Nein. Ich werde ihm eine runterhauen.
Mutter: Na, das wäre aber nicht nett von dir. *(Bewerten.)*
Fred: Das ist mir egal. So möchte ich ihn verhauen. (Holt weit aus)
Mutter: Fred, prügeln ist nie eine gute Art, um Meinungsverschiedenheiten unter Freunden zu bereinigen. *(Moralisieren.)* Warum gehst du nicht hin und sagst ihm, ihr wollt euch wieder vertragen? *(Beraten, Lösungen vorschlagen.)*
Fred: Soll das ein Spaß sein? *(Schweigen.)*

Die Tür wurde Fred vor der Nase zugeschlagen, also keine weiteren Mitteilungen. Indem er bewertete, moralisierte und riet, hat dieser Elternteil die Chance vertan, Fred zu helfen, sich mit seinen Empfindungen auseinanderzusetzen und *alleine* zu einer konstruktiven Lösung seines Problems zu kommen. Fred erfuhr auch, daß seine Mutter ihm nicht zutraut, derartige Probleme zu lösen, daß sie seine zornigen Empfindungen nicht annehmen kann, daß sie ihn nicht für einen netten Jungen hält und daß Eltern einfach kein Verständnis zu haben scheinen.

Es gibt keinen besseren Weg, das Versagen des aktiven Zuhörens zu garantieren, als sich seiner zu bedienen, um das Kind zur Äußerung seiner wahren Empfindungen zu ermuntern und sich darauf als Elternteil bewertend, moralisierend und beratend einzuschalten. Eltern, die das tun, stellen schnell fest, daß ihre Kinder mißtrauisch werden und dahinterkommen, daß die Eltern sie nur auszuhorchen versuchen, damit sie sich dann gegen sie stellen und ihr Wissen verwenden können, um sie zu bewerten und herabzusetzen.

Der »nachplappernde Elternteil«

Herr T. kommt entmutigt von seinem ersten Versuch, aktives Zuhören zu praktizieren, in den Kursus. »Mein Sohn hat mich komisch angesehen und gemeint, ich soll aufhören, das, was er sagt, zu wiederholen.« Herr T. berichtete von einer Erfahrung, die viele Eltern machen, wenn sie, anstatt Empfindungen, einfach die Fakten ihrer Kinder reflektieren oder »nachplappern«. Diese Eltern muß man daran erinnern, daß die Worte des Kindes (sein besonderer *Code*) nur das Medium zur Mitteilung von Empfindungen sind. *Der Code ist nicht die Botschaft*; er muß vom Elternteil entschlüsselt werden.

»Du bist ein dreckiger alter Stinkstiefel«, sagt das Kind aufgebracht zu seinem Vater.

Selbstverständlich kennt das Kind den Unterschied zwischen einem Stiefel und seinem Vater, darum lautet die Botschaft nicht: »Pappi, du bist ein Stinkstiefel.« Dieser besondere Code ist nichts anderes als die alleinige Art des Kindes, seinen Ärger mitzuteilen.

Erwiderte der Vater: »Du findest, ich bin ein Stinkstiefel«, würde das Kind kaum annehmen, sich verständlich gemacht zu haben. Wenn der Vater gesagt hätte: »Du bist aber richtig böse auf mich!« würde das Kind gesagt haben: »Und wie!« - und hätte sich verstanden gefühlt.

Die folgenden Beispiele zeigen die Unterschiede zwischen Erwiderungen, die einfach den Code nachplappern, und solchen, wo der Elternteil zuerst entschlüsselt und dann die inneren Empfindungen des Kindes in der Rückmeldung formuliert (die wahre Botschaft, die es mitteilt):

1. *Till:* Wenn die größeren Kinder anfangen Ball zu spielen, habe ich nie Gelegenheit, ihn auch mal zu bekommen.
a) *Elternteil:* Bei den großen Kindern hast du nie Gelegenheit, den Ball zu bekommen. *(Den Code nachplappern).*
b) *Elternteil:* Du möchtest auch spielen, und du findest es nicht fair von ihnen, dich auszuschließen. *(Rückmeldung der Empfindung.)*

2. *Jutta:* Eine Zeitlang war ich gut, aber jetzt bin ich schlechter als vorher. Was für einen Zweck hat es, sich Mühe zu geben?
a) *Elternteil:* Du bist jetzt schlechter als vorher, und all deine Mühe nützt dir nichts. *(Den Code nachplappern.)*
b) *Elternteil:* Du bist wirklich entmutigt, und das bringt dich dazu, aufgeben zu wollen. *(Rückmeldung der Empfindung.)*

3. *Jan:* Guck mal, Pappi, ich habe mit meinem neuen Werkzeug ein Flugzeug gebaut!
a) *Elternteil:* Du hast mit deinem Werkzeug ein Flugzeug gebaut. *(Den Code nachplappern.)*
b) *Elternteil:* Du bist richtig stolz auf das Flugzeug, das du gebaut hast. *(Rückmeldung der Empfindung.)*

Die Eltern brauchen Übung, um genaues aktives Zuhören zu lernen. Wir stellen in unseren Kursen jedoch fest, daß die meisten Eltern, die Anleitung erhalten und an praktischen Übungen teilnehmen, sich in dieser Kunst einen überraschend hohen Grad des Könnens aneignen.

Zuhören ohne Einfühlung
Eine echte Gefahr für Eltern, die aktives Zuhören nur aus den bedruckten Seiten eines Buches zu lernen versuchen, ist der Umstand, daß sie die Herzlichkeit und Einfühlung nicht hören können, von denen ihre Bemühungen begleitet sein müssen. Einfühlung bedeutet eine Eigenschaft der Kommunikation, die dem Sender einer Botschaft zu verstehen gibt, daß der Zuhörer *mit* ihm fühlt, sich an die Stelle des Senders versetzt, einen Augenblick lang in den Sender hineinschlüpft.

Jedermann möchte, daß andere das verstehen, was er beim Sprechen empfindet, nicht nur das, was er sagt. Besonders Kinder sind vornehmlich *empfindende* Menschen. Darum ist vieles dessen, was sie mitteilen, von Empfindungen begleitet: Freude, Haß, Enttäuschung, Furcht, Liebe, Kummer, Ärger, Stolz, Frustration, Trauer usw. Wenn sie sich Eltern mitteilen, erwarten sie Einfühlungsvermögen für derartige Empfindungen. Wenn die Eltern sich nicht einfühlen, spüren Kinder natürlich, daß ihr in diesem Augenblick wesentliche Teil - ihre Empfindung - nicht verstanden wird.

Der wahrscheinlich verbreitetste Fehler, den Eltern machen, wenn sie aktives Zuhören zuerst ausprobieren, ist die Rückmeldung einer Erwiderung, die bar der Empfindungskomponente der kindlichen Botschaft ist.

Anna, elf Jahre, rennt in die Küche, wo die Mutter arbeitet:
Anna: Peter (ihr neunjähriger Bruder) ist eine Pest. Er ist gemein! Mammi, er reißt alle meine Sachen aus den Schubladen. Ich hasse ihn. Ich könnte ihn umbringen, wenn er das tut!

Mutter: Du magst nicht, wenn er das tut.
Anna: Nicht mögen! Ich hasse es! Und ich hasse ihn!
Annas Mutter hört ihre *Worte,* aber nicht ihre *Empfindungen.* Was diesen besonderen Augenblick angeht, ist Anna böse und voll Haß. »Du bist richtig böse auf Peter«, würde ihre Empfindungen ausgedrückt haben. Wenn Mutter nur kühl Annas Ärger über das Ausräumen ihrer Kommodenschubladen wiederholt, fühlt Anna sich mißverstanden und muß die Mutter in ihrer nächsten Botschaft korrigieren, indem sie sagt: »Ich mag es nicht! (das ist milde ausgedrückt)«, und »Ich hasse ihn (das ist wichtiger).«
Karl, sechs Jahre alt, fleht seinen Vater an, der versucht hat, ihn zu ermuntern, mit ihm ins Wasser zu gehen, als die Familie die Ferien an der See verbringt:
Karl: Ich möchte nicht hineingehen. Es ist zu tief! Und ich fürchte mich vor dem Wasser.
Vater: Das Wasser ist nicht zu tief für dich.
Karl: Ich habe Angst. Bitte, zwing mich nicht hineinzugehen.
Dieser Vater mißversteht die Empfindungen des Kindes vollkommen, und sein Versuch einer Rückmeldung beweist es. Karl sendet keine intellektuelle Bewertung der Wassertiefe. Er sendet seinem Vater eine dringliche Bitte: »Zwing mich nicht hineinzugehen, denn ich habe Todesangst!« Der Vater hätte das mit: »Du hast Angst und möchtest nicht, daß ich dich zwinge, ins Wasser zu gehen«, bestätigt haben sollen.

Manche Eltern, die an unseren Kursen teilnehmen, stellen fest, daß ihnen sehr unbehaglich bei Empfindungen zumute ist - sowohl bei ihren eigenen als auch bei denen ihres Kindes. Es ist, als wären sie genötigt, die Empfindungen eines Kindes zu ignorieren, weil sie nicht ertragen können, daß es sie hat. Oder sie möchten seine Empfindungen schnell aus dem Bild verdrängen und vermeiden daher absichtlich, sie zu bestätigen. Manche Eltern fürchten sich so vor Empfindungen, daß sie tatsächlich versäumen, sie in den Botschaften ihrer Kinder wahrzunehmen.
In unseren Kursen lernen solche Eltern meistens, daß Kinder (und Erwachsene) unvermeidlich Empfindungen haben. Empfindungen bilden einen wesentlichen Bestandteil des Lebens, nicht etwas Pathologisches oder Gefährliches. Unser System zeigt überdies, daß Empfindungen im allgemeinen vergänglich sind - sie kommen und

gehen und hinterlassen bei dem Kind keinen permanenten Schaden.
Der Schlüssel zu ihrem Verschwinden jedoch ist elterliche Annahme
und Bestätigung, dem Kind durch einfühlsames, aktives Zuhören
übermittelt. Wenn Eltern das lernen, berichten sie uns, wie schnell
selbst intensive, negative Empfindungen zerstreut sind.
Ralf und Sabine, die jungen Eltern zweier Töchter, sprachen im
Kursus über einen Vorfall, der sie in ihrem Glauben an die Macht
des aktiven Zuhörens ungemein bestärkte. Beide waren in sehr
religiösen Familien aufgewachsen. Ihre Eltern hatten sie auf hunderterlei verschiedene Arten gelehrt, daß das Ausdrücken von Empfindungen ein Zeichen der Schwäche und nicht das ist, was ein
»Christ« jemals tut. Ralf und Sabine lernten: »Haß ist eine
Sünde!« »Liebe deinen Nächsten!« »Halt den Mund, mein Fräulein!« »Wenn du anständig mit deiner Mutter sprichst, darfst du
wieder an den Tisch kommen!«
In der Kindheit mit solchen Maximen erzogen, fanden es Sabine
und Ralf als Eltern schwer, die Empfindungen ihrer Kinder anzunehmen und sich auf die häufigen emotionalen Kommunikationen ihrer beiden Mädchen einzustellen. Unser Elterliches Erfolgstraining öffnete ihnen die Augen. Zuerst begannen sie, die Existenz
von Empfindungen in ihrer eigenen Beziehung zu akzeptieren. Wie
viele Eltern bei uns fingen sie dann an, von einem aktiven Zuhören
zum anderen weitergeholfen, einander *ihre eigenen Empfindungen*
mitzuteilen.
Als sie merkten, daß sich die neue Aufrichtigkeit und Vertrautheit
lohnten, hatten Ralf und Sabine genügend Vertrauen gewonnen,
um damit zu beginnen, ihren beiden voradoleszenten Töchtern zuzuhören. Innerhalb von Monaten wandelten sich die zwei stillen,
ordentlichen, introvertierten und zurückhaltenden Mädchen zu expressiven, spontanen, extrovertierten, mitteilsamen und lustigen
Kindern. Empfindungen wurden in dieser befreiten Familienatmosphäre zu einem akzeptierten Bestandteil des Lebens.
»Es macht jetzt so viel mehr Spaß«, berichtete Ralf. »Wir brauchen uns wegen unserer Empfindungen nicht schuldbewußt vorzukommen. Und die Kinder sind uns gegenüber jetzt offener und ehrlicher.«

Aktives Zuhören zur falschen Zeit
Oft kommt es zu erfolglosen Erfahrungen bei Eltern, die es zuerst

mit aktivem Zuhören versuchen, weil die Eltern es im unangebrachten Augenblick anwenden. Wie alle guten Dinge, kann man aktives Zuhören übertreiben.

Es gibt Zeiten, in denen die Kinder über ihre Empfindungen nicht sprechen wollen, auch nicht vor zwei einfühlsamen Ohren. Sie möchten vielleicht eine Zeitlang mit ihren Empfindungen leben. Das Sprechen ist ihnen in diesem Augenblick vielleicht zu schmerzlich. Sie haben möglicherweise keine Zeit, um sich auf eine lange, kathartische Unterhaltung mit dem Elternteil einzulassen. Die Eltern sollten dieses Bedürfnis des Kindes nach einem Eigenleben in seiner Empfindungswelt achten und nicht versuchen, es zum Sprechen zu bringen.

Gleichgültig, welch ein guter Türöffner aktives Zuhören ist, Kinder wollen manchmal nicht hindurchgehen. Eine Mutter erzählte uns, wie ihre Tochter einen Weg fand, sie wissen zu lassen, daß ihr nicht nach Sprechen zumute war. »Hör auf! Ich weiß, das Sprechen hilft vielleicht, aber ich habe im Moment einfach keine Lust dazu. (Das heißt entschlüsselt: Also bitte, im Augenblick kein aktives Zuhören, Mutter.)«

Manchmal öffnen Eltern die Tür mit Hilfe von aktivem Zuhören, wenn *sie* keine Zeit haben, dabeizubleiben und sich alle im Kind aufgestauten Empfindungen anzuhören. Dergleichen flüchtige Taktiken sind nicht nur dem Kind gegenüber unfair, sondern schaden der Beziehung. Das Kind wird dazu kommen, das Gefühl zu haben, seinen Eltern liegt nichts daran, ihm zuzuhören. Wir sagen den Eltern: »Beginnt nicht mit aktivem Zuhören, es sei denn, ihr habt die Zeit, all den Empfindungen zuzuhören, die es so oft auslöst.«

Manche Eltern sind auf Widerstand gestoßen, weil sie aktives Zuhören praktizierten, als ein Kind anderer Hilfe bedurfte. Wenn ein Kind berechtigterweise um Auskunft bittet, um eine helfende Hand oder um besondere Unterstützung des Elternteils, hat es vielleicht kein Bedürfnis, etwas durchzusprechen oder zu verarbeiten.

Eltern lassen sich manchmal so von aktivem Zuhören faszinieren, daß sie es anwenden, wenn das Kind nicht »ausgehorcht« oder ermutigt zu werden braucht, sich mit seinen tieferen Gefühlen in Verbindung zu setzen. Es wird offensichtlich sein, wie unangebracht aktives Zuhören in den folgenden theoretischen Situationen ist:

1. *Kind:* Ach, Mammi, kann ich mit dir oder Pappi am Samstag in die Stadt fahren? Ich muß etwas besorgen.

Elternteil: Du möchtest am Samstag gerne mit in die Stadt fahren.
2. *Kind:* Wann kommst du und Mammi nach Hause?
Elternteil: Du zerbrichst dir richtig den Kopf, wann wir nach Hause kommen?
3. *Kind:* Wieviel werde ich an Versicherung bezahlen müssen, wenn ich mir ein eigenes Auto kaufte?
Elternteil: Du machst dir Sorgen um die Versicherungskosten.

Diese Kinder bedürfen wahrscheinlich keiner Ermutigung, um mehr mitzuteilen. Sie bitten um eine besondere Hilfe, die sich völlig von der Hilfe unterscheidet, die aktives Zuhören gibt. Sie übermitteln keine Empfindungen. Sie bitten um tatsächliche Auskünfte. Auf derartige Bitten mit aktivem Zuhören zu reagieren, wird nicht nur dem Kind seltsam vorkommen; es wird oft zu Frustration und Ärger führen. Das sind die Zeiten, in denen eine direkte Antwort das ist, was verlangt wird und was angebracht ist.

Die Eltern entdecken auch, daß ihre Kinder beunruhigt werden, wenn ein Elternteil fortfährt, es noch lange, nachdem das Kind aufgehört hat, Botschaften zu senden, mit aktivem Zuhören zu versuchen. Die Eltern müssen wissen, wann Schluß ist. Im allgemeinen werden vom Kind Hinweise kommen – ein Gesichtsausdruck, aufstehen, um fortzugehen, Schweigen, herumzappeln, auf die Uhr sehen usw. Oder das Kind macht vielleicht Bemerkungen wie:

»Na, ich glaube, das wär's.«
»Ich habe keine Zeit, um mich noch länger zu unterhalten.«
»Ich sehe die Sache jetzt ein bißchen anders.«
»Das genügt vielleicht im Augenblick.«
»Ich habe heute abend noch eine Menge zu lernen.«
»Na, ich halte dich auf.«

Kluge Eltern ziehen sich zurück, wenn sie diese Winke oder Botschaften erhalten, selbst wenn es ihnen nicht so scheint, als ob das spezielle Problem vom Kind gelöst ist. Wie professionelle Therapeuten wissen, veranlaßt aktives Zuhören Kinder nur zum ersten Schritt des Problemlösens – es bringt die Empfindungen heraus und definiert das Problem. Häufig nehmen es die Kinder von da an selbst in die Hand und finden schließlich alleine eine Lösung.

5. Wie man Kindern zuhört, die zu jung sind, um viel zu sprechen

Viele Eltern fragen: »Ich sehe zwar ein, daß aktives Zuhören bei drei-, vierjährigen und älteren Kindern Wunder bewirkt, was aber können wir bei Babys und Kleinkindern tun, die noch nicht viel sprechen?«
Oder: »Ich verstehe, daß wir uns viel mehr auf die innere Fähigkeit unserer Kinder verlassen müssen, sich unterstützt durch aktives Zuhören selbst durch ihre Probleme zu arbeiten. Jüngere Kinder aber verfügen nicht über das Können, Probleme zu lösen; müssen wir deshalb nicht die meisten ihrer Probleme *für* sie lösen?«
Es ist ein Trugschluß, daß aktives Zuhören nur von Nutzen ist für Kinder, die alt genug sind, um zu sprechen. Die Anwendung aktiven Zuhörens bei jüngeren Kindern verlangt etwas zusätzliches Verständnis für wortlose Kommunikation und dafür, wie Eltern effektiv auf die wortlosen Botschaften reagieren können, die jüngere Kinder ihnen senden. Zudem glauben die Eltern sehr junger Kinder oft, daß Babys und Kleinkinder, gerade weil sie im Hinblick auf viele ihrer Bedürfnisse von Erwachsenen abhängen, über sehr geringe Fähigkeiten verfügen, selbst die Lösung der Probleme zu finden, denen sie frühzeitig im Leben begegnen. Auch das stimmt nicht.

Wie sind Babys?
Erstens: Babys haben Bedürfnisse wie ältere Kinder und Erwachsene. Und sie haben ihren Anteil an dem Problem, diese Bedürfnisse zu befriedigen. Sie werden kalt, hungrig, naß, müde, durstig, frustriert, krank. Babys bei solchen Problemen zu helfen, stellt Eltern vor einige besondere Probleme.
Zweitens: Um ihre Bedürfnisse befriedigt zu bekommen oder mit Lösungen für ihre Probleme versehen zu werden, sind Babys und sehr junge Kinder außerordentlich abhängig von ihren Eltern. Ihre inneren Hilfsquellen und Fähigkeiten sind beschränkt. Man hat nie von einem hungrigen Baby gehört, das in die Küche spazierte, den Eisschrank öffnete und sich ein Glas Milch eingoß.

Drittens: Babys und sehr junge Kinder verfügen über keine gut entwickelte Fähigkeit, ihre Bedürfnisse durch verbale Symbole mitzuteilen. Sie haben noch keine Sprache, um andere an ihren Problemen und Bedürfnissen teilnehmen zu lassen. Die meiste Zeit sind Eltern vollkommen im unklaren darüber, was in Kindern im vorsprachlichen Stadium vor sich geht, denn Babys laufen nicht herum und verkünden klar und unmißverständlich, daß sie ein Bedürfnis nach Zuneigung oder daß sie Luft in ihrem Bäuchlein haben, die sie loswerden möchten.

Viertens: Babys und sehr junge Kinder »wissen« häufig selbst nicht einmal, was sie quält. Das liegt daran, daß so viele ihrer Bedürfnisse physiologisch sind - das heißt, durch Nichtbefriedigung ihrer physischen Bedürfnisse verursachte Probleme (Hunger, Durst, Schmerzen usw.). Auf Grund ihres nicht entwickelten Wahrnehmungs- und Sprachvermögens sind sie vielleicht nicht imstande festzustellen, welche Probleme sie erleben.

Sehr jungen Kindern bei der Befriedigung ihrer Bedürfnisse und der Lösung ihrer Probleme zu helfen, ist daher ein bißchen anders als älteren Kindern zu helfen. Nicht so viel anders allerdings, wie die meisten Eltern glauben.

Sich auf die Bedürfnisse und Probleme von Babys einstellen

Sosehr Eltern sich wünschen könnten, daß Babys erfinderisch ihre eigenen Bedürfnisse befriedigen und ihre eigenen Probleme lösen würden, bleibt es häufig den Eltern überlassen, dafür zu sorgen, daß Klein-Nicky genug zu essen bekommt, trocken ist, warm bleibt, Zuneigung findet und dergleichen mehr. Das Problem ist: wie kommt ein Elternteil dahinter, was ein quengelndes, schreiendes Baby plagt?

Die meisten Eltern »richten sich nach dem Buch« - nach dem, was der Elternteil über die Bedürfnisse von Babys im allgemeinen gelesen hat. Zweifellos ist Benjamin Spock* dadurch, daß er ihnen Informationen über Babys und deren Bedürfnisse und die Dinge gab, die Eltern tun können, um die Befriedigung dieser Bedürfnisse zu garantieren, ein wahres Geschenk für die Eltern gewesen. Wie jedoch alle Eltern wissen, wird nicht alles von Spock behandelt. Um

---

* vgl. Literaturempfehlungen im Anhang.

einem besonderen Kind im Hinblick auf seine alleinigen Bedürfnisse und Probleme effektiv zu helfen, ist der Elternteil genötigt, Verständnis für dieses Kind zu bekommen. Das gelingt ihm vornehmlich durch *genaues Hinhören auf die Botschaften des Kindes,* auch wenn sie wortlos sein mögen.
Der Elternteil eines sehr jungen Kindes muß *lernen, genau zuzuhören,* nicht anders als die Eltern größerer Kinder. Es ist eine andere Art des Zuhörens, hauptsächlich deswegen, weil Babys sich nicht verbal mitteilen.
Ein Baby beginnt morgens um halb sechs zu schreien. Es hat offenbar ein Problem – irgend etwas stimmt nicht, es hat ein Bedürfnis, es braucht etwas. Es kann dem Elternteil keine verbale Botschaft senden. »Mir ist sehr unbehaglich zumute und ich bin verstimmt.« Darum kann der Elternteil kein aktives Zuhören anwenden, wie wir es vorher beschrieben haben. (»Du fühlst dich unbehaglich, etwas verstimmt dich.«) Das Kind würde es natürlich nicht verstehen.
Der Elternteil erhält eine wortlose Botschaft (Schreien) und muß sie »entschlüsseln«, wenn er feststellen will, was in dem Kind vor sich geht. Weil sich der Elternteil die *verbale* Rückmeldung nicht zunutze machen kann, um die Richtigkeit seines Entschlüsselns zu überprüfen, muß er sich einer *wortlosen oder behavioristischen* Rückmeldemethode bedienen.
Der Elternteil könnte das Kind zuerst in eine Decke wickeln (das Geschrei des Kindes als »Ihm ist kalt« entschlüsseln). Aber das Kind schreit weiter (»Du hast meine Botschaft noch nicht verstanden«). Dann nimmt der Elternteil das Kind auf und wiegt es (Jetzt entschlüsselt er: »Ein Traum hat es geängstigt.«) Das Kind fährt fort zu schreien (»Das empfinde ich nicht«). Schließlich gibt der Elternteil dem Kind die Milchflasche zu trinken (»Es hat Hunger«), und nach einigen Schlucken hört das Kind auf zu schreien (»Das meinte ich – ich war hungrig – endlich hast du mich verstanden«).

Als Elternteil eines sehr jungen Kindes effektiv zu sein, ist, ebenso wie bei älteren Kindern, von der *Genauigkeit der Kommunikation zwischen Elternteil und Kind* abhängig. Und die Hauptverantwortung für den Ausbau einer genauen Kommunikation in dieser Beziehung liegt beim Elternteil. Er muß lernen, das wortlose Verhalten des Babys genau zu entschlüsseln, bevor er entscheidet, was es quält. Den gleichen Rückmeldeprozeß muß er auch nutzen, um die Genauigkeit seines Entschlüsselns zu überprüfen. Dieser Rückmeldeprozeß kann auch als aktives Zuhören bezeichnet werden: es ist der gleiche Mechanismus, den wir im Kommunikationsprozeß mit sprachgewandteren Kindern beschrieben. Aber bei einem Kind, das eine wortlose Botschaft sendet (Schreien wegen Hunger), muß sich der Elternteil einer wortlosen Rückmeldung bedienen (zu trinken geben).

Die Notwendigkeit für diese Art von effektiver Zwei-Weg-Kommunikation erklärt teilweise, warum es in den ersten zwei Lebensjahren eines Kindes für die Eltern entscheidend ist, ihm viel Zeit zu widmen. Der Elternteil lernt das Kind besser als irgend jemand anders »kennen« - das heißt, der Elternteil entwickelt Erfahrung im Entschlüsseln des wortlosen Verhaltens des Kindes und ist daher besser als irgend jemand anders in der Lage zu wissen, was er tun muß, um die Bedürfnisse des Kindes zu befriedigen oder für eine Lösung seiner Probleme zu sorgen.

Jedermann hat erlebt, daß er nicht imstande ist, das Verhalten des Kindes von Freunden zu entschlüsseln. Wir fragen: »Was will es damit sagen, wenn es an den Gitterstäben seines Laufställchens rüttelt? Es muß etwas wollen?« Die Mutter antwortet: »Oh, das tut es immer, wenn es müde wird. Unser erstes Kind zupfte an seiner Decke, wenn es müde wurde.«

Aktives Zuhören anwenden, um Babys zu helfen

Zu viele Eltern von Babys machen sich nicht die Mühe, aktives Zuhören anzuwenden, um die Korrektheit ihres Entschlüsselungsprozesses zu überprüfen. Ohne festzustellen, was es wirklich quält, schalten sie sich ein und unternehmen irgend etwas, um dem Kind zu helfen.

Jimmy steht in seinem Bettchen und fängt an zu wimmern, dann schreit er laut. Mutter setzt ihn wieder hin und gibt ihm seine Rassel. Jimmy hört einen Augenblick zu schreien auf, dann wirft er seine Rassel aus dem Bettchen auf den Fußboden und beginnt noch lauter zu schreien. Mutter hebt die Rassel auf, drückt sie ihm fest in die Hand und sagt streng: »Wenn du sie noch einmal rauswirfst, bekommst du sie nicht wieder.« Jimmy schreit weiter und wirft die Rassel wieder aus dem Bettchen. Mutter gibt ihm einen Klaps auf die Hand. Nun schreit Jimmy aus vollem Hals.

Diese Mutter ging von der Annahme aus, daß sie wußte, was das Baby brauchte, aber sie »hörte« das Baby nicht »sagen«, daß sie falsch entschlüsselte. Wie viele Eltern, nahm sich diese Mutter nicht genügend Zeit, um den *Kommunikationsprozeß zu vollenden.* Sie vergewisserte sich nicht, daß sie verstand, was das Kind brauchte oder wollte. Das Kind blieb frustriert, und die Mutter wurde ärgerlich. Auf diese Weise wird die Saat für eine Verschlechterung der Beziehung und ein emotional krankes Kind gesät.

Es liegt auf der Hand, je jünger das Kind, desto weniger kann sich der Elternteil auf die eigenen Hilfsquellen des Kindes oder seine Fähigkeiten verlassen. Das bedeutet, daß im Problemlöseprozeß jüngerer Kinder mehr elterliche Intervention erforderlich sein wird. Jedermann weiß, daß die Eltern die Mahlzeit bereiten, die Windeln wechseln, das Kind zudecken, es aus seiner Decke befreien, es zurechtlegen, aufnehmen, wiegen, hätscheln und die tausenderlei anderen notwendigen Dinge tun müssen, um dafür zu sorgen, daß seine Bedürfnisse *nicht* vernachlässigt werden. Noch einmal, das bedeutet Zeit für das Kind – viel Zeit. Jene ersten Jahre verlangen die beinahe ständige Gegenwart des Elternteils. Das Baby *braucht seine Eltern,* und es braucht sie sehr dringend. Darum bestehen Kinderärzte so nachdrücklich darauf, daß die Eltern während jener ersten formativen Jahre, in denen das Kind so sehr abhängig und hilflos ist, bei ihm sind.

Da zu sein an sich, ist jedoch nicht genug. *Der entscheidende Faktor ist die elterliche Effektivität beim genauen Hinhören* auf die wortlose Kommunikation des Kindes, so daß *der Elternteil versteht, was in seinem Inneren vorgeht,* und dem Kind auf effektive Weise geben kann, *was es braucht, wenn es etwas braucht.*

Das Unverständnis vieler Erziehungs-Fachleute dafür hat in einer Menge unzureichender Forschungsarbeit und manchen unzutreffenden Interpretationen von Forschungsergebnissen auf dem Gebiet der Kinderentwicklung resultiert. Zahlreiche wissenschaftliche Untersuchungen sind angestellt worden, um die Überlegenheit einer Methode über eine andere zu demonstrieren – Flaschenernährung im Gegensatz zum Stillen, Fütterung auf Verlangen im Gegensatz zu planmäßiger Fütterung, frühe im Gegensatz zu späterer Erziehung zur Sauberkeit, frühe im Gegensatz zu später Entwöhnung, Strenge im Gegensatz zu Nachgiebigkeit. In der Mehrzahl der Fälle haben die Untersuchungen versäumt, den großen Unterschied in den Bedürfnissen verschiedener Kinder und die ungeheuren Unterschiede unter Müttern in der Effektivität beim Empfang der Kommunikationen ihrer Kinder in Betracht zu ziehen.

Ob ein Kind beispielsweise früh oder spät entwöhnt wird, mag gar nicht der entscheidende Faktor in der Beeinflussung seiner späteren Persönlichkeit oder seelischen Gesundheit sein. Es ist vielmehr der Umstand, ob seine Mutter genau auf die Botschaften hört, die *dieses besondere Kind* ihr täglich im Hinblick auf seine speziellen Ernährungsbedürfnisse sendet, so daß sie dann über die Flexibilität verfügt, sich mit Lösungen einzuschalten, die seine Bedürfnisse wirklich befriedigen. Genaues Zuhören mag also dazu führen, daß eine Mutter ein Kind spät, ein anderes früh und ein drittes vielleicht irgendwann dazwischen entwöhnt. Ich bin der festen Überzeugung, daß dasselbe Prinzip auf die meisten Gepflogenheiten der Kindererziehung zutrifft, über die es so viele Kontroversen gegeben hat - Ernährung, Ausmaß des Verhätschelns, inwieweit Trennung von der Mutter, schlafen, Erziehung zur Sauberkeit, Daumenlutschen, usw. Wenn dieses Prinzip Gültigkeit hat, müssen wir den Eltern sagen:

Sie werden der effektivste Elternteil sein, wenn Sie Ihrem Baby ein häusliches Klima bieten, in dem Sie genau wissen werden, wie Sie seine Bedürfnisse auf geeignete Weise durch Anwendung aktiven Hörens befriedigen, um die Botschaften zu verstehen, die ausdrücklich kundtun, worin seine ganz alleinigen Bedürfnisse bestehen.

Geben Sie Ihrem Kind Gelegenheit, seine Bedürfnisse selbst zu befriedigen

Das oberste Ziel der meisten Eltern sollte es sein, dem sehr jungen Kind zu helfen, allmählich seine eigenen Gaben zu entwickeln - der Abhängigkeit von den Eltern entwöhnt zu werden, seine eigenen Bedürfnisse befriedigen, seine eigenen Probleme lösen zu können. Der Elternteil, der darin am effektivsten sein wird, ist derjenige, der beständig dem Prinzip zu folgen vermag, dem Kind zuerst Gelegenheit zu geben, seine Probleme selbst zu lösen, bevor er sich mit elterlichen Lösungen einmischt.

In der folgenden Veranschaulichung richtet sich der Elternteil ganz erfolgreich nach diesem Prinzip:

Kind (schreit): Auto, Auto - kein Auto.
Elternteil: Du suchst dein Auto, aber du kannst es nicht finden. *(Aktives Zuhören.)*

Kind: (guckt unter das Sofa, findet das Auto aber nicht).
Elternteil: Da ist das Auto nicht. *(Rückmeldung wortloser Botschaft.)*
Kind: (läuft in sein Zimmer, sucht, kann das Auto nicht finden).
Elternteil: Da ist das Auto nicht. *(Rückmeldung wortloser Botschaft.)*
Kind: (überlegt, geht auf die Hintertür zu).
Elternteil: Vielleicht findest du das Auto im Garten. *(Rückmeldung wortloser Botschaft.)*
Kind (läuft hinaus, findet das Auto im Sandkasten, sieht stolz drein): Auto!
Elternteil: Du hast das Auto ganz alleine gefunden. *(Aktives Zuhören.)*

Dieser Elternteil überließ die Verantwortung für die Lösung des Problems dadurch, daß er es vermied, sich direkt einzumischen oder zu raten, die ganze Zeit dem Kind. Auf diese Weise hilft der Elternteil dem Kind, sich zu entwickeln und seine eigenen Hilfsmittel einzusetzen.

Viele Eltern sind viel zu sehr darauf bedacht, ihrem Kind seine Probleme abzunehmen. Sie sind so bestrebt, dem Kind zu helfen, oder so beunruhigt (nicht annehmend), weil es ein nicht befriedigtes Bedürfnis erlebt, daß sie gezwungen sind, das Problemlösen zu übernehmen und *dem Kind eine schnelle Lösung zu geben.* Geschieht das häufig, dann ist es ein sicherer Weg, das Kind beim Lernen, wie es seine eigenen Hilfsmittel einsetzt, und bei seiner Entwicklung zu Unabhängigkeit und Findigkeit aufzuhalten.

6. Wie man sprechen muß, damit Kinder einem zuhören

Wenn die Eltern in unseren Kursen aktives Zuhören lernen, wird ein Elternteil nicht selten ungeduldig und fragt: »Wann lernen wir, wie man die Kinder dazu bringt, uns zuzuhören? Das ist das Problem in unserer Familie.«

Das ist zweifellos in vielen Familien ein Problem, denn unvermeidlich plagen, stören und frustrieren Kinder die Eltern zeitweilig; sie können rücksichtslos und unbedacht sein, während sie damit beschäftigt sind zu versuchen, ihre eigenen Bedürfnisse zu befriedigen. Ähnlich jungen Hunden, können Kinder ungestüm und destruktiv, laut und anspruchsvoll sein. Wie alle Eltern wissen, können Kinder Extraarbeit verursachen, einen aufhalten, wenn man in Eile ist, reden, wenn man möchte, daß sie ruhig sind, einen mit Marmelade beschmieren, wenn man sein bestes Kleid anhat, und so weiter ad infinitum.

Mütter und Väter bedürfen sinnvoller Methoden, um mit kindlichem Verhalten fertig zu werden, das die Bedürfnisse der Eltern beeinträchtigt. Eltern *haben* schließlich Bedürfnisse. Sie haben ihr eigenes Leben zu leben und das Recht, Freude und Befriedigung aus ihrem Dasein zu ziehen. Und doch haben viele Eltern, die zur Schulung in unsere Kurse kommen, ihren Kindern gestattet, eine bevorzugte Position in der Familie einzunehmen. Diese Kinder verlangen, daß ihre Bedürfnisse befriedigt werden, sind gegenüber den Bedürfnissen ihrer Eltern jedoch rücksichtslos.

Sehr zu ihrem Bedauern stellen viele Eltern fest, daß ihre Kinder mit zunehmendem Alter handeln, als seien sie blind für die Bedürfnisse ihrer Eltern. Wenn Eltern zulassen, daß das geschieht, gehen ihre Kinder durchs Leben, als ob es eine Einbahnstraße zur fortwährenden Befriedigung ihrer eigenen Bedürfnisse sei. Die Eltern derartiger Kinder werden gewöhnlich verbittert und fühlen tiefe Empörung über ihre »undankbaren«, »selbstsüchtigen« Kinder.

Als Frau L. in den Kursus eintrat, war sie verwirrt und verletzt, weil ihre Tochter Jeanne immer selbstsüchtiger und rücksichtsloser wurde. Seit ihrer Kindheit von beiden Eltern verwöhnt, tat Jeanne sehr wenig in der Familie, verlangte aber von ihren Eltern, alles zu tun, was sie begehrte. Wenn sie ihren Willen nicht bekam, sagte sie beleidigende Dinge über ihre Eltern, bekam Wutanfälle oder verließ das Haus und kehrte stundenlang nicht zurück.

Frau L., von ihrer eigenen Mutter dazu erzogen, Konflikte und heftige Empfindungen für etwas zu halten, dem kultivierte Familien nicht Ausdruck geben sollten, gab den meisten von Jeannes Ansprüchen nach, um eine Szene zu vermeiden oder, wie sie es ausdrückte: »Frieden und Ruhe in der Familie zu bewahren«. Als Jeanne ins Entwicklungsalter kam, wurde sie noch arroganter und ichbezogener, half kaum im Haushalt und paßte sich selten aus Rücksichtnahme auf die Bedürfnisse der Eltern an.

Sie sagte ihren Eltern oft, daß sie verantwortlich dafür waren, daß sie auf die Welt kam, und daß es daher ihre Pflicht war, sich um ihre Bedürfnisse zu sorgen. Frau L., ein gewissenhafter Elternteil, der unter allen Umständen eine gute Mutter sein wollte, begann ein tiefes Gefühl der Ablehnung gegenüber Jeanne zu entwickeln. Nach allem, was sie für Jeanne getan hatte, verletzte und ärgerte es sie, Jeannes Selbstsucht und mangelnde Rücksichtnahme auf die Bedürfnisse der Eltern zu beobachten.

»Wir sind immer die Gebenden und sie immer der nehmende Teil«, beschrieb die Mutter die Situation in der Familie.

Frau L. war sicher, daß sie etwas falsch machte, aber sie ließ sich nicht träumen, daß Jeannes Verhalten unmittelbar aus der Furcht der Mutter resultierte, ihre eigenen Rechte zu verteidigen. Das erfolgreiche Elterntraining half ihr, zuerst die Legitimität ihrer eigenen Bedürfnisse zu akzeptieren, und vermittelte ihr dann spezifische Kenntnisse, um Jeanne zu konfrontieren, wenn ihr Verhalten für ihre Eltern unannehmbar war.

Was können Eltern tun, wenn sie außerstande sind, das Verhalten eines Kindes wirklich zu akzeptieren? Wie können sie das Kind veranlassen, Rücksicht auf die Bedürfnisse seiner Eltern zu nehmen? Wir werden uns nun damit befassen, wie Eltern mit ihren Kindern sprechen können, damit sie auf *ihre* Empfindungen hören und Rücksicht auf *ihre* Bedürfnisse nehmen.

Im Gegensatz zu jenen, die erforderlich sind, wenn ein Kind sich selbst ein Problem verursacht, sind vollkommen andere Kommunikationskenntnisse notwendig, wenn das Kind die Eltern vor ein Problem stellt. Im ersteren Fall »besitzt« das Kind das Problem; wenn das Kind dem Elternteil ein Problem verursacht, »besitzt« es der Elternteil. In diesem Kapitel wird Eltern gezeigt, welche Kenntnisse sie brauchen, um Probleme, die ihre Kinder ihnen verursachen, mit Erfolg zu lösen.

Wenn der Elternteil das Problem hat
Viele Eltern haben anfänglich Schwierigkeiten, den Begriff der »Eigentümerschaft« von Problemen zu verstehen. Vielleicht sind sie zu sehr daran gewöhnt, im Sinne von »Problemkindern« zu denken, was das Problem im Kind, anstatt im Elternteil lokalisiert.
Der beste Hinweis für die Eltern kommt, wenn sie ihr eigenes, inneres Gefühl der Nicht-Annahme zu spüren beginnen, wenn sie anfangen, ein inneres Gefühl des Ärgers, der Frustration, der Empörung zu haben. Sie stellen vielleicht fest, daß sie angespannt werden, Unbehagen fühlen, das mißbilligen, was das Kind tut, oder sein Verhalten überwachen.
Angenommen:
Ein Kind kommt einem wertvollen Stück Porzellan zu nahe.
Ein Kind stellt die Füße auf die Querleiste Ihres neuen Stuhls.
Ein Kind unterbricht Ihr Gespräch mit einer Freundin.
Ein Kind zupft an Ihnen, damit Sie weitergehen und Ihr Gespräch mit einer Nachbarin abbrechen.
Ein Kind hat auf dem Boden des Wohnzimmers sein Spielzeug liegen gelassen.
Ein Kind scheint kurz davor zu sein, die Milch auf den Teppich zu schütten.
Ein Kind verlangt, daß Sie ihm eine Geschichte vorlesen, danach noch eine und noch eine.
Ein Kind füttert sein Tier nicht.
Ein Kind erledigt die ihm übertragenen Arbeiten nicht.
Ein Kind benutzt Ihr Werkzeug und läßt es in der Auffahrt liegen.
Ein Kind fährt Ihr Auto zu schnell.
Alle diese Verhaltensweisen bedrohen tatsächlich oder potentiell legitime Bedürfnisse der Eltern. *Auf irgendeine greifbare* oder direkte Weise berührt das Verhalten des Kindes den Elternteil: Mutter möchte nicht, daß die Vase entzweigeht, ihr Stuhl zerkratzt, ihr Teppich beschmutzt, ihr Gespräch unterbrochen wird usw.

Mit derartigem Verhalten konfrontiert, braucht der Elternteil Möglichkeiten, sich selbst zu helfen, nicht dem Kind. Die folgende Tabelle hilft, den Unterschied aufzuzeigen zwischen der Rolle des Elternteils, wenn *er* ein Problem hat, und wenn *das Kind* es hat.

Wenn das Kind das Problem hat	Wenn der Elternteil das Problem hat
Kind leitet die Kommunikation ein	Elternteil leitet die Kommunikation ein
Elternteil ist Zuhörer	Elternteil ist Sender
Elternteil ist Berater	Elternteil ist Beeinflusser
Elternteil will Kind helfen	Elternteil will sich selbst helfen
Elternteil ist »Resonanzboden«	Elternteil will »offen reden«
Elternteil ermöglicht dem Kind, eine eigene Lösung zu finden	Elternteil muß seine eigene Lösung finden
Elternteil nimmt Lösung des Kindes an	Elternteil muß selbst mit der Lösung zufrieden sein
Elternteil in erster Linie an den Bedürfnissen des Kindes interessiert	Elternteil in erster Linie an den eigenen Bedürfnissen interessiert
Elternteil mehr passiv	Elternteil mehr aggressiv

Einem Elternteil stehen mehrere Alternativen zur Auswahl, wenn er das Problem hat:
1. Er kann versuchen, das Kind direkt zu modifizieren.
2. Er kann versuchen, die Umwelt zu modifizieren.
3. Er kann versuchen, sich selbst zu modifizieren.

Herrn Adams Sohn Jimmy nimmt seines Vaters Werkzeug aus dem Werkzeugkasten und läßt es gewöhnlich auf dem Rasen verstreut liegen. Das ist für Herrn Adams unannehmbar, darum hat *er* das Problem.

Er kann Jimmy gegenübertreten, etwas sagen und hoffen, daß das Jimmys Verhalten modifizieren könnte.

Er kann Jimmys Umwelt modifizieren, indem er ihm einen eigenen Werkzeugkasten kauft und hofft, daß das Jimmys Verhalten modifizieren wird.

3. Er kann versuchen, seine eigene Einstellung zu Jimmys Verhalten zu modifizieren und sich sagen: »Jungen sind eben Jungen« oder »mit der Zeit wird er lernen, richtig mit Werkzeug umzugehen«.

In diesem Kapitel werden wir uns mit der ersten Alternative beschäftigen und uns darauf konzentrieren, wie Eltern mit ihren Kindern sprechen oder sie konfrontieren können, um für die Eltern unannehmbare Verhaltensweisen zu modifizieren.

Mit den anderen zwei Alternativen werden wir uns in späteren Kapiteln befassen.

Kinder auf ineffektive Weise konfrontieren

Es ist keine Übertreibung, daß neunundneunzig von hundert Eltern aus unseren Kursen »ineffektive« Kommunikationsmethoden anwenden, wenn das Verhalten ihrer Kinder sich störend auf das Leben der Eltern auswirkt. In einem typischen Kursus mit fünfundzwanzig Eltern liest der Lehrer laut eine typische Familiensituation vor, in der ein Kind seine Eltern plagt:

»Sie sind nach einem langen Arbeitstag sehr müde. Sie haben es nötig, sich eine Weile hinzusetzen und auszuruhen. Diese Zeit würden Sie gerne dazu benutzen, die Abendzeitung zu lesen. Aber Ihr fünfjähriger Sohn bestürmt Sie unaufhörlich, mit ihm zu spielen. Er hört nicht auf, Sie am Arm zu ziehen, klettert auf Ihren Schoß und zerknittert die Zeitung. Mit ihm spielen ist das letzte, was Sie tun möchten.«

Dann bittet der Lehrer alle Anwesenden, auf einem Stück Papier genau das aufzuschreiben, was jeder von ihnen in dieser Situation zu dem Kind sagen würde. (Der Leser kann diese Übung mitmachen, indem er seine verbale Erwiderung aufschreibt.) Darauf liest der Lehrer eine zweite und dritte Situation vor und bittet alle, ihre Erwiderungen niederzuschreiben.

»Ihr vierjähriges Kind hat ein paar Töpfe und Pfannen aus dem Regal genommen und beginnt, damit auf dem Fußboden zu spielen. Das stört Sie beim Zubereiten der Mahlzeit für Ihre Gäste. Sie sind bereits spät dran.«

»Ihr zwölfjähriges Kind kam aus der Schule nach Hause, machte sich selbst ein Brot und hinterließ in der Küche ein Schlachtfeld, nachdem Sie sie eine Stunde lang geputzt hatten, damit sie sauber sein würde, wenn Sie mit dem Abendbrot anfangen.«

Diesem Experiment im Unterricht entnehmen wir, daß Eltern, mit seltenen Ausnahmen, diese recht typischen Situationen auf ineffektive Weise angehen. Sie sagen Dinge zu dem Kind, die mit großer Wahrscheinlichkeit:
1. *Das Kind veranlassen, den Einflußbemühungen des Elternteils dadurch zu widerstehen, daß es sich weigert, das dem Elternteil unannehmbare Verhalten zu ändern.*
2. *Dem Kind das Gefühl geben, der Elternteil hält es nicht für sonderlich klug.*
3. *Dem Kind das Gefühl geben, der Elternteil nimmt keine Rücksicht auf seine Bedürfnisse.*
4. *Dem Kind das Gefühl des Schuldbewußtseins geben.*
5. *Die Selbstachtung des Kindes zerstören.*
6. *Das Kind veranlassen, sich heftig zu verteidigen.*
7. *Das Kind herausfordern, den Elternteil anzugreifen oder es ihm irgendwie heimzuzahlen.*

Eltern sind über diese Resultate entsetzt, denn es gibt selten einen Elternteil, der seinem Kind diese Dinge bewußt antun will. Die meisten Eltern haben einfach nie über die Wirkungen nachgedacht, die ihre Worte in Kindern hervorzurufen vermögen.

Wir beschreiben in unseren Kursen dann jede dieser ineffektiven Arten, Kinder verbal zu konfrontieren, und erläutern im einzelnen, warum sie ineffektiv sind.

Eine »Lösungsbotschaft« senden

Sind Sie jemals gerade im Begriff gewesen, einem Menschen eine Aufmerksamkeit zu erweisen (oder eine Änderung Ihres Verhaltens herbeizuführen, um die Bedürfnisse eines anderen Menschen zu befriedigen), wenn dieser Mensch Ihnen ganz plötzlich befiehlt, Sie ermahnt oder Ihnen rät, genau das zu tun, was Sie von sich aus tun wollten?

Ihre Reaktion war vermutlich: »Das braucht man mir nicht zu sagen« oder »Verflixt, wenn du eine Minute gewartet hättest, würde ich es ohne Aufforderung getan haben«. Oder Sie wurden wahrscheinlich ärgerlich, weil Sie das Gefühl hatten, daß der andere Mensch Ihnen nicht genug zutraute oder Ihnen die Möglichkeit nahm, aus eigener Initiative rücksichtsvoll gegen ihn zu sein.

Wenn Menschen Ihnen das antun, »senden sie eine Lösung«. Das ist genau das, was Eltern oft bei Kindern tun. Sie warten nicht darauf, daß das Kind mit rücksichtsvollem Verhalten anfängt; sie sagen ihm, was es tun *müßte oder sollte*. Alle folgenden Arten von Botschaften »senden eine Lösung«.

1. Anordnen, Befehlen, Kommandieren
»Geh und such dir etwas zum Spielen.«
»Hör auf, die Zeitung zu zerknittern.«
»Räum die Töpfe und Pfannen wieder fort.«

2. Warnen, Ermahnen, Drohen
»Wenn du nicht aufhörst, schreie ich.«
»Mutter wird böse, wenn du nicht aus dem Weg gehst.«
»Wenn du nicht machst, daß du rauskommst, und die Küche wieder in ihren alten Zustand versetzt, wird es dir leid tun.«

3. Zureden, Predigen, Moralisieren
»Stör niemals jemanden beim Lesen.«
»Spiel bitte anderswo.«
»Du mußt nicht herumspielen, wenn Mutter es eilig hat.«
»Räum immer auf, wenn du fertig bist.«

4. Raten, Vorschläge machen oder Lösungen geben
»Warum gehst du nicht nach draußen und spielst?«
»Laß mich mal etwas anderes vorschlagen, was du tun könntest.«
»Kannst du die Sachen denn nicht wegräumen, nachdem du sie gebraucht hast?«

Diese Arten von verbalen Erwiderungen teilen dem Kind die Lösung mit, die *Sie* für es haben - genau das, was es *Ihrer* Meinung nach tun sollte. Sie sind der Schiedsrichter; Sie haben die Kontrolle; Sie nehmen die Sache in die Hand; Sie knallen mit der Peitsche. *Sie schließen es aus.* Die erste Art von Botschaft befiehlt ihm, *Ihre* Lösung anzuwenden; die zweite droht ihm; die dritte redet ihm zu; die vierte rät ihm.

Die Eltern fragen: »Was ist daran so falsch, die eigene Lösung zu senden - ist es denn nicht schließlich das Kind, das mir ein Problem verursacht?« Gewiß ist es das. Ihm aber die Lösung für Ihr Problem zu geben, kann diese Auswirkungen haben:

1. Kinder wehren sich dagegen, gesagt zu bekommen, was sie tun sollen. Ihre Lösung mag ihnen auch nicht zusagen. Jedenfalls wehren Kinder sich dagegen, ihr Verhalten modifizieren zu müssen, wenn ihnen genau gesagt wird, wie sie sich ändern »müßten«, »sollten« oder »besser daran täten«, sich zu ändern.

2. Das Senden der Lösung übermittelt auch noch eine andere Botschaft: »Ich traue dir nicht zu, dich für eine Lösung zu entscheiden«, oder »Ich halte dich nicht für feinfühlig genug, einen Weg zu finden, um mir bei meinem Problem zu helfen«.
3. Das Senden der Lösung sagt dem Kind, daß Ihre Bedürfnisse wichtiger als seine sind, daß es genau das tun muß, was es, ungeachtet seiner Bedürfnisse, Ihrer Meinung nach tun sollte. (»Du tust etwas für mich Unannehmbares, darum ist die einzige Lösung das, was ich sage.«)

Wenn ein Freund Sie zu Hause besucht und zufällig den Fuß auf die Querleiste eines Ihrer neuen Eßzimmerstühle setzt, würden Sie sicherlich nicht zu ihm sagen:

»Nimm augenblicklich die Füße von meinem Stuhl.«
»Du solltest nie die Füße auf den neuen Stuhl eines anderen Menschen setzen.«
»Wenn du weißt, was dir frommt, nimmst du die Füße von meinem Stuhl.«
»Ich empfehle dir, nie die Füße auf meinen Stuhl zu setzen.«

Das klingt lächerlich in einer Situation, an der ein Freund beteiligt ist, weil die meisten Leute Freunde mit mehr Achtung behandeln. Erwachsene wollen, daß ihre Freunde das »Gesicht wahren«. Sie nehmen auch an, daß ein Freund genügend Verstand besitzt, um selbst eine Lösung Ihres Problems zu finden, wenn ihm erst einmal gesagt worden ist, worin das Problem besteht. Ein Erwachsener würde dem Freund einfach seine Empfindungen mitteilen. Er würde es ihm überlassen, in der richtigen Form zu reagieren, und dabei voraussetzen, daß er einsichtsvoll genug sein würde, seine Empfindungen zu respektieren.

Der Stuhlbesitzer würde höchstwahrscheinlich irgendeine derartige Botschaft senden:

»Ich fürchte, daß du meinen neuen Stuhl mit deinen Füßen zerkratzen könntest.«
»Ich sitze hier wie auf glühenden Kohlen, weil ich deine Füße auf meinem Stuhl höre.«
»Es ist mir peinlich, es sagen zu müssen, aber wir haben gerade diese neuen Stühle angeschafft, und ich möchte nicht, daß sie zerkratzt werden.«

Keine dieser Botschaften »sendet eine Lösung«. Im allgemeinen senden die Menschen diese Art von Botschaften ihren Freunden, selten aber ihren Kindern; natürlich unterlassen sie es, ihren Freunden zu befehlen, ihnen zuzureden, zu drohen oder zu raten, ihr Verhalten in irgendeiner Form zu modifizieren; als Eltern aber tun sie es täglich bei ihren Kindern.

Kein Wunder, Kinder widersetzen sich oder reagieren ablehnend und feindselig. Kein Wunder, sie »verlieren ihr Gesicht«. Kein Wunder, manche wachsen heran und erwarten voller Ergebenheit, von jedermann Lösungen zu erhalten. Eltern beklagen sich häufig, daß ihre Kinder zu Hause keine Verantwortung übernehmen; sie zeigen keine Rücksichtnahme auf die Bedürfnisse ihrer Eltern. Wie können Kinder jemals Verantwortung lernen, wenn die Eltern dem Kind jede Gelegenheit nehmen, aus Rücksichtnahme auf die Bedürfnisse seiner Eltern von sich aus etwas Verantwortungsbewußtes zu tun?

Eine »herabsetzende« Botschaft senden
Jedermann weiß, wie es ist, durch eine Botschaft »herabgesetzt« zu werden, die Schuld, Urteil, Hohn, Kritik oder Schande übermittelt. Bei der Konfrontation mit Kindern verlassen sich Eltern weitgehend auf derartige Botschaften. »Herabsetzende« Botschaften können in eine der folgenden Kategorien fallen:

1. Urteilen, Kritisieren, Beschuldigen
»Du müßtest es besser wissen.«
»Du bist sehr gedankenlos.«
»Du bist sehr ungezogen.«
»Du bist das rücksichtsloseste Kind, das ich kenne.«
»Du wirst noch einmal der Nagel zu meinem Sarg sein.«

2. Beschimpfen, Verhöhnen, Beschämen
»Du bist ein verzogenes Gör.«
»Schon gut, Herr Naseweis.«
»Gefällt es dir, hier zu Hause ein selbstsüchtiger Nassauer zu sein?«
»Schäm dich.«

3. Interpretieren, Diagnostizieren, Psychoanalysieren
»Du willst nur Aufmerksamkeit erregen.«
»Du willst mich nur auf die Palme bringen.«
»Du siehst nur zu gern, wie weit du es treiben kannst, bevor ich wütend werde.«
»Du willst immer da spielen, wo ich arbeite.«

4. Belehren, Anleiten

»Es gehört sich nicht, jemanden zu unterbrechen.«
»Artige Kinder tun das nicht.
»Was würdest du sagen, wenn ich das dir antäte?«
»Warum bist du zur Abwechslung nicht einmal artig?«
»Was du nicht willst, das man dir tu'... usw.«

Das sind alles Herabsetzungen - sie ziehen den Charakter des Kindes in Zweifel, lehnen es als Mensch ab, zerstören seine Selbstachtung, betonen seine Unzulänglichkeiten, fällen ein Urteil über seine Persönlichkeit. Sie geben dem Kind die Schuld.

Welche Wirkungen rufen diese Botschaften wahrscheinlich hervor?

1. Kinder fühlen sich oft schuldbewußt und voll Reue, wenn sie verurteilt oder beschuldigt werden.
2. Kinder haben das Gefühl, daß der Elternteil nicht fair ist - sie empfinden Ungerechtigkeit: »Ich habe nichts Böses getan« oder »Ich wollte nicht unartig sein«.
3. Kinder fühlen sich oft ungeliebt, zurückgestoßen: »Sie mag mich nicht, weil ich etwas Böses getan habe.«
4. Kinder reagieren oft sehr widerspenstig auf derartige Botschaften - sie stellen sich auf die Hinterbeine. Das die Eltern störende Verhalten aufzugeben, würde ein Eingeständnis der Stichhaltigkeit des elterlichen Vorwurfs oder Urteils sein. Die typische Reaktion eines Kindes würde sein: »Ich störe dich nicht« oder »Die Teller sind niemandem im Weg«.
5. Kinder zahlen oft mit gleicher Münze heim: »Du bist auch nicht immer so ordentlich« oder »Du bist ständig müde«, »Du bist ein schrecklicher Miesepeter, wenn Besuch kommt« oder »Warum kann das Haus nicht so sein, daß wir darin leben können?«
6. Herabsetzungen geben dem Kind das Gefühl der Unzulänglichkeit. Sie reduzieren seine Selbstachtung.

Herabsetzende Botschaften können eine katastrophale Wirkung auf die in der Entwicklung begriffene kindliche Vorstellung von sich selbst haben. Das Kind, das mit Botschaften bombardiert wird, die es ablehnen, wird lernen, sich selbst als schlecht, böse, faul, gedankenlos, rücksichtslos, »doof«, unzulänglich, unangenehm usw. anzusehen. Weil eine in der Jugend gebildete schlechte Meinung von sich selbst die Neigung hat, bis ins Erwachsenenalter fortzubestehen, legen herabsetzende Botschaften den Samen, um einen Menschen sein ganzes Leben hindurch zu behindern.

Auf diese Weise tragen Eltern Tag für Tag zur Zerstörung des Egos oder der Selbstachtung ihrer Kinder bei. Wie Wassertropfen, die auf einen Stein fallen, hinterlassen diese täglichen Botschaften auf Kinder allmählich, unmerklich einen destruktiven Effekt.

Kinder auf effektive Weise konfrontieren

Das elterliche Gespräch kann auch aufbauen. Wenn sie sich erst einmal der destruktiven Macht herabsetzender Botschaften bewußt sind, liegt den meisten Eltern viel daran, effektivere Arten der Konfrontation mit Kindern zu lernen. In unseren Kursen ist uns niemals ein Elternteil begegnet, der die Selbstachtung seines Kindes *bewußt* zerstören wollte.

»Du-Botschaften« und »Ich-Botschaften«

Eine für die Eltern leichte Art, den Unterschied zwischen ineffektiver und effektiver Konfrontation gezeigt zu bekommen, ist der Gedanke, entweder »Du-Botschaften« oder »Ich-Botschaften« zu senden. Wenn wir die Eltern bitten, die vorher notierten ineffektiven Botschaften zu untersuchen, überrascht sie die Entdeckung, daß fast alle mit dem Wort »Du« beginnen oder es enthalten. Diese Botschaften sind alle »Du«-orientiert:

Du hörst damit auf.
Du solltest das nicht tun.
Du darfst niemals ...
Wenn *du* nicht damit aufhörst, dann ...

Er fühlt sich verstimmt, enttäuscht, müde, bekümmert, gequält, belastet usw., und um das Kind wissen zu lassen, was in seinem Inneren vorgeht, muß der Elternteil einen passenden Code wählen. Für den Elternteil, der müde ist und keine Lust hat, mit seinem vierjährigen Kind zu spielen, würde unser Diagramm so aussehen:

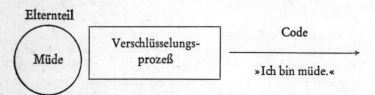

Wenn der Elternteil aber einen »Du«-orientierten Code wählt, würde er sein »Gefühl der Müdigkeit« nicht genau chiffrieren:

| Elternteil | | Code |
| Müde | Verschlüsselungsprozeß | »Du bist eine Plage.« |

»Du bist eine Plage« ist ein sehr schlechter Code für das Müdigkeitsgefühl des Elternteils. Ein Code, der unmißverständlich und genau ist, würde immer eine »Ich-Botschaft« sein: »Ich bin müde«, »Ich fühle mich nicht imstande, zu spielen«, »Ich möchte mich ausruhen«. Das übermittelt die Empfindungen, die der Elternteil verspürt. Ein »Du-Botschaft«-Code sendet nicht die Empfindung. Er bezieht sich viel mehr auf das Kind als den Elternteil. Eine »Du-Botschaft« ist Kind-orientiert, nicht Elternteil-orientiert.

Sehen Sie sich diese Botschaften im Hinblick auf das an, was das Kind hört:

Warum tust *du* das nicht?
Du bist ungezogen.
Du benimmst dich wie ein Baby.
Du willst Aufmerksamkeit.
Warum bist *du* nicht lieb?
Du solltest das besser wissen.

Wenn aber der Elternteil dem Kind einfach sagt, wie irgendein unannehmbares Verhalten den *Elternteil empfinden läßt*, stellt sich die Botschaft im allgemeinen als »Ich-Botschaft« heraus.

»Ich kann nicht ausruhen, wenn mir jemand auf den Schoß krabbelt.«
»*Ich* habe keine Lust zum Spielen, wenn ich müde bin.«
»*Ich* kann nicht kochen, wenn ich über Töpfe und Pfannen auf dem Fußboden steigen muß.«
»*Ich* fürchte, das Abendessen nicht rechtzeitig fertig zu bekommen.«
»*Ich* verliere richtig den Mut, wenn ich meine saubere Küche wieder schmutzig sehe.«

Die Eltern verstehen den Unterschied zwischen »Ich-Botschaften« und »Du-Botschaften« ohne weiteres, aber seine volle Bedeutung wird erst anerkannt, nachdem wir zum ursprünglich zur Erklärung des aktiven Zuhörens eingeführten Diagramm des Kommunikationsprozesses zurückkehren. Es hilft den Eltern, die Bedeutung von »Ich-Botschaften« zu würdigen.

Wenn das Verhalten eines Kindes unannehmbar für einen Elternteil ist, weil es auf irgendeine greifbare Weise den Lebensgenuß des Elternteils oder sein Recht auf Befriedigung seiner eigenen Bedürfnisse beeinträchtigt, »besitzt« fraglos der Elternteil das Problem.

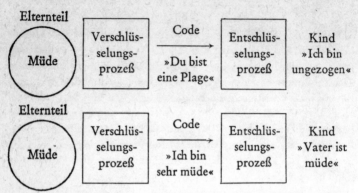

Die erste Botschaft wird von dem Kind als *Bewertung* seiner selbst entschlüsselt. Die zweite wird als *Feststellung einer Tatsache* in bezug auf den Elternteil entschlüsselt. »Du-Botschaften« sind ein schlechter Code, um das zu übermitteln, was ein Elternteil empfindet, weil sie von dem Kind meistens dahingehend entschlüsselt werden, was *es* tun sollte (eine Lösung senden) oder wie ungezogen *es* ist (Beschuldigung oder Bewertung senden).

Warum »Ich-Botschaften« wirksamer sind

»Ich-Botschaften« sind wirksamer, um ein Kind zu beeinflussen, ein Verhalten zu modifizieren, das für den Elternteil unannehmbar ist, und dessen Modifizierung für das Kind und die Eltern-Kind-Beziehung gesünder ist. Die »Ich-Botschaft« ist viel weniger geeignet, Widerstand und Rebellion zu provozieren. Es ist weitaus weniger bedrohlich, einem Kind aufrichtig die Wirkung seines Verhaltens auf *Sie* zu übermitteln, als anzudeuten, daß irgend etwas an *ihm* böse ist, weil es sich diesem Verhalten hingibt. Denken Sie an den signifikanten Unterschied in der kindlichen Reaktion auf diese zwei Botschaften, die ein Elternteil sendete, nachdem ihn ein Kind vor das Schienbein tritt:

»Au! Das hat mir wirklich weh getan – ich mag nicht, wenn man mich tritt.«

»Du bist ein sehr unartiger Junge. Untersteh dich, jemanden so zu treten.«

Die erste Botschaft sagt dem Kind nur, was Sie durch seinen Tritt fühlten, eine Tatsache, die es kaum bestreiten kann. Die zweite sagt ihm, daß es »unartig« war, und warnt es davor, das wieder zu tun; gegen beides kann es Einwände erheben und sich wahrscheinlich heftig sträuben.

»Ich-Botschaften« sind auch unendlich viel wirksamer, weil sie die Verantwortung für die Modifizierung seines Verhaltens in die Hände des Kindes legen. »Au! Das hat mir wirklich weh getan« und »Ich mag nicht, wenn man mich tritt« sagen dem Kind, wie Sie fühlen, überlassen es jedoch ihm, etwas zu tun.

Folglich helfen »Ich-Botschaften« dem Kind, voranzukommen, helfen ihm, Verantwortung für sein eigenes Verhalten zu übernehmen. Eine »Ich-Botschaft« sagt dem Kind, daß Sie ihm die Verantwortung überlassen, ihm zutrauen, auf konstruktive Weise mit der Situation fertig zu werden, ihm zutrauen, daß es Ihre Bedürfnisse respektiert, ihm eine Chance geben, damit zu beginnen, sich konstruktiv zu verhalten.

Weil »Ich-Botschaften« aufrichtig sind, neigen sie dazu, das Kind zu beeinflussen, ähnlich aufrichtige Botschaften zu senden, *wann immer es eine Empfindung hat.* »Ich-Botschaften« des einen Menschen in einer Beziehung fördern »Ich-Botschaften« des anderen. Das ist der Grund, warum in sich verschlechternden Beziehungen Konflikte häufig in gegenseitige Beschimpfungen und wechselseitige Beschuldigungen ausarten:

Elternteil: Du wirst schrecklich nachlässig damit, dein Geschirr nach dem Frühstück abzuwaschen. (»Du-Botschaft«.)
Kind: Du wäschst deines auch nicht jeden Morgen ab. (»Du-Botschaft.«)
Elternteil: Das ist ein Unterschied - Mutter hat eine Menge andere Dinge im Haus zu tun und muß hinter einer Horde unordentlicher Kinder aufräumen. (»Du-Botschaft.«)
Kind: Ich bin nicht unordentlich gewesen. (»Defensiv-Botschaft.«)
Elternteil: Du bist ebenso schlimm wie die anderen, und das weißt du auch. (»Du-Botschaft.«)
Kind: Du erwartest, daß jeder vollkommen ist. (»Du-Botschaft.«)
Elternteil: Na, davon bist du jedenfalls noch weit entfernt, was das Aufräumen betrifft. (»Du-Botschaft.«)

Kind: Du bist so verdammt pingelig mit der Wohnung. (»Du-Botschaft.«)

Das ist typisch für viele Gespräche zwischen Eltern und Kindern, wenn der Elternteil die Konfrontation mit einer »Du-Botschaft« beginnt. Es endet stets mit einem Streit, in dem sich beide Teile abwechselnd verteidigen und angreifen.

»Ich-Botschaften« haben weniger Aussicht, einen derartigen Streit hervorzurufen. Das besagt aber nicht, daß alles in Butter ist, wenn Eltern »Ich-Botschaften« senden. Verständlicherweise hören Kinder es nicht gerne, daß ihr Verhalten ihren Eltern ein Problem verursacht hat (ebenso wie Erwachsene, die sich niemals ausgesprochen wohl fühlen, wenn jemand sie mit der Tatsache konfrontiert, daß ihr Verhalten Schmerz verursacht hat). Es ist jedoch sehr viel weniger bedrohlich, jemanden zu sagen, was man empfindet, als ihn zu beschuldigen, eine schmerzliche Empfindung *verursacht* zu haben.

Es bedarf eines gewissen Mutes, um »Ich-Botschaften« zu senden, aber der Lohn ist im allgemeinen das Risiko durchaus wert. Ein Mensch braucht Mut und innere Sicherheit, um in einer Beziehung seine inneren Empfindungen zu offenbaren. Der Sender einer aufrichtigen »Ich-Botschaft« läuft Gefahr, daß der andere ihn als den kennenlernt, der er *in Wirklichkeit ist*. Er eröffnet sich - ist »durchsichtig wirklich«, enthüllt sein »Menschsein«. Er sagt dem anderen, daß er ein Mensch ist, *fähig*, verletzt, in Verlegenheit gebracht, geängstigt, enttäuscht, böse oder entmutigt usw. zu sein.

Zu offenbaren, wie er *empfindet*, bedeutet für einen Menschen, sich zu eröffnen, um vom anderen erblickt zu werden. Was wird der andere Mensch von mir denken? Insbesondere Eltern finden es schwer, Kindern gegenüber durchsichtig wirklich zu sein, weil sie gerne als unfehlbar angesehen werden möchten - ohne Schwächen, Verwundbarkeiten, Unzulänglichkeiten. Für viele Eltern ist es bedeutend leichter, ihre Empfindungen hinter einer »Du-Botschaft« zu verbergen, die dem Kind die Schuld zuschiebt, anstatt ihr eigenes Mensch-sein aufzudecken.

Wahrscheinlich ist der größte Lohn, der einem Elternteil daraus erwächst, durchsichtig zu sein, die Beziehung, die es zu dem Kind fördert. Aufrichtigkeit und Offenheit begünstigen Vertrautheit - eine wahrhaft zwischen-*menschliche* Beziehung. Mein Kind lernt mich kennen, wie ich bin, wodurch es wiederum ermutigt wird, mir zu offenbaren, was es ist. Anstatt einander entfremdet zu sein, ent-

wickeln wir eine enge Beziehung. Die unsere wird eine *authentische* Beziehung - zwei wirkliche Menschen, gewillt, einander in unserer Wirklich zu kennen.
Wenn Eltern und Kinder lernen, offen und aufrichtig miteinander zu sein, sind sie nicht länger mehr »Fremde im selben Haus«. Die Eltern können die Freude genießen, Eltern eines wirklichen Menschen zu sein - und die Kinder sind dadurch gesegnet, daß sie wirkliche Menschen als Eltern haben.

7. »Ich-Botschaften« in die Praxis umsetzen

Die Eltern in unseren Kursen begrüßen es sehr, darin unterwiesen zu werden, wie sie kindliches Verhalten modifizieren, das für sie unannehmbar ist. Manche erklären im Kursus: »Ich kann es kaum erwarten, nach Hause zu kommen und es an etwas auszuprobieren, das mein Kind zu meinem Ärger seit Monaten getan hat.«
Leider erzielen frisch geschulte Eltern manchmal nicht die Resultate, die sie sich erhoffen. Wenigstens nicht am Anfang. Deshalb behandeln wir die Fehler, die sie häufig machen, wenn sie versuchen, »Ich-Botschaften« in die Praxis umzusetzen, und bringen Beispiele, um ihre Kenntnisse zu erweitern.

Die verkleidete »Du-Botschaft«
Herr G., Vater zweier heranwachsender Söhne, kam in den Kursus und berichtete, daß sein erster Versuch, »Ich-Botschaften« in die Praxis umzusetzen, ein trauriges Ende gefunden hatte.
»Im Gegensatz zu dem, was uns hier gesagt wurde, begann mein Sohn Paul wie immer sofort seine eigenen ›Du-Botschaften‹ an mich zurückzusenden.«
»Haben Sie selbst ›Ich-Botschaften‹ gesendet?« fragte der Lehrer.
»Natürlich - oder ich glaubte, daß ich es tat; auf jeden Fall habe ich es versucht«, erwiderte Herr G.
Der Lehrer schlug vor, die Situation im Kursus nachzuspielen - er würde die Rolle von Paul und Herr G. sich selbst spielen. Nachdem er den Kursusteilnehmern die Situation erklärt hatte, begann Herr G., sie wiederaufleben zu lassen:
Herr G.: Ich habe das sichere Gefühl, daß du deinen Pflichten gegenüber nachlässig gewesen bist.
Paul: Wieso?
Herr G.: Na, nimm nur deine Arbeit, den Rasen zu mähen. Ich ärgere mich jedesmal, wenn du dich drückst. Wie am letzten Samstag. Ich war böse auf dich, weil du weggingst, ohne gemäht zu haben. Ich fand das verantwortungslos und war aufgebracht.

An dieser Stelle unterbrach der Lehrer den Dialog und sagte zu Herrn G.: »Ich habe eine Menge ›Ichs‹ von Ihnen gehört, aber wir wollen die Kursusteilnehmer fragen, ob sie noch etwas anderes gehört haben.«
Einer der Väter im Kursus fiel sofort mit der Bemerkung ein: »Innerhalb weniger Sekunden haben Sie Paul gesagt, er sei nachlässig, er sei ein Drückeberger, er mache sich davon und er sei verantwortungslos.«
»Was? Habe ich das? Ja, vielleicht«, sagte Herr G. hilflos. »Das hört sich genau wie ›Du-Botschaften‹ an.«
Herr G. hatte recht. Er hatte den Fehler begangen, den viele Eltern anfänglich machen - sie senden »Du-Botschaften« und verkleiden sie, indem sie beschimpfenden Botschaften ein »Ich habe das Gefühl« voranstellen.
Manchmal bedarf es dieser Art von Wiederaufführung einer wirklichen Situation, damit Eltern klar erkennen, daß »Ich finde, du bist schlampig« ebenso sehr eine »Du-Botschaft« ist wie »Du bist schlampig«. Den Eltern wird gesagt, das »Ich habe das Gefühl« auszulassen und zu erklären, was sie im besonderen empfanden - zum Beispiel »Ich war enttäuscht«, »Ich wollte, daß der Rasen am Sonntag ordentlich aussehen würde«, oder »Ich war verstimmt, weil ich dachte, wir waren übereingekommen, daß der Rasen am Samstag gemäht werden würde«.

Betonen Sie nicht das Negative
Ein anderer Fehler, den frisch geschulte Eltern machen, besteht darin, »Ich-Botschaften« zu senden, um ihre negativen Empfindungen auszudrücken, und zu vergessen, »Ich-Botschaften« im Hinblick auf ihre positiven Empfindungen zu senden.
Frau K. und ihre Tochter Linda hatten vereinbart, daß Linda nicht später als um Mitternacht von einer Kinoverabredung nach Hause kommen würde. Endlich tauchte Linda um halb zwei Uhr auf. Ihre Mutter hatte anderthalb Stunden lang nicht einschlafen können und sich große Sorgen gemacht, daß Linda etwas Schlimmes passiert war.
Bei der mit verteilten Rollen gespielten Wiederholung des Vorfalls im Kursus hörte sich Frau K. so an:
Frau K. (als Linda hereinkommt): Ich bin böse auf dich.
Linda: Ich weiß, ich habe mich verspätet.

Frau K.: Ich bin wirklich ärgerlich auf dich, weil du mich wachgehalten hast.
Linda: Warum konntest du nicht schlafen? Ich wünschte, du würdest zu Bett gehen und dir keine Sorgen machen.
Frau K.: Wie hätte ich das tun können? Ich war wütend auf dich und krank vor Sorge, daß du vielleicht in einen Unfall verwickelt gewesen sein könntest. Ich bin wirklich enttäuscht über dich, daß du dich nicht an unsere Vereinbarung gehalten hast.
Der Lehrer unterbrach die »Aufführung« und sagte zu Frau K.: »Gar nicht schlecht - Sie haben ein paar gute »Ich-Botschaften« gesendet, aber nur die negativen. Was haben Sie *tatsächlich* gefühlt, als Linda zur Haustür hereinkam? Worin bestand ihre erste Empfindung?«
Ohne Zögern antwortete Frau K.: »Ich empfand eine ungeheure Erleichterung darüber, daß Linda wohlbehalten zu Hause war. Ich wollte sie an mich drücken und ihr sagen, wie froh ich sei, sie heil wiederzusehen.«
»Das glaube ich Ihnen«, sagte der Lehrer. »Und jetzt (ich spiele wieder Linda) senden Sie mir diese wirklichen Empfindungen als ›Ich-Botschaften‹. Versuchen Sie es noch einmal.«
Frau K.: Oh, Linda, Gott sei Dank, daß du wohlbehalten zu Hause bist. Ich bin so froh, dich zu sehen. Welch eine Erleichterung. (Umarmt den Lehrer) Ich hatte solche Angst, daß du einen Unfall gehabt hast.
Linda: Du meine Güte, bist du aber froh, mich zu sehen.
Tatsächlich applaudierten die Kursusteilnehmer daraufhin Frau K. und drückten ihre Überraschung und Freude über die völlig andere Qualität der zweiten Konfrontation aus, die sie mit den heftigsten »Jetzt will ich dir mal was sagen«-Empfindungen begonnen hatte. Daraus entwickelte sich eine anregende Diskussion über die Art, in der Eltern so viele Gelegenheiten verpassen, Kindern gegenüber ehrlich in bezug auf ihre positiven und liebevollen Empfindungen zu sein. Bestrebt, unseren Kindern »eine Lehre zu erteilen«, versäumen wir goldene Gelegenheiten, ihnen weitaus fundamentalere Lehren zu vermitteln. Zum Beispiel, daß wir sie so liebhaben, daß es ein entsetzlicher Schmerz für uns sein würde, sollten sie verletzt oder getötet werden.
Nach Sendung des ersten aufrichtigen Ausdrucks dessen, was Frau K. innerlich empfand, war Zeit genug, um Linda mit der Enttäuschung ihrer Mutter darüber zu konfrontieren, daß ihre Ab-

machung von der Tochter nicht eingehalten wurde. Welch andere Art von Diskussion würde es gewesen sein, wenn die positive »Ich-Botschaft« zuerst gesendet worden wäre.

»Einen Jungen schicken, die Arbeit eines Mannes zu tun«
Bei der Auseinandersetzung mit unserer Vorstellung vom »Erziehen durch Zuhören« hören Eltern eine Menge über das »Untertreiben« ihrer »Ich-Botschaften«. Für viele Eltern ist es zuerst schwer, eine »Ich-Botschaft« zu senden, die der Intensität ihrer Empfindungen entspricht. Wenn ein Elternteil untertreibt, verliert die »Ich-Botschaft« gewöhnlich an Eindruck auf das Kind, und keine Verhaltensänderung tritt ein.
Frau B. berichtete einen Vorfall, bei dem ihr Sohn Bryant sein unannehmbares Verhalten nicht änderte, selbst nachdem sie eine nach ihrem Gefühl gute »Ich-Botschaft« gesendet hatte. Bryant, sechs Jahre alt, hatte sein kleines Brüderchen beim Spielen mit dem alten Tennisracket seines Vaters auf den Kopf geschlagen. Mutter sendete eine »Ich-Botschaft«, aber Bryant fuhr fort und wiederholte den gefährlichen Angriff auf sein Brüderchen. Bei der Inszenierung des Vorfalls im Kursus wurde den anderen Eltern klar, daß Frau B. der Untertreibung ihrer Empfindungen schuldig war.
Frau B.: Bryant, ich mag nicht, daß du Sammy schlägst.
»Ich bin überrascht, Frau B.«, sagte der Lehrer, »daß Sie mit derartig gemäßigten Empfindungen darauf reagierten, als Ihr Jüngster mit einem harten Tennisracket auf den Kopf geschlagen wurde.«
»Oh, ich hatte Todesangst, daß sein kleiner Schädel eingeschlagen worden war, und erwartete mit Sicherheit, seinen Kopf bluten zu sehen.«
»Nun«, meinte der Lehrer, »dann wollen wir diese sehr heftigen Empfindungen in ›Ich-Botschaften‹ ausdrücken, die der Intensität dessen entsprechen, was Sie im Inneren tatsächlich empfanden.«
Dergestalt ermutigt und angespornt, aufrichtig im Hinblick auf ihre wahren Empfindungen zu sein, stieß Frau B. sehr heftig hervor: »Bryant, *ich ängstige mich zu Tode,* wenn das Baby auf den Kopf geschlagen wird! Ich würde außer mir sein, es schwer verletzt zu sehen. Und ich werde richtig böse, wenn ich sehe, daß ein älterer einem, der sehr viel jünger ist, weh tut. Ooh, ich habe solche Angst gehabt, sein kleiner Kopf würde bluten.«
Frau B. und die anderen Eltern des Kursus waren sich einig, daß sie

diesmal nicht einen »Jungen geschickt hatte, die Arbeit eines Mannes zu tun«. Die zweite »Ich-Botschaft«, die ihren wahren Empfindungen sehr viel besser entsprach, würde bedeutend mehr Aussicht haben, Eindruck auf Bryant zu machen.

Der ausbrechende Vesuv

Wenn sie zum erstenmal mit »Ich-Botschaften« bekannt gemacht werden, eilen manche Eltern heim, begierig, die Konfrontation mit ihren Kindern zu beginnen, und sie enden damit, daß sie ihre aufgestauten Emotionen wie ein Vulkan herausschleudern und ihnen Luft machen. Eine Mutter kam in den Kursus zurück und erklärte, daß sie die ganze Woche damit zugebracht hatte, zornig auf ihre Kinder zu sein. Das Problem war nur, daß ihre Kinder durch ihre Ausbrüche furchtbar verängstigt waren.

Die Entdeckung, daß einige Eltern unsere Ermunterung zur Konfrontation mit ihren Kindern als Freibrief auslegten, ihren zornigen Empfindungen Luft zu machen, zwang mich, die Funktion des Zorns in der Eltern-Kind-Beziehung neu zu überprüfen. Diese kritische Überprüfung des Zorns trug sehr zur Klärung meines eigenen Denkens bei und brachte mich auf eine neue Formulierung, warum Eltern ihrem Zorn Luft machen, warum es Kindern schadet und wie Eltern geholfen werden kann, es zu vermeiden.

Im Gegensatz zu sonstigen Empfindungen richtet sich Zorn fast stets gegen einen anderen Menschen. »Ich bin böse« ist eine Botschaft, die gewöhnlich bedeutet: »Ich bin böse auf *dich*« oder »*Du* machst mich böse«. Es ist eigentlich eine »Du-Botschaft« und keine »Ich-Botschaft«. Ein Elternteil kann diese »Du-Botschaft« nicht bemänteln, indem er sie als »Ich empfinde Zorn« vorbringt. Folglich erscheint Kindern eine solche Botschaft wie eine »Du-Botschaft«. Ein Kind meint, es wird als derjenige beschuldigt, der seinen Eltern Zorn *verursacht* hat. Die vorhersagbare Wirkung auf das Kind ist, daß es sich herabgesetzt, verantwortlich gemacht und schuldbewußt fühlen wird, genauso wie durch eine »Du-Botschaft«.

Ich bin jetzt überzeugt davon, daß Zorn etwas ist, das allein vom Elternteil hervorgebracht wird, nachdem er eine vorangegangene Empfindung erlebt hat. Der Elternteil erzeugt den Zorn als Folge des Erlebnisses einer primären Empfindung. Das sieht so aus:

Ich fahre auf einer Autobahn, und ein anderer Fahrer schneidet mich und gerät in gefährliche Nähe meines rechten vorderen Kotflügels.

Meine primäre Empfindung ist Angst, sein Verhalten ängstigte mich. Als Folge davon, daß er mir Angst machte, betätige ich etliche Sekunden später die Hupe und »benehme mich wütend«, schreie vielleicht sogar etwas wie: »Du Saukerl, warum lernst du nicht Autofahren«, eine Botschaft, von der niemand leugnen kann, daß es eine reine »Du-Botschaft« ist. Der Zweck meines »wütenden Benehmens« besteht darin, den anderen Fahrer zu bestrafen oder ihm ein Gefühl der Schuld zu geben, weil er mir Angst einjagte, so daß er es nicht wieder tut.

Ähnlich gebraucht der zornige Elternteil in den meisten Fällen seinen Zorn oder sein »zorniges Benehmen«, um dem Kind eine Lehre zu erteilen.

Eine Mutter wird im Kaufhaus von ihrem Kind getrennt. Ihr erstes Gefühl ist Angst – sie fürchtet, ihm könnte vielleicht etwas passieren. Wenn sie jemand fragte, was sie fühlt, während sie nach ihm suchte, würde diese Mutter sagen: »Ich habe Todesangst« oder »Ich bin schrecklich besorgt oder geängstigt«. Findet sie das Kind endlich, verspürt sie große Erleichterung. Sie sagt bei sich: »Gott sei Dank, dir ist nichts passiert.« Laut aber sagt sie etwas ganz anderes. Durch zorniges Benehmen will sie eine Botschaft senden, wie »Du unartiger Junge« oder »Ich bin böse mit dir! Wie kannst du nur so dumm sein und von mir getrennt werden?« oder »Habe ich dir nicht gesagt, du sollst in meiner Nähe bleiben?« Die Mutter benimmt sich in dieser Situation zornig (eine sekundäre Empfindung), um dem Kind eine Lehre zu erteilen oder um es zu bestrafen, weil es ihr Angst verursachte.

Als sekundäre Empfindung wird Zorn fast immer zu einer »Du-Botschaft«, die Verurteilung und Schuld des Kindes ausdrückt. Ich bin fast davon überzeugt, daß Zorn eine vom Elternteil absichtlich und bewußt angenommene Haltung mit dem ausdrücklichen Zweck ist, das Kind zu beschuldigen, es zu bestrafen, ihm eine Lehre zu erteilen, weil sein Verhalten eine andere Empfindung (die *primäre* Empfindung) ausgelöst hat. Wann immer Sie zornig auf einen anderen werden, führen Sie Theater auf, spielen eine Rolle, um den anderen zu beeindrucken, ihm zu zeigen, was er getan hat, ihm eine Lektion zu erteilen, um zu versuchen, ihn davon zu überzeugen, daß er es nicht wieder tun sollte. Ich will damit nicht sagen, daß der Zorn nicht echt ist. Er ist sehr echt und läßt den Menschen innerlich kochen und zittern.

Ich will damit sagen, daß die Menschen sich selbst zornig *machen.*
Hier sind ein paar Beispiele:
Das Kind benimmt sich im Restaurant ungezogen. Die primäre Empfindung ist Verlegenheit. *Die sekundäre Empfindung ist Zorn: »Hör auf, dich wie ein Zweijähriger zu benehmen.«*
Das Kind vergißt, daß der Vater Geburtstag hat, und versäumt, »Herzliche Glückwünsche zum Geburtstag« zu sagen oder ihm etwas zu schenken. Vaters primäre Empfindung ist Verletztsein. Die sekundäre Empfindung ist Zorn: »Du bist auch nicht besser als alle die anderen gedankenlosen Kinder heutzutage.«
Das Kind bringt in seinem Schulzeugnis Vieren und Fünfen mit nach Hause. Mutters primäre Empfindung ist Enttäuschung. Die sekundäre Empfindung ist Zorn: »Ich wußte es, du hast das ganze Halbjahr hindurch gebummelt. Hoffentlich bist du jetzt recht stolz auf dich.«
Wie können Eltern vermeiden lernen, Kindern zornige »Du-Botschaften« zu senden? Die Erfahrung in unseren Kursen ist sehr ermutigend gewesen. Wir helfen den Eltern, den Unterschied zwischen primären und sekundären Empfindungen zu verstehen. Dann lernen sie, sich ihrer primären Empfindungen bewußter zu werden, wenn es zu kritischen Situationen kommt. Schließlich lernen sie, ihren Kindern ihre primären Empfindungen zu senden, anstatt ihren sekundären zornigen Empfindungen Luft zu machen. Das hilft den Eltern, sich dessen, was wirklich in ihnen vor sich geht, wenn sie zornig sind, bewußter zu werden – es hilft ihnen, ihre primären Empfindungen zu identifizieren.
Frau C., eine übertrieben gewissenhafte Mutter, berichtete in ihrem Kursus, wie sie entdeckte, daß ihre häufigen, gegen ihre zwölfjährige Tochter gerichteten zornigen Ausbrüche sekundäre Reaktionen auf ihre Enttäuschung darüber waren, daß ihre Tochter sich nicht als fleißig und lernbegierig erwies, wie ihre Mutter es als Kind gewesen war. Frau C. begann zu verstehen, wieviel ihr der schulische Erfolg ihrer Tochter bedeutete und daß sie, wann immer ihre Tochter sie auf schulischem Gebiet enttäuschte, mit zornigen »Du-Botschaften« über sie herfiel.
Herr J., ein professioneller Berater, bekannte im Kursus, daß er jetzt verstand, warum er so zornig auf seine elfjährige Tochter wurde, wenn sie in der Öffentlichkeit waren. Anders als ihr in Gesellschaft extrovertierter Vater, war seine Tochter scheu. Immer

wenn er sie Bekannten vorstellte, wollte seine Tochter nicht die Hand geben und die üblichen Liebenswürdigkeiten, wie »Guten Tag« oder »Ich freue mich, Sie kennenzulernen«, sagen. Ihr undeutliches, fast unhörbares kleines »Hallo« war ihrem Vater peinlich. Er gab zu, daß er befürchtete, seine Bekannten würden ihn für einen strengen, dominierenden Vater halten, der ein unterwürfiges, ängstliches Kind hervorgebracht hatte. Als er das erkannt hatte, stellte er fest, daß er seine zornigen Empfindungen bei diesen Gelegenheiten überwand. Er konnte jetzt die Tatsache zu akzeptieren beginnen, daß seine Tochter einfach nicht den gleichen Charakter wie er hatte. Und als er aufhörte, zornig zu sein, fühlte sich seine Tochter sehr viel weniger befangen.

Bei der Auseinandersetzung mit unserer Ausbildung lernen die Eltern, daß sie, wenn sie sich häufig durch zornige »Du-Botschaften« Luft machen, besser daran täten, sich einen Spiegel vorzuhalten und zu fragen: »Was geht in mir vor?«, »Welche meiner Bedürfnisse sind durch das Verhalten meines Kindes bedroht?«, »Worin bestehen meine eigenen, primären Empfindungen?« Mutig bekannte eine Mutter im Kursus, sie sei oft so zornig mit ihren Kindern gewesen, weil sie tief enttäuscht darüber war, daß die Existenz der Kinder sie davon abgehalten hatte, die Schule zu absolvieren, um Lehrerin zu werden. Sie entdeckte, daß ihre zornigen Empfindungen in Wahrheit Groll waren, weil sie enttäuscht über die Unterbrechung ihrer eigenen Berufspläne war.

Was effektive »Ich-Botschaften« bewirken können

»Ich-Botschaften« können erstaunliche Ergebnisse hervorbringen. Häufig berichten die Eltern, daß ihre Kinder Überraschung zeigen, wenn sie hören, wie ihre Eltern wirklich empfinden. Sie sagen zu ihren Eltern:

»Ich wußte nicht, daß ich dich so sehr ärgerte.«
»Ich wußte nicht, daß es dich wirklich aus der Fassung gebracht hat.«
»Warum hast du nicht früher gesagt, wie dir zumute war?«
»Es liegt dir wirklich sehr viel daran, nicht wahr?«

Kinder, Erwachsenen darin nicht unähnlich, wissen oft nicht, wie ihr Verhalten auf andere wirkt. Beim Verfolgen ihrer eigenen Ziele sind sie sich oft des Eindrucks, den ihr Verhalten haben kann, vollkommen unbewußt. Wird es ihnen erst einmal gesagt, möchten sie gewöhnlich rücksichtsvoller sein. Gedankenlosigkeit verwandelt sich nicht selten in Aufmerksamkeit, wenn ein Kind die Wirkung seines Verhaltens auf andere erst einmal versteht.

Frau H. berichtete von einer Episode während des Familienurlaubs. Ihre kleinen Kinder waren hinten im Fond sehr laut und unruhig gewesen. Frau H. und ihr Mann hatten das Toben voll Unmut ertragen, endlich aber konnte Herr H. es nicht länger aushalten. Unvermittelt bremste er das Auto, fuhr von der Straße ab und erklärte: »Ich kann diesen Lärm und dieses Herumgehopse hinten im Auto einfach nicht aushalten. Ich möchte meine Ferien genießen und beim Fahren Spaß haben. Aber, verdammt noch mal, wenn es hinten laut ist, werde ich nervös und fahre ungerne. Ich finde, ich habe auch ein Recht darauf, meine Ferien zu genießen.«

Die Kinder waren von dieser Erklärung überrascht und sagten das. Sie hatten nicht gewußt, daß ihr Gehabe im Fond ihren Vater in irgendeiner Weise störte. Offenbar dachten sie, ihr Vater könnte es ertragen. Frau H. berichtete, daß die Kinder nach diesem Vorfall sehr viel rücksichtsvoller waren und ihren Unfug weitgehend einschränkten.

Herr. G., der Direktor einer Schule, in der sehr aufsässige und schwierige Schüler untergebracht sind, berichtete diese dramatische Geschichte:

Wochenlang hatte ich mit Empörung das Verhalten einer Gruppe von Jungen geduldet, die sich fortwährend über einige der Schulbestimmungen hinwegsetzten. Eines Morgens blickte ich aus meinem Bürofenster und sah sie lässig über den Rasen gehen und Coca-Cola-Flaschen tragen, was gegen die Schulbestimmungen verstößt. Das brachte das Faß zum Überlaufen. Da ich gerade an der Stunde des Kursus teilgenommen hatte, in der »Ich-Botschaften« erklärt wurden, rannte ich hinaus und begann, ein paar meiner Empfindungen zu sagen: »Ich fühle mich so verdammt entmutigt durch euch Jungen! Ich habe alles versucht, was ich nur kann, um euch zu helfen, die Schule zu schaffen. Ich bin mit Herz und Seele bei der Arbeit gewesen. Und ihr Kerle tut nichts, als gegen die Bestimmungen zu verstoßen. Ich habe um eine vernünftige Bestimmung in bezug auf die Haarlänge gekämpft, aber ihr Bengel wollt euch nicht einmal danach richten. Und nun lauft ihr hier mit Coca-Cola-Flaschen herum, und auch das ist gegen die Bestimmungen. Am liebsten würde ich die Arbeit hinwerfen und an die reguläre Oberschule

zurückkehren, wo ich das Gefühl habe, etwas zu erreichen. In dieser Stellung komme ich mir wie ein vollkommener Versager vor.«
Am Nachmittag wurde Herr G. durch einen Besuch der Gruppe überrascht. »Hallo, Herr G., wir haben über das, was heute morgen vorgefallen ist, nachgedacht. Wir wußten gar nicht, daß Sie wütend werden konnten. Das waren Sie noch nie. Wir wollen keinen anderen Direktor hier; er wird nicht so gut sein, wie Sie es gewesen sind. Darum sind wir übereingekommen, uns von Ihnen mit der Haarschneidemaschine die Haare schneiden zu lassen. Auch nach den anderen Bestimmungen wollen wir uns richten.«
Nachdem er sich von seiner Überraschung erholt hatte, ging G. mit den Jungen in einen anderen Raum, und jeder von ihnen unterwarf sich seiner Friseurkunst, bis sein Haar kurz genug war, um der Bestimmung zu entsprechen. Herr G. berichtete dem Kursus, daß das Bezeichnendste an dem Vorfall der große Spaß gewesen sei, den sie alle während des freiwilligen Haarschneidens hatten. »Es war für uns alle ein Fest«, berichtete er. Sie verließen den Raum als Freunde, mit herzlichen Gefühlen und in der Art von Verbundenheit, die aus dem gemeinsamen Lösen von Problemen resultiert.
Ich gebe zu, als ich Herrn G. die Geschichte erzählen hörte, war ich ebenso überrascht wie die Eltern im Kursus über den dramatischen Eindruck von G.s »Ich-Botschaft«. Das bestätigte meine Überzeugung, daß Erwachsene die Bereitschaft der Kinder, Rücksicht auf die Bedürfnisse der Erwachsenen zu nehmen, sobald ihnen einmal ehrlich und ohne Umschweife gesagt wird, wie andere empfinden, häufig unterschätzen. Kinder können zugänglich und verantwortungsvoll sein, wenn die Erwachsenen sich nur einen Augenblick Zeit nehmen, um sich auf die gleiche Stufe mit ihnen zu stellen.

Hier folgen weitere Beispiele effektiver »Ich-Botschaften«, die keine Vorwürfe oder Beschämungen enthalten und in denen der Elternteil keine »Lösung sendet«.
Nachdem er von der Arbeit nach Hause gekommen ist, möchte der Vater die Zeitung lesen und sich ausruhen. Das Kind klettert ihm dauernd auf den Schoß und zerknittert die Zeitung. Vater: »Ich kann nicht Zeitung lesen, wenn du auf meinem Schoß sitzt. Ich habe keine Lust, mit dir zu spielen, denn ich bin müde und möchte mich eine Weile ausruhen.«

Die Mutter arbeitet mit dem Staubsauger. Das Kind zieht dauernd das Kabel aus der Steckdose, aber die Mutter ist in Eile. Mutter: »*Ich habe es furchtbar eilig, und es hält mich wirklich auf, wenn ich innehalten und den Stecker wieder hineinstecken muß. Mir ist nicht nach spielen zumute, wenn ich Arbeit zu erledigen habe.*«

Ein Kind erscheint mit sehr schmutzigen Händen und schmutzigem Gesicht bei Tisch. Vater: »*Mir schmeckt das Essen nicht, wenn ich so viel Schmutz sehe. Mir wird davon übel, und ich verliere den Appetit.*«

Das Kind bittet unaufhörlich darum, daß man mit ihm ins Kino geht, hat aber mehrere Tage lang sein Zimmer nicht aufgeräumt, eine Arbeit, die zu erledigen es sich bereit erklärt hat. Mutter: »*Ich habe wenig Lust, etwas für dich zu tun, wenn du dich nicht an unsere Abmachung über dein Zimmer hältst. Ich habe das Gefühl, als würde ich ausgenützt.*«

Das Kind stellt den Plattenspieler so laut, daß es die Unterhaltung der Eltern im nächsten Zimmer stört. Mutter: »*Wir können uns nicht unterhalten, wenn der Plattenspieler so laut ist. Der Lärm macht uns verrückt.*«

Das Kind hat versprochen, die Servietten zu bügeln, die zu einer abendlichen Festlichkeit gebraucht werden. Tagsüber hat es getrödelt, jetzt werden die Gäste in einer Stunde erwartet, und es hat noch nicht mit der Arbeit angefangen. Mutter: »*Ich fühle mich wirklich im Stich gelassen. Den ganzen Tag über habe ich gearbeitet, um mit allem für unser Fest fertig zu werden, und nun muß ich mich auch noch um die Servietten kümmern.*«

Das Kind vergaß, sich zu der Zeit einzustellen, zu der es vereinbarungsgemäß nach Hause kommen sollte, damit die Mutter mit ihm Schuhe kaufen gehen konnte. Mutter ist in Eile. Mutter: »*Ich mag es ganz und gar nicht, wenn ich mir den Tag sorgfältig einteile, um neue Schuhe mit dir einkaufen zu gehen, und dann erscheinst du nicht einmal.*«

Sehr kleinen Kindern wortlose »Ich-Botschaften« senden

Eltern mit Kindern, die unter zwei Jahre alt sind, fragen stets, wie sie Kindern, die zu jung sind, um die Bedeutung verbaler »Ich-Botschaften« zu verstehen, »Ich-Botschaften« senden können.

Unsere Erfahrung sagt uns, daß viele Eltern die Fähigkeit sehr junger Kinder, »Ich-Botschaften« zu verstehen, unterschätzen. Die meisten Kinder haben bis zum Alter von zwei Jahren zu erkennen gelernt, wann Eltern annehmend oder nicht annehmend sind, wann sie sich wohl fühlen oder nicht, wann ihnen etwas, das das Kind tut, gefällt oder nicht. Bis die meisten Kinder ihr zweites Lebensjahr vollendet haben, kennen sie durchaus die Bedeutung elterlicher Botschaften, wie: »Au, das tut weh« oder »Das mag ich nicht« oder »Mami will nicht spielen«. Ebenso: »Damit darf Jimmy nicht spielen«, »Das ist heiß« oder »Daran tut sich Jimmy weh«.

Sehr junge Kinder reagieren auch so sensibel auf wortlose Botschaften, daß die Eltern stumme Signale verwenden können, um einem Kind viele ihrer Empfindungen zu verstehen zu geben.

Ben zappelt herum, während ihm seine Mutter seine Sachen anzieht. Mutter hält ihn sanft, aber bestimmt fest und fährt mit dem Ankleiden fort. (Botschaft: »Ich kann dich nicht anziehen, wenn du herumzappelst.«)

Maria hüpft auf der Couch auf und ab, und Mutter befürchtet, daß sie die Lampe auf dem Tisch am Ende der Couch herunterwirft. Mutter nimmt Maria sanft, aber bestimmt von der Couch und hüpft mit ihr auf dem Fußboden auf und ab. (Botschaft: »Ich will nicht, daß du auf der Couch hüpfst, aber wenn du auf dem Fußboden hüpfst, habe ich nichts dagegen.«)

Jan sträubt sich und zögert, ins Auto zu steigen, als Mutter es eilig hat. Mutter schiebt Jan sanft, aber bestimmt mit der Hand in den Wagen. (Botschaft: »Ich habe es eilig und möchte, daß du jetzt einsteigst.«)

Andrea zerrt an dem neuen Kleid, das Mutter eben zu einer Party angezogen hat. Mutter schiebt ihre Hand fort. (Botschaft: »Ich möchte nicht, daß du an meinem neuen Kleid zerrst.«)

Während der Vater Tim im Supermarkt trägt, fängt er an, Vater in den Bauch zu treten. Vater stellt ihn sofort hin. (Botschaft: »Ich mag nicht, wenn du mich in den Bauch trittst.«)

Sue beugt sich vor und nimmt von dem Essen auf Mutters Teller. Mutter holt sich ihr Essen wieder und gibt Sue eine eigene Portion aus der Schüssel. (Botschaft: »Ich möchte mein Essen und mag nicht, wenn du es mir vom Teller nimmst.«)

Derartige Verhaltensbotschaften werden von sehr kleinen Kindern verstanden. Diese Botschaften sagen dem Kind, welche Bedürfnisse der Elternteil hat, geben dem Kind aber nicht zu verstehen, daß es böse ist, weil es selbst Bedürfnisse hat. Außerdem ist offensichtlich, daß der Elternteil, der diese wortlosen Botschaften sendet, das Kind nicht bestraft.

Drei Probleme mit »Ich-Botschaften«

Wenn sie »Ich-Botschaften« in die Praxis umsetzen, stoßen Eltern beständig auf Probleme. Keines davon ist unüberwindlich, aber jedes erfordert zusätzliche Kenntnisse.

Kinder reagieren auf »Ich-Botschaften« häufig, indem sie sie ignorieren, besonders dann, wenn Eltern damit anfangen, sich dieser Botschaften zu bedienen. Niemand erfährt gerne, daß sein Verhalten sich störend auf die Bedürfnisse eines anderen auswirkt. Dasselbe trifft auf Kinder zu. Sie ziehen es manchmal vor, »nicht zu hören«, wie sie durch ihr Verhalten Eltern dazu veranlassen, Empfindungen zu haben.

Wir empfehlen Eltern, eine andere »Ich-Botschaft« zu senden, wenn auf die erste keine Reaktion erfolgt. Vielleicht wird die zweite »Ich-Botschaft« nachdrücklicher, intensiver, lauter oder mit mehr Empfindung herauskommen. Die zweite Botschaft sagt dem Kind: »Hör mal, ich meine es wirklich so.«

Manche Kinder wenden sich achselzuckend von einer »Ich-Botschaft« ab, als wollten sie sagen: »Na und?« Eine zweite Botschaft, diesmal nachdrücklicher, schafft es vielleicht. Oder es mag notwendig sein, daß der Elternteil etwas sagt wie:

»Du, ich sage dir, was ich empfinde. Das ist mir wichtig. Und ich mag nicht ignoriert werden. Ich finde es scheußlich, wenn du mich einfach stehen läßt und nicht einmal auf meine Empfindungen hörst. Das kommt bei mir nicht gut an. Ich finde das mir gegenüber nicht fair, wenn ich wirklich ein Problem habe.«

Diese Art von Botschaft veranlaßt das Kind manchmal dazu, umzukehren oder Notiz zu nehmen. Sie sagt ihm: »Es ist mir wirklich ernst!«

Häufig reagieren Kinder auch auf eine »Ich-Botschaft«, indem sie selbst eine »Ich-Botschaft« zurücksenden. Anstatt ihr Verhalten sofort zu modifizieren, wollen sie, daß man hört, was sie selbst empfinden, wie in der folgenden Episode:

Mutter: Ich hasse es, wenn mein sauberes Wohnzimmer sofort ganz schmutzig ist, sobald du aus der Schule kommst. Ich fühle mich dadurch so entmutigt, nachdem ich mir Mühe gegeben habe, es sauberzumachen.

Sohn: Ich finde, du nimmst es mit dem Sauberhalten der Wohnung zu genau.

An diesem Punkt werden ungeschulte Eltern oft defensiv und ärgerlich und schlagen mit: »O nein, ich nicht« oder »Das ist nicht deine Angelegenheit« oder »Es interessiert mich nicht, was du über meine Maßstäbe denkst« zurück. Um eine solche Situation effektiv zu meistern, müssen Eltern an unser erstes, grundlegendes Prinzip erinnert werden - wenn ein Kind eine Empfindung oder ein Problem hat, bedienen Sie sich des aktiven Zuhörens. In der vorangegangenen Episode gab Mutters »Ich-Botschaft« dem Kind ein Problem (wie es diese Botschaften gewöhnlich tun). Also ist jetzt der Augenblick, um Verständnis und Annahme zu zeigen, weil Ihre »Ich-Botschaft« ihm ein Problem verursacht hat:

Mutter: Du hast das Gefühl, meine Maßstäbe sind zu hoch und ich nehme es zu genau.

Sohn: Ja.

Mutter: Nun, das mag schon stimmen. Ich werde darüber nachdenken. Aber bis ich mich ändere, fühle ich mich auf jeden Fall verflixt entmutigt, wenn ich sehe, daß meine ganze Arbeit umsonst ist. Im Augenblick ärgere ich mich sehr über dieses Zimmer.

Nachdem das Kind gemerkt hat, daß der Elternteil seine Empfindungen verstanden hat, wird es sein Verhalten oft modifizieren. Gewöhnlich will das Kind nichts anderes als Verständnis für *seine* Empfindungen - dann hat es das Gefühl, etwas Konstruktives im Hinblick auf *Ihre* Empfindungen tun zu wollen.

Was die meisten Eltern ebenfalls erstaunt, ist die Erfahrung, daß ihr aktives Zuhören Empfindungen in einem Kind hervorruft, die, von den Eltern nun verstanden, den Effekt haben, daß die ursprünglich nicht annehmenden Empfindungen des Elternteils verschwinden oder modifiziert werden. Indem er das Kind ermutigt, das auszudrücken, was es empfindet, sieht der Elternteil die Situation in ganz neuem Licht.

Im vorausgegangenen Teil haben wir die Episode eines Kindes geschildert, das Angst vor dem Einschlafen hat. Die Mutter ärgerte sich darüber, daß ihr Sohn sich sträubte, zu Bett zu gehen, und ließ ihn das durch eine »Ich-Botschaft« wissen. Das Kind reagierte, indem es ihr sagte, es habe Angst einzuschlafen, weil es fürchtet, den Mund zu schließen und zu ersticken. Diese Botschaft verwandelte die nicht annehmende Haltung der Mutter in eine Haltung verständnisvoller Annahme.

Eine andere, von einem Elternteil berichtete Situation verdeutlicht, wie nachfolgendes aktives Zuhören die »Ich«-Empfindung eines Elternteils modifizieren kann.

Vater: Ich ärgere mich darüber, daß das Geschirr vom Abendessen im Abwasch stehengeblieben ist. Hatten wir nicht ausgemacht, daß du es gleich nach dem Abendessen abwaschen würdest?

Jan: Ich war nach dem Abendessen so müde, weil ich heute nacht bis drei Uhr aufgeblieben bin und meine Prüfungsarbeit geschrieben habe.

Vater: Dir war einfach nicht danach zumute, das Geschirr gleich nach dem Abendessen abzuwaschen.

Jan: Nein. Darum habe ich mich bis elf Uhr ein bißchen hingelegt. Ich habe die Absicht, den Abwasch noch vor dem Schlafengehen zu erledigen. Zufrieden?

Vater: Ist mir recht.

Ein Problem, dem alle Eltern begegnen, wenn sie »Ich-Botschaften« in die Praxis umsetzen, ist, daß sich das Kind manchmal weigert, sein Verhalten zu modifizieren, selbst nachdem es die Wirkung dieses Verhaltens auf seine Eltern verstanden hat. Manchmal funktioniert auch die deutlichste »Ich-Botschaft« nicht - das Kind ändert das Verhalten nicht, das sich auf die Bedürfnisse seiner Eltern störend auswirkt. Das Bedürfnis des Kindes, sich auf eine bestimmte Weise zu verhalten, steht im Konflikt zu dem Bedürfnis der Eltern, daß es sich nicht so verhält.

Im Kurs wird das eine Bedürfniskonflikt-Situation genannt. Wenn sie auftritt, wie es in *allen* menschlichen Beziehungen unver-

meidlich geschieht, ist das für diese Beziehung der eigentliche Augenblick der Wahrheit.
Wie solche Bedürfniskonflikt-Situationen behandelt werden, wird das in Kapitel 9 beginnende Kernstück dieses Buches sein.

8. Das Ändern unannehmbaren Verhaltens durch Veränderung der Umwelt

Zu wenige Eltern versuchen, das Verhalten ihrer Kinder zu ändern, indem sie die Umwelt ihrer Kinder verändern.
Umweltveränderung wird mehr bei Babys und Kleinkindern als bei älteren Kindern angewendet, weil sich die Eltern, wenn die Kinder größer werden, mehr auf verbale Methoden zu verlassen beginnen, insbesondere jene, die das Kind »herabsetzen« oder es mit elterlicher Macht bedrohen; sie vernachlässigen die Umweltveränderung und versuchen, dem Kind unannehmbares Verhalten auszureden. Das ist bedauerlich, da Umweltveränderungen bei Kindern aller Altersgruppen oft sehr einfach und wirksam sind.
Die Eltern beginnen diese Methode öfter anzuwenden, wenn sie sich erst einmal ihrer umfassenden Möglichkeiten bewußt geworden sind:
1. Die Umwelt bereichern.
2. Sie reizarm machen.
3. Sie vereinfachen.
4. Sie einschränken.
5. Sie kindersicher machen.
6. Eine Beschäftigung durch eine andere ersetzen.
7. Das Kind auf Veränderungen in seiner Umwelt vorbereiten.
8. Mit älteren Kindern vorausplanen.

Die Umwelt bereichern
Jeder gute Vorschullehrer weiß, daß eine wirksame Art, Kinder von unannehmbarem Verhalten abzubringen oder sie daran zu hindern, darin besteht, den Kindern eine Menge interessanter Dinge zu tun zu geben - ihre Umwelt mit Spielsachen, Lektüre, Spielen, Knetmasse, Puppen, Puzzles usw. bereichern. Eltern, die sich auf unsere Methode verlassen, machen ebenfalls von diesem Prinzip Gebrauch: wenn Kinder mit etwas Interessantem beschäftigt sind, ist die Wahrscheinlichkeit, daß sie »etwas anstellen« oder ihren Eltern auf die Nerven gehen, geringer.

Manche unserer Eltern haben im Verlauf des Unterrichts von ausgezeichneten Resultaten berichtet, wenn sie eine bestimmte Fläche in der Garage oder in einer Ecke des Gartens herrichteten und zu dem Platz bestimmten, wo das Kind graben, hämmern, bauen, malen, schmieren und erfinden darf. Die Eltern suchen einen Platz aus, wo das Kind praktisch alles tun kann, was es will, ohne Schaden anzurichten.

Ausflüge mit dem Auto sind Gelegenheiten, bei denen Kinder ihre Eltern besonders »plagen«. Manche Familien sehen darauf, daß die Kinder Spielsachen, Spiele und Puzzles haben, die verhindern, daß sie gelangweilt und unruhig werden.

Die meisten Mütter wissen, daß sich ihre Kinder weniger leicht unannehmbar benehmen, wenn verabredet wird, daß Freunde und Spielgefährten ins Haus kommen. Für zwei oder drei Kinder ist es häufig einfacher, »annehmbare« Dinge zu tun zu finden, als für ein Kind alleine.

Staffeleien zum Malen, Knetmasse zum Modellieren, Kasperletheater zum Aufführen von Stücken, eine Puppenfamilie und ein Puppenhaus, Bastelmaterial, Fingerfarben zum Herumschmieren, Baukästen – alles das kann aggressives, unruhiges oder störendes Verhalten mildern. Die Eltern vergessen zu oft, daß Kinder, nicht anders als Erwachsene, interessante und anspruchsvolle Betätigungen brauchen, um beschäftigt zu bleiben.

Die Umwelt reizarm machen

Kinder brauchen zeitweilig eine Umwelt mit wenigen Stimuli – beispielsweise kurz vor dem Schlafengehen. Eltern, besonders Väter, überreizen ihre Kinder vor dem Zubettgehen oder den Mahlzeiten manchmal und erwarten dann, daß sie plötzlich ruhig und beherrscht werden. Das sind Zeiten, in denen die Umwelt eines Kindes reizarm gemacht, nicht bereichert werden sollte. Ein Großteil der zu diesen Zeiten auftretenden Stürme und Aufregungen könnte vermieden werden, wenn die Eltern sich die Mühe machten, die Stimulation der kindlichen Umwelt zu reduzieren.

Die Umwelt vereinfachen

Kinder geben sich oft »unannehmbarem« Verhalten hin, weil ihre Umwelt für sie zu schwierig und komplex ist; sie quälen ihre Eltern um Hilfe, geben eine Beschäftigung vollkommen auf, zeigen sich

aggressiv, werfen Gegenstände zu Boden, quengeln, laufen fort, weinen.
Die häusliche Umwelt muß auf vielerlei Art modifiziert werden, um es dem Kind leichter zu machen, selbst etwas zu tun, Gegenstände gefahrlos zu manipulieren und Frustration zu vermeiden, die entsteht, wenn es seine eigene Umwelt nicht zu beherrschen vermag. Viele Eltern machen sich bewußt die Mühe, die Umwelt des Kindes zu vereinfachen, indem sie:
Kleider kaufen, die das Kind ohne Schwierigkeiten selbst anziehen kann.
Einen Schemel oder einen Kasten bauen, auf den das Kind steigen kann, um seine Kleider im Schrank selbst zu erreichen.
Kinderbesteck anschaffen.
Kleiderhaken in niedriger Höhe anbringen.
Unzerbrechliche Tassen und Gläser kaufen.
Türklinken so niedrig anbringen, daß das Kind sie erreichen kann.
Die Wände des Kinderzimmers mit abwaschbarer Farbe versehen.

Den Lebensraum des Kindes einschränken

Wenn eine Mutter ein sich unannehmbar verhaltendes Kind in ein Laufställchen setzt, versucht sie, seinen »Lebensraum« einzuschränken, damit seine anschließenden Verhaltensweisen für sie annehmbar sein werden. Eingezäunte Höfe verhindern wirksam Verhaltensweisen wie das Hinauslaufen auf die Straße, das Zertrampeln der nachbarlichen Blumenbeete, das Weglaufen usw.
Manche Eltern benutzen beim Einkaufen ein Geschirr für ihre kleinen Kinder. Andere bestimmen einen besonderen Bereich im Haus, wo es dem Kind erlaubt ist, mit Knetmasse zu spielen, zu malen, Papier zu zerschneiden, zu kleben; sie beschränken solche »unsauberen« Beschäftigungen auf diesen speziellen Bereich. Besondere Bereiche können Kindern auch als Orte zugewiesen werden, um laut zu sein, zu toben, im Dreck zu buddeln usw.
Im allgemeinen akzeptieren Kinder derartige Beschränkungen ihres Lebensraums, vorausgesetzt, daß sie vernünftig scheinen und den Kindern beträchtliche Freiheit lassen, ihre eigenen Bedürfnisse zu befriedigen. Manchmal wird sich ein Kind diesen Beschränkungen widersetzen und einen Konflikt mit den Eltern verursachen. (Im nächsten Kapitel beschäftigen wir uns damit, wie solche Konflikte gelöst werden können.)

Die Umwelt kindersicher machen
Obschon die meisten Eltern Arzneimittel, scharfe Messer und gefährliche Chemikalien aus der Reichweite ihrer Kinder entfernen, könnten zu einer gründlicheren Kindersicherung Dinge gehören wie:
Topfgriffe beim Kochen auf dem Herd nach hinten drehen.
Unzerbrechliche Tassen und Gläser kaufen.
Streichhölzer forträumen.
Schadhafte elektrische Kabel und Stecker reparieren.
Die Kellertür verschlossen halten.
Teure, zerbrechliche Gegenstände entfernen.
Scharfes Werkzeug wegschließen.
Eine Gummimatte in die Badewanne legen.
Fenster in den oberen Stockwerken sichern.
Rutschige Teppichbrücken wegräumen.
Jede Familie sollte ihre eigene Kindersicherungs-Inspektion durchführen. Mit sehr wenig Mühe können die Eltern sehr viele Möglichkeiten finden, das Haus kindersicherer zu machen, um einem Verhalten vorzubeugen, das unannehmbar für sie sein würde.

Eine Beschäftigung durch eine andere ersetzen
Wenn ein Kind mit einem scharfen Messer spielt, geben Sie ihm statt dessen ein stumpfes. Wenn es erpicht darauf ist, den Inhalt Ihrer Kosmetikschublade zu untersuchen, geben Sie ihm ein paar leere Flaschen oder Kartons, um auf dem Fußboden damit zu spielen. Wenn es dabei ist, Seiten aus einer Zeitschrift zu reißen, die Sie aufheben wollen, geben Sie ihm eine, die es kaputtmachen darf. Wenn es mit Buntstift auf *Ihrer* Tapete malen will, geben Sie ihm ein großes Stück Packpapier, um darauf zu malen.
Die Unterlassung, dem Kind eine Alternative zu bieten, bevor man ihm etwas wegnimmt, wird im allgemeinen Frustration und Tränen hervorrufen. Kinder aber akzeptieren einen Ersatz häufig, ohne Aufhebens davon zu machen - vorausgesetzt, der Elternteil bietet ihn sanft und ruhig an.

Das Kind auf Veränderungen seiner Umwelt vorbereiten
Viele unannehmbare Verhaltensweisen können dadurch vermieden werden, daß das Kind, bevor es so weit ist, auf Veränderungen in seiner Umwelt vorbereitet wird. Wenn sein gewohnter Babysitter

am Freitag nicht kommen kann, beginnen Sie mit dem Kind am Mittwoch über den neuen Babysitter zu sprechen, der kommen wird. Wenn Sie den Urlaub am Meer verbringen wollen, bereiten Sie das Kind Wochen im voraus auf einige der Dinge vor, die es erleben wird - in einem fremden Bett schlafen, neue Freunde kennenlernen, sein Fahrrad nicht bei sich haben, die großen Wellen, richtiges Verhalten in einem Boot usw.

Kinder haben eine erstaunliche Fähigkeit, sich ohne Schwierigkeiten anzupassen, wenn die Eltern diese Dinge nur vorher mit ihnen besprechen würden. Das trifft sogar dann zu, wenn das Kind vielleicht einige Schmerzen oder Unbehagen erleiden wird, wie beispielsweise in dem Fall, wenn es zum Arzt geht, um eine Spritze zu bekommen. Offen mit ihm darüber sprechen, ja, ihm sogar sagen, daß es sicherlich einen Augenblick weh tun wird, kann Wunder wirken und ihm helfen, mit solchen Situationen fertig zu werden.

Mit älteren Kindern vorausplanen

Man kann Konflikte auch vermeiden, indem man die Umwelt von Teenagern umsichtig organisiert. Auch sie brauchen ausreichend Platz für ihre persönlichen Dinge, Ungestörtheit, Gelegenheit zu selbständiger Beschäftigung. Hier sind Vorschläge zur »Erweiterung Ihres Bereichs der Annahme« bei älteren Kindern:

Geben Sie dem Kind einen eigenen Wecker.

Überlassen Sie ihm ausreichend Schrankraum mit vielen Kleiderhaken.

Richten Sie eine Nachrichtenzentrale, ein Schwarzes Brett oder ähnliches, im Haus ein.

Geben Sie dem Kind einen eigenen Kalender, in dem es seine Pflichten notieren kann.

Lesen Sie mit ihm zusammen die Gebrauchsanweisung für neue Geräte durch.

Informieren Sie Kinder vorher darüber, wann Sie Besuch erwarten, damit sie wissen, wann sie ihre Zimmer aufräumen müssen.

Besorgen Sie einen Hausschlüssel, der an einer Schnur befestigt wird, die bei einem Mädchen in der Handtasche festgenäht ist oder von einem Jungen um den Hals getragen wird.

Geben Sie regelmäßiges Taschengeld und verabreden Sie im voraus mit dem Kind, welche Dinge es nicht von seinem Taschengeld zu kaufen braucht.

Erklären Sie, wie die Post in verschiedenen Gegenden Extraeinheiten berechnet.
Besprechen Sie im voraus so komplizierte rechtliche Fragen wie Polizeistunde, Haftpflichtversicherung für Autos, Haftbarkeit im Fall von Autounfällen, Konsum von Alkohol und Drogen usw.
Wenn ein Teenager seine eigene Wäsche wäscht, erleichtern Sie ihm die Arbeit, indem Sie alle dazu notwendigen Geräte und Materialien griffbereit stellen.
Regen Sie an, daß das Kind stets ein paar Groschen für ein dringendes Telefongespräch bei sich führt.
Sagen Sie dem Kind, welche Lebensmittel im Eisschrank für Gäste reserviert sind.
Lassen Sie das Kind eine Liste seiner Freunde und deren Telefonnummern für den Fall aufschreiben, daß man es schnell und ohne Verzögerung erreichen muß.
Geben Sie dem Kind immer rechtzeitig Bescheid, wenn eine besondere Arbeit getan werden muß, um Besuch zu empfangen.
Ermutigen Sie das Kind dazu, den morgendlichen Wetterbericht in der Zeitung zu lesen (oder im Radio oder Fernsehen zu hören), damit es weiß, was es zur Schule anzieht.
Sagen Sie dem Kind vorher die Namen Ihrer Gäste, um bei deren Ankunft »Peinlichkeiten« zu vermeiden.
Sagen Sie Kindern lange im voraus, wann Sie verreisen, damit sie eigene Unternehmungen planen können.
Bringen Sie einem Kind früh bei, wie es eine telephonische Nachricht entgegennimmt und eine Nummer wählen kann.
Klopfen Sie immer an, bevor Sie das Zimmer eines Kindes betreten.
Beziehen Sie Kinder in Diskussionen ein, bei denen es um Pläne der Familie geht, die sie mitbetreffen werden.
Einigen Sie sich vor einer Party auf eine allseitig akzeptierte »Hausordnung« für Partygäste.

Den meisten Eltern fallen zu jeder dieser Kategorien noch viele weitere Beispiele ein. Je mehr die Eltern Gebrauch von Umweltveränderungen machen, desto erfreulicher kann das Leben mit ihren Kindern sein und desto weniger brauchen die Eltern ihre Kinder zu konfrontieren.
Eltern, die sich auf die von uns vorgeschlagene Methode einlassen

und schließlich lernen, sich weitgehend auf Umweltveränderungen zu verlassen, machen zuerst einige recht grundlegende Wandlungen in ihrer Einstellung gegenüber Kindern und deren Rechten zu Hause durch. Eine davon hat mit der Frage zu tun: Wessen Haus ist es?

Die meisten Eltern in unseren Kursen sagen, sie glauben, daß es ausschließlich *ihr* Zuhause ist, und daß Kinder deshalb erzogen und daran gewöhnt werden müssen, sich ordentlich und angemessen zu betragen. Das heißt, das Kind muß geformt und ermahnt werden, bis es auf schmerzliche Weise lernt, was im Hause seiner Eltern von ihm erwartet wird. Selten ziehen diese Eltern auch nur in Betracht, irgendwelche größeren Veränderungen der häuslichen Umwelt vorzunehmen, wenn in das Haus ein Kind hineingeboren wird. Sie gehen von dem Gedanken aus, das Haus genauso zu lassen, wie es war, bevor das Kind ankam, und erwarten, daß die Anpassung nur durch das Kind erfolgt.

Wir fragen die Eltern: »Welche Veränderungen würden Sie in Ihrem Haus vornehmen, wenn Sie heute erfahren, daß sie in der nächsten Woche einen Ihrer Eltern zu sich ins Haus nehmen müssen, weil er eine partielle Lähmung erlitten hat und manchmal Krücken und einen Rollstuhl benutzen muß?«

Diese Frage zeitigt immer eine lange Liste von Veränderungen, die Eltern bereitwillig vornehmen würden. Zum Beispiel:

Auf Teppichbrücken verzichten.

Die Treppe mit einem Geländer versehen.

Die Möbel umstellen, um Platz für den Rollstuhl zu schaffen.

Häufig benutzte Utensilien leicht erreichbar in unteren Küchenregalen unterbringen.

Dem Elternteil eine laute Glocke geben, damit er notfalls klingeln kann.

Einen zweiten Telefonapparat für ihn installieren.

Wacklige Tischchen, die er versehentlich anstoßen und umwerfen könnte, entfernen.

Die Hintertreppe mit einer Rampe überbauen, damit er sich selbst hinaus in die Sonne rollen kann.

Eine Gummimatte für die Badewanne kaufen.

Wenn die Eltern erkennen, wieviel Mühe es machen würde, ihr Haus für ihre eigenen, behinderten Eltern umzugestalten, werden sie sehr viel geneigter, Veränderungen für ein Kind vorzunehmen.

Die meisten Eltern sind auch entsetzt, den Unterschied zwischen ihrer Einstellung gegenüber dem gelähmten Elternteil und gegenüber den Kindern zu erkennen, wenn es zu der Frage kommt: »Wessen Haus ist es?«
Die Eltern sagen, sie würden sich immer wieder Mühe geben, ihren behinderten Elternteil davon zu überzeugen, daß ihr Haus nun auch sein Haus sei. Nicht so jedoch bei ihren Kindern.
Ich bin oft erstaunt, wie viele Eltern durch ihre Haltung und ihr Benehmen zeigen, daß sie Gäste mit sehr viel mehr Achtung behandeln als ihre Kinder. Sehr viele Eltern tun, als ob nur die Kinder sich ihrer Umgebung anpassen müssen.

9. Unvermeidliche Eltern-Kind-Konflikte: Wer soll siegen?

Alle Eltern begegnen Situationen, in denen weder Konfrontation noch Veränderungen der Umwelt das Verhalten ihres Kindes ändern werden: das Kind fährt fort, sich auf eine Weise zu verhalten, die den Bedürfnissen des Elternteils zuwiderläuft. Diese Situationen sind in der Eltern-Kind-Beziehung unvermeidbar, weil sich das Kind auf eine bestimmte Weise verhalten »muß«, obgleich ihm bewußt gemacht worden ist, daß sein Verhalten die Bedürfnisse des Elternteils beeinträchtigt.

Jan spielt weiter auf dem Nachbargrundstück Korbball, obgleich ihm seine Mutter wiederholt gesagt hat, daß die Familie in einer halben Stunde fortgehen muß.

Frau J. hat Maria gesagt, wie eilig sie es hat, ins Kaufhaus zu kommen; trotzdem fährt Maria fort, stehenzubleiben und sich die Schaufenster auf dem Weg anzusehen.

Sue weigert sich, den Empfindungen ihrer Eltern im Hinblick auf ihren Plan nachzugeben, übers Wochenende mit Freunden ans Meer zu fahren. Sie will unter allen Umständen fahren, obgleich sie hört, wie unannehmbar das für ihre Eltern sein würde.

Diese Konflikte zwischen den Bedürfnissen des Elternteils und denen des Kindes sind nicht nur *in jeder Familie unvermeidbar*, sondern müssen zwangsläufig *häufig auftreten*. Sie erstrecken sich von ziemlich unwichtigen Differenzen bis hin zu entscheidenden Meinungsverschiedenheiten. Es sind Probleme in der Beziehung - weder ausschließlich beim Kind noch bei den Eltern. Sowohl Elternteil als auch Kind sind in das Problem verwickelt - *beider Bedürfnisse* stehen auf dem Spiel. Darum ist das Problem in der Beziehung zu suchen. Das sind die Probleme, die auftauchen, wenn andere Methoden das für den Elternteil unannehmbare Verhalten nicht modifiziert haben.

Ein Konflikt ist der Augenblick der Wahrheit in einer Beziehung - ein Test ihrer Gesundheit, eine Krise, die sie schwächen oder stärken kann, ein entscheidendes Ereignis, das vielleicht dauernden

Haß, schwelende Feindseligkeit, psychologische Narben mit sich bringt. Konflikte können Menschen trennen oder sie in eine engere und vertrautere Übereinstimmung ziehen; sie enthalten die Saat der Zerstörung und die Saat zu größerer Einigkeit; sie können zu bewaffnetem Kampf oder tieferem gegenseitigen Verständnis führen.
Wie Konflikte bewältigt werden, ist der vielleicht entscheidenste Faktor in der Eltern-Kind-Beziehung. Leider versuchen die meisten Eltern sie nur durch Anwendung von zwei grundsätzlichen Methoden zu bewältigen, die beide unwirksam und sowohl für das Kind als auch für die Beziehung schädlich sind.
Wenige Eltern akzeptieren die Tatsache, daß ein Konflikt Bestandteil des Lebens ist und nicht notwendigerweise schlecht sein muß. Die meisten Eltern betrachten einen Konflikt, ob zwischen ihnen und ihren Kindern oder zwischen den Kindern, als etwas, das unter allen Umständen zu vermeiden ist. Oft hören wir, wie Ehemänner und Ehefrauen sich rühmen, niemals eine ernsthafte Meinungsverschiedenheit gehabt zu haben - als ob das hieße, daß ihre Beziehung gut gewesen ist.
Eltern sagen zu ihren Kindern: »Also, heute abend wird nicht bei Tisch gestritten - wir wollen uns die Mahlzeit nicht verderben!« Oder sie brüllen: »Hört augenblicklich mit der Zankerei auf!« Man kann Eltern von Teenagern klagen hören, daß es nun, da ihre Kinder älter sind, viel mehr Meinungsverschiedenheiten und Konflikte in der Familie gibt: »Früher waren wir uns über die meisten Dinge einig.« Oder: »Meine Tochter war immer so kooperativ und leicht zu lenken, jetzt aber sehen wir die Dinge nicht mit ihren Augen, und sie kann sie nicht mit unseren Augen sehen.«
Die meisten Eltern hassen es, einen Konflikt zu erleben, sind tief beunruhigt, wenn es dazu kommt, und vollkommen im unklaren darüber, wie er konstruktiv zu bewältigen ist. Tatsächlich würde es eine seltene Beziehung sein, wenn im Verlauf einer gewissen Zeitspanne die Bedürfnisse des einen Menschen nicht mit denen des anderen in Konflikt gerieten. Wenn zwei beliebige Menschen (oder Gruppen) koexistieren, muß es zwangsläufig zum Konflikt kommen, einfach weil Menschen verschieden sind, verschieden denken, verschiedene Bedürfnisse, Interessen und Wünsche haben, die manchmal im Gegensatz zueinander stehen.
Darum ist der Konflikt nicht notwendigerweise schlecht - er ist *als eine Realität jeglicher Beziehung vorhanden*. Tatsächlich kann eine

Beziehung ohne offensichtlichen Konflikt weniger gesund sein als eine mit häufigen Konflikten.

Ein gutes Beispiel dafür ist eine Ehe, in der sich die Frau einem dominierenden Mann immer unterordnet, oder eine Eltern-Kind-Beziehung, in der das Kind einen Elternteil so schrecklich fürchtet, daß es nicht wagt, sich ihm in irgendeiner Form entgegenzustellen.

Die meisten Menschen haben Familien gekannt, insbesondere große Familien, in denen beständig Konflikte auftreten, und doch sind diese Familien wunderbar glücklich und gesund. Umgekehrt lese ich oft Zeitungsberichte über Jugendliche, die Verbrechen begingen und deren Eltern vollkommen überrascht davon sind, daß ihr Junge so etwas tun konnte. Sie hatten nie Schwierigkeiten irgendwelcher Art mit ihm; er war immer so kooperativ gewesen.

Ein offen geäußerter und als Naturphänomen akzeptierter Konflikt in einer Familie ist weitaus gesünder für die Kinder, als die meisten Eltern glauben. In solchen Familien hat das Kind wenigstens Gelegenheit, Konflikte zu erleben, zu lernen, mit ihnen fertig zu werden, und besser vorbereitet darauf zu sein, sich im späteren Leben mit ihnen auseinanderzusetzen. Als notwendige Vorbereitung auf die unvermeidlichen Konflikte, denen das Kind außerhalb seines Zuhauses begegnen wird, kann der familiäre Konflikt für das Kind tatsächlich nützlich sein, immer vorausgesetzt, daß der Konflikt zu Hause konstruktiv bewältigt wird.

Das ist der entscheidende Faktor jeglicher Beziehung: wie der Konflikt bewältigt wird, nicht, wie viele Konflikte auftreten. Heute glaube ich, es ist der wesentlichste Faktor bei der Entscheidung darüber, ob eine Beziehung gesund oder ungesund, gegenseitig befriedigend oder unbefriedigend, freundschaftlich oder nicht freundschaftlich, tief oder seicht, vertraut oder kühl sein wird.

Der Eltern-Kind-Machtkampf

Selten finden wir in unseren Kursen einen Elternteil, der an Konfliktbewältigung nicht in dem Sinn denkt, daß einer siegt und einer unterliegt. Diese »Sieg-Niederlage«-Orientierung ist die eigentliche Wurzel des Dilemmas der heutigen Eltern - entweder streng (Elternteil siegt) oder nachgiebig (Kind siegt) zu sein.

Die meisten Eltern sehen das ganze Problem der Disziplin in der Kindererziehung als die Frage, streng oder nachsichtig, hart oder weich, autoritär oder nachgiebig zu sein. Weil sie auf diese Entweder-Oder-Einstellung zur Disziplin fixiert sind, betrachten sie die Beziehung zu ihren Kindern als einen Machtkampf, einen Wettstreit der Willen, eine Auseinandersetzung, um zu sehen, wer siegt - als einen *Krieg*. Die heutigen Eltern und ihre Kinder liegen buchstäblich im Krieg miteinander, jeder denkt in dem Sinn, daß einer siegt und einer unterliegt. Sie sprechen über ihren Kampf sogar auf ziemlich die gleiche Weise wie zwei im Krieg befindliche Nationen:

Ein Vater machte das in einem Kursus sehr deutlich, als er nachdrücklich feststellte:

»Man muß früh damit beginnen, sie wissen zu lassen, wer der Herr ist. Sonst nutzen sie einen aus und beherrschen einen. Das ist die Schwierigkeit mit meiner Frau - stets endet es damit, daß sie die Kinder in jedem Kampf siegen läßt. Sie gibt immer nach, und die Kinder wissen das.«

Die Mutter eines Teenagers drückte es auf ihre Weise aus:

»Ich versuche, mein Kind tun zu lassen, was es will, aber dann bin ich gewöhnlich die Leidtragende. Auf mir wird herumgetrampelt. Man gibt ihm den kleinen Finger, und es nimmt die ganze Hand.«

Eine andere Mutter ist überzeugt davon, daß sie im »Kampf um die Rocklänge« nicht unterliegen wird!

»Es ist mir gleichgültig, was sie deshalb empfindet, und was die anderen Eltern tun, macht mir nichts aus - meine Tochter wird diese kurzen Röcke nicht tragen. Das ist eine Sache, in der ich nicht nachgeben werde. Ich werde in diesem Kampf siegen.

Auch Kinder sehen die Beziehung zu ihren Eltern als einen Sieg-Niederlage-Machtkampf. Cathy, eine aufgeweckte Fünfzehnjährige, die ihren Eltern Sorge macht, weil sie nicht mit ihnen sprechen will, sagte mir in einer unserer Unterhaltungen.

»Was hat es für einen Zweck, sich zu streiten? Sie sind immer der Sieger. Das weiß ich schon, bevor es überhaupt zu einer Diskussion kommt. Sie werden immer ihren Kopf durchsetzen. Letzten Endes sind sie die Eltern. Sie wissen immer, daß sie recht haben. Also lasse ich mich jetzt auf keine Diskussion mehr ein. Ich lasse sie stehen und spreche nicht mit ihnen. Klar, es ärgert sie, wenn ich das tue, aber das ist mir egal.«

Ken, in der Oberstufe der Oberschule, hat gelernt, mit der Sieg-Niederlage-Einstellung seiner Eltern auf andere Weise fertig zu werden:

»Wenn mir wirklich an etwas liegt, wende ich mich nie an meine Mutter, weil ihre sofortige Reaktion in einem ›Nein‹ besteht. Ich warte, bis mein Vater nach Hause kommt. Gewöhnlich kann ich ihn dazu bringen, mir beizustehen. Er ist sehr viel nachsichtiger, und meistens bekomme ich von ihm, was ich will.«

Wenn zwischen Eltern und Kindern ein Konflikt besteht, versuchen die meisten Eltern, ihn zu ihren Gunsten zu lösen, so daß der *Elternteil siegt, und das Kind unterliegt.* Andere, zahlenmäßig etwas geringer als die »Sieger«, geben ihren Kindern aus der Furcht heraus, mit ihnen in Konflikt zu geraten und die Bedürfnisse ihrer Kinder zu frustrieren, beständig nach. In diesen Familien *siegt das Kind, und der Elternteil unterliegt.* Das Hauptdilemma der heutigen Eltern ist, daß sie nur diese zwei Sieg-Niederlage-Betrachtungsweisen sehen.

Die zwei Sieg-Niederlage-Betrachtungsweisen
Im Elterlichen Erfolgstraining bezeichnen wir die zwei Sieg-Niederlage-Betrachtungsweisen einfach als Methode I und Methode II. Zu jeder gehört eine siegende und eine unterliegende Person - die eine setzt sich durch und die andere nicht. Methode I funktioniert in Eltern-Kind-Konflikten folgendermaßen:
Elternteil und Kind stoßen auf eine Bedürfniskonflikt-Situation. Der Elternteil entscheidet, worin die Lösung bestehen soll. Nachdem er eine Lösung gewählt hat, gibt der Elternteil sie bekannt und hofft, daß das Kind sie akzeptiert. Wenn die Lösung dem Kind nicht gefällt, kann der Elternteil zuerst Überredung anwenden, um zu versuchen, das Kind zur Annahme der Lösung zu bewegen. Wenn das mißlingt, versucht der Elternteil gewöhnlich, die Unterwerfung durch den Einsatz von Macht und Autorität zu erreichen.
Der folgende Konflikt zwischen einem Vater und seiner zwölfjährigen Tochter wurde durch Methode I gelöst:
Jane: Tschüß. Ich gehe jetzt zur Schule.
Vater: Es regnet, Liebling, und du hast keinen Regenmantel an.
Jane: Ich brauche ihn nicht.
Vater: Du brauchst ihn nicht! Du wirst naß werden und deine Sachen ruinieren oder dir einen Schnupfen holen.
Jane: So sehr regnet es nicht.
Vater: Und ob es das tut.

Jane: Also, ich will keinen Regenmantel anziehen. Ich hasse es, einen Regenmantel zu tragen.
Vater: Nun hör mal, Liebling, du weißt, du wirst wärmer und trockner sein, wenn du ihn anziehst. Bitte, geh und hole ihn.
Jane: Ich hasse den Regenmantel - ich will ihn nicht anziehen!
Vater: Du gehst sofort in dein Zimmer zurück und holst den Regenmantel! Ich lasse dich an einem solchen Tag nicht ohne Regenmantel zur Schule gehen.
Jane: Aber ich mag ihn nicht . . .
Vater: Kein »aber« - wenn du ihn nicht anziehst, werden deine Mutter und ich dir verbieten, rauszugehen.
Jane (wütend): Schon gut, du hast gesiegt. Ich werde den blöden Regenmantel anziehen!
Der Vater setzte sich durch. Seine Lösung - daß Jane den Regenmantel trägt - obsiegte, obwohl Jane es nicht wollte. *Der Elternteil siegte, und Jane unterlag.* Jane war keineswegs glücklich über die Lösung, aber sie kapitulierte vor der elterlichen Drohung, Macht (Bestrafung) anzuwenden.
Methode II dagegen funktioniert in einem Eltern-Kind-Konflikt so:
Elternteil und Kind stoßen auf eine Bedürfniskonflikt-Situation. Der Elternteil kann sich bereits für eine Lösung entschieden haben oder nicht. Wenn er es hat, kann er versuchen, das Kind zu überreden, sie anzunehmen. Es stellt sich heraus, daß das Kind seine eigene Lösung hat und den Elternteil zu überreden versucht, diese anzunehmen. Falls der Elternteil sich dagegen sträubt, kann das Kind dann versuchen, seine Macht anzuwenden, um die Unterwerfung des Elternteils zu erreichen. Am Ende gibt der Elternteil nach.
Im Regenmantelkonflikt würde Methode II so funktionieren:
Jane: Tschüß. Ich gehe jetzt zur Schule.
Vater: Es regnet, Liebling, und du hast keinen Regenmantel an.
Jane: Ich brauche ihn nicht.
Vater: Du brauchst ihn nicht! Du wirst naß werden und deine Sachen ruinieren oder dir einen Schnupfen holen.
Jane: So sehr regnet es nicht.
Vater: Und ob es das tut!
Jane: Also, ich will keinen Regenmantel anziehen. Ich hasse es, einen Regenmantel zu tragen.

Vater: Ich möchte es aber.
Jane: Ich hasse diesen Regenmantel - ich will ihn nicht tragen. Wenn du mich dazu zwingst, bin ich wütend mit dir.
Vater: Ach, ich geb's auf. Geh ohne Regenmantel zur Schule. Ich will mich nicht länger mit dir streiten - du siegst.
Jane vermöchte sich durchzusetzen - sie siegte, und ihr Vater unterlag. Der Elternteil war gewiß nicht glücklich über die Lösung, und doch kapitulierte er angesichts der Drohung Janes, ihre Macht anzuwenden (in diesem Fall, wütend auf ihren Vater sein).

Methode I und II weisen Ähnlichkeiten auf, obgleich sich die Resultate vollkommen voneinander unterscheiden. Bei beiden möchte jede Person ihren Willen durchsetzen und versucht, die andere zu überreden, ihn zu akzeptieren. Bei beiden Methoden ist die Einstellung jeder Person: »Ich will meinen Willen durchsetzen und werde kämpfen, um das zu erreichen.« Bei Methode I hat der Elternteil weder Rücksicht noch Achtung gegenüber den Bedürfnissen des Kindes. Bei Methode II hat das Kind weder Rücksicht noch Achtung gegenüber den Bedürfnissen des Elternteils. Bei beiden entfernt sich einer im Gefühl der Niederlage, meistens im Zorn auf den anderen, weil er die Niederlage verursacht hat. Beide Methoden beinhalten einen Machtkampf, und die Gegner sind nicht darüber erhaben, ihre Macht anzuwenden, wenn sie das Gefühl haben, daß es notwendig sein wird, um zu siegen.

Warum Methode I unwirksam ist
Eltern, die sich zur Bewältigung von Konflikten auf Methode I verlassen, zahlen für ihren »Sieg« einen hohen Preis. Die Ergebnisse von Methode I sind genau vorauszusagen - schwache Motivation für das Kind, die Lösung auszuführen, Unwille gegenüber seinen Eltern, Schwierigkeiten für die Eltern bei der Durchsetzung, keine Gelegenheit für das Kind, *Selbst*disziplin zu entwickeln.
Wenn ein Elternteil seine Lösung eines Konflikts aufdrängt, wird die Motivation oder der Wunsch des Kindes, diese Entscheidung auszuführen, sehr gering sein, weil es keinen Anteil daran hat; ihm wurde bei ihrer Entstehung kein Stimmrecht eingeräumt. Welche Motivation auch immer das Kind haben mag, sie ist äußerlich - kommt nicht aus ihm selbst. Es mag gehorchen, aber aus Angst vor elterlicher Bestrafung oder Mißbilligung. Das Kind *möchte* die

Entscheidung nicht ausführen, es fühlt sich *genötigt* dazu. Das ist der Grund, warum Kinder so oft nach Wegen suchen, um der Ausführung einer Methode-I-Lösung zu entgehen. Wenn sie ihr nicht entgehen können, »tun sie so als ob« und führen sie mit einem Minimum an Mühe aus, wobei sie knapp das tun, was von ihnen verlangt wurde, und nichts darüber hinaus.

Kinder sind im allgemeinen böse auf ihre Eltern, wenn Methode-I-Lösungen sie dazu *gebracht* haben, etwas zu tun. Sie haben das Gefühl von Ungerechtigkeit, und ihr Ärger und ihr Unwille richten sich natürlich gegen ihre Eltern, die sie als dafür verantwortlich empfinden. Eltern, die sich der Methode I bedienen, erreichen manchmal Unterwerfung und Gehorsam, aber der Preis, den sie dafür zahlen, ist die Feindschaft ihrer Kinder.

Beobachten Sie Kinder, deren Eltern eben einen Konflikt mit Hilfe von Methode I gelöst haben; sie zeigen fast durchweg Unwillen und Ärger auf den Gesichtern oder sagen etwas Feindseliges, oder sie möchten ihre Eltern sogar körperlich angreifen. Methode I legt den Samen für eine sich beständig verschlechternde Beziehung zwischen Eltern und Kind. Groll und Haß treten an die Stelle von Liebe und Zuneigung.

Eltern zahlen noch einen weiteren hohen Preis für die Anwendung von Methode I: sie müssen im allgemeinen viel Zeit damit verbringen, ihre Entscheidung durchzusetzen, müssen kontrollieren, um zu sehen, daß das Kind sie ausführt, herumnörgeln, erinnern, antreiben.

Eltern in unseren Kursen verteidigen ihren Gebrauch von Methode I oft mit der Begründung, daß es eine schnelle Art ist, um Konflikte zu bewältigen. Dieser Vorteil ist häufig mehr scheinbar als wirklich, weil es den Elternteil hinterher soviel Zeit kostet sicherzustellen, daß die Entscheidung ausgeführt wird. Eltern, die sagen, daß sie beständig an ihren Kindern herumnörgeln müssen, sind durchweg diejenigen, die sich der Methode I bedienen. Ich könnte nicht sagen, wie viele Unterhaltungen ich mit Eltern geführt habe, die dieser ähnlich sind, die in meinem Büro stattfand:

Elternteil: Unsere Kinder helfen zu Hause nicht mit. Es ist eine Quälerei, sie zur Mithilfe zu veranlassen. Jeden Sonnabend gibt es einen Kampf, um zu erreichen, daß sie die Arbeit erledigen, die getan werden muß. Wir müssen buchstäblich neben ihnen stehen, damit die Arbeit getan wird.

Berater: Wie wird entschieden, welche Arbeit getan werden muß?
Elternteil: Nun, das entscheiden natürlich wir. Wir wissen, was erledigt werden muß. Am Sonnabendmorgen machen wir eine Liste, und die Kinder lesen die Liste und wissen, was sie zu tun haben.
Berater: Wollen die Kinder die Arbeit tun?
Elternteil: Du lieber Himmel, nein!
Berater: Sie haben das Gefühl, sie tun zu *müssen*?
Elternteil: Das stimmt.
Berater: Haben die Kinder jemals Gelegenheit erhalten mitzubestimmen, was getan werden muß?
Elternteil: Nein.
Berater: Haben sie jemals Gelegenheit erhalten, zu entscheiden, wer was tun muß?
Elternteil: Nein. Gewöhnlich verteilen wir die verschiedenen Arbeiten so gleichmäßig wir können.
Berater: Also treffen Sie die Entscheidung im Hinblick auf das, was getan werden muß und wer es tut?
Elternteil: Das stimmt.

Wenige Eltern erkennen den Zusammenhang zwischen der mangelnden Motivation ihrer Kinder, zu helfen, und der Tatsache, daß Entscheidungen hinsichtlich der Hausarbeiten gewöhnlich mit Hilfe von Methode I getroffen werden. Ein »unkooperatives« Kind ist einfach ein Kind, dessen Eltern ihm, durch das Treffen von Entscheidungen mit Hilfe von Methode I, praktisch die Chance versagt haben, mitzuarbeiten. Mithilfe wird niemals dadurch gefördert, daß man ein Kind *zwingt*, etwas zu tun.
Ein weiteres vorhersagbares Resultat von Methode I ist, daß dem Kind keine Gelegenheit gegeben wird, Selbstdisziplin zu entwickeln – von innen gesteuertes, selbst eingeleitetes, »selbstreguliertes«, verantwortliches Verhalten. Eine der verbreitetsten Mythen über Kindererziehung ist, daß, wenn Eltern ihre Kinder in der Jugend dazu zwingen, etwas zu tun, selbstdisziplinierte verantwortungsbewußte Menschen aus ihnen werden. Obschon es zutrifft, daß *manche* Kinder erdrückende elterliche Autorität ertragen, indem sie gehorsam, unterwürfig und willfährig sind, werden gewöhnlich Menschen aus ihnen, die von *äußerlicher* Autorität abhängen, um ihr Verhalten zu kontrollieren. Als Jugendliche oder Erwachsene zeigen sie Mangel an *inneren* Kontrollen; sie gehen durchs Leben

und wenden sich von einer Autoritätsperson an die andere, um Antwort auf ihr Leben zu finden oder Kontrollen für ihr Verhalten zu suchen. Diesen Menschen fehlt es an Selbstdisziplin, inneren Kontrollen oder Selbstverantwortung, weil sie nie die Gelegenheit erhalten haben, diese Charakterzüge zu erwerben.

Wenn Eltern aus diesem Buch nur eines lernen könnten, dann wünschte ich, es wäre das: Immer und jedesmal, wenn sie ihr Kind durch Anwendung von Macht und Autorität dazu zwingen, etwas zu tun, versagen sie dem Kind eine Gelegenheit, Selbstdisziplin und Selbstverantwortung zu lernen.

Charles, der siebzehnjährige Sohn zweier strenger Eltern, die sich beständig ihrer Macht bedienten, um Charles dazu zu bringen, seine Schularbeiten zu erledigen, machte folgendes Eingeständnis: »Wann immer meine Eltern nicht da sind, ist es mir unmöglich, mich aus dem Sessel vor dem Fernsehapparat zu reißen. Ich bin so daran gewöhnt, von ihnen dazu veranlaßt zu werden, meine Schularbeiten zu machen, daß ich keine Kraft in mir finde, mich dahin zu bringen, sie zu erledigen, wenn sie nicht zu Hause sind.«

Es erinnert mich auch an die erschütternde, von dem Kindermörder William Heirens aus Chicago mit Lippenstift auf den Badezimmerspiegel gekritzelte Botschaft, nachdem er gerade ein weiteres seiner Opfer umgebracht hatte: »*Um des Himmels willen, fangt mich, bevor ich noch mehr töte.*«

Die meisten der Eltern in unseren Kursen haben niemals Gelegenheit gehabt, die Folgen ihrer »Strenge« kritisch zu untersuchen. Die meisten von ihnen glauben getan zu haben, was von Eltern erwartet wird – ihre Autorität anzuwenden. Und doch, wird ihnen erst einmal geholfen, die Wirkungen der Methode I zu erkennen, gibt es kaum einen Elternteil, der diese Wahrheiten nicht akzeptiert. Schließlich waren Eltern einmal Kinder, die selbst die gleichen Gewohnheiten entwickelten, um es mit der Macht ihrer eigenen Eltern aufzunehmen.

Warum Methode II unwirksam ist

Wie wirkt es sich auf Kinder aus, in einer Familie aufzuwachsen, in der *sie* gewöhnlich siegen und die Eltern unterliegen? Welche Wirkung hat es auf Kinder, wenn sie im allgemeinen ihren Kopf durchsetzen? Ganz offenbar werden sich diese Kinder von jenen in

Familien unterscheiden, in denen Konflikte hauptsächlich durch Methode I gelöst werden. Kinder, die ihren Willen durchsetzen dürfen, sind nicht so aufsässig, feindselig, abhängig, aggressiv, unterwürfig, fügsam, speichelleckerisch, in sich gekehrt usw. Sie waren nicht gezwungen, Möglichkeiten zu entwickeln, um es mit elterlicher Macht aufzunehmen. Methode II ermutigt das Kind dazu, sich *seiner* Macht über seine Eltern zu bedienen, um auf ihre Kosten zu siegen.

Diese Kinder lernen, wie sie Wutanfälle bekommen, um ihre Eltern zu beherrschen; wie sie einem Elternteil das Gefühl der Schuld geben; wie sie zu ihren Eltern häßliche, herabsetzende Dinge sagen. Solche Kinder sind oft wild, unbeherrscht, unlenksam, impulsiv. Sie haben gelernt, daß ihre Bedürfnisse wichtiger als die eines anderen sind. Es mangelt ihnen auch oft an der inneren Kontrolle über ihr Verhalten, und sie werden sehr ich-bezogen, selbstsüchtig und anspruchsvoll.

Diese Kinder respektieren das Eigentum und die Empfindungen anderer Menschen oft nicht. Für sie heißt das Leben bekommen, bekommen, bekommen - nehmen, nehmen, nehmen. »Ich« steht an erster Stelle. Solche Kinder sind zu Hause selten kooperativ und hilfsbereit.

In ihren Beziehungen zu ihresgleichen haben diese Kinder es oft schwer. Andere Kinder mögen keine »verzogenen Gören« - sie finden ihre Gesellschaft unangenehm. Kinder aus Familien, in denen Methode II vorherrscht, sind so daran gewöhnt, bei den Eltern ihren Willen durchzusetzen, daß sie auch bei anderen Kindern ihren Willen durchsetzen wollen.

Nicht selten haben diese Kinder auch Schwierigkeiten mit der Anpassung an die Schule, eine Institution, deren »Weisheit« überwiegend in Methode I besteht. An Methode II gewöhnten Kindern steht ein übler Schock bevor, wenn sie die Welt der Schule betreten und entdecken, daß die meisten Lehrer und Direktoren darin geschult sind, unterstützt von Autorität und Macht, Konflikte durch Methode I zu bewältigen.

Die wahrscheinlich ernsteste Folge von Methode II ist die, daß Kinder häufig ein tiefes Gefühl der Unsicherheit in bezug auf die Liebe ihrer Eltern entwickeln. Diese Reaktion ist nicht schwer zu verstehen, wenn man bedenkt, wie schwer es für Eltern ist, einem Kind gegenüber liebevoll und annehmend zu empfinden, das gewöhnlich auf Kosten des unterliegenden Elternteils siegt. In Methode-I-Familien strahlt der Groll von Kind auf Elternteil aus; in Methode-II-Familien von Elternteil auf Kind. Das Kind der Methode II spürt, daß seine Eltern oft aufgebracht, verstimmt und ärgerlich über es sind. Wenn es später ähnliche Botschaften von seinesgleichen und wahrscheinlich anderen Erwachsenen erhält, ist es kein Wunder, daß es beginnt, sich *ungeliebt zu fühlen* - weil es, natürlich, von anderen so oft nicht geliebt *wird*.

Obgleich einige Untersuchungen gezeigt haben, daß Kinder aus Methode-II-Familien wahrscheinlich schöpferischer sind als Kinder aus Methode-I-Familien, zahlen Eltern einen hohen Preis dafür, schöpferische Kinder zu haben; sie können sie häufig nicht ausstehen.

Die Eltern in Methode-II-Familien leiden außerordentlich. Es sind Familien, in denen ich Eltern häufig sagen gehört habe:

»Die meiste Zeit setzt es seinen Willen durch; man kann es nicht lenken.«

»Ich werde froh sein, wenn die Kinder alle in der Schule sind, damit ich ein bißchen Ruhe haben kann.«

»Eltern zu sein, ist eine große Belastung - ich verbringe meine ganze Zeit damit, etwas für die Kinder zu tun.«

»Ich muß sagen, manchmal kann ich sie einfach nicht ertragen - ich muß einfach weggehen.«

»Sie scheinen sich selten darüber klar zu sein, daß ich auch ein Leben habe.«

»Manchmal - und ich fühle mich schuldbewußt, wenn ich das sage - möchte ich sie am liebsten ersäufen oder irgendwohin verfrachten.«

»Ich schäme mich so, sie irgendwohin mitzunehmen oder auch nur Bekannte zu Besuch zu haben und sie diese Kinder sehen zu lassen.«

Elternschaft ist für Methode-II-Eltern selten eine Freude - wie bedauerlich und traurig ist es, Kinder großzuziehen, die man nicht liebhaben kann oder deren Gesellschaft einem zuwider ist.

Einige zusätzliche Probleme mit Methode I und Methode II

Wenige Eltern bedienen sich ausschließlich entweder der Methode I oder der Methode II. In vielen Familien wird sich ein Elternteil weitgehend auf Methode I verlassen, während der andere Elternteil der Methode II zuneigt. Es gibt einige Anzeichen dafür, daß in dieser Art von Familie erzogene Kinder eine noch größere Chance haben, emotionelle Probleme zu entwickeln. Die Inkonsequenz ist vielleicht schädlicher als das Extrem der einen oder anderen Einstellung.

Manche Eltern fangen damit an, sich der Methode II zu bedienen, wenn aber das Kind älter und ein unabhängigerer und selbstbestimmenderer Mensch wird, gehen sie allmählich zu Methode I über. Es liegt auf der Hand, daß es schädlich für das Kind sein kann, sich daran zu gewöhnen, die meiste Zeit seinen Willen durchzusetzen und dann damit zu beginnen, eine Umkehrung zu erleben. Andere Eltern fangen damit an, sich meistens der Methode I zu bedienen, und wechseln allmählich zu Methode II über. Das geschieht besonders häufig, wenn Eltern ein Kind haben, das sich frühzeitig im Leben widersetzt und gegen die elterliche Autorität rebelliert; allmählich geben die Eltern auf und beginnen, dem Kind nachzugeben.

Es gibt ebenfalls Eltern, die sich bei ihrem ersten Kind auf Methode I verlassen und bei ihrem zweiten Kind in der Hoffnung, daß sie besser funktionieren wird, auf Methode II umschalten. In diesen Familien hört man das erste Kind oft heftigen Unwillen gegen das zweite Kind äußern, dem man Dinge durchgehen läßt, die das erste Kind nicht durfte. Manchmal glaubt das erste Kind, das sei der Beweis dafür, daß die Eltern das zweite Kind maßlos vorziehen.

Eines der verbreitetsten Muster, besonders unter Eltern, die von den Verfechtern der Nachgiebigkeit und Gegnern der Bestrafung stark beeinflußt worden sind, ist, daß die Eltern das Kind über lange Zeitspannen hinweg siegen lassen, bis sein Verhalten so unangenehm wird, daß die Eltern unvermittelt mit Methode I kommen. Dann fühlen sie sich schuldbewußt und kehren allmählich zu Methode II zurück, worauf der Kreis dann wieder von vorne beginnt. Ein Elternteil formulierte es deutlich:

»Ich bin meinen Kindern gegenüber nachgiebig, bis ich sie nicht mehr ausstehen kann. Dann werde ich strikt autoritär, bis ich mich selbst nicht mehr ausstehen kann.«

Viele Eltern jedoch sind entweder auf Methode I oder Methode II festgelegt. Ein Elternteil kann aus Überzeugung oder Tradition ein entschiedener Verfechter von Methode I sein. Seine Erfahrung lehrt ihn, daß diese Methode nicht besonders gut funktioniert, und vielleicht fühlt er sich sogar schuldbewußt, weil er ein Methode-I-Elternteil ist; er mag sich selbst nicht leiden, wenn er verbietet, dominiert und bestraft. Doch die einzige Alternative, die er kennt, ist Methode II - das Kind siegen lassen. Intuitiv weiß der Elternteil, das würde nicht besser oder möglicherweise sogar schlechter sein. So hält er sich eigensinnig an seine Methode I, selbst angesichts von Beweisen, daß seine Kinder unter seiner Einstellung leiden oder die Beziehung sich verschlechtert.

Die meisten Methode-II-Eltern sind nicht bereit, auf eine autoritäre Einstellung umzuschalten, weil sie es grundsätzlich ablehnen, Kindern gegenüber Autorität anzuwenden, oder weil es ihnen ihre eigenen Charaktere nicht erlauben werden, den notwendigen Nachdruck auszuüben oder Konflikte zu erleben. Ich habe viele Mütter, und sogar ein paar Väter, gekannt, die Methode II bequemer finden, weil sie sich vor Konflikten mit ihren Kindern (und meistens auch mit allen anderen) fürchten. Anstatt sich der Gefahr auszusetzen, den Kindern ihren eigenen Willen aufzuzwingen, wählen solche Eltern die Einstellung »Frieden um jeden Preis« - aufgeben, beschwichtigen, kapitulieren.

Das Dilemma fast aller Eltern, die in unsere Kurse kommen, scheint zu sein, daß sie entweder auf Methode I oder Methode II festgelegt sind oder zwischen beiden schwanken, *weil sie keine Alternative zu diesen zwei »Sieg-Niederlage«-Methoden kennen.* Wir stellen fest, daß die meisten Eltern nicht nur wissen, welche Methode sie am häufigsten anwenden; sie erkennen auch, beide Methoden sind unwirksam. Es ist, als wüßten sie, daß sie in Schwierigkeiten sind, welcher Methode sie sich auch bedienen; aber sie wissen nicht, wohin sie sich wenden können. Die meisten von ihnen sind dankbar, aus dieser selbstgestellten Falle befreit zu werden.

10. Elterliche Macht: Notwendig und gerechtfertigt?

Eine der allgemein verankertsten Überzeugungen im Hinblick auf Kindererziehung ist die, daß es für Eltern notwendig und wünschenswert ist, ihre Autorität anzuwenden, um Kinder zu beherrschen, zu lenken und zu schulen. Nach den vielen Tausenden in unseren Kursen zu urteilen, stellen wenige Eltern diesen Gedanken jemals in Frage. Die meisten Eltern sind schnell bei der Hand, ihre Anwendung von Macht und Autorität zu rechtfertigen. Sie sagen, daß die Kinder sie brauchen und wollen oder daß die Eltern klüger sind. »Vater weiß es am besten« ist eine tiefverwurzelte Überzeugung.

Das beharrliche Andauern der Vorstellung, daß Eltern im Umgang mit ihren Kindern ihre Autorität ausüben müssen und sollen, hat nach meiner Meinung jahrhundertelang jeglichen signifikanten Wandel in der Art verhindert, in der Kinder von ihren Eltern erzogen und von Erwachsenen behandelt werden. Diese Vorstellung besteht zum Teil deswegen fort, weil fast alle Eltern nicht verstehen, was Autorität in Wirklichkeit ist oder wie sie sich auf Kinder auswirkt. Alle Eltern sprechen ungeniert über Autorität, aber wenige können sie definieren oder auch nur den Ursprung ihrer Autorität identifizieren.

Was ist Autorität?
Eine der grundlegenden Charakteristiken der Eltern-Kind-Beziehung ist die: Eltern haben eine dem Kind überlegene »psychologische Größe«. Wenn wir versuchen sollten, Elternteil und Kind darzustellen, indem wir für jeden einen Kreis zeichnen, wäre es unzutreffend, die Kreise so zu zeichnen:

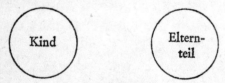

Mit den Augen des Kindes gesehen, hat der Elternteil nicht die gleiche »Größe«, wobei es keine Rolle spielt, wie alt das Kind ist. Ich spreche nicht von physischer Größe (obgleich ein physischer Größenunterschied besteht, bis Kinder das Jugendalter erreichen), sondern natürlich von »psychologischer Größe«. Eine richtigere Darstellung der Eltern-Kind-Beziehung würde so aussehen:

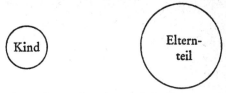

So wie das Kind es sieht, ist der Elternteil fast immer von überlegenerer »psychologischer Größe« als es selbst, was zur Erklärung von Formulierungen wie »Großer Vater«, »Der große Meister«, »Er war ein großer Mann für mich«, »Mein Vater überschattete mein Leben«, »Ich habe keine Gelegenheit ausgelassen, meine Eltern kleinzukriegen« hilft. Um aus einer Arbeit zu zitieren, die ein in Schwierigkeiten befindlicher junger Mann im Deutschunterricht auf der Oberschule schrieb und mir später, als ich sein Berater war, zugänglich machte:

»Ich, der ich nur ein kleines Kind war, betrachtete meine Eltern ungefähr so, wie ein erwachsener Mensch Gott betrachtet...«

Allen Kindern erscheinen ihre Eltern zuerst als eine Art Gottheit.

Dieser Unterschied in der »psychologischen Größe« besteht nicht nur, weil Kinder ihre Eltern als größer und stärker sehen, sondern auch als klüger und tüchtiger. Für das kleine Kind scheint es nichts zu geben, was seine Eltern nicht wissen, nichts, was sie nicht tun können. Es staunt über den Umfang ihres Verständnisses, die Genauigkeit ihrer Vorhersagen, die Weisheit ihres Urteils.

Obgleich etliche dieser Vorstellungen zeitweise zutreffend sein mögen, sind andere es nicht. Kinder schreiben ihren Eltern viele Wesenszüge, Merkmale und Fähigkeiten zu, die keineswegs auf Wirklichkeit beruhen. Wenige Eltern wissen soviel, wie kleine Kinder glauben. Erfahrung ist nicht immer »der beste Lehrmeister«, wie das Kind später folgert, wenn es zum Jugendlichen oder Erwachsenen wird und seine Eltern auf der breiteren Grundlage seiner eigenen Erfahrung beurteilen kann. Und Weisheit hat nicht immer etwas mit Alter zu tun. Vielen Eltern fällt das Eingeständnis schwer, aber diejenigen, die ehrlicher gegen sich selbst sind, erkennen, wie übertrieben Kinder Vati und Mutti einschätzen.

Obwohl das Spiel von Anfang an zugunsten der überlegenen psychologischen Größe der Erwachsenen steht, pflegen viele Mütter und Väter den Unterschied. Sie verheimlichen vor ihren Kindern ihre Grenzen und Irrtümer oder begünstigen Märchen wie »Wir wissen, was für dich am besten ist« oder »Wenn du älter bist, wirst du erkennen, wie recht wir hatten«.

Es hat mich immer fasziniert, zu beobachten, daß Eltern im Gespräch über ihre eigenen Väter und Mütter rückblickend ohne weiteres deren Fehler oder Grenzen sehen; sie werden sich jedoch heftig gegen die Vorstellung sträuben, daß sie in bezug auf ihre eigenen Kinder denselben Irrtümern und demselben Mangel an Weisheit unterworfen sind.

Wie unverdient auch immer - Eltern maßen sich eine überlegene psychologische Größe an - und das ist ein wichtiger Ursprung elterlicher Macht über das Kind. Weil der Elternteil für eine solche »Autorität« gehalten wird, haben seine Versuche, das Kind zu beeinflussen, großes Gewicht. Es hilft vielleicht, sie sich als »übertragene Autorität« vorzustellen, weil das Kind sie den Eltern überträgt. Ob verdientermaßen oder nicht, ist irrelevant - Tatsache ist, daß »psychologische Größe« den Eltern Einfluß auf und Macht über das Kind gibt.

Eine vollkommen andere Art von Macht kommt daher, daß der Elternteil bestimmte Dinge besitzt, die Kinder brauchen. Auch das verleiht ihm Autorität über sie. Ein Elternteil hat Macht über seine Kinder, weil sie zur Befriedigung ihrer grundlegenden Bedürfnisse so abhängig von ihm sind. Kinder kommen im Hinblick auf Nahrung und physisches Wohlbefinden fast vollkommen abhängig von anderen auf die Welt. Sie besitzen nicht die *Mittel* zur Befriedigung von Bedürfnissen. Die Mittel sind im Besitz und unter der Kontrolle der Eltern.

Wenn das Kind älter wird und es ihm erlaubt ist, unabhängiger von seinen Eltern zu werden, nimmt ihre Macht natürlich ab. In jedem Alter jedoch und bis zu der Zeit, in der das Kind ins unabhängige Erwachsenendasein eintritt und imstande ist, seine grundlegenden Bedürfnisse fast vollständig aus eigenem Vermögen zu befriedigen, üben seine Eltern ein gewisses Maß an Macht über es aus.

Im Besitz der Mittel zur Befriedigung der grundlegenden Bedürfnisse des Kindes, hat ein Elternteil die Macht, ein Kind zu »belohnen«. Psychologen verwenden den Ausdruck »Belohnung« für jegliche Mittel, die zur Befriedigung der Bedürfnisse des Kindes (das Kind belohnen) im Besitz des Elternteils sind. Wenn ein Kind hungrig ist (ein Bedürfnis nach Nahrung hat) und der Elternteil gibt ihm die Flasche Milch, sagen wir, das Kind wird belohnt (sein Nahrungsbedürfnis wird befriedigt).

Der Elternteil besitzt auch die Mittel, dem Kind Schmerz oder Unbehagen zu verursachen, entweder, indem er ihm das versagt, was es braucht (ein Kind, das hungrig ist, nicht füttert) oder etwas tut, was Schmerz oder Unbehagen erzeugt (dem Kind einen Klaps auf die Hand geben, wenn es nach dem Milchbecher seines Bruders greift). Psychologen gebrauchen den Ausdruck »Bestrafung« für das Gegenteil von Belohnung.

Jeder Elternteil weiß: er kann ein kleines Kind durch Anwendung von Macht kontrollieren. Durch sorgfältige Manipulation von Belohnung und Bestrafung kann der Elternteil das Kind dazu ermuntern, sich auf bestimmte Weise zu verhalten, oder es davon abbringen, sich auf andere Weise zu verhalten.

Jeder weiß aus eigener Erfahrung, daß Menschen (und Tiere) die Neigung haben, ein Verhalten zu wiederholen, das Belohnung einbringt (ein Bedürfnis befriedigt), und ein Verhalten, das entweder keinen Lohn oder aber tatsächlich Strafe zeitigt, zu vermeiden oder aufzugeben. So kann ein Elternteil bestimmte Verhaltensweisen »stärken«, indem er das Kind belohnt, und anderen »ein Ende machen«, indem er es bestraft.

Angenommen, Sie wollen, daß Ihr Kind mit seinen Bausteinen und nicht mit den teuren Glasaschenbechern auf dem Couchtisch spielt. Um das »Mit-Bausteinen-spielen«-Verhalten zu stärken, könnten Sie sich zu ihm setzen, wo es mit den Bausteinen spielt, lächeln, freundlich sein, oder sagen: »Das ist ein lieber Junge.« Um seinem »Mit-Aschenbecher-spielen«-Verhalten ein Ende zu machen, könnten Sie ihm einen Klaps auf die Hand und auf die Rückseite geben, die Stirn runzeln, böse dreinschauen oder sagen: »Das ist ein unartiger Junge.« Das Kind wird schnell lernen, daß das Spielen mit Bausteinen erfreuliche Beziehungen zur Eltern-Macht zeitigt. Das Spielen mit Aschenbechern dagegen nicht.

Das ist es, was Eltern so häufig tun, um das Verhalten von Kindern zu modifizieren. Sie nennen es gewöhnlich »das Kind erziehen«. Tatsächlich wendet der Elternteil seine Macht an, um das Kind zu veranlassen, etwas zu tun, was den Wünschen des Elternteils entspricht, oder um das Kind daran zu hindern, das zu tun, was der Elternteil nicht will. Derselben Methode bedienen sich Hundeabrichter, um Gehorsam zu lehren, und Zirkusleute, um Bären das Fahrradfahren beizubringen. Wenn ein Abrichter will, daß der Hund bei Fuß geht, schlingt er eine Leine um den Hals des Tieres und beginnt sich in Bewegung zu setzen, wobei er das andere Ende der Leine in der Hand behält. Dann sagt er: »Bei Fuß.« Geht der Hund nicht dicht neben dem Abrichter, bekommt er einen schmerzhaften Ruck am Hals zu spüren (Bestrafung). Geht er bei Fuß, wird er gestreichelt (Belohnung). Der Hund lernt schnell, auf Kommando bei Fuß zu gehen.

Gar keine Frage: Macht funktioniert. Auf diese Weise können Kinder dazu erzogen werden, mit Bauklötzen anstatt mit teuren Aschenbechern zu spielen, Hunde, bei Fuß zu gehen, und Bären, Zweirad zu fahren (sogar Einrad, erstaunlicherweise).

Nachdem sie oft genug bestraft und belohnt worden sind, können Kinder in sehr jungem Alter kontrolliert werden, indem man ihnen einfach verspricht, sie werden belohnt, wenn sie sich auf eine bestimmte Weise verhalten, oder ihnen mit künftiger Bestrafung droht, wenn sie sich auf unerwünschte Weise verhalten. Die potentiellen Vorteile davon liegen auf der Hand: der Elternteil braucht weder bis zum Eintritt des erwünschten Verhaltens zu warten, um es zu belohnen (es zu stärken), noch braucht er bis zum Eintritt des unerwünschten Verhaltens zu warten, um es zu bestrafen (ihm ein Ende zu machen). Er kann das Kind jetzt beeinflussen, indem er nur sinngemäß sagt: »Wenn du dich auf die eine Weise verhältst, wirst du meine Belohnung erhalten; wenn du dich auf die andere Weise verhältst, werde ich dich bestrafen.«

Gefährliche Grenzen elterlicher Macht

Wenn der Leser glaubt, daß die Macht des Elternteils, zu belohnen und zu bestrafen (oder Belohnung zu *versprechen* und mit Bestrafung zu *drohen*), nach einer wirksamen Möglichkeit aussieht, Kinder zu kontrollieren, wird er in einer Hinsicht sehr recht haben und in einer anderen sehr unrecht. Die Anwendung elterlicher Autorität (oder Macht), scheinbar wirksam unter bestimmten Bedingungen,

ist vollkommen unwirksam unter anderen Bedingungen. (Später werde ich tatsächliche Gefahren elterlicher Macht untersuchen.)
Viele, wenn nicht die meisten dieser Begleiterscheinungen sind bedauerlich. Kinder werden als Folge von »Gehorsamstraining« oft eingeschüchtert, »ängstlich und nervös, wenden sich oft mit Feindseligkeit und Rachsucht gegen ihre Erzieher und brechen unter der Belastung, das Erlernen eines Verhaltens zu versuchen, das ihnen entweder schwerfällt oder unangenehm ist, nicht selten physisch und emotionell zusammen. Die Anwendung von Macht kann für die Erzieher von Tieren - oder Kindern - sowohl viele schädliche Konsequenzen als auch Risiken zeitigen.

Elterliche Macht erschöpft sich unvermeidlich

Die Anwendung von Macht zur Kontrolle von Kindern funktioniert nur unter besonderen Bedingungen. Der Elternteil muß sicher sein, *die Macht* zu besitzen - seine Belohnungen müssen attraktiv genug sein, um vom Kind gewünscht zu werden, und seine Bestrafungen müssen überzeugend genug sein, um ihre Vermeidung zu gewährleisten. Das Kind *muß* vom Elternteil abhängig sein; je mehr das Kind von dem abhängt, was der Elternteil besitzt (Belohnungen), desto mehr Macht hat der Elternteil.

Das trifft auf alle menschlichen Beziehungen zu. Wenn ich etwas sehr dringend brauche - zum Beispiel Geld, um Essen für meine Kinder zu kaufen - und muß mich in bezug auf Geld ausschließlich auf einen anderen Menschen verlassen - wahrscheinlich meinen Arbeitgeber -, dann wird er einleuchtenderweise eine Menge Macht über mich haben. Bin ich von diesem einen Arbeitgeber abhängig, werde ich geneigt sein, fast alles zu tun, was er will, um sicher zu sein, das zu bekommen, was ich so verzweifelt brauche. Ein Mensch aber hat nur so lange Macht über einen anderen, solange der zweite in einer Position der Schwäche, des Wünschens, des Bedürfnisses, des Mangels, der Hilflosigkeit und Abhängigkeit ist.

Wenn das Kind weniger hilflos, weniger abhängig vom Elternteil im Hinblick auf das wird, was es braucht, verliert der Elternteil allmählich an Macht. Darum entdecken Eltern zu ihrer Bestürzung, daß Belohnungen und Bestrafungen, die funktionierten, als ihr Kind jünger war, weniger wirksam werden, wenn es heranwächst.

»Wir haben den Einfluß auf unseren Sohn verloren«, klagt ein Elternteil. »Früher respektierte er unsere Autorität, aber jetzt kön-

nen wir ihn einfach nicht mehr kontrollieren.« Ein anderer sagt: »Unsere Tochter ist so unabhängig von uns geworden - wir haben keine Möglichkeit, sie dazu zu bringen, auf uns zu hören.« Der Vater eines fünfzehnjährigen Jungen erzählte einem unserer Kursusleiter, wie unfähig er sich fühlt:
»Außer dem Familienauto haben wir nichts mehr, um uns unsere Autorität zu bewahren. Und selbst das funktioniert nicht besonders gut, weil er unseren Autoschlüssel genommen hat und sich einen zweiten anfertigen ließ. Wenn wir nicht zu Hause sind, macht er sich, wann immer er will, mit dem Auto davon. Nun, da wir nichts mehr haben, was er wirklich braucht, kann ich ihn nicht mehr bestrafen.«
Diese Eltern drücken Empfindungen aus, die die meisten Eltern erleben, wenn ihre Kinder beginnen, ihrer Abhängigkeit zu entwachsen. Das geschieht unvermeidlich, wenn sich das Kind dem Jugendalter nähert. Nun kann es sich viele Belohnungen durch eigene Tätigkeiten (Schule, Sport, Freunde, Leistungen) verschaffen. Es beginnt auf Möglichkeiten zu sinnen, die Bestrafung durch seine Eltern zu vermeiden. In den Familien, in denen die Eltern sich während der frühen Jugend ihrer Kinder hauptsächlich auf Macht verlassen haben, steht den Eltern unvermeidlich ein böser Schock bevor, wenn ihre Macht erschöpft ist und ihnen wenig oder kein Einfluß verbleibt.

Die »Flegeljahre«

Ich bin heute davon überzeugt, daß sich die meisten Theorien über die »Belastungen und Spannungen der Adoleszenz« fälschlicherweise auf Faktoren wie die physischen Veränderungen des Jugendlichen, seine in Erscheinung tretende Sexualität, seine neuen sozialen Ansprüche, sein Ringen zwischen Kind- und Erwachsensein usw. konzentriert haben. Diese Zeit ist für Kinder und Eltern im großen und ganzen deswegen schwierig, weil der Jugendliche so unabhängig von den Eltern wird, daß er nicht mehr ohne weiteres durch ihre Belohnungen und Bestrafungen kontrolliert werden kann. Und da sich die meisten Eltern in so großem Maße auf Belohnungen und Bestrafungen verlassen, reagieren Jugendliche mit sehr selbständigem, widerspenstigem, aufsässigem, feindseligem Verhalten.
Eltern glauben, daß jugendliche Rebellion und Feindseligkeit un-

vermeidlich eine Funktion dieser Entwicklungsstufe sind. Ich halte das für nicht zutreffend - es liegt eher daran, daß der *Jugendliche besser imstande ist, sich zu widersetzen und zu rebellieren.* Er wird nicht mehr von den Belohnungen seiner Eltern kontrolliert, weil er ihrer nicht mehr bedarf, und er ist gegen Strafandrohungen immun, denn sie vermögen wenig zu tun, um ihm Schmerzen oder heftiges Unbehagen zu verursachen. Der typische Jugendliche verhält sich so, wie er sich verhält, weil er genügend Kraft und Mittel erworben hat, um seine eigenen Bedürfnisse zu befriedigen, und genügend Macht, so daß er die Macht seiner Eltern nicht zu fürchten braucht.
Aus diesem Grund rebelliert ein Jugendlicher nicht gegen seine *Eltern.* Er rebelliert gegen ihre *Macht.* Wenn Eltern sich weniger auf Macht und mehr auf Macht-lose Methoden verlassen würden, um ihre Kinder *von Kindheit an* zu beeinflussen, hätte das Kind wenig, um dagegen zu rebellieren, wenn es ins Jugendalter kommt. Die Anwendung von Macht zum Zweck der kindlichen Verhaltensänderung hat daher diese ernst zu nehmende Grenze: die Macht der Eltern erschöpft sich unvermeidlich, und zwar schneller als sie glauben.

Erziehung durch Macht erfordert strenge Bedingungen
Die Anwendung von Belohnung und Bestrafung zur Beeinflussung eines Kindes hat eine weitere ernst zu nehmende Grenze: sie verlangt während der »Erziehung« sehr kontrollierte Bedingungen.
Psychologen, die den Lernprozeß studieren, indem sie im Laboratorium Tiere abrichten, haben, sofern nicht die strengsten Bedingungen herrschen, große Schwierigkeiten mit ihren »Versuchsobjekten«. Viele dieser Erfordernisse sind bei der Erziehung von Kindern durch Belohnung und Bestrafung außerordentlich schwer zu erfüllen. Die meisten Eltern verletzen täglich eine oder mehrere dieser »Regeln« zur effektiven »Erziehung«.
1. Das »Versuchsobjekt« muß hoch motiviert sein - es muß ein starkes Bedürfnis haben, »für die Belohnung zu arbeiten«. Ratten müssen sehr hungrig sein, um zu lernen, durch ein Labyrinth zu finden und an dessen Ende das Futter zu erreichen. Eltern versuchen oft, ein Kind dadurch zu beeinflussen, daß sie ihm eine Belohnung versprechen, die das Kind nicht besonders braucht (einem Kind versprechen, daß Sie ihm etwas vorsingen werden, wenn es unverzüglich ins Bett geht, und feststellen, daß es nicht darauf eingeht).

2. Wenn die Bestrafung zu hart ist, wird das Versuchsobjekt der Situation ganz aus dem Weg gehen. Wenn Ratten einen Schock erhalten, um sie zu lehren, im Labyrinth nicht in eine Sackgasse zu laufen, werden sie den »Versuch aufgeben«, ihren Weg durch das Labyrinth zu finden, wenn der Schock zu stark ist. Wenn Sie ein Kind für einen Fehler unnachsichtig bestrafen, »lernt« es vielleicht, nicht mehr zu versuchen, etwas gutzumachen.

3. Die Belohnung muß dem Versuchsobjekt früh genug zur Verfügung stehen, um sich auf das Verhalten auszuwirken. Wenn man Katzen abrichtet, den richtigen Hebel niederzudrücken, der ihnen Futter liefern wird, und das Futter zu lange auf sich warten läßt, nachdem sie den richtigen Hebel gedrückt haben, werden die Katzen nicht lernen, welches der richtige Hebel ist. Sagen Sie einem Kind, es darf drei Wochen später ans Meer fahren, wenn es heute seine Pflichten erfüllt, entdecken Sie vielleicht, daß es einer in so weiter Ferne liegenden Belohnung an Kraft fehlt, das Kind zu motivieren, diese Pflichten sofort zu erfüllen.

4. Beim Erteilen von Belohnungen für erwünschtes Verhalten und Bestrafungen für unerwünschtes Verhalten bedarf es immer einer erheblichen *Konsequenz*. Wenn Sie Ihrem Hund in Abwesenheit von Gästen bei Tisch Futter geben und ihn bestrafen, wenn er in Anwesenheit von Gästen bettelt, wird der Hund verwirrt und frustriert werden (es sei denn, er lernt den Unterschied zwischen der Anwesenheit und der Abwesenheit von Gästen, wie es unser Hund gelernt hat). Eltern sind im Belohnen und Bestrafen häufig inkonsequent. Beispiel: Manchmal erlauben sie dem Kind, zwischen den Mahlzeiten zu naschen, verweigern ihm diese Vergünstigung aber an Tagen, an denen Mutter etwas Besonderes zum Essen gekocht hat und nicht will, daß es sich den Appetit auf »sein« Essen verdirbt (oder sollten wir besser *Mutters* Essen sagen?).

5. Belohnungen und Bestrafungen sind bei der Erziehung zu *komplexen* Verhaltensweisen selten wirksam, es sei denn, daß man sehr komplexe und zeitraubende »Verstärkungs«-Methoden anwendet. Gewiß, Psychologen ist es gelungen, Hühner Tischtennis spielen und Tauben Raketen lenken zu lehren (Sie mögen es glauben oder nicht), doch derartige Leistungen erfordern ein erstaunlich schwieriges und zeitraubendes, unter äußerst kontrollierten Bedingungen durchgeführtes Training.

Leser, die ein Tier besessen haben, werden wissen, wie schwer es sein würde, einem Hund beizubringen, ausschließlich auf seinem eigenen Grundstück zu spielen, seine Decke zu holen, wenn er sieht, daß es draußen regnet, oder seinen Hundekuchen großzügig mit anderen zu teilen. Doch dieselben Leute würden die Durchführbarkeit des Versuches, Belohnungen oder Bestrafungen anzuwenden, um ihren Kindern dieselben Verhaltensweisen beizubringen - nicht einmal in Frage stellen.

Belohnung und Bestrafung können sich dazu eignen, ein Kind zu lehren, das Berühren von Gegenständen auf dem Kaffeetisch zu unterlassen oder »bitte« zu sagen, wenn es bei Tisch etwas haben möchte, Eltern aber werden feststellen, daß sie nicht geeignet sind, gute Lerngewohnheiten, Ehrlichkeit, Freundlichkeit gegenüber anderen Kindern oder Kooperation innerhalb der Familie zu bewirken. Derartig komplexe Verhaltensmuster können Kindern in Wirklichkeit nicht *gelehrt* werden; Kinder lernen sie aus eigener Erfahrung in vielerlei Situationen und beeinflußt von den verschiedensten Faktoren.

Ich habe nur auf einige der Grenzen bei der Anwendung von Belohnung und Bestrafung in der Kindererziehung hingewiesen. Psychologen, die sich auf Unterricht und Erziehung spezialisieren, können noch viele hinzufügen. Tiere und Kinder mit Hilfe von Belohnung und Bestrafung lehren, komplexe Handlungen auszuführen, ist nicht nur an sich ein Spezialgebiet, das umfangreiches Wissen und ein Übermaß an Zeit und Geduld erfordert, sondern, was für uns weitaus wichtiger ist: *der erfahrene Zirkusdompteur und der Experimentalpsychologe sind für Eltern, die ihre eigenen Kinder dazu erziehen, sich so zu verhalten, wie es sich Mütter und Väter wünschen würden, keine guten Vorbilder.*

Die Auswirkungen elterlicher Macht auf das Kind

Ungeachtet aller ernst zu nehmenden Grenzen der Macht bleibt sie die bevorzugte Methode der meisten Eltern, wobei Erziehung, soziale Herkunft und wirtschaftliche Lage keine Rolle spielen.

Unsere Lehrer stellen stets fest, daß sich die Eltern in ihren Kursen der schädlichen Auswirkungen der Macht erstaunlich bewußt sind. Wir brauchen die Eltern nur zu bitten, auf ihre eigenen Erfahrungen zurückzugreifen und uns zu sagen, was in ihnen vor sich ging, wenn ihre Eltern ihnen gegenüber Macht anwendeten. Es ist ein seltsames Paradoxon, daß Eltern sich erinnern, wie sie als Kinder die Macht empfanden, es aber »vergessen«, wenn sie ihren eigenen Kindern gegenüber Macht anwenden. Wir bitten diejenigen in jedem Kursus aufzuschreiben, was sie als Kinder taten, um sich gegen die Ausübung der elterlichen Macht zu behaupten. Jeder Kursus stellt eine Liste von Behauptungsmechanismen zusammen, die sich nicht sehr von der folgenden unterscheidet:

1. Widerstand, Trotz, Rebellion, Negativismus
2. Ärger, Zorn, Feindseligkeit
3. Aggression, Vergeltungsmaßnahmen, zurückschlagen
4. Lügen, Empfindungen verbergen
5. Andere beschuldigen, klatschen, schwindeln
6. Dominieren, herumkommandieren, tyrannisieren
7. Siegen müssen, ungern unterliegen
8. Bündnisse schließen, sich gegen die Eltern organisieren
9. Fügsamkeit, Gehorsam, Unterwerfung
10. Einschmeicheln, um Gunst buhlen
11. Anpassung, Mangel an schöpferischer Kraft, Angst, etwas Neues zu versuchen, vorherige Erfolgsversicherung benötigen
12. Rückzug, Flucht, Phantasien

WIDERSTAND, TROTZ, REBELLION, NEGATIVISMUS
Ein Elternteil erinnerte sich dieser typischen Episode mit seinem Vater:
Elternteil: Wenn du nicht aufhörst zu reden, bekommst du meine Hand mitten ins Gesicht.
Kind: Na los, schlag mich!
Elternteil: (schlägt das Kind)
Kind: Schlag mich noch einmal, kräftiger. Ich werde nicht aufhören!
Manche Kinder rebellieren gegen die Anwendung elterlicher Autorität, indem sie genau das Gegenteil dessen tun, was die Eltern wünschen. Eine Mutter berichtete uns:

»Hauptsächlich drei Dinge gab es, zu denen wir unsere Tochter durch Anwendung von Autorität zu veranlassen suchten - sauber und ordentlich zu sein, zur Kirche zu gehen und nicht zu trinken. Im Hinblick auf diese Dinge waren wir immer streng. Heute wissen wir, daß sie ungefähr die schlechteste Hausfrau ist, die ich kenne, sie setzt keinen Fuß in eine Kirche und trinkt fast jeden Abend Cocktails.«

Ein Jugendlicher offenbarte in einer seiner Therapiestunden bei mir:

»Ich werde nicht einmal den Versuch machen, gute Zensuren in der Schule zu bekommen, denn meine Eltern haben mich so unnachsichtig dazu angetrieben, ein guter Schüler zu sein. Wenn ich gute Zensuren bekam, freute es sie – als ob sie recht hätten oder gesiegt haben. Dieses Gefühl werde ich ihnen nicht geben. Darum lerne ich nicht.«

Ein anderer Jugendlicher sprach von seiner Reaktion auf das »Herumnörgeln« der Eltern über seine langen Haare:

»Ich glaube, ich ließe es vielleicht schneiden, wenn sie nicht so viel mit mir nörgelten. So lange sie aber versuchen, mich dahin zu bringen, es schneiden zu lassen, werde ich es bestimmt lang behalten.«

Derartige Reaktionen auf die Autorität Erwachsener findet man fast überall. Seit Generationen haben Kinder gegen die Autorität der Erwachsenen getrotzt und rebelliert. Die Geschichte gibt uns kaum einen Hinweis auf Unterschiede zwischen der heutigen Jugend und der anderer Zeiten. Kinder, ebenso wie Erwachsene, kämpfen wie rasend, wenn ihre Freiheit bedroht ist, und es hat zu allen Zeiten der Geschichte Bedrohungen der kindlichen Freiheit gegeben. Eine Möglichkeit für Kinder, es mit Bedrohungen ihrer Freiheit und Unabhängigkeit aufzunehmen, besteht darin, gegen jene zu kämpfen, die sie ihnen nehmen könnten.

ÄRGER, ZORN, FEINDSELIGKEIT

Kinder ärgern sich über diejenigen, die Macht über sie haben. Sie empfinden es als unfair und oft als unbillig. Sie ärgern sich über die Tatsache, daß Eltern oder Lehrer größer und stärker sind, wenn diese Überlegenheit dazu benutzt wird, sie zu kontrollieren und ihre Freiheit einzuschränken.

»Hack doch auf jemandem herum, der so groß ist wie du«, empfinden Kinder häufig, wenn ein Erwachsener seine Macht gebraucht.

Es scheint eine allgemeingültige Reaktion der Menschen *jeglichen Alters* zu sein, gegen jemanden, von dem sie in mehr oder weniger größerem Maße hinsichtlich der Befriedigung ihrer Bedürfnisse abhängen, tiefen Groll und Ärger zu empfinden. Die meisten Menschen reagieren nicht positiv auf diejenigen, die die Macht haben, Belohnungen zu geben oder zurückzuhalten. Sie nehmen die Tatsache übel, daß ein anderer die Mittel zur Befriedigung ihrer Bedürfnisse kontrolliert. Sie wünschten, sie hätten selbst die Kontrolle. Hinzu kommt, daß sich die meisten Menschen nach dieser Unabhängigkeit sehnen, weil es gefährlich ist, von einem anderen abhängig zu sein. Da ist das Risiko, daß sich der andere Mensch, von dem man abhängt, als unzuverlässig erweisen wird - als unfair, voreingenommen, inkonsequent, unvernünftig; oder der Mensch im Besitz der Macht verlangt vielleicht als Preis für seine Belohnungen Anpassung an seine eigenen Wertvorstellungen und Maßstäbe. Darum sind die Angestellten äußerst fürsorgerischer Arbeitgeber - jener, die großzügig im Verteilen von »Beihilfen« und »Prämien« sind (unter der Bedingung, daß die Angestellten auf das Bestreben der Betriebsführung, durch Autorität zu herrschen, dankbar eingehen werden) - gegenüber der »Hand, die sie füttert« so häufig ablehnend und feindselig. Historiker, die diesen Zusammenhang sahen, haben darauf hingewiesen, daß etliche der heftigsten Streiks Gesellschaften betroffen haben, deren Betriebsführung »väterlich wohltätig« gewesen war. Das ist auch der Grund, warum die Politik einer reichen Nation, die einer armen Nation Almosen gibt, sehr zur Bestürzung des Gebers so oft in der Feindschaft der abhängigen Nation gegen die andere resultiert.

Aggression, Vergeltungsmassnahmen, Zurückschlagen

Weil die elterliche Herrschaft durch Autorität die Bedürfnisse des Kindes so häufig frustriert und Frustration so oft zu Aggression führt, können Eltern, die auf Autorität bauen, erwarten, daß die Kinder in irgendeiner Form Aggressionen zeigen. Kinder schlagen zurück, versuchen, den Elternteil kleinzukriegen, sind äußerst kritisch, geben ungezogene Antworten, wenden die »Schweigetaktik« an oder tun irgendeines der Hunderte von aggressiven Dingen, von denen sie das Gefühl haben, sie könnten es den Eltern heimzahlen oder sie verletzen.

Die Formel für diese Art des Behauptens scheint zu lauten: »Du hast mich verletzt, also werde ich dich verletzen.« Die extreme Manifestion sind die oft in den Zeitungen berichteten Fälle von Kindern, die ihre Eltern ermorden. Kein Zweifel, viele aggressive Handlungen gegen Schulen (Wandalismus), gegen die Polizei oder politische Führer sind von dem Wunsch motiviert, zurückzuschlagen, es jemandem heimzuzahlen.

Lügen, Empfindungen verbergen

Manche Kinder lernen frühzeitig im Leben, daß sie sich eine Menge

Strafen ersparen können, wenn sie lügen. Bei Gelegenheit können Lügen ihnen sogar Belohnungen einbringen. Kinder beginnen stets, die Wertvorstellungen ihrer Eltern zu lernen - mit der Zeit kommen sie dahin, zu wissen, was ihre Eltern billigen oder mißbilligen werden. Jedes Kind, das ich in Behandlung gehabt habe und dessen Eltern in großem Umfang Belohnungen und Bestrafungen anwendeten, offenbarte ohne Ausnahme, wie oft es seine Eltern anlog.

Ein junges Mädchen erzählte mir:

»Meine Eltern haben mir den Besuch von Auto-Kinos verboten, also sage ich ihnen einfach, daß ich zu einer Freundin gehe. Und dann suchen wir ein Auto-Kino auf.«

Eine andere sagte:

»Meine Mutter will nicht, daß ich Lippenstift benutze, also warte ich, bis ich ein paar Häuserblocks von zu Hause fort bin und benutze ihn dann. Wenn ich heimkomme, wische ich ihn ab, bevor ich das Haus betrete.«

Ein sechzehnjähriges Mädchen bekannte:

»Meine Mutter erlaubt mir nicht, mit einem bestimmten Jungen auszugehen, also lasse ich mich von meiner Freundin abholen und sage meiner Mutter, daß wir ins Kino oder sonst irgendwohin gehen. Dann treffe ich mich mit meinem Freund.«

Obschon Kinder viel lügen, weil sich so viele Eltern auf Belohnungen und Bestrafungen verlassen, bin ich fest davon überzeugt, daß die Neigung zum Lügen bei Jugendlichen nicht naturbedingt ist. Es ist eine angelernte Reaktion - ein Behauptungsmechanismus, um mit den elterlichen Versuchen, durch das Manipulieren mit Belohnungen und Bestrafungen zu herrschen, fertig zu werden. In Familien, in denen sie angenommen werden und in denen ihre Freiheit respektiert wird, neigen Kinder nicht zum Lügen.

Eltern, die sich darüber beklagen, daß ihre Kinder sie nicht an ihren Problemen teilnehmen lassen oder nicht über das sprechen, was in ihrem Leben vor sich geht, sind im allgemeinen auch Eltern, die viel Bestrafungen angewendet haben. Kinder lernen die Spielregeln, und die eine Regel ist die, nichts zu sagen.

ANDERE BESCHULDIGEN, KLATSCHEN, SCHWINDELN

In Familien mit mehr als einem Kind wetteifern die Kinder offenbar darum, elterliche Belohnungen zu erhalten und Bestrafungen zu vermeiden. Sie lernen schnell einen weiteren Behauptungsmechanismus: versetze die anderen in eine nachteilige Lage, bring die anderen Kinder in Mißkredit, rücke sie in ein schlechtes Licht, klatsche, schieb die Schuld auf andere. Das Rezept ist einfach: »Indem ich den anderen in ein schlechtes Licht setze, mache ich vielleicht einen guten Eindruck.« Wie vernichtend für Eltern; sie wünschen sich von ihren Kindern kooperatives Verhalten, indem sie aber Belohnungen und Bestrafungen anwenden, züchten sie ein Konkurrenzverhalten - geschwisterliche Rivalität, Kämpfe, den Verrat an Bruder oder Schwester:

»Er hat mehr Eis bekommen als ich.«
»Wieso muß ich im Garten arbeiten und Tomas nicht?«
»Er hat mich zuerst geschlagen - er hat angefangen.«
»John hast du nie bestraft als er so alt war wie ich und die gleichen Sachen machte, die ich jetzt mache.«
»Wieso läßt du Peter alles durchgehen?«

Ein Großteil des konkurrierenden Zankens und gegenseitigen Beschuldigens unter Kindern kann der elterlichen Anwendung von Belohnungen und Bestrafungen in der Kindererziehung zugeschrieben werden. Da niemand über die Zeit, das Temperament oder die Weisheit verfügt, Belohnungen und Bestrafungen zu allen Zeiten gerecht und gleichmäßig zu verteilen, werden Eltern unvermeidlich Konkurrenzkämpfe hervorrufen. Es ist nur natürlich, daß jedes Kind die meisten Belohnungen bekommen und sehen möchte, daß seine Brüder und Schwestern die meisten Bestrafungen erhalten.

DOMINIEREN, HERUMKOMMANDIEREN, TYRANNISIEREN

Warum versucht ein Kind, über jüngere Kinder zu herrschen oder sie zu tyrannisieren? Ein Grund ist der, daß seine Eltern ihre Macht dazu gebrauchten, das Kind zu beherrschen. Wann immer es daher in einer Machtposition gegenüber einem anderen Kind ist, versucht es, zu dominieren und herumzukommandieren. Man kann das beobachten, wenn Kinder mit Puppen spielen. Im allgemeinen behandeln sie ihre Puppen (ihre eigenen »Kinder«) wie ihre Eltern sie behandeln, und Psychologen wissen seit einiger Zeit, daß sie dadurch, daß sie das Kind beim Spiel mit Puppen beobachten, feststellen können, wie ein Elternteil mit seinem Kind umgeht. Verhält sich das Kind dominierend, herrschsüchtig und strafend zu seiner Puppe, wenn es die Rolle der Mutter spielt, ist es beinahe mit Sicherheit auf die gleiche Art von seiner Mutter behandelt worden.

Wenn Sie selbst Autorität anwenden, um ihre Kinder zu leiten und zu kontrollieren, laufen Eltern daher unbewußt große Gefahr, ein Kind zu erziehen, das sich anderen Kindern gegenüber autoritär verhalten wird.

SIEGEN MÜSSEN, UNGERN UNTERLIEGEN

Wachsen Kinder in einem Klima von Belohnungen und Bestrafungen auf, können sie starke Bedürfnisse danach entwickeln, einen »guten« Eindruck zu machen oder zu siegen, und starke Bedürfnisse danach, einen »schlechten« Eindruck oder eine Niederlage zu vermeiden. Das bewahrheitet sich besonders in Familien mit sehr belohnungsorientierten Eltern, die sich weitgehend auf positive Bewertung, finanzielle Belohnungen, goldene Sterne, Prämien und dergleichen verlassen.

Leider gibt es viele solche Eltern, besonders in der Mittel- und Oberschicht. Obwohl ich manchen Eltern begegne, die Bestrafung als Methode der Kontrolle aus grundsätzlichen oder weltanschaulichen Erwägungen ablehnen, stoße ich doch selten auf Eltern, die den Wert der Anwendung von Belohnungen auch nur in Frage stellen. Die amerikanischen Eltern sind mit Artikeln und Büchern überschwemmt worden, die häufiges Loben und Belohnen empfehlen. Die meisten Eltern haben sich diesen Rat unbesehen zu eigen gemacht, mit dem Resultat, daß ein großer Prozentsatz von Kindern in Amerika von den Eltern täglich durch Lob, Vergünstigungen, besondere Belohnungen, Bonbons, Eis und dergleichen manipuliert wird. Es ist kein Wunder, daß diese Generation von »Pluspunkt«-Kindern so darauf ausgerichtet ist, zu siegen, einen guten Eindruck zu machen, erster zu sein und, vor allem anderen, nicht zu unterliegen. Und diese Feststellung dürfte nicht nur für Amerika gelten.

Ein weiterer negativer Effekt belohnungs-orientierter Kindererziehung zeigt sich in dem, was im allgemeinen mit einem Kind geschieht, das in seiner intellektuellen oder physischen Befähigung so beschränkt ist, daß es ihm schwerfällt, Pluspunkte zu erwerben. Ich spreche von dem Kind, dessen Geschwister und Altersgenossen genetisch besser weggekommen sind, wodurch es bei den meisten seiner Bemühungen zu Hause, auf dem Spielplatz oder in der Schule zum »Verlierer« wird. Viele Familien haben ein oder mehrere solcher Kinder, die vom Schicksal dazu bestimmt sind, durchs Leben zu gehen und den Schmerz häufigen Versagens und die Frustration zu erleben, sehen zu müssen, wie andere die Belohnungen bekommen. Derartige Kinder erlangen wenig Selbstachtung und machen sich eine hoffnungslose, defätistische Einstellung zu eigen. Die Sache ist die: ein familiäres Klima voller Belohnungen kann für Kinder, die sie sich nicht zu verdienen vermögen, schädlicher sein als für die, die es können.

Bündnisse schliessen, sich gegen die Eltern organisieren

Kinder, deren Eltern durch Autorität lenken und kontrollieren, lernen mit zunehmendem Alter noch eine weitere Möglichkeit, es mit dieser Macht aufzunehmen. Es ist das nur zu bekannte Muster des Bündnisschließens mit anderen Kindern, entweder innerhalb der Familie oder außerhalb derselben. Kinder entdecken, daß »Einigkeit stark macht« - sie organisieren sich, wie Arbeiter sich organisieren, um es mit der Macht der Arbeitgeber und des Managements aufzunehmen.

Kinder schließen häufig Bündnisse, um ihren Eltern eine einheitliche Front zu bieten, indem sie:

Untereinander abmachen, die gleiche Geschichte zu erzählen.

Ihren Eltern erzählen, daß alle anderen Kinder etwas Bestimmtes tun dürfen; warum also dürfen sie es nicht?

Andere Kinder dazu bewegen, sich an einer zweifelhaften Sache zu beteiligen, in der Hoffnung, daß ihre Eltern es dann bei der Bestrafung nicht auf sie allein absehen werden.

Die Menge der heutigen Jugendlichen empfindet die wirkliche Macht, die aus Zusammenschluß und einheitlichem Handeln gegen die Macht der Eltern oder Erwachsenen entspringt - wofür die Hippiebewegung, Schulstreiks, die studentische Forderung nach mehr Mitbestimmung, Friedensmärsche usw. Zeugnis ablegen.

Weil Autorität die bevorzugte Methode geblieben ist, um das Verhalten von Kindern zu kontrollieren und zu leiten, erreichen Eltern und andere Erwachsene genau das, was sie am meisten beklagen - Jugendliche schließen sich zusammen, um ihre Macht gegen die Macht der Erwachsenen auszuspielen. Und so polarisiert sich die Gesellschaft in zwei miteinander im Streit liegende Gruppen - junge Menschen organisieren sich gegen Erwachsene und das Establishment oder, wenn man so will, die »Habenichtse« gegen die »Besitzenden«. Anstatt sich mit ihren Familien zu identifizieren, identifizieren sich die Kinder in zunehmendem Maße mit der Gruppe ihrer Altersgenossen, um gegen die vereinte Macht aller Erwachsenen zu kämpfen.

Fügsamkeit, Gehorsam, Unterwerfung

Manche Kinder ziehen es aus Gründen, die gewöhnlich nicht ganz verstanden werden, vor, sich der Autorität ihrer Eltern zu fügen. Sie kämpfen durch Fügsamkeit, Gehorsam und Unterwerfung. Zu dieser Reaktion auf elterliche Autorität kommt es oft, wenn die Eltern in der Anwendung ihrer Macht sehr rücksichtslos gewesen sind. Besonders wenn die Bestrafung sehr hart gewesen ist, lernen Kinder, sich aus großer Angst vor der Strafe zu fügen. Kinder können auf elterliche Macht ebenso reagieren wie junge Hunde, die durch harte Strafen eingeschüchtert und ängstlich werden. So lange Kinder sehr jung sind, hat harte Bestrafung mehr Aussicht, Fügsamkeit zu zeitigen, weil eine Reaktion wie Aufsässigkeit und Widerstand zu riskant erscheinen mag. Es bleibt ihnen fast nichts anderes übrig, als auf elterliche Macht mit Gehorsam und Unterwerfung zu reagieren. Bei Annäherung an das Jugendalter kann sich diese Reaktion unvermittelt ändern, weil sie stärker und mutiger geworden sind, um es mit Widerstand und Rebellion zu versuchen.

Manche Kinder bleiben während des Jugendalters und bis ins Erwachsenenalter hinein fügsam und unterwürfig. Diese Kinder leiden am meisten unter der elterlichen Machtanwendung in der Kindheit, denn sie sind es, die eine tiefsitzende Furcht vor Menschen in Machtpositionen zurückbehalten, wo immer sie ihnen begegnen. Es sind die Erwachsenen, die ihr ganzes Leben hindurch Kinder bleiben, sich passiv der Autorität fügen, ihre eigenen Bedürfnisse leugnen, Angst haben, sie selbst zu sein, Konflikte fürchten, zu unterwürfig sind, um ihre eigenen Ansichten zu vertreten. Das sind die Erwachsenen, die die Sprechzimmer der Psychologen und Psychiater füllen.

Einschmeicheln, um Gunst buhlen

Eine Möglichkeit, es mit einem Menschen aufzunehmen, der die Macht zum Belohnen und Bestrafen hat, ist die, »sich mit ihm gut zu stellen«, ihn durch besondere Bemühungen dahin zu bringen, einen zu mögen. Manche Kinder nehmen diese Haltung gegenüber Eltern und anderen Erwachsenen an. Das Rezept: »Wenn ich dir einen Gefallen tun kann und dich für mich einnehme, dann wirst du mir vielleicht eine Belohnung geben und dich der Bestrafung enthalten.« Kinder lernen früh, daß Belohnungen und Bestrafungen von Erwachsenen nicht gerecht verteilt werden. Man kann Erwachsene für sich einnehmen, sie können »Lieblinge« haben. Manche Kinder lernen, sich das zunutze zu machen, und nehmen Zuflucht zu einem Verhalten, das als »Einschmeichelei«, »jemandem Honig um den Bart schmieren«, »Lehrers Liebling werden« und unter anderen, in feiner Gesellschaft weniger angebrachten Ausdrücken bekannt ist.

Obschon manche Kinder recht geschickt darin werden mögen, Erwachsene für sich einzunehmen, stoßen sich andere Kinder leider sehr heftig daran; der Schmeichler wird oft lächerlich gemacht oder von seinen Altersgenossen abgelehnt, die seine Motive beargwöhnen und ihm seine bevorzugte Position neiden.

Anpassung, Mangel an schöpferischer Kraft, Angst, selbst etwas Neues zu versuchen, vorherige Erfolgsversicherung benötigen

Elterliche Autorität fördert bei Kindern Anpassung statt schöpferische Kraft, ähnlich wie ein autoritäres Arbeitsklima in einem Betrieb die Einführung von Neuerungen im Keim erstickt. Schöpferische Kraft entspringt der Freiheit zum Experimentieren, zum Ausprobieren neuer Dinge und neuer Kombinationen. Die im Klima ausdrücklicher Belohnungen und Bestrafungen heranwachsenden Kinder empfinden diese Freiheit wahrscheinlich weniger als die in einem annehmenderen Klima heranwachsenden Kinder. Macht erzeugt Furcht, und Furcht erstickt die schöpferische Kraft und fördert Anpassung. Das Rezept ist einfach: »Um Belohnungen zu erhalten, werde ich mir nichts zuschulden kommen lassen und mich dem anpassen, was als einwandfreies Verhalten angesehen wird. Ich wage nichts Ungewöhnliches zu tun – das würde mich in Gefahr bringen, bestraft zu werden.«

Rückzug, Flucht, Phantasien, Regression

Wenn es Kindern zu schwer wird, es mit der elterlichen Autorität aufzunehmen, versuchen sie vielleicht zu fliehen oder sich zurückzuziehen. Die Macht der Eltern kann das Kind zum Rückzug veranlassen, wenn die Bestrafung für das Kind zu hart ist, wenn Eltern inkonsequent im Erteilen von Belohnungen sind, wenn Belohnungen zu schwer zu verdienen sind oder wenn es zu schwer ist, das zur Vermeidung von Strafen erforderliche Verhalten zu lernen. Jede dieser Bedingungen kann das Kind dazu veranlassen, den Versuch aufzugeben, die »Spielregeln« zu lernen. Es gibt den Versuch, mit der Wirklichkeit fertig zu werden, einfach auf - es ist zu schmerzhaft oder zu kompliziert geworden, sie zu verstehen. Darum teilt ihm sein Organismus auf irgendeine Weise mit, daß es sicherer ist, zu fliehen.

Die Formen von Rückzug und Flucht können sich von fast vollständigem bis hin zu nur gelegentlichem Rückzug aus der Wirklichkeit erstrecken; dazu gehören:

Tagträumen und phantasieren.
Tatenlosigkeit, Passivität, Apathie.
Rückkehr zu infantilem Verhalten.
Übermäßiges Fernsehen.
Übermäßiges Lesen von Romanen.
Einsames Spiel (häufig mit imaginären Spielgefährten).
Krank werden.
Fortlaufen.
Gebrauch von Drogen.
Übermäßiges und zwanghaftes Essen.
Depressionen.

Einige tiefergehende Fragen im Hinblick auf elterliche Autorität
Selbst nachdem die Eltern in unseren Kursen an ihre eigenen Behauptungsmechanismen erinnert worden sind und selbst nachdem sie sich unserer Liste bedienen, um besondere, von ihren Kindern angewendete Behauptungsmechanismen zu identifizieren, bleiben manche bei der Überzeugung, daß Autorität und Macht in der Kindererziehung gerechtfertigt sind. Demgemäß werden in den meisten unserer Kurse weitere Einstellungen und Empfindungen im Hinblick auf elterliche Autorität zur Diskussion gebracht.

Wollen Kinder nicht Autorität und Beschränkung?
Eine von Eltern und Fachleuten gemeinschaftlich vertretene Überzeugung (und eine, die die Eltern in den Kursen immer wieder zur

Sprache bringen) ist die, daß Kinder in Wirklichkeit den Wunsch nach Autorität haben - sie wollen, daß die Eltern ihr Verhalten einschränken, indem sie ihnen Grenzen setzen. Das Argument lautet: wenn Eltern ihre Autorität anwenden, fühlen Kinder sich sicherer. Ohne Beschränkungen werden sie nicht nur wild und undiszipliniert, sondern auch unsicher sein. Eine Weiterführung dieser Überzeugung ist, daß, wenn Eltern ihre Autorität nicht anwenden, um Grenzen zu setzen, ihre Kinder die Empfindung haben, den Eltern gleichgültig zu sein, und sich ungeliebt fühlen.

Obwohl ich den Verdacht hege, daß diese Überzeugung von vielen geteilt wird, weil sie ihnen eine glatte Rechtfertigung für die Anwendung von Macht liefert, möchte ich sie doch nicht als reines Rationalisieren diskreditieren. Es ist etwas Wahres an dieser Überzeugung, daher muß sie sehr sorgfältig untersucht werden.

Der Gedanke, daß Kinder in ihrer Beziehung zu den Eltern Beschränkungen wünschen, wird weitgehend von Vernunft und Erfahrung bestätigt. Sie müssen wissen, wie weit sie gehen können, bevor ihr Verhalten unannehmbar wird. Nur dann können sie beschließen, auf dieses Verhalten zu verzichten. Das trifft auf alle menschlichen Beziehungen zu.

Ich bin zum Beispiel sehr viel sicherer, wenn ich weiß, welche meiner Verhaltensweisen für meine Frau unannehmbar sind. Eine, die mir einfällt, ist die, an einem Tag, an dem wir Besuch erwarten, Golf zu spielen oder in meinem Büro zu arbeiten. Da ich vorher weiß, daß meine Abwesenheit für meine Frau unannehmbar sein wird, weil sie meine Hilfe braucht, kann ich beschließen, nicht Golf zu spielen oder ins Büro zu gehen, und damit ihrem Unwillen und Ärger und wahrscheinlich einem Konflikt aus dem Weg gehen.

Es ist jedoch eine Sache, wenn ein Kind die Grenzen der elterlichen Annahme wissen will, und eine vollkommen andere Sache, wenn man sagt, es möchte von seinen Eltern, daß sie seinem Verhalten *diese Beschränkungen auferlegen*. Um zu dem Beispiel zurückzukehren, das meine Frau und mich betrifft: es hilft mir, wenn ich weiß, was sie davon hält, wenn ich an Tagen, an denen wir Besuch erwarten, Golf spiele oder ins Büro gehe. Aber ich werde gewiß aufbrausen und unwillig sein, wenn sie versucht, *meinem Verhalten Beschränkungen aufzuerlegen*, indem sie sagt: »Ich kann nicht zulassen, daß du an Tagen, an denen Besuch kommt, Golf spielst oder ins Büro gehst. Das ist zuviel. So etwas darfst du nicht tun.«

Mir würde diese machtvollkommene Einstellung nicht passen. Es ist lächerlich anzunehmen, daß meine Frau auch nur versuchen würde, mein Verhalten auf diese Weise zu kontrollieren und zu bestimmen. Kinder reagieren nicht anders auf *das Auferlegen von Beschränkungen* durch die Eltern. Ebenso heftig ist ihr Aufbrausen und ihr Unwille, wenn ein Elternteil versucht, ihrem Verhalten einseitig Beschränkungen aufzuerlegen. Ich habe nie ein Kind gekannt, das wie hier seinem Verhalten durch den Elternteil eine *Beschränkung auferlegt* sehen möchte:
»Du mußt bis Mitternacht zu Hause sein - das ist die Grenze.«
»Ich kann nicht zulassen, daß du das Auto nimmst.«
»Du darfst im Wohnzimmer nicht mit deinem Auto spielen.«
»Wir müssen von dir verlangen, daß du nicht Hasch rauchst.«
»Wir müssen dir verbieten, mit diesen beiden Jungen auszugehen.«
Der Leser wird alle diese Kommunikationen als unser bekanntes »die Lösung senden« erkennen (außerdem sind es alles »Du-Botschaften«).
Ein sehr viel gesünderes Prinzip als »Kinder wollen, daß Eltern ihre Autorität gebrauchen und Beschränkungen auferlegen« ist das folgende:
Kinder wollen und brauchen von ihren Eltern die Information, die ihnen die Empfindungen der Eltern in bezug auf ihr Verhalten sagt, damit sie selbst ein Verhalten modifizieren können, das für die Eltern vielleicht unannehmbar ist. Kinder wollen jedoch nicht, daß die Eltern den Versuch machen, ihrem Verhalten Beschränkungen aufzuerlegen oder es zu modifizieren, indem sie ihre Autorität gebrauchen oder deren Gebrauch androhen. Kurz gesagt, Kinder wollen ihr *Verhalten selbst* beschränken, wenn ihnen klar wird, daß ihr Verhalten beschränkt oder modifiziert werden muß. Kinder, ebenso wie Erwachsene, ziehen es vor, selbst die Autorität über ihr Verhalten zu sein.
Ein weiterer Punkt: Kinder würden es tatsächlich *vorziehen,* daß ihr *gesamtes* Verhalten für ihre Eltern annehmbar wäre, so daß es nicht nötig sein würde, irgendeine ihrer Verhaltensweisen zu beschränken oder zu modifizieren. Auch mir wäre es lieber, wenn meine Frau *alle* meine Verhaltensweisen bedingungslos annehmbar fände. Ich würde das vorziehen, doch ich weiß, daß das nicht nur unrealistisch, sondern unmöglich ist.
Eltern sollten daher nicht erwarten, noch werden ihre Kinder es

von ihnen erwarten, daß ihnen alle Verhaltensweisen annehmbar sind. Was zu erwarten Kinder jedoch ein Recht haben, ist, daß ihnen immer gesagt wird, wann ihre Eltern ein bestimmtes Verhalten als *unannehmbar empfinden* (»Ich mag nicht, wenn man an mir herumzerrt und zupft, wenn ich mich mit einer Freundin unterhalte«). Das ist etwas ganz anderes als der Wunsch, daß Eltern Autorität anwenden, um ihrem Verhalten Beschränkungen aufzuerlegen.

Ist gegen Autorität nichts einzuwenden, wenn die Eltern konsequent sind?

Manche Eltern rechtfertigen den Gebrauch ihrer Macht durch die Überzeugung, sie sei wirksam und unschädlich, solange die Eltern bei der Anwendung konsequent sind. Es überrascht diese Eltern, in unseren Kursen zu erfahren, daß sie im Hinblick auf die Notwendigkeit der Konsequenz vollkommen recht haben. Unsere Lehrer versichern ihnen, daß Konsequenz wesentlich *ist, wenn sie sich zum Gebrauch von Macht* und Autorität entschließen. Überdies bevorzugen Kinder konsequente *Eltern, wenn diese Eltern sich dazu entschließen, Macht und Autorität zu gebrauchen.*

Die »wenn« sind entscheidend. Nicht, daß der Gebrauch von Macht und Autorität nicht schädlich ist; der Gebrauch von Macht und Autorität wird sogar noch schädlicher sein, wenn die Eltern inkonsequent sind. Nicht, daß Kinder von ihren Eltern wollen, daß sie Autorität gebrauchen; wenn sie aber gebraucht werden soll, würden sie vorziehen, daß sie konsequent gebraucht wird. Wenn Eltern das Gefühl haben, Autorität gebrauchen zu müssen, wird Konsequenz in ihrer Anwendung dem Kind viel eher die Möglichkeit geben, mit Sicherheit zu wissen, welches Verhalten konsequent bestraft und welches andere belohnt werden wird.

Umfangreiches experimentelles Beweismaterial zeigt die schädliche Wirkung von Inkonsequenz, wenn Belohnungen und Bestrafungen angewendet werden, um das Verhalten von Tieren zu modifizieren. Ein Beispiel ist das klassische Experiment des Psychologen Norman Meier. Meier belohnte Ratten, wenn sie von einer Plattform aus durch eine Falltür sprangen, auf die ein bestimmtes Zeichen, beispielsweise ein Quadrat, gemalt war. Die Tür zum Futter öffnete sich, und die Ratte wurde belohnt. Dann bestrafte Meier Ratten, die von der Plattform auf eine Tür sprangen, auf die ein anderes

Zeichen, ein Dreieck, gemalt war. Diese Tür öffnete sich nicht, die Ratten stießen sich die Schnauzen und fielen ziemlich tief in ein Netz. Das »lehrte« die Ratten, zwischen einem Quadrat und einem Dreieck zu unterscheiden. Ein einfaches Konditionierungsexperiment.

Nun beschloß Meier, »inkonsequent« im Gebrauch von Belohnung und Bestrafung zu sein. Er veränderte absichtlich die Bedingungen, indem er willkürlich die Zeichen vertauschte. Manchmal befand sich das Quadrat auf der Tür, die zum Futter führte, manchmal auf der Tür, die sich nicht öffnete und die Ratten herunterfallen ließ. Wie viele Eltern, war der Psychologe beim Austeilen von Belohnung und Bestrafung inkonsequent.

Wie wirkte sich das auf die Ratten aus? Es machte sie »neurotisch«; bei manchen zeigten sich Hauterkrankungen, manche fielen in katatonische Zustände, manche liefen wie rasend und ziellos in ihrem Käfig umher, manche weigerten sich, mit anderen Ratten zusammenzuleben, manche wollten nicht fressen. Meier erzeugte durch Inkonsequenz bei Ratten »experimentelle Neurosen«.

Die Wirkung von Inkonsequenz bei der Anwendung von Belohnungen und Bestrafungen kann bei Kindern ähnlich schädlich sein. Inkonsequenz gibt ihnen keine Gelegenheit, das »richtige« (belohnte) Verhalten zu lernen und »unerwünschtes« Verhalten zu vermeiden. Sie können nicht siegen. Aber es mag sein, daß sie frustriert, verwirrt, zornig und sogar »neurotisch« werden.

Haben Eltern denn nicht die Verpflichtung, auf ihre Kinder einzuwirken?

Die von Eltern in unseren Kursen vielleicht am häufigsten zum Ausdruck gebrachte Einstellung zu Macht und Autorität besteht darin, daß sie auf Grund der »Verpflichtung« der Eltern, ihre Kinder dahingehend zu beeinflussen, sich auf bestimmte, von Eltern oder »Gesellschaft« (was immer das heißt) als wünschenswert erachtete Weise zu verhalten, gerechtfertigt ist. Es handelt sich um das uralte Problem, ob Macht in menschlichen Beziehungen gerechtfertigt ist, solange sie wohltätig und klug - »zum Wohl oder im bestem Interesse des anderen« oder »zum Wohl der Gesellschaft« angewendet wird.

Das Problem ist, *wer soll entscheiden*, was im besten Interesse der Gesellschaft liegt? Das Kind? Die Eltern? Wer weiß es am besten?

Das sind schwierige Fragen, und es hat seine Gefahren, die Entscheidung über die »besten Interessen« dem Elternteil zu überlassen.
Er ist vielleicht nicht klug genug, um diese Entscheidung zu treffen. Alle Menschen können sich irren - und dazu gehören Eltern und andere, die Macht besitzen. Und wer immer Macht gebraucht, kann fälschlich behaupten, es geschähe zum Wohle des anderen. Die Geschichte der Zivilisation berichtet vom Leben vieler, die angaben, ihre Macht zum Wohle desjenigen Menschen zu gebrauchen, über den sie ausgeübt wird. »Ich tue das nur zu deinem eigenen Besten« ist keine sehr überzeugende Rechtfertigung der Macht.
»Macht korrumpiert, und vollkommene Macht korrumpiert vollkommen«, schrieb Lord Acton. Und bei Shelley heißt es: »Wie eine verheerende Pest besudelt Macht alles, was sie berührt.« Edmund Burke stellte fest: »Je größer die Macht, desto gefährlicher ihr Mißbrauch.«
Die Gefahren der Macht, von Staatsmännern und Dichtern gleichermaßen erkannt, sind noch immer gegenwärtig. Heutzutage ist der Gebrauch von Macht in den Beziehungen zwischen Nationen ernsthaft in Frage gestellt. Aus der Notwendigkeit gemeinsamen Überlebens im Atomzeitalter wird vielleicht eines Tages eine Weltregierung mit einem Weltgerichtshof hervorgehen. Der Gebrauch der Macht der Weißen über die Schwarzen wird vom höchsten Gerichtshof der USA nicht mehr für gerechtfertigt gehalten. In Industrie und Geschäftswelt wird eine Betriebsführung durch Autorität von vielen bereits als unmoderne Weltanschauung angesehen. Der Machtunterschied, der Jahre hindurch zwischen Mann und Frau bestanden hat, ist allmählich, aber sicher reduziert worden. Und endlich, die absolute Macht und Autorität der Kirche ist in jüngster Zeit sowohl von außen als auch aus dem Inneren dieser Institution heraus angegriffen worden.
Eines der letzten Bollwerke für die Sanktionierung der Machtanwendung innerhalb menschlicher Beziehungen ist in der Familie - in der Eltern-Kind-Beziehung. Ein ähnliches Widerstandsnest findet sich in der Schule - in der Lehrer-Schüler-Beziehung, in der die Autorität die wichtigste Methode zur Kontrolle und Leitung des Verhaltens der Schüler bleibt.
Warum sind Kinder die letzten, die vor dem potentiellen Unheil von Macht und Autorität geschützt werden? Liegt es daran, daß sie kleiner sind, oder weil es für Erwachsene so viel leichter ist, den

Gebrauch der Macht mit Ideen wie »Vater weiß es besser« oder »Es ist zu deinem eigenen Besten« zu bemänteln?

Meine persönliche Überzeugung ist, wenn mehr Menschen Macht und Autorität vollständiger zu verstehen beginnen und ihren Gebrauch als unethisch akzeptieren, werden mehr Eltern dieses Verständnis auf Erwachsene-Kind-Beziehungen anwenden, werden zu fühlen anfangen, daß sie in diesen Beziehungen ebenso unmoralisch ist, und dann gezwungen sein, nach schöpferischen, neuen, Machtlosen Methoden zu suchen, deren sich alle Erwachsene Kindern und Jugendlichen gegenüber bedienen können.

Ganz abgesehen jedoch von dem moralischen und ethischen Problem des Gebrauches der Macht über andere, wenn Eltern fragen: »Habe ist nicht die Verpflichtung, meine Macht zu gebrauchen, um auf mein Kind einzuwirken?«, offenbaren sie ein verbreitetes Mißverständnis in bezug auf die Wirksamkeit der Macht als ein Mittel, ihre Kinder zu beeinflussen. In Wirklichkeit »beeinflußt« elterliche Macht die Kinder nicht, sich auf vorgeschriebene Weise zu verhalten. Macht »beeinflußt« nicht in dem Sinne, daß sie ein Kind bewegt, überzeugt, erzieht oder motiviert, sich auf bestimmte Weise zu verhalten. Durch Macht wird ein Verhalten vielmehr *erzwungen* oder *verhindert*. In Wahrheit wird ein Kind, gezwungen oder gehindert von jemandem mit überlegener Macht, zu nichts bewogen. Tatsächlich wird es meistens zu seiner früheren Verhaltensweise zurückkehren, sobald die Autorität oder Macht aus dem Weg ist, weil *seine eigenen Bedürfnisse und Wünsche unverändert bleiben*. Nicht selten wird es auch entschlossen sein, dem Elternteil sowohl die Frustrierung dieser Bedürfnisse als auch die ihm zugefügte Demütigung heimzuzahlen. In Wirklichkeit verleiht Macht daher ihren eigenen Opfern Macht, schafft sich selbst ihre Opposition, begünstigt ihre eigene Vernichtung.

Eltern, die Macht gebrauchen, verringern in Wahrheit ihren Einfluß auf ihre Kinder, weil Macht nur zu oft aufsässiges Verhalten auslöst. (Kinder, die es mit Macht aufnehmen, indem sie das Gegenteil von dem tun, was die Eltern wünschen.) Ich habe Eltern sagen hören: »Wir würden mehr Einfluß auf unser Kind haben, wenn wir unsere Autorität dazu gebraucht hätten, um es dazu zu bewegen, das gerade Gegenteil von dem zu tun, was wir wollen. Vielleicht täte es am Ende dann das, was wir wollten.«

Es ist paradox, aber wahr, daß Eltern durch den Gebrauch der

Macht an Einfluß verlieren und durch Aufgabe ihrer Macht oder die Weigerung, sie auszuüben, mehr Einfluß auf ihre Kinder haben werden.

Eltern werden ganz offenbar mehr Einfluß auf ihre Kinder haben, wenn ihre Methoden der Beeinflussung *keine* Rebellion oder rein reaktives Verhalten hervorrufen. Macht-lose Methoden der Beeinflussung machen es viel wahrscheinlicher, daß die Kinder die Ideen ihrer Eltern oder deren Empfindungen ernsthaft in Betracht ziehen und als Resultat ihr eigenes Verhalten in die vom Elternteil gewünschte Richtung modifizieren könnten. Sie werden ihr Verhalten nicht immer modifizieren, auf der anderen Seite aber werden sie es manchmal doch. Das rebellische Kind hingegen wird selten Lust haben, aus Rücksicht auf die Bedürfnisse eines Elternteils sein Verhalten zu modifizieren.

Warum hat sich die Macht in der Kindererziehung behauptet?

Diese von Eltern so häufig gestellte Frage hat mir zu denken gegeben und mich herausgefordert. Es ist schwer begreiflich, wie jemand den Gebrauch der Macht in der Kindererziehung oder jeder anderen menschlichen Beziehung angesichts dessen rechtfertigen kann, was über Macht und ihre Auswirkungen auf andere bekannt ist. Durch die Arbeit mit den Eltern bin ich heute davon überzeugt, daß es alle, mit ganz wenigen Ausnahmen vielleicht, hassen, ihren eigenen Kindern gegenüber Macht anzuwenden. Sie fühlen sich dadurch unbehaglich und oft regelrecht schuldbewußt. Häufig entschuldigen sich die Eltern sogar bei ihren Kindern, nachdem sie Macht gebraucht haben. Oder sie versuchen, ihr Schuldgefühl mit den üblichen Vernunftgründen zu beschwichtigen: »Wir haben es nur getan, weil wir an dein Wohl denken«, »Eines Tages wirst du uns dafür dankbar sein«, »Wenn du selbst Kinder hast, wirst du verstehen, warum wir dir verbieten müssen, so etwas zu tun«.

Viele Eltern haben nicht nur Schuldgefühle, sondern geben zu, daß ihre Methoden wenig Wirksamkeit haben, insbesondere Eltern, deren Kinder alt genug sind, um mit Rebellieren, Lügen, Verheimlichen oder passivem Widerstand begonnen zu haben.

Ich bin zu der Schlußfolgerung gelangt, daß die Eltern Jahre hindurch fortfuhren, Macht zu gebrauchen, weil sie im eigenen Leben wenig, wenn überhaupt, Erfahrung mit Menschen gehabt haben, die sich Macht-loser Methoden der Beeinflussung bedienen. Die meisten Menschen sind von Kindheit an durch Macht kontrolliert worden - Macht, ausgeübt durch Eltern, Lehrer, Schulleiter, Kindergottesdiensthelfer, Onkel, Tanten, Großeltern, Pfadfinderführer, Lagerleiter, Offiziere, Abteilungsleiter und Vorgesetzte. Aus Mangel an Wissen und Erfahrung mit irgendeiner anderen Methode der Konfliktbewältigung in menschlichen Beziehungen fahren Eltern daher fort, Macht zu gebrauchen.

11. Die »Niederlage-lose« Methode der Konfliktbewältigung

Für Eltern, durch Tradition einer der beiden »Sieg-Niederlage«-Machtmethoden verhaftet, ist es eine Offenbarung, daß sie eine Alternative haben. Fast ohne Ausnahme sind die Eltern erleichtert, zu erfahren, daß es eine dritte Methode gibt. Obschon diese Methode leicht verständlich ist, brauchen die Eltern gewöhnlich Praxis und Unterweisung, um in der Anwendung geübt zu werden.
Die Alternative ist die »Niederlage-lose« Methode der Konfliktbewältigung - bei der keiner unterliegt. Wir nennen sie Methode III. Obgleich Methode III fast allen Eltern wie eine neue Idee zur Lösung von Eltern-Kind-Konflikten vorkommt, erkennen sie sie sofort, weil sie gesehen haben, wie sie anderswo angewendet wurde. Eheleute bedienen sich oft der Methode III, um ihre Differenzen in gegenseitigem Einvernehmen zu klären. Geschäftspartner verlassen sich auf sie, um aus ihren häufigen Konflikten heraus eine Einigung zu erreichen. Gewerkschaften und Manager von Wirtschaftsbetrieben gebrauchen sie, um Verträge auszuhandeln, die beide Organisationen bereit sind einzuhalten. Und zahllose Rechtsfälle werden außerhalb des Gerichts durch Vergleiche gelöst, die durch Methode III erreicht werden und denen beide Parteien zustimmen.
Häufig wird Methode III angewendet, um Konflikte zwischen Einzelpersonen zu bewältigen, *die gleiche oder relativ gleiche Macht besitzen*. Besteht ein geringer oder kein Machtunterschied zwischen zwei Menschen, gibt es triftige und auf der Hand liegende Gründe, warum keiner versucht, zur Bewältigung von Konflikten Macht zu gebrauchen. Die Anwendung einer von Macht abhängigen Methode ist, wenn es keinen Machtvorteil gibt, eindeutig dumm; sie fordert nur Spott heraus.
Ich kann mir die Reaktion meiner Frau vorstellen, wenn ich versuchen würde, Methode I anzuwenden, um einen Konflikt zu bewältigen, zu dem es manchmal zwischen uns kommt - die Zahl der Gäste, die wir einladen wollen, wenn wir beschließen, ein Fest zu geben. Ich ziehe im allgemeinen eine größere Anzahl von Leuten

vor, als sie Lust hat einzuladen. Angenommen, ich sagte zu ihr:
»Ich habe beschlossen, daß wir zehn Paare einladen werden - nicht
weniger.« Nachdem sie sich von ihrer anfänglichen Überraschung
und Ungläubigkeit erholt hat, würde sie mir wahrscheinlich etwas
entgegenhalten wie:
»*Du* hast beschlossen!«
»Nun, *ich* habe eben beschlossen, wir werden niemanden einladen!«
»Wie reizend! Ich hoffe, dir macht das Kochen und Geschirrabwaschen Spaß!«
Ich bin klug genug, um zu erkennen, wie schrecklich albern in dieser
Situation mein Versuch mit Methode I sein würde. Und sie verfügt
in unserer Beziehung über genügend Kraft (Macht), um einem so
törichten Versuch von mir, auf Kosten ihrer Niederlage zu siegen,
Widerstand entgegenzusetzen.
Es ist vielleicht ein Prinzip, daß Menschen, deren Macht sich ebenbürtig oder relativ ebenbürtig ist, selten versuchen, Methode I anzuwenden. Wenn sie gelegentlich den Versuch machen, wird der
andere Mensch ohnehin nicht zulassen, daß der Konflikt auf diese
Weise bewältigt wird. Wenn aber der eine Mensch glaubt, er hat
(oder ist sicher, er hat) mehr Macht als der andere, kann er versucht
sein, Methode I anzuwenden. Wenn dann der andere annimmt, der
erste hat mehr Macht, bleibt ihm kaum eine andere Wahl, als sich zu
fügen, es sei denn, er beschließt, sich zu widersetzen oder mit aller
Macht, die er zu besitzen glaubt, zu kämpfen.
Inzwischen ist klar, daß Methode III eine Macht-lose Methode ist -
oder genauer eine »Niederlage-lose« Methode; Konflikte werden
bewältigt, ohne daß einer dabei siegt oder einer unterliegt. Beide
siegen, weil *die Lösung für beide annehmbar sein muß*. Es ist Konfliktbewältigung durch eine gegenseitige Abmachung über die endgültige Lösung. In diesem Kapitel werde ich darlegen, wie es funktioniert.* Zuerst eine kurze Beschreibung der Methode III:
*Elternteil und Kind stehen vor einer Bedürfniskonflikt-Situation.
Der Elternteil bittet das Kind, sich gemeinsam mit ihm an der
Suche nach einer für beide annehmbaren Lösung zu beteiligen.
Einer oder beide können mögliche Lösungen vorschlagen. Sie beurteilen sie kritisch und entscheiden sich schließlich für eine für beide*

---

* Die folgenden zwei Kapitel behandeln die Probleme der Eltern, wenn
sie sich diese Methode zu eigen machen und sie zu Hause in die Praxis
umsetzen.

annehmbare, endgültige Lösung. Nachdem man sich für eine Lösung entschieden hat, braucht keiner sie dem anderen schmackhaft zu machen, denn beide haben sie bereits akzeptiert. Machtanwendung ist nicht notwendig, um eine Einwilligung zu erzwingen, denn keiner von beiden sträubt sich gegen die Entscheidung.

Um unser bekanntes Regenmantel-Problem wieder aufzugreifen: hier ist eine Lösung durch Methode III, wie es der betreffende Elternteil berichtete:

Jane: Tschüß. Ich gehe jetzt zur Schule.

Elternteil: Liebling, es regnet draußen, und du hast deinen Regenmantel nicht an.

Jane: Den brauche ich nicht.

Elternteil: Ich finde, es regnet ziemlich heftig, und ich bin in Sorge, daß du deine Sachen ruinieren und dir einen Schnupfen holen wirst, und das wird dann uns angehen.

Jane: Also, ich will meinen Regenmantel nicht anziehen.

Elternteil: Das klingt ja, als ob du deinen Regenmantel unter keinen Umständen anziehen willst.

Jane: Stimmt. Ich hasse ihn.

Elternteil: Du haßt deinen Regenmantel richtig.

Jane: Ja, er ist kariert.

Elternteil: Irgend etwas gefällt dir an karierten Regenmänteln nicht, hm?

Jane: Ja, in der Schule trägt niemand einen karierten Regenmantel.

Elternteil: Du möchtest nicht die einzige sein, die etwas anderes trägt.

Jane: Bestimmt nicht. Alle tragen einfarbige Regenmäntel - entweder weiße, blaue oder grüne.

Elternteil: Aha. Na, da haben wir ja einen richtigen Konflikt. Du willst deinen Regenmantel nicht anziehen, weil er kariert ist, aber ich will gewiß nicht die Rechnung der Reinigung bezahlen, und mir wird nicht wohl sein, wenn du dich erkältest. Fällt dir eine Lösung ein, die wir beide akzeptieren können? Wie können wir das lösen, damit wir beide zufrieden sind?

Jane (Pause): Vielleicht könnte ich heute Mammis Automantel leihen?

Elternteil: Wie sieht der aus. Ist er einfarbig?

Jane: Ja, er ist weiß.

Elternteil: Glaubst du, sie wird ihn dich heute anziehen lassen?

Jane: Ich will sie fragen. (Kommt nach ein paar Minuten mit dem Automantel wieder; die Ärmel sind zu lang, aber sie schlägt sie um.) Mammi hat nichts dagegen.
Elternteil: Bist du zufrieden mit dem Ding?
Jane: Natürlich, er ist prima.
Elternteil: Na, ich bin überzeugt, daß du darin trocken bleiben wirst. Wenn du also zufrieden mit dieser Lösung bist, bin ich es auch.
Jane: Dann bis später.
Elternteil: Bis später. Ich wünsche dir einen schönen Tag in der Schule.

Was ist hier geschehen? Offenbar lösten Jane und ihr Vater ihren Konflikt zur beiderseitigen Zufriedenheit. Er wurde außerdem sehr schnell gelöst. Der Vater brauchte keine Zeit zu vergeuden und ein beschwörender Verkäufer zu sein, der seine Lösung an den Mann zu bringen versucht, wie es bei Methode I notwendig ist. Macht spielte nicht mit hinein - weder auf der Seite des Vaters noch auf der Seite Janes. Nach Lösung des Problems gingen beide mit herzlichen gegenseitigen Empfindungen auseinander. Der Vater konnte sagen: »Ich wünsche dir einen schönen Tag in der Schule«, und es wirklich so meinen, und Jane vermochte ohne Angst oder Verlegenheit wegen eines karierten Regenmantels in die Schule zu gehen.
Weiter unten folgt eine andere, den meisten Eltern vertraute Art von Konflikt, gelöst von einer Familie, die Methode III anwendet. Es braucht nicht verdeutlicht zu werden, wie er durch Methode I oder II bewältigt werden könnte; die meisten Eltern sind nur zu vertraut mit erfolglosen Sieg-Niederlage-Auseinandersetzungen über die Sauberkeit und Ordnung des Zimmers ihres Kindes. Nach dem Bericht einer Mutter, die einen unserer Kurse absolviert hatte, geschah folgendes:
Mutter: Linda, ich habe es satt, ständig wegen deines Zimmers an dir herumzunörgeln, und ich bin sicher, auch du bist es müde, daß ich deswegen hinter dir her bin. Von Zeit zu Zeit räumst du mal auf, aber meistens steht alles auf dem Kopf, und ich bin wütend. Laß es uns mit einer neuen Methode versuchen, die ich im Kursus gelernt habe. Wir wollen uns bemühen, eine Lösung zu finden, die wir beide akzeptieren werden - eine, mit der wir beide zufrieden sind. Ich mag dich nicht zwingen, dein Zimmer aufzuräumen, und

dich dann deswegen unglücklich sehen, aber ich mag mich auch nicht belastet und unbehaglich fühlen und deswegen ärgerlich mit dir sein. Wie könnten wir dieses Problem ein für allemal lösen? Willst du es versuchen?
Linda: Na schön, ich will es versuchen, aber ich weiß, das Ende wird sein, daß ich aufräumen muß.
Mutter: Nein. Mein Vorschlag ist, daß wir eine Lösung finden, die wir beide akzeptieren können, nicht nur ich.
Linda: Gut, ich habe eine Idee. Dir liegt nichts am Kochen, aber du machst gerne sauber, und mir liegt nichts am Saubermachen, aber ich koche gerne. Außerdem möchte ich in der Küche noch etwas lernen. Wie wäre es, wenn ich zweimal die Woche für dich, Vater und mich das Abendessen koche, während du ein- oder zweimal die Woche mein Zimmer saubermachst?
Mutter: Meinst du, das würde funktionieren - wirklich?
Linda: Ja, mir würde es richtig Spaß machen.
Mutter: In Ordnung, dann wollen wir es versuchen. Heißt das, daß du auch das Geschirr abwäschst?
Linda: Natürlich.
Mutter: Gut. Vielleicht wird dein Zimmer jetzt nach meinen Vorstellungen saubergemacht werden. Schließlich werde ich es selbst tun.

Diese beiden Beispiele der Konfliktbewältigung durch Methode III unterstreichen einen sehr wichtigen Aspekt, der zuerst von den Eltern nicht immer verstanden wird. Verschiedene Familien werden, wenn sie Methode III anwenden, im allgemeinen zu verschiedenen Lösungen des gleichen Problems gelangen. Es ist eine Möglichkeit, zu *irgendeiner* Lösung zu kommen, und keine Methode, um eine einzige, für alle Familien »beste« Standardlösung zu finden. Beim Versuch, das Regenmantelproblem zu klären, hätte eine andere Familie, die die Methode III anwendete, auf die Idee kommen können, daß Jane einen Regenschirm nimmt. In einer weiteren Familie wiederum hätten sie sich darauf einigen können, daß der Vater Jane an diesem Tag in die Schule fahren würde. In einer vierten Familie hätte man übereinkommen können, daß Jane an diesem Tag den karierten Regenmantel trägt und später ein neuer gekauft werden würde.
In der Elternerziehung ist ein Großteil der Literatur »lösungs-

orientiert« gewesen; Eltern wird geraten, ein besonderes Problem der Kindererziehung durch irgendeine Standardlösung nach dem »Rezeptbuch« zu klären, die die Fachleute für die beste halten. Den Eltern sind »beste Lösungen« für das Problem des Schlafengehens, für ein Kind, das bei Tisch trödelt, für das Fernsehproblem, das Problem des unordentlichen Zimmers, das Problem der häuslichen Pflichten usw. ad infinitum angeboten worden.

Meine These lautet, daß Eltern nur eine *einzige Methode zur Bewältigung von Konflikten*, eine für Kinder jeglichen Alters brauchbare Methode lernen müssen. Bei dieser Einstellung gibt es keine »beste« Lösung, die für alle oder auch nur die meisten Familien anwendbar ist. Eine Lösung, die für eine Familie die beste ist - das heißt, eine für diesen besonderen Elternteil und dieses besondere Kind annehmbare - ist für eine andere Familie vielleicht nicht die »beste«.

Hier zeigen wir, wie eine Familie den Konflikt über den Gebrauch des neuen Mopeds des Sohnes löste. Der Vater berichtete:
»Rob, dreizehneinhalb Jahre alt, durfte sich ein Moped kaufen. Ein Nachbar beschwerte sich, weil Rob mit dem Moped auf der Straße fährt, was gegen die Verordnung ist. Ein anderer Nachbar beschwerte sich, daß Rob auf sein Grundstück gefahren ist, die Räder durchdrehen ließ und den Rasen aufgewühlt hat. Auch die Blumenbeete seiner Mutter hat er verwüstet. Wir machten uns an das Problemlösen und fanden mehrere mögliche Lösungen:
1. Kein Mopedfahren außer auf Campingausflügen.
2. Kein Mopedfahren außer auf unserem Grundstück.
3. Kein Hindernisfahren über Mutters Blumenbeete.
4. Mammi transportiert Rob und sein Moped jede Woche für ein paar Stunden mit dem Auto in den Park.
5. Rob darf durch die Felder fahren, wenn er das Moped bis dorthin schiebt.
6. Rob darf sich eine Hindernisbahn auf dem Nachbargrundstück bauen.
7. Auf dem Rasen anderer Leute darf nicht gefahren werden.
8. Keine Radstützen auf Mutters Rasen aufstellen.
9. Das Moped wird verkauft.

Wir strichen die Lösungen 1, 2, 4 und 9. Aber wir einigten uns auf alle anderen. Zwei Wochen danach: Alle sind zufrieden.

Methode III ist also eine Methode, mit deren Hilfe jeder individuelle Elternteil und jedes individuelle Kind jeden ihrer individuellen Konflikte lösen können, indem sie ihre eigenen, individuellen, für beide annehmbaren Lösungen finden.

Das scheint in der Elternerziehung nicht nur eine realistischere Einstellung zu sein, sondern ist eine ungemeine Vereinfachung der Aufgabe, Eltern zu schulen, bei der Kindererziehung erfolgreicher zu sein. Wenn wir eine einzige Methode entdeckt haben, mit deren Hilfe die meisten Eltern lernen können, Konflikte zu bewältigen, dann dürfen wir es uns leisten, sehr viel hoffnungsvoller in bezug auf die zunehmende Effektivität künftiger Eltern zu sein. Vielleicht ist das Erlernen elterlicher Effektivität keine ganz so komplexe Aufgabe, wie Eltern und Fachleute zu glauben veranlaßt worden sind.

Warum Methode III so effektiv ist: Das Kind ist motiviert, die Lösung auszuführen

Die Konfliktbewältigung nach Methode III zeitigt ein höheres Maß an Motivation seitens des Kindes, den Beschluß auszuführen, denn sie macht sich das Prinzip der Mitbestimmung zunutze:

Ein Mensch ist eher motiviert, eine Entscheidung in die Tat umzusetzen, an deren Entstehung er beteiligt war, als eine Entscheidung, die ihm von anderen aufgezwungen worden ist. Die Gültigkeit dieses Prinzips ist immer und immer wieder durch Experimente in der Industrie bewiesen worden. Wenn Arbeitnehmer daran beteiligt gewesen sind, eine Entscheidung zu treffen, führen sie sie mit höherer Motivation aus als eine Entscheidung, die einseitig durch ihre Vorgesetzten getroffen worden ist. Und leitende Angestellte, die ihren Untergebenen ein höheres Maß an Mitbestimmung in Dingen einräumen, die sie angehen, erhalten sich hohe Produktivität, hohe Arbeitsbefriedigung, hohe Arbeitsmoral und geringen Wechsel am Arbeitsplatz.

Obschon Methode III keine Garantie dafür bietet, daß Kinder die vereinbarte Lösung von Konflikten immer eifrig in die Tat umsetzen, erhöht sich durch sie die Wahrscheinlichkeit, daß sie es tun werden. Kinder bekommen das Gefühl, daß eine Entscheidung nach Methode III auch ihre Entscheidung gewesen ist. Sie haben sich auf eine Lösung festgelegt und fühlen Verantwortung dafür, sie in die Tat umzusetzen. Sie reagieren auch günstig auf die Tatsache, daß ihre Eltern es abgelehnt haben, auf Kosten ihrer Niederlage zu siegen.

Durch Methode III erzielte Lösungen sind häufig die eigene Idee des Kindes. Das erhöht natürlich seinen Wunsch, zu sehen, daß sie funktionieren wird.

Ein Kursusteilnehmer stellte dieses Beispiel einer Konfliktbewältigung nach Methode III zur Verfügung:

Gisela, vier Jahre alt, wollte, daß ihr Vater jeden Abend, wenn er von der Arbeit nach Hause kam, sofort mit ihr spielte. Der Vater jedoch war nach der Arbeit meistens müde von der Fahrt auf den überfüllten Straßen und brauchte Erholung. Gewöhnlich wollte er gleich nach der Heimkehr die Zeitung lesen und etwas trinken. Gisela kletterte ihm dann häufig auf den Schoß, brachte die Zeitung durcheinander und unterbrach ihn ständig mit Bitten und Betteln. Der Vater versuchte es mit Methode I und mit Methode II. Er war unzufrieden darüber, wenn er Methode I anwendete und sich weigerte, zu spielen, und er war verstimmt, wenn er Methode II gebrauchte und nachgab. Er legte Gisela den Konflikt dar und schlug vor, daß sie eine für beide angenehme Lösung zu finden versuchten. Innerhalb weniger Minuten einigten sie sich auf eine Lösung: Vater versprach, mit Gisela zu spielen, vorausgesetzt, sie wartete, bis er die Zeitung gelesen und einen Drink gehabt hatte. Beide hielten sie sich an ihre Abmachung, und Gisela sagte später zu ihrer Mutter: »Daß du Vati nur ja nicht während seiner Ruhepause störst.« Als einige Tage darauf eine ihrer Spielgefährtinnen Vater bat, sich mit ihnen zu unterhalten oder mit ihnen zu spielen, sagte ihr Gisela mit Nachdruck, daß Vater während seiner Ruhepause nicht gestört werden dürfe.

Diese Episode zeigt, wie stark die Motivation eines Kindes sein kann, eine Entscheidung durchzusetzen und auszuführen, wenn das Kind an ihrer Entstehung beteiligt war. Bei Entscheidungen nach Methode III hat es den Anschein, als ob Kinder das Gefühl haben, eine Verpflichtung einzugehen – sie haben einen Teil ihrer selbst im Vorgang des Problemlösens investiert. Auch der Elternteil offenbart eine Haltung, derzufolge er dem Kind zutraut, in der Sache seinen Mann zu stehen. Wenn Kinder merken, daß man ihnen vertraut, verhalten sie sich viel wahrscheinlicher auf zuverlässige Weise.

Mehr Chance, eine Lösung von hoher Qualität zu finden
Außer daß sie zu Lösungen führt, die eine größere Wahrscheinlichkeit besitzen, angenommen und ausgeführt zu werden, hat Methode III mehr Aussicht als Methode I oder II, Lösungen besserer Qualität zu erbringen - schöpferischere, wirkungsvollere Lösungen, um den Konflikt beizulegen; Lösungen, die die Bedürfnisse sowohl des Elternteils als auch des Kindes befriedigen und auf die keiner von beiden alleine gekommen sein würde. Die Art, in der der Konflikt des »aufgeräumten Zimmers« von der Familie bewältigt wurde, deren Tochter einen Teil des Kochens übernahm, veranschaulicht gut, wie außerordentlich schöpferisch eine Lösung sein kann. Mutter und Tochter gaben beide zu, daß die endgültige Lösung für sie eine Überraschung war.

Zu einer weiteren Lösung von hohem qualitativen Wert kam es in einer anderen Familie, die Methode III zur Beilegung eines Konflikts zwischen den Eltern und ihren zwei kleinen Töchtern über die Lautstärke des Fernsehens anwendete, das die Mädchen gerne um die Abendbrotzeit anstellten. Eine der Töchter meinte, daß ihnen das Programm ebensoviel Spaß machte, wenn sie den Ton abstellten - und nur das Bild sehen würden. Alle einigten sich auf diese Lösung - neuartig, in der Tat, wenngleich vielleicht für Kinder einer anderen Familie unannehmbar.

Methode III entwickelt das Denkvermögen der Kinder
Methode III stellt für Kinder einen Anreiz - tatsächlich ein Erfordernis - zum Nachdenken dar. Der Elternteil signalisiert dem Kind: »Wir haben einen Konflikt - laß uns die Köpfe zusammenstecken und nachdenken - laß uns eine gute Lösung ausknobeln.« Methode III ist eine intellektuelle Übung in Argumentation, sowohl für den Elternteil als auch für das Kind. Es ist fast wie ein anspruchsvolles Puzzle und verlangt dieselbe Art des »Durchdenkens« und »Ausknobelns«. Es würde mich nicht überraschen, wenn zukünftige Untersuchungen zeigen, daß Kinder in Familien, die Methode III anwenden, gegenüber Kindern in Familien, die Methode I oder Methode II anwenden, überlegene geistige Fähigkeiten entwickeln.

Weniger Feindseligkeit – mehr Zuneigung
Eltern, die sich konsequent der Methode III bedienen, berichten im allgemeinen von einer drastischen Abnahme der Feindseligkeit bei

ihren Kindern. Das ist nicht überraschend: Wenn zwei beliebige Menschen sich auf eine Lösung einigen, sind Unmut und Feindseligkeit selten. Tatsache ist, wenn Eltern und Kind einen Konflikt »durcharbeiten« und zu einer beiderseitig befriedigenden Lösung kommen, erleben sie oft ein Gefühl gegenseitiger tiefer Zuneigung und Zärtlichkeit. Ein Konflikt, falls er durch eine für beide annehmbare Lösung bewältigt wird, bringt Eltern und Kind einander näher. Sie haben nicht nur ein gutes Gefühl, daß der Konflikt ausgeräumt worden ist, sondern jeder fühlt sich wohl, daß er nicht unterlegen ist. Und endlich, jeder anerkennt von Herzen die Bereitschaft des anderen, seine Bedürfnisse zu berücksichtigen und seine Rechte zu respektieren. Auf diese Weise stärkt und vertieft Methode III die Beziehungen.

Viele Eltern haben berichtet, daß unmittelbar nach Bewältigung eines Konflikts alle eine besondere Art von Freude empfinden. Oft lachen sie, geben herzlichen Gefühlen gegenüber den anderen Familienmitgliedern Ausdruck und umarmen und küssen einander nicht selten. Diese Freude und Zuneigung sind im folgenden Auszug der Tonbandaufnahme einer Sitzung mit einer Mutter, zwei Töchtern und einem Sohn im Teenageralter offenbar: Die Familie hatte gerade eine Woche damit zugebracht, mehrere Konflikte mit Hilfe von Methode III zu bewältigen:

Anne: Wir vertragen uns jetzt viel besser; wir mögen uns alle.
Berater: Du spürst wirklich einen Unterschied in eurer ganzen Einstellung, in der Art, wie ihr füreinander empfindet.
Käthe: Ja, ich mag sie wirklich. Ich respektiere Mammi, und ich mag Theo jetzt; darum ist mir in der ganzen Sache wohler zumute.
Berater: Du bist wirklich ein bißchen froh darüber, zu dieser Familie zu gehören.
Theo: Ja, ich finde, wir sind prima.

Ein Elternteil schrieb mir ein Jahr, nachdem er unsere Kurse absolviert hatte, folgendes:

»Die Veränderungen in unseren familiären Beziehungen sind subtiler Art, aber eindeutig gewesen. Besonders die älteren Kinder würdigen diese Veränderungen. Früher war unser Haus von ›emotionalem Smog‹ erfüllt – kritische, unwillige, feindselige Gefühle, die unterdrückt wurden, bis jemand eine Explosion auslöste. Seit dem Kursus bei Ihnen und seitdem wir alle unsere Kinder an unseren neuen Kenntnissen teilnehmen lassen, ist der ›emotionale Smog‹

verschwunden. Die Luft ist rein und bleibt rein. Mit Ausnahme der zur Erledigung des täglichen Programms notwendigen, gibt es in unserer Familie keine Spannung mehr. Wir setzen uns mit den Problemen auseinander wie sie kommen und stellen uns alle sowohl auf die Gefühle anderer als auch auf unsere eigenen ein. Mein achtzehnjähriger Sohn sagt, er kann die Spannung in den Familien seiner Freunde spüren, und gibt seiner Dankbarkeit für die fehlende Spannung in unserer Familie Ausdruck. Für uns hat das Elterliche Erfolgstraining den ›Generationsunterschied‹ beseitigt. Und seit wir uns einander rückhaltlos mitteilen können, sind meine Kinder den Lehren meiner eigenen Wertvorstellungen und meiner Lebensanschauung gegenüber aufgeschlossen. Ihre Ansichten aber sind eine Bereicherung für mich.«

Sie erfordert weniger Verstärkung (Durchsetzen)

Methode III verlangt sehr wenig Verstärkung, denn wenn Kinder erst einmal einer annehmbaren Lösung zustimmen, führen sie sie gewöhnlich aus, teils aus Dankbarkeit dafür, nicht zur Annahme einer Lösung gezwungen zu werden, bei der sie unterliegen.

Bei Methode I ist Verstärkung gewöhnlich erforderlich, weil die Lösung der Eltern für das Kind nicht annehmbar ist. Je weniger annehmbar eine Lösung für diejenigen ist, die sie ausführen müssen, desto größer ist die Notwendigkeit der Verstärkung – nörgeln, gut zureden, erinnern, anhalten, kontrollieren, usw. In einem Kursus fiel einem Vater die geringere Notwendigkeit zur Verstärkung auf:

»Der Samstagmorgen ist in unserer Familie immer ein Mordstheater gewesen. Jeden Samstag mußte ich mit den Kindern darum ringen, daß sie ihre Pflichten im Haus erledigten. Es war stets dasselbe – ein großer Kampf, Ärger und Bitterkeit. Nachdem wir Methode III anwendeten, um das Problem der Pflichten zu klären, schienen die Kinder ihre Arbeiten einfach ganz von selbst zu tun. Sie brauchten nicht erinnert oder angehalten zu werden.«

Methode III enthebt der Notwendigkeit, Macht anzuwenden

Die Niederlage-lose Methode III macht es weder für den Elternteil noch für das Kind nötig, Macht anzuwenden. Während Methode I und II Machtkämpfe herbeiführen, verlangt Methode III eine vollkommen andere Einstellung. Eltern und Kinder kämpfen nicht gegeneinander, statt dessen *arbeiten sie miteinander* an einer ge-

meinsamen Aufgabe: deshalb besteht für die Kinder keine Notwendigkeit, eine der überall anzutreffenden Methoden zu entwickeln, um es mit der elterlichen Macht aufzunehmen.
Bei Methode III ist die elterliche Haltung eine Haltung des Respekts vor den Bedürfnissen des Kindes. Der Elternteil hat aber auch Respekt vor den eigenen Bedürfnissen. Die Methode gibt dem Kind zu verstehen: »Ich achte deine Bedürfnisse und dein Recht darauf, sie befriedigt zu sehen, aber ich achte auch meine eigenen Bedürfnisse und mein Recht darauf, sie befriedigt zu sehen. Laß uns versuchen, eine Lösung zu finden, die für uns beide annehmbar sein wird. Auf diese Weise werden deine Bedürfnisse befriedigt, meine aber auch. Keiner wird unterliegen - beide werden siegen.«
Ein sechzehnjähriges Mädchen kam eines Abends nach Hause und sagte zu seinen Eltern:
»Wißt ihr, ich komme mir vor meinen Freundinnen richtig komisch vor, wenn sie alle darüber reden und meckern, wie unfair ihre Eltern sind. Die ganze Zeit reden sie davon, wütend auf sie zu sein und sie zu hassen. Ich stehe nur schweigend daneben, denn ich empfinde nichts dergleichen. Eigentlich gehöre ich gar nicht dazu. Irgend jemand hat mich gefragt, warum ich meinen Eltern gegenüber keine Feindschaft empfinde - worin der Unterschied in unserer Familie liegt. Zuerst wußte ich gar nicht, was ich sagen sollte, aber nachdem ich darüber nachgedacht hatte, sagte ich, in unserer Familie wüßte man immer, daß man von den Eltern nicht gezwungen wird, etwas zu tun. Man hat keine Angst, daß sie einen zu etwas zwingen oder einen bestrafen. Man hat immer das Gefühl, eine Chance zu haben.«
Eltern, die sich mit unseren Vorschlägen ernsthaft beschäftigen, begreifen schnell, was es bedeutet, ein Zuhause zu haben, in dem die Macht hinausgeworfen werden kann. Sie sehen die erregenden Folgerungen - eine Chance, Kinder zu erziehen, die es weniger nötig haben, schädliche, defensive Behauptungsmechanismen zu lernen.
Für ihre Kinder wird sehr viel weniger Notwendigkeit bestehen, widersetzliche und rebellische Verhaltensmuster zu entwickeln (es wird nichts zum Widersetzen und Rebellieren für sie geben); sehr viel weniger Notwendigkeit zu Fügsamkeit und passiver Ergebung (es ist keine Autorität vorhanden, um sich zu fügen und zu ergeben); sehr viel weniger Notwendigkeit, sich zurückzuziehen oder zu fliehen (es wird nichts da sein, um sich davor zurückzuziehen

oder um davor zu fliehen); sehr viel weniger Notwendigkeit, zurückzuschlagen oder die Eltern kleinzukriegen (die Eltern werden nicht durch Einsatz ihrer überlegenen psychologischen Größe zu siegen versuchen).

Methode III dringt zum eigentlichen Problem vor
Wenn Eltern Methode I anwenden, verpassen sie oft die Chance, zu entdecken, was ihr Kind wirklich beunruhigt. Eltern, die schnell mit *ihren Lösungen* bei der Hand sind und dann ihre Macht anwenden, um diese schnellen Lösungen durchzusetzen, hindern das Kind an der Mitteilung von Empfindungen, die sehr viel tiefer liegen und als Hinweis auf sein augenblickliches Verhalten sehr viel bedeutungsvoller sind. So hält Methode I die Eltern davon ab, an das grundlegendere Problem heranzukommen, und wird sie auf lange Sicht nicht etwas weitaus Bedeutungsvolleres zu Wachstum und Entwicklung ihres Kindes beitragen lassen.
Methode III andererseits setzt gewöhnlich eine Kettenreaktion in Gang. Dem Kind wird erlaubt, an das eigentliche, zugrundeliegende Problem zu kommen, das es veranlaßt, sich auf bestimmte Weise zu verhalten. Ist das *eigentliche* Problem einmal aufgedeckt, liegt die angemessene Lösung des Konflikts oft fast auf der Hand. Methode III ist im Grunde genommen ein *Problemlösungsprozeß*: sie versetzt Eltern und Kind meistens in die Lage, zuerst einmal zu definieren, worin das eigentliche Problem besteht: dadurch erhöht sich die Chance, daß sie zu einer Lösung kommen, die das eigentliche Problem klärt und nicht das anfängliche »Präsentations«-Problem, das so oft ein superfizielles oder symptomatisches ist. Das wird gut durch das »Regenmantelproblem« veranschaulicht, als dessen Ursache sich die Angst des Kindes herausstellte, durch einen *karierten* Regenmantel in Verlegenheit zu kommen.
Und hier folgen einige weitere Beispiele:
Fred, fünf Jahre alt, wollte etliche Monate, nachdem er in die Vorschule gekommen war, nicht mehr dorthin gehen. Zuerst schob ihn seine Mutter morgens ein paarmal gegen seinen Willen aus dem Haus. Dann machte sie sich ans Problemlösen. Sie berichtete, daß es nur zehn Minuten dauerte, der wirklichen Ursache auf den Grund zu kommen. Fred hatte Angst, seine Mutter könnte ihn nicht abholen, und die Zeit zwischen dem Einpacken in der Vorschule und der Ankunft seiner Mutter erschien ihm endlos. Außerdem fragte

er sich, ob seine Mutter ihn loszuwerden versuchte, indem sie ihn in die Vorschule schickte.

Die Mutter erklärte Fred ihre Empfindungen: sie versuchte nicht, ihn loszuwerden, und hatte ihn gerne zu Hause. Darüber hinaus aber lag ihr auch daran, daß er in die Vorschule ging. Im Problemlösungsprozeß der Methode III ergaben sich mehrere Lösungen, und sie entschieden sich für eine: seine Mutter würde da sein, um ihn abzuholen, bevor es Zeit zum Einpacken war. Seine Mutter gab an, daß Fred sich von da an vergnügt auf den Weg in die Vorschule machte und die Abmachung häufig erwähnte, womit er anzeigte, wie wichtig sie für ihn war.

Ein identischer Konflikt in einer anderen Familie wurde auf unterschiedliche Art gelöst, weil der Prozeß nach Methode III ein anderes grundlegendes Problem an den Tag brachte. In dieser Familie hatte sich Renate, fünf Jahre alt, auch dagegen gesträubt, aufzustehen und für den Kindergarten angezogen zu werden, was für die Familie jeden Morgen ein Problem darstellte.

Hier folgt eine ziemlich lange, aber sehr schöne und rührende Aufzeichnung einer auf Band aufgenommenen Sitzung, in der Renate und ihre Mutter sich zu einer schöpferischen Lösung durcharbeiten. Diese Sitzung veranschaulicht nicht nur, wie der Prozeß einem Elternteil hilft, ein unter der Oberfläche liegendes Problem zu entdecken, sondern auch, wie wesentlich bei der Konfliktbewältigung nach Methode III das aktive Zuhören ist und wie diese Methode eine vorbehaltlose Annahme der Lösung herbeiführt. Endlich veranschaulicht sie deutlich, wie bei Methode III Kinder sowohl als auch Eltern sehr daran interessiert sind, daß eine beiderseitig annehmbare Lösung, ist sie erst einmal erreicht, ausgeführt wird.

Die Mutter hatte gerade die Lösung eines alle vier Kinder angehendes Problems abgeschlossen. Jetzt richtet sie ihre Worte an Renate und läßt sie an einem Problem teilnehmen, das sie nur mit ihr hat:

Mutter: Renate, ich habe ein Problem, über das ich sprechen möchte, und zwar handelt es sich darum, daß du morgens beim Anziehen so trödelst, daß wir anderen uns verspäten und Klaus manchmal nicht rechtzeitig den Bus erreicht. Ich muß nach oben gehen und dir beim Anziehen helfen, und dann habe ich keine Zeit, das Frühstück für alle anderen fertig zu machen, und ich muß ganz schnell, schnell, schnell machen und Klaus anschreien, sich zu beeilen und zum Bus zu laufen. Das ist ein ganz großes Problem.

Renate (nachdrücklich): Aber ich *mag* mich morgens nicht anziehen!
Mutter: Du magst dich nicht zur Vorschule anziehen.
Renate: Ich habe keine Lust, zur Schule zu gehen - ich möchte zu Hause bleiben und Bilderbücher ansehen, wenn man ganz wach und ganz angezogen ist.
Mutter: Du würdest lieber zu Hause bleiben als zur Schule zu gehen?
Rante: Ja.
Mutter: Du würdest lieber zu Hause bleiben und mit Mammi spielen?
Rante: Ja... ich spiele gerne Spiele und sehe Bilderbücher an.
Mutter: Du hast nicht viel Gelegenheit dazu...
Renate: Nein... ich komme nie dazu, Spiele zu spielen, wie wir sie an Geburtstagen spielen - aber wir machen das nicht in der Schule - in der Schule spielen wir andere Spiele.
Mutter: Du magst die Spiele, die ihr in der Schule habt.
Renate: Nicht besonders, weil wir sie immer spielen.
Mutter: Früher mochtest du sie, aber du magst sie nicht immer wieder.
Renate: Ja, darum möchte ich ein bißchen zu Hause spielen.
Mutter: Weil es anders ist als die Spiele, die ihr in der Schule spielt und du nicht ständig jeden Tag dasselbe tun magst.
Renate: Ja, ich mag nicht ständig jeden Tag dasselbe tun.
Mutter: Es macht Spaß, ein bißchen was anderes zu tun zu haben.
Renate: Ja, - wie zu Hause basteln.
Mutter: Ihr bastelt in der Schule?
Renate: Nein, wir malen nur mit Buntstiften und Farben und machen Papparbeiten.
Mutter: Es klingt, als gefiele dir an der Schule vor allem nicht, daß du ständig immer wieder dasselbe tust - ist das richtig?
Renate: Nicht jeden Tag - wir spielen nicht dieselben Spiele.
Mutter: Ihr spielt nicht jeden Tag dieselben Spiele?
Renate (frustriert): Ich spiele jeden Tag dieselben Spiele, aber manchmal lernen wir neue Spiele - aber *ich mag es einfach nicht*. Ich möchte *zu Hause* bleiben.
Mutter: Du magst keine neuen Spiele lernen -
Renate (sehr gereizt): Doch, ich mag...
Mutter: Aber du würdest lieber zu Hause bleiben.

Renate (erleichtert): Ja, ich möchte wirklich zu Hause bleiben und Spiele spielen und Bücher ansehen und zu Hause bleiben und schlafen - wenn *du* zu Hause bist.
Mutter: Nur wenn ich zu Hause bin.
Renate: Wenn du den ganzen Tag zu Hause bist, will ich zu Hause bleiben. Wenn du fort bist, gehe ich zur Schule.
Mutter: Das klingt, als ob du meinst, Mammi ist nicht genug zu Hause.
Renate: Das bist du nicht. Du mußt morgens oder abends immer zur Schule gehen und deine Klasse unterrichten.
Mutter: Und dir wäre es lieber, ich würde nicht so oft fortgehen.
Renate: Ja.
Mutter: Du bist wirklich nicht oft mit mir zusammen.
Renate: Aber jeden Abend bin ich mit einem Babysitter zusammen, die Susanne heißt - wenn du weg bist.
Mutter: Und du hättest lieber mich.
Renate (positiv): Ja.
Mutter: Na, laß mich mal überlegen. Ich habe meine Klassen, die ich unterrichten muß. Ich frage mich, ob wir dieses Problem irgendwie lösen können. Hast du eine Idee?
Renate (zögernd): Nein.
Mutter: Ich habe gerade überlegt, ob wir vielleicht etwas Zeit haben, um am Nachmittag, wenn Nicky sein Schläfchen hält, länger zuammen zu sein.
Renate (fröhlich): Das möchte ich gerne.
Mutter: Das würde dir gefallen.
Renate: Ja.
Mutter: Du möchtest Zeit haben, nur mit Mammi zusammen zu sein.
Renate: Ja, ohne Andy, ohne Klaus, ohne Nicky - nur du und ich spielen Spiele und lesen Geschichten vor. Aber ich möchte nicht, daß du Geschichten vorliest, weil du dann müde wirst - wenn du vorliest - das wirst du dann immer ...
Mutter: Ja, das stimmt. Dann würdest du vielleicht gern statt deines Nachmittagsschläfchens - das ist auch noch ein Problem. Du hast in letzter Zeit dein Nachmittagsschläfchen nicht gehalten, und ich glaube, du brauchst es vielleicht gar nicht.
Renate: Ich mag nachmittags nicht schlafen - überhaupt, davon sprechen wir gar nicht.

Mutter: Du hast recht, wir sprechen nicht über Nachmittagsschläfchen, aber ich dachte, anstatt ein Schläfchen zu halten, könnten wir uns vielleicht die Zeit, in der du gewöhnlich schläfst, nehmen - wir könnten diese Zeit für uns haben.
Renate: Für uns ...
Mutter: Hmhm. Dann hättest du vielleicht nicht so sehr das Gefühl, daß du morgens zu Hause bleiben möchtest. Meinst du, das würde das Problem lösen?
Renate: Ich habe dich gar nicht verstanden.
Mutter: Ich sagte, wir haben vielleicht nachmittags ein paar Stunden, in denen wir zusammen sein und nur das tun könnten, was du magst, und Mammi würde dabei nicht einmal arbeiten - nur das tun, was du möchtest - vielleicht magst du dann morgens in die Schule gehen, wenn du wüßtest, daß wir am Nachmittag Zeit haben werden.
Renate: Ja, das will ich. Ich will morgens in die Schule gehen und wenn es Zeit zum Schlafen ist - wir haben nämlich Ruhepause in der Schule - und du wirst nicht einmal arbeiten. Du bleibst zu Hause und tust, was ich möchte.
Mutter: Nur was du willst, daß Mammi es tut, und keine Hausarbeit.
Renate (nachdrücklich): Nein - keine Hausarbeit.
Mutter: Na schön, wollen wir es dann versuchen? Wir fangen sofort an - morgen zum Beispiel?
Renate: Fein, aber wir müssen ein Zeichen haben, denn *du denkst* nicht daran.
Mutter: Wenn ich dann nicht daran denke, müssen wir unser Problem noch einmal von vorne lösen.
Renate: Ja. Aber Mammi, du mußt das Zeichen malen und es über deine Zimmertür hängen, damit du daran denken wirst, und ich hänge es in die Küche, damit du daran denkst, und wenn ich aus der Schule nach Hause komme, erinnerst du dich, denn du siehst das Zeichen, und wenn du aufstehst, erinnerst du dich, denn du siehst das Zeichen.
Mutter: Und ich werde es nicht versehentlich vergessen und selbst ein Schläfchen halten oder Hausarbeit tun.
Renate: Ja.
Mutter: Fein, das ist eine gute Idee. Ich werde also das Zeichen malen.

Renate: Male es heute abend, wenn ich schlafe.
Mutter: Gut.
Renate: Und dann kannst du zu deiner Versammlung gehen.
Mutter: Na schön, ich glaube, wir haben dieses Problem gelöst, nicht wahr?
Renate (vergnügt): Ja.

Die Mutter, die sich so erfolgreich der Methode III bediente, um dieses sehr verbreitete und schwierige Problem zu lösen, berichtete später, daß Renate morgens mit ihrem widerstrebenden und jammernden Verhalten aufhörte. Mehrere Wochen danach erklärte Renate, sie würde lieber rausgehen und spielen, anstatt so viel Zeit bei ihrer Mutter zu verbringen. Hier lautet die Lehre: nachdem die tatsächlichen Bedürfnisse erst einmal vermittels Problemlösen entdeckt und eine diesen Bedürfnissen *angemessene* Lösung gefunden worden war, verschwand das Problem, sobald die vorübergehenden Bedürfnisse des Kindes ihre Befriedigung gefunden hatten.

Kinder wie Erwachsene behandeln

Die Niederlage-lose Einstellung nach Methode III gibt den Kindern zu verstehen, daß *ihre* Bedürfnisse den Eltern auch wichtig sind und daß man den Kindern zutrauen kann, als Gegenleistung Rücksicht auf die elterlichen Bedürfnisse zu nehmen. Das heißt, Kinder ebenso zu behandeln, wie wir Freunde oder den Ehepartner behandeln. Diese Methode ist so wohltuend für Kinder, weil sie so gerne das Gefühl haben, daß man ihnen vertraut und sie als Gleichgestellte behandelt. (Methode I behandelt Kinder, als ob sie verantwortungslos sind und nichts im Kopf haben.)

Das Folgende wurde von einem Absolventen unseres Kurses zur Verfügung gestellt:

Vater: Es ist nötig, daß wir beide etwas im Hinblick auf dein Zubettgehen klären. Jeden Abend müssen Mutter oder ich oder wir alle beide mit dir zanken und hinter dir her sein und dich manchmal zwingen, zur festgesetzten Zeit um acht Uhr zu Bett zu gehen. Mir ist nicht sehr wohl dabei zumute, wenn ich das tue, und ich frage mich, wie du dich dabei fühlst.
Laura: Ich mag nicht, wenn du mit mir schimpfst ... und ich mag nicht so früh ins Bett gehen. Ich bin schon groß und müßte länger als Gregor (Bruder, zwei Jahre jünger) aufbleiben dürfen.

Mutter: Du hast das Gefühl, wir behandeln dich genauso wie Gregor, und das ist nicht gerecht.
Laura: Ja, ich bin zwei Jahre älter als Gregor.
Vater: Und du meinst, wir müßten dich wie jemanden behandeln, der zwei Jahre älter ist.
Laura: Ja!
Mutter: Daran ist etwas Wahres. Aber wenn wir dich länger aufbleiben lassen und du trödelst dann mit dem Zubettgehen, fürchte ich, daß du wirklich sehr spät schlafen gehen wirst.
Laura: Aber ich werde nicht trödeln - wenn ich nur ein bißchen länger aufbleiben kann.
Vater: Vielleicht könntest du uns ein paar Tage zeigen, wie gut man sich auf dich verlassen kann, und dann verschieben wir die Zeit vielleicht.
Laura: Das ist auch nicht gerecht!
Vater: Es würde nicht gerecht sein, dich die spätere Zeit »verdienen« zu lassen, hm?
Laura: Ich finde, ich müßte länger aufbleiben dürfen, weil ich älter bin. (Stille) Wenn ich nun um acht zu Bett gehe und bis halb neun *im Bett lese?*
Mutter: Du würdest zur festgesetzten Zeit ins Bett gehen, aber das Licht würde noch eine halbe Stunde brennen, damit du lesen könntest?
Laura: Ja - ich lese gerne im Bett.
Vater: Ich finde, das klingt ganz vernünftig - aber wer wird auf die *Uhr achten?*
Laura: Oh, das tue ich. Ich knipse das Licht genau um halb neun aus!
Mutter: Das hört sich wie eine gute Idee an, Laura. Wollen wir es damit eine Weile versuchen?
Vom Ergebnis berichtete der Vater wie folgt:
»Danach hatten wir kaum Probleme mit dem Zubettgehen. Bei den Gelegenheiten, bei denen Lauras Licht um halb neun noch nicht aus war, konfrontierte sie einer von uns mit einer Bemerkung wie: ›Es ist jetzt halb neun, Laura, und wir haben eine Abmachung getroffen, wann das Licht ausgemacht wird.‹ Sie reagierte immer bereitwillig auf solche Mahnungen. Diese Lösung erlaubte es Laura, ein ›großes Mädchen‹ zu sein und wie Vater und Mutter im Bett zu lesen.«

Methode III als »Therapie« für das Kind
Methode III zeitigt häufig Veränderungen im Verhalten der Kinder, nicht unähnlich denen, die stattfinden, wenn Kinder bei einem professionellen Therapeuten in Behandlung sind. In dieser Methode, Konflikte zu bewältigen oder Probleme zu lösen, liegt etwas potentiell Therapeutisches.
Ein Vater stellte zwei Beispiele zur Verfügung, bei denen die Anwendung von Methode III sofortige »therapeutische« Veränderungen bei seinem fünfjährigen Sohn hervorriefen:
»Er hat ein ausgeprägtes Interesse an Geld entwickelt und nahm sich häufig Kleingeld von meiner Kommode. Wir hielten eine Konfliktbewältigungs-Sitzung nach Methode III ab, die in unserer Vereinbarung resultierte, ihm täglich zehn Pfennig als Taschengeld zu geben. Das Ergebnis ist, daß er aufgehört hat, Geld von der Kommode zu nehmen, und sehr konsequent im Sparen gewesen ist, um besondere Dinge zu kaufen, die er haben möchte.«
»Wir machten uns große Sorgen um das Interesse unseres Fünfjährigen an Science-fiction-Sendungen im Fernsehen, die ihm Alpträume zu verursachen schienen. Ein anderes Fernsehprogramm, das um dieselbe Zeit lief, hatte durchaus erzieherischen Wert und war nicht angsteinflößend. Ihm gefällt dieses Programm auch, aber er entschied sich selten dafür. In unserer Sitzung nach Methode III einigten wir uns alle auf die Lösung, daß er beide Programme abwechselnd an aufeinanderfolgenden Tagen sehen würde. Das führte dazu, daß seine Alpträume nachließen und er sich schließlich das erzieherisch wertvolle Programm häufiger ansah als die Science-fiction-Sendung.«
Andere Eltern haben über deutlich spürbare Veränderungen bei ihren Kindern berichtet, nachdem die Eltern eine Zeitlang Methode III anwandten - bessere Zensuren in der Schule, bessere Beziehungen zu Gleichaltrigen, größere Offenheit im Ausdrücken ihrer Empfindungen, weniger Ablehnung der Schule gegenüber, weniger Zornesausbrüche, größeres Verantwortungsbewußtsein im Hinblick auf Schularbeiten, größere Selbständigkeit, größeres Selbstvertrauen, glücklichere Stimmung, bessere Eßgewohnheiten und weitere Fortschritte, die die Eltern begrüßten.

12. Elterliche Befürchtungen und Besorgnisse im Hinblick auf die »Niederlage-lose« Methode

Die Niederlage-lose Methode der Konfliktbewältigung wird leicht verstanden und von fast allen Eltern in unseren Kursen als vielversprechende, neue Alternative erkannt. Wenn sie jedoch von der theoretischen Diskussion dieser neuen Methode im Kursus dazu übergehen, sie zu Hause *in die Tat* umzusetzen, kommen vielen Eltern berechtigte Befürchtungen, und sie äußern verständliche Besorgnisse über diese Methode.
»In der Theorie klingt es großartig«, hören wir viele Eltern sagen. »Wird es aber in der Praxis wirklich funktionieren?« Es liegt in der menschlichen Natur, sich vor etwas Neuem zu fürchten und ziemlich rückhaltlos davon überzeugt sein zu wollen, bevor man etwas aufgibt, an das man gewöhnt ist. Überdies »experimentieren« Eltern ungern mit den Kindern, die ihnen so sehr am Herzen liegen.
Hier folgen als erstes einige der hauptsächlichsten elterlichen Befürchtungen und Besorgnisse und das, was wir ihnen in der Hoffnung sagen, daß sie es mit der Niederlage-losen Methode wirklich versuchen werden.

Nichts als die altbekannte Familienkonferenz unter einem neuen Namen?

Manche Eltern sträuben sich zuerst gegen Methode III, weil sie finden, sie hört sich an wie die »Familienkonferenz«-Methode, mit der es ihre eigenen Eltern bei ihnen versuchten. Wenn wir diese Eltern bitten, uns zu beschreiben, wie ihre Familienkonferenzen funktionierten, berichten fast alle etwas, das diesem Bild entspricht:
Jeden Sonntag versammelten uns Vater und Mutter um den Eßzimmertisch, um eine Familienkonferenz abzuhalten und Probleme zu besprechen. Gewöhnlich brachten sie die meisten Probleme zur Sprache, aber gelegentlich steuerten wir Kinder auch etwas dazu bei. Vater und Mutter sprachen am meisten, und Vater leitete die Versammlung. Oft hielten sie uns eine Art Vorlesung oder Predigt. Wir erhielten gewöhnlich Gelegenheit dazu, unsere Meinung zu

äußern, aber über die Lösung entschieden fast immer sie. Zuerst dachten wir, daß es ganz lustig sei, aber dann wurde es langweilig. Soweit ich mich erinnern kann, haben wir es nicht lange beibehalten. Bei den Dingen, die wir besprachen, handelte es sich um häusliche Pflichten, das Zubettgehen und daß wir im Verlauf des Tages rücksichtsvoller gegen unsere Mutter sein sollten.

Obwohl das nicht repräsentativ für alle Familienkonferenzen ist, waren diese Sitzungen ganz elternbezogen; Vater fungierte deutlich als Vorsitzender, Lösungen kamen unvermeidlich von den Eltern, Kinder wurden »belehrt« oder »ermahnt«, die Probleme waren im allgemeinen ziemlich abstrakt und unpolemisch und die Atmosphäre meistens ganz liebenswürdig und freundlich.

Methode III ist keine Versammlung, sondern eine *Methode* zur Bewältigung von Konflikten, am liebsten, sobald sie auftreten. Nicht alle Konflikte schließen die ganze Familie ein; in die meisten sind nur ein Elternteil und ein Kind verwickelt. Andere brauchen und sollten nicht dabeisein. Methode III ist auch kein Vorwand für Eltern, zu »predigen« oder zu »erziehen«, was gewöhnlich besagt, daß der Lehrer oder Prediger die Antwort schon bereit hat. Bei Methode III sollten Elternteil und Kind nach ihrer persönlichen, individuellen Antwort suchen, und im allgemeinen gibt es keine fertigen Antworten auf Probleme, die zu einer Niederlage-losen Lösung anstehen. Überdies gibt es keinen »Vorsitzenden« oder »Leiter‹; Elternteil und Kind sind gleichgestellte Teilnehmer, die ganz bei der Sache sind, eine Lösung ihres gemeinsamen Problems zu finden.

Im allgemeinen wird Methode III in einer kurzen, bündigen Ad-hoc-Form angewendet. Wir nennen sie Probleme »im Stehen«, weil die Teilnehmer die Probleme gleich in Angriff nehmen, wenn sie auftauchen, anstatt sie beziehungslos und im Sitzen bei irgendeiner Familienkonferenz zur Sprache zu bringen.

Endlich ist die Atmosphäre bei einer Konfliktbewältigung nach Methode III nicht immer liebenswürdig und freundlich. Konflikte zwischen Elternteil und Kind werden häufig recht gefühlsbetont, und nicht selten sind die Gemüter sehr erhitzt.

Vater braucht das Auto, um zu einer Versammlung zu fahren, aber Joe hat damit gerechnet, es für eine wichtige Verabredung zur Verfügung zu haben. Sabine will unbedingt mit dem neuen Pullover ihrer Mutter zu einer Verabredung gehen.

Klein-Tim will schwimmen gehen, wenn er erkältet ist.
Peter muß mit dem auf höchste Lautstärke gestellten Verstärker Gitarre spielen.
Derartige Konflikte können sehr heftige Empfindungen beinhalten. Wenn die Eltern diese Unterschiede zwischen Familienkonferenzen im alten Stil und Konfliktbewältigung zu verstehen beginnen, wird klar, daß wir nicht eine alte Tradition unter neuem Namen wiederaufleben lassen.

Methode III als elterliche Schwäche gesehen

Manche Eltern, besonders Väter, stellen Methode III anfänglich mit »Nachgiebigkeit« gegenüber dem Kind, mit »ein schwacher Elternteil sein«, mit »einen Kompromiß mit den eigenen Überzeugungen schließen« gleich. Ärgerlich protestierte ein Vater nach Anhören der auf Band aufgenommenen Sitzung von Renate und ihrer Mutter, die den Konflikt des Schulbesuchs bewältigen. »Die Mutter gab dem Kind einfach nach. Jetzt muß sie sich ihrem verzogenen Kind jeden Nachmittag eine Stunde widmen. Das Kind hat gesiegt, oder nicht?« Natürlich »siegte« das Kind, die Mutter aber auch. Sie brauchte nicht fünfmal wöchentlich eine emotionelle Auseinandersetzung mitmachen.

Unsere Lehrer verstehen diese Reaktion; sie hören sie in fast jedem Kursus, denn die Leute sind so daran gewöhnt, an Konflikte im Sinne von *Sieg-Niederlage* zu denken. Sie glauben, wenn ein Mensch seinen Willen durchsetzt, kann der andere es nicht. Einer muß unterliegen.

Es ist anfänglich schwer für Eltern, zu verstehen, daß es eine Möglichkeit gibt, bei der beide Menschen ihren Willen durchsetzen. Methode III ist nicht Methode II, bei der das Kind seinen Willen auf Kosten der Eltern durchsetzt, die ihren Willen nicht bekommen. Für manche Eltern ist es zuerst ganz natürlich, zu argumentieren: »Wenn ich meinen Willen nicht bekomme, wird das Kind seinen Willen bekommen.« Das ist die wohlbekannte »entweder-oder«-Denkweise in bezug auf Konflikte.

Den Eltern muß geholfen werden, den fundamentalen Unterschied zwischen Methode II und Methode III zu erfassen. Man muß sie wiederholt daran erinnern, daß bei Methode III auch *ihre* Bedürfnisse befriedigt werden müssen, *auch* sie müssen die endgültige Lösung akzeptieren. Wenn ihnen ihr *Gefühl* sagt, daß sie einem Kind nachgegeben haben, dann haben sie Methode II, nicht Methode III angewendet. Im Konflikt zwischen Renate und ihrer Mutter (Renate will nicht in die Schule gehen) zum Beispiel muß die Mutter, wie sie es in diesem Fall tatsächlich getan hat, ihrem Kind wirklich diese Stunde ausschließlicher Aufmerksamkeit widmen wollen. Sonst würde sie Renate nachgeben (Methode II).

Manche Eltern übersehen im Anfang nicht nur, daß auch Renates Mutter siegte, weil sie morgens keine Auseinandersetzungen und Zankereien mehr ertragen mußte, sondern daß sie auch keine Schuldgefühle mehr darüber empfand, daß Renate zur Schule ging, und sie die Genugtuung hatte, Renates unerfüllte Bedürfnisse zu entdecken und einen Weg zu finden, sie zu befriedigen.

Dennoch sehen einige Eltern in Methode III notwendigerweise einen »Kompromiß«, und ein Kompromiß bedeutet für sie, klein beizugeben oder weniger zu bekommen als sie wollten, »schwach« zu sein. Wenn ich sie solche Empfindungen äußern höre, erinnert es mich oft an den Satz in der Antrittsrede von John F. Kennedy: »Fürchtet euch nicht, zu verhandeln, aber verhandelt nie aus Furcht.« Methode III heißt verhandeln, aber nicht verhandeln ohne den Mut, mit dem Problemlösen fortzufahren, bis eine Lösung die Bedürfnisse der Eltern sowohl als auch der Kinder befriedigt.

Wir setzen Methode III nicht mit dem Wort »Kompromiß« gleich, in dem Sinn, daß man weniger akzeptiert als man haben will, denn unsere Erfahrung lehrt, daß ihre Lösungen beiden, Elternteil und Kind, fast immer mehr einbringen als beide erwarten. Diese Lösungen stellen häufig das dar, was Psychologen eine »elegante Lösung« nennen – gut oder oft am besten für beide Teile. Methode III bedeutet also nicht, daß Eltern klein beigeben oder umfallen. Ganz im Gegenteil. Nehmen Sie den folgenden, eine ganze Familie betreffenden Konflikt, und beachten Sie, wie lohnend es sowohl für die Eltern als auch für die Kinder war. Die Mutter berichtete:

Es war Zeit, Pläne für Ostern zu machen. Wie gewöhnlich hielt ich es für notwendig, ein Familienessen mit einem Braten vorzubereiten und ein festliches Familientreffen abzuhalten. Mein Mann und meine drei Söhne äußerten andere Wünsche, und so machten wir uns ans Problemlösen. Vater wollte das Haus anstreichen und war ärgerlich, sich Zeit für ein Festessen und Gäste nehmen zu müssen. Mein Sohn auf der Oberschule wollte einen Freund mitbringen, bei dem zu Hause Ostern nicht weiter gefeiert wurde. Mein studieren-

der Sohn wollte die ganzen vier Tage in unserer Wochenendhütte verbringen. Der jüngste Sohn maulte darüber, seinen guten Anzug anziehen und die Qual eines »Festessens« durchmachen zu müssen. Ich legte natürlich großen Wert darauf, daß die Familie die Eintracht des Zusammenseins spürte, und wollte eine gute Mutter sein, indem ich besonders gute Sachen zubereitete. Der Plan, der aus dem Problemlösen resultierte, bestand darin, daß ich einen kleinen Braten machen würde, den wir, nachdem Vater das Haus gestrichen hatte, mit hinauf in die Wochenendhütte nehmen würden. Der Sohn auf der Oberschule würde seinen Freund mitbringen, und wir alle zusammen würden Vater beim Anstreichen des Hauses helfen, damit wir schneller hinauf in die Hütte kämen. Das Ergebnis: zur Abwechslung gab es kein Türenschlagen und keinen Ärger. Alle hatten viel Spaß – das schönste Osterfest, das die Familie jemals zusammen verbrachte. Sogar der Gast meines Sohnes half beim Anstreichen. Es war das erste Mal, daß unsere Söhne ihrem Vater bei einer Arbeit im Haus ohne große Auseinandersetzung halfen. Vater war hingerissen, die Jungen begeistert, und ich war glücklich über meinen Beitrag zu Ostern. Dabei hatte ich nicht so viel Arbeit, wie sie gewöhnlich zur Zubereitung eines großen Essens von mir verlangt wurde. Es klappte besser als in unseren überschwenglichsten Träumen. Nie wieder werde ich Familienentscheidungen diktieren!

In meiner eigenen Familie kam es im Hinblick auf die Osterferien zu einem sehr schweren Konflikt, und Methode III führte zu einer neuartigen, für uns alle annehmbaren Lösung. Meine Frau und ich fühlten uns am Ende in keiner Weise schwach; wir waren glücklich, den Newport-Beach-Alptraum vermieden zu haben.
Unsere fünfzehnjährige Tochter wollte einer Einladung folgen, die Sommerferien mit einigen Freundinnen in Newport Beach zu verbringen (wo es in Kalifornien »Jungens gibt«, aber auch Bier, Marihuana und Polizei). Meine Frau und ich hatten ehrliche Befürchtungen, unsere Tochter dem auszusetzen, was, wie wir gehört hatten, bei diesen alljährlichen Zusammenkünften Tausender von Hochschülern so oft vorgeht. Wir äußerten unsere Bedenken, die unsere Tochter hörte, die sie aber in Anbetracht ihres großen Wunsches, mit ihren Freunden am Strand zu sein, in den Wind schlug. Wir fürchteten, nicht schlafen zu können und mitten in der Nacht

gerufen zu werden, um sie aus echten Schwierigkeiten zu befreien. Aktives Zuhören förderte etwas Überraschendes zutage - ihre Bedürfnisse bestanden vornehmlich darin, mit einer bestimmten Freundin zusammen zu sein, sich irgendwo aufzuhalten, wo Jungen sein würden, und am Strand zu liegen, um braungebrannt in die Schule zurückzukehren. Zwei Tage nach Auftreten des Konflikts, und als er noch unbewältigt war, kam unsere Tochter mit einer neuartigen Lösung. Würde uns ein Golf-Wochenende recht sein (»Ihr habt schon lange keines mehr gehabt, wißt ihr«)? Sie könnte ihre Freundin mitnehmen, und wir würden in dem Hotel auf einem meiner Lieblingsgolfplätze bleiben, der zufälligerweise auch in der Nähe des Strandes lag - nicht in der Nähe von Newport Beach, aber eines anderen Strandes, an dem man wahrscheinlich auch Jungen treffen könnte. Wir stürzten uns buchstäblich auf ihre Lösung, höchst erleichtert darüber, einen Weg zu finden, der uns alle die Ängste ersparte, die wir bei ihrem unbeaufsichtigten Besuch von Newport Beach gehabt haben würden. Auch sie war begeistert, daß ihre Bedürfnisse befriedigt werden sollten. Der Plan wurde ausgeführt. Abends, nachdem meine Frau und ich Golf gespielt und die Mädchen den Tag am Strand verbracht hatten, hatten wir alle viel Spaß zusammen. Zufällig hielten sich an diesem bestimmten Strand wenige Jungen auf, was die Mädchen enttäuschte. Dennoch beklagte sich keine bei uns oder äußerte Empfindungen, die andeuteten, daß sie uns die gemeinsame Entscheidung verübelten.

Diese Situation veranschaulicht auch, wie sich manche Lösungen nach Methode III als nicht vollkommen erweisen. Das, was eine die Bedürfnisse aller zu befriedigende Lösung zu sein scheint, stellt sich am Ende für irgendeinen als Enttäuschung heraus. Doch scheint dies in Familien, die Methode III anwenden, weder Unwillen noch Bitterkeit zu verursachen; möglicherweise, weil kein Zweifel daran besteht, daß es nicht die Eltern waren, die die Enttäuschung der Kinder verursachten (wie bei Methode I), sondern eher der Zufall, das Schicksal, das Wetter oder einfach Pech. Sie können äußeren oder nicht vorauszusehenden Einflüssen die Schuld geben, ja, aber nicht den Eltern. (Das setzt allerdings voraus, daß die Motive der Eltern auch ehrlich sind und sie nicht »das Pech« hätten vorhersehen können!) Ein weiterer Faktor ist natürlich, daß Methode III den Kindern das Gefühl vermittelt, daß die Lösung ebenso sehr ihre wie die der Eltern war.

»Gruppen können keine Entscheidungen treffen«

Ein allgemein geglaubter Mythos besagt, daß nur Individuen fähig sind, Entscheidungen zu treffen, nicht aber Gruppen. »Ein Kamel ist das Ergebnis einer durch ein Komitee getroffenen Gruppenentscheidung, wie man ein Pferd zeichnet.« Dieses humorvolle Zitat wird oft von Eltern angeführt, um ihre Überzeugung zu untermauern, daß Gruppen entweder zu keiner Lösung kommen können, oder daß die Lösung schlecht sein wird. Eine andere Behauptung, die die Eltern in den Kursen häufig anführen, lautet: »Irgend*einer* muß am Ende für die Gruppe entscheiden.«

Dieser Mythos hält sich beharrlich, weil so wenigen Menschen die Gelegenheit gegeben worden ist, in einer wirksamen, Entscheidungen treffenden Gruppe zu sein. Ihr ganzes Leben hindurch ist den meisten Erwachsenen diese Erfahrung von denjenigen versagt worden, die Macht über sie gehabt haben und ständig Methode I anwendeten, um Probleme zu lösen oder Konflikte zu bewältigen - Eltern, Lehrer, Tanten, Onkel, Pfadfinderführer, Trainer, Babysitter, Offiziere, Vorgesetzte usw. Den meisten Erwachsenen ist in unserer »demokratischen« Gesellschaft selten die Chance gegeben worden, die Erfahrung zu machen, eine Gruppe auf demokratische Art Probleme und Konflikte lösen zu sehen. Kein Wunder, daß Eltern in bezug auf die Fähigkeit von Gruppen, Entscheidungen zu treffen, skeptisch sind: sie haben nie Gelegenheit gehabt, eine zu sehen! Angesichts der häufigen Feststellung führender Persönlichkeiten, wie wichtig es ist, Kinder zu verantwortungsbewußten Bürgern zu erziehen, sind die Folgerungen beängstigend.

Vielleicht ist das der Grund, warum die Eltern in unseren Kursen eine Menge Beweise dafür benötigen, daß eine Familiengruppe hochqualifizierte Entscheidungen treffen kann und wird, um Probleme zu bewältigen - selbst solche, die nicht selten ziemlich schwierig und kompliziert sind, wie Konflikte im Hinblick auf:

Taschengeld und Ausgaben
Pflege des Hauses
Häusliche Pflichten
Familieneinkäufe
Benutzung des Autos
Benutzung des Fernsehapparats
Ferien
Benehmen der Kinder bei Gesellschaften zu Hause

Benutzung des Telefons
Schlafenszeiten
Essenszeiten
Wer sitzt wo im Auto
Benutzung des Schwimmbads
Arten der zur Verfügung stehenden Lebensmittel
Zuweisung von Zimmern oder Schränken
Zustand der Zimmer

Die Liste ist endlos - Familien *können* als Gruppen Entscheidungen treffen, und der Beweis wird sich jeden Tag ergeben, wenn sie die Niederlage-lose Methode anwenden. Natürlich müssen sich Eltern verpflichten, Methode III anzuwenden und sich und ihren Kindern Gelegenheit geben, die Erfahrung zu machen, wie sehr man darauf vertrauen kann, daß eine Gruppe zu schöpferischen und allseitig annehmbaren Lösungen gelangt.

»Methode III nimmt zu viel Zeit in Anspruch«

Der Gedanke, lange Zeit mit Problemlösen verbringen zu müssen, stört viele Eltern. Herr W., ein sehr beschäftigter leitender Angestellter, bereits überbeansprucht davon, den Anforderungen seiner Arbeit gerecht zu werden, erklärt: »Ich habe unmöglich Zeit, mich hinzusetzen und jedesmal, wenn ein Konflikt auftritt, jedem meiner Kinder einige Stunden zu widmen - das ist lächerlich!« Frau B., Mutter von fünf Kindern, sagt: »Was glauben Sie, ich würde nie mit meiner Hausarbeit fertig, wenn ich bei jedem meiner fünf Methode III anwenden müßte - sie machen mir so schon zu schaffen.«

Es läßt sich nicht leugnen: Methode III braucht Zeit. Wieviel Zeit, hängt von dem Problem und der Bereitschaft des Elternteils und des Kindes ab, nach einer Niederlage-losen Lösung zu suchen. Hier sind die Ergebnisse aus den Erfahrungen von Eltern, die sich um Methode III ehrlich bemühten:

1. Viele Konflikte sind »schnelle« Probleme oder Probleme »im Stehen«, die von wenigen Minuten bis zu zehn Minuten erfordern.
2. Manche Probleme brauchen länger - zum Beispiel Taschengeld, häusliche Pflichten, Benutzung des Fernsehapparats, Schlafenszeit. Sind sie jedoch einmal durch Methode III gelöst worden, bleiben sie gelöst. Anders als Entscheidungen nach Methode I,

tauchen Entscheidungen nach Methode III nicht ständig von neuem auf.
3. Auf lange Sicht gesehen sparen Eltern Zeit, weil sie nicht zahllose Stunden damit verbringen müssen, zu mahnen, durchzusetzen, zu kontrollieren, sich auseinanderzusetzen.
4. Wenn Methode III zuerst in einer Familie eingeführt wird, dauern die ersten Sitzungen nach Methode III gewöhnlich länger, weil Kinder (und Eltern) das neue Verfahren nicht kennen, weil die Kinder den guten Absichten ihrer Eltern möglicherweise mißtrauen (»Was habt ihr da für eine neue Technik, um mit uns fertig zu werden?«), oder weil sie restliche Ressentiments oder eine habituelle Sieg-Niederlage-Einstellung haben (»Ich muß mich durchsetzen«).

Das vielleicht signifikanteste Ergebnis in Familien, die sich des Macht-losen Weges bedienen, und eines, das ich nicht erwartet hatte, ist der größte Zeitsparer von allen: nach einer Weile treten einfach nicht mehr sehr häufig Konflikte auf.

»Wir scheinen nichts mehr zum Problemlösen zu haben«, berichtete uns eine Mutter weniger als ein Jahr nach ihrer Teilnahme an einem unserer Kurse.

In Beantwortung meiner Bitte um Beispiele für Methode III in ihrer eigenen Familie schrieb eine andere Mutter: »Wir möchten Ihre Bitte um Material erfüllen, aber wir scheinen in letzter Zeit nicht mehr viele Konflikte gehabt zu haben, um mehr Praxis in Methode III zu bekommen.«

Im vergangenen Jahr sind in meiner eigenen Familie so wenige ernsthafte Eltern-Kind-Konflikte aufgetreten, daß ich mich offen gesagt im Augenblick an keinen erinnern kann, einfach weil sich die Dinge ohne weiteres klärten, ohne sich zu ausgewachsenen Konflikten zu entwickeln.

Ich erwartete, daß auch weiterhin Jahr für Jahr Konflikte auftreten würden, und ich bin sicher, den meisten Eltern bei uns erging es nicht anders. Warum der Rückgang? Jetzt, da ich darüber nachgedacht habe, erscheint es mir logisch: Methode III schafft eine grundlegend andere Einstellung von Kindern und Eltern zueinander. In dem Wissen, daß die Eltern es aufgegeben haben, Macht anzuwenden, um *sich* durchzusetzen - durch Nichtachtung der kindlichen Bedürfnisse zu siegen -, haben diese Kinder keine Veranlassung dazu, großen Druck auszuüben, um ihren Willen durchzusetzen oder sich nachdrücklich gegen die Macht der Eltern zur Wehr zu setzen. Folglich unterbleibt das Aufeinanderprallen der Bedürfnisse fast vollkommen. Der Jugendliche wird statt dessen entgegenkommend - die Bedürfnisse der Eltern ebenso respektierend wie seine eigenen. Wenn er ein Bedürfnis hat, gibt er ihm Ausdruck, und seine Eltern suchen nach Möglichkeiten, ihm entgegenzukommen. Wenn beide es schwierig finden, entgegenkommend zu sein, betrachten sie es eher als ein zu bewältigendes Problem als einen auszufechtenden Kampf.

Noch etwas anderes geschieht: Eltern und Kinder beginnen, Methoden anzuwenden, um Konflikte zu *vermeiden* (ohne davor Angst zu haben!). Eine heranwachsende Tochter läßt es sich angelegen sein, für ihren Vater einen Zettel an der Haustür zu hinterlassen, der ihn an ihr Bedürfnis erinnert, am Abend das Auto zur Verfügung zu haben. Oder sie erkundigt sich rechtzeitig, ob es den Eltern passen würde, wenn sie am kommenden Freitag ihre Freundin zum Essen einlädt. Beachten Sie, daß sie nicht um *Erlaubnis* bittet; die Eltern um Erlaubnis zu bitten, ist ein in einer Methode-I-Familie entstandenes Verhaltensmuster und bedeutet, daß die Eltern die Erlaubnis *verweigern* könnten. In einem Methode-III-Klima sagt das Kind: »Ich möchte das tun, es sei denn, ich erfahre, daß es sich auf das, was ihr tut, störend auswirken könnte.«

»Sind Eltern nicht zur Anwendung von Methode I berechtigt, weil sie klüger sind?«

Die Vorstellung, daß ein Elternteil das Recht hat, seinen Kindern gegenüber Methode I anzuwenden, weil er klüger oder erfahrener ist, hat zähe Wurzeln. Wir haben bereits viele der üblichen Begründungen aufgeführt: »Wir wissen es auf Grund unserer Erfahrung am besten«, »Wir verweigern es dir nur zu deinem eigenen Besten«, »Wenn du älter bist, wirst du uns dafür danken, dich dazu gezwungen zu haben«, »Wir wollen dich nur daran hindern, die gleichen Fehler wie wir zu machen«, »Wir können dich einfach nicht etwas tun lassen, von dem wir wissen, daß du es später bedauern wirst«, usw., usw.

Viele Eltern, die ihren Kindern diese oder ähnliche Botschaften übermitteln, glauben aufrichtig an das, was sie sagen. Keine andere Einstellung ist in unseren Kursen schwerer zu modifizieren als die, daß Eltern das Recht zur Anwendung von Macht haben - daß sie sogar die Pflicht haben, Macht anzuwenden -, weil sie mehr wissen, intelligenter, klüger, reifer oder erfahrener sind.

Das ist keine ausschließlich von Eltern vertretene Einstellung. Die ganze Geschichte hindurch haben sich Tyrannen dieses Arguments bedient, um ihre Machtausübung über jene zu rechtfertigen, die sie unterdrückt haben. Die meisten hatten eine sehr schlechte Meinung von ihren Untertanen - Sklaven, Bauern, Barbaren, Hinterwäldler, Schwarze, illegale mexikanische Einwanderer, Christen, Häretiker, Pöbel, Bürger, Arbeiter, Juden, Lateinamerikaner, Orientalen oder Frauen. Es scheint fast allgemein verbreitet, daß diejenigen, die über andere Macht ausüben, ihre Unterdrückung und Unmenschlichkeit irgendwie begründen und rechtfertigen müssen, indem sie jene, über die sie ihre Macht ausüben, als minderwertig hinstellen.

Wie kann jemand den Gedanken widerlegen, daß Eltern klüger und erfahrener als Kinder sind? Es scheint eine so selbstverständliche Wahrheit zu sein. Und doch, wenn wir die Eltern in unseren Kursen fragen, ob ihre Eltern unkluge Entscheidungen nach Methode I trafen, sagen alle »ja«. Wie leicht vergessen Eltern ihre eigenen Erfahrungen als Kinder! Wie leicht vergißt man, daß Kinder manchmal besser als die Eltern wissen, wann sie müde oder hungrig sind; mehr über die Eigenschaften ihrer Freunde, ihre eigenen Bestrebungen und Ziele und darüber wissen, wie die verschiedenen Lehrer sie behandeln; mehr über die Triebe und Bedürfnisse ihrer eigenen Körper und darüber, wen sie lieben und nicht lieben, was sie schätzen und was sie nicht schätzen.

Eltern verfügen über größere Weisheit? Nein, im Hinblick auf viele Dinge, die ihre Kinder angehen, nicht. Eltern verfügen über eine Menge wertvolles Wissen und Erfahrung, und dieses Wissen und diese Erfahrung brauchen niemals begraben zu werden.

Viele Eltern in unseren Kursen übersehen anfänglich die Tatsache, daß der Verstand sowohl des Elternteils als auch des Kindes durch die Macht-lose Methode mobilisiert wird. Keiner ist vom Problemlösen ausgeschlossen (im Gegensatz zu Methode I, die den Verstand des Kindes ignoriert, oder zu Methode II, die den Verstand der Eltern ignoriert).

Die Mutter von zwei reizenden, ausnehmend intelligenten Zwillingsmädchen berichtete über eine erfolgreiche Lösung des Problems, ob die Zwillinge eine Klasse in der Schule überspringen, damit der

Unterricht interessanter und anspruchsvoller würde, oder ob sie in ihrer bisherigen Klasse bei ihren Freunden bleiben. Das ist die traditionsgemäß ausschließlich von »Fachleuten« - Lehrern und Eltern - gelöste Art von Problem. In diesem Fall hatte die Mutter Vorstellungen, aber sie verließ sich auch auf die Klugheit der Empfindungen ihrer Töchter, ihre eigene Einschätzung ihres intellektuellen Potentials, ihr eigenes Urteil im Hinblick auf das, was das beste für sie sein würde. Nachdem sie mehrere Tage das Für und Wider abgewogen, sowie Ideen und Beiträge der Mutter und auch Informationen, die ihnen ihr Lehrer gab, angehört hatten, akzeptierten die Zwillinge die Lösung, eine Klasse zu überspringen. Das Ergebnis dieser Familienentscheidung erwies sich als ausnehmend günstig in bezug auf beides, das Wohlbefinden der Zwillinge und ihre schulische Leistung.

Kann Methode III bei kleinen Kindern funktionieren?

»Ich kann mir vorstellen, daß Methode III bei älteren Kindern funktionieren könnte, die wortgewandter, reifer und besser in der Lage sind, zu argumentieren, aber nicht bei zwei- bis sechsjährigen Kindern. Sie sind einfach zu jung, um zu wissen, was das beste für sie ist; muß man nicht deshalb Methode I anwenden?«

Diese Frage wird in jedem unserer Kurse gestellt. Zeugnisse von Familien, die Methode III bei sehr kleinen Kindern ausprobiert haben, beweisen jedoch, daß sie funktionieren kann. Im folgenden geben wir eine sehr kurze Sitzung zwischen einem dreijährigen Mädchen und seiner Mutter wieder, die die Situation darlegte:

Jutta: Nein, ich will nicht hingehen.
Mutter: Es ist notwendig, daß ich arbeite, und du kannst nicht zu Hause bleiben, aber du bist wirklich unglücklich darüber, dort zu sein. Können wir etwas tun, um es dir leichter zu machen, dort zu bleiben?
Jutta (Schweigen): Ich könnte auf dem Bürgersteig bleiben, bis du wegfährst.
Mutter: Aber Frau C. muß dich im Haus bei den anderen Kindern haben, damit sie weiß, wo du bist.
Jutta: Ich könnte vom Fenster aus zusehen, wie du abfährst.
Mutter: Wirst du dann vergnügter sein?
Jutta: Ja.
Mutter: Na schön, dann wollen wir es das nächste Mal versuchen.

Ein zweijähriges Mädchen reagierte in dieser, von ihrer Mutter beschriebenen Episode auf die Macht-lose Methode:
»*Eines Abends bereitete ich das Essen zu, und meine Tochter krähte vergnügt auf ihrem Schaukelpferd. Dann ergriff sie die Riemen, die dazu benutzt werden, um das Kind anzuschnallen, und begann mit dem Versuch, die Riemen selbst zu schließen. Während ihre Frustration zunahm, rötete sich ihr Gesicht, und sie fing mit gellender Stimme an zu schreien. Ich merkte, wie ich über ihr Geschrei böse wurde, darum kniete ich auf meine übliche Art nieder, um es für sie zu tun. Aber sie wehrte mich ab und schrie weiter. Nun war ich kurz davor, sie mitsamt dem Schaukelpferd zu nehmen, in ihr Zimmer zu bringen und vor dem Lärm die Tür zuzuschlagen. Da schaltete etwas in mir. Also kniete ich mich hin, legte meine Hände über ihre und sagte: ›Du bist richtig wütend, weil du das nicht alleine tun kannst.‹ Sie nickte mit dem Kopf: ›Ja‹, hörte auf zu schreien und schaukelte nach ein paar verspäteten Schluchzern vergnügt vor sich hin. Und ich dachte: ›Ist es wirklich so einfach?‹*«
Dieser einigermaßen überraschten Mutter müßte ich sagen: »Nein, so einfach ist es nicht immer«, aber Methode III funktioniert erstaunlich gut bei Kindern im Vorschulalter - und sogar bei Babys.
Ich entsinne mich gut der folgenden Episode in unserer Familie:
Als unsere Tochter fünf Monate alt war, verbrachten wir vier Wochen Urlaub in einer Fischerhütte an einem See. Vor der Reise hielten wir uns für glücklich, denn wir hatten unsere Tochter zwischen elf Uhr abends und sieben Uhr morgens nie zu füttern brauchen. Die veränderte Umgebung führte zu einem Wandel in unserer glücklichen Lage. Sie begann, morgens um vier Uhr aufzuwachen, um gefüttert zu werden. Zu dieser frühen Stunde war es unangenehm aufzustehen, um sie zu füttern. Im September war es meist eiskalt in der Hütte, und wir hatten nur einen Kohlenofen. Das bedeutete, daß wir uns entweder die Mühe machen und ein Feuer anzünden oder, ebenso scheußlich, uns in Decken hüllen und warm zu bleiben versuchen mußten, bis wir die Mahlzeit zubereitet, die Flasche gewärmt und sie ihr gegeben hatten. Wir fanden, daß es eine echte Bedürfniskonflikt-Situation war, die nach gemeinsamer Problemlösung verlangte. Wir beratschlagten miteinander, und meine Frau und ich beschlossen, dem Baby eine Alternativlösung anzubieten, in der Hoffnung, daß es sie annehmbar finden würde. Anstatt es um elf Uhr aufzuwecken und ihm die Flasche zu geben,

ließen wir es am nächsten Abend bis zwölf Uhr schlafen und fütterten es dann. Am folgenden Morgen schlief es bis fünf Uhr früh. Ganz schön soweit. Am nächsten Abend gaben wir uns besondere Mühe, ihm mehr zu trinken zu geben als sein gewohntes Quantum Milch, und legten es dann um halb eins herum schlafen. Es funktionierte - das Baby ließ sich darauf ein. An dem und den folgenden Morgen erwachte es nicht vor sieben Uhr, als wir ohnehin aufstehen wollten, um auf den See hinauszukommen, wenn die Fische am besten anbeißen. Niemand unterlag, wir alle siegten.

Es ist nicht nur möglich, Methode III bei Babys anzuwenden, es ist wichtig, früh im Leben des Kindes mit ihrer Anwendung zu beginnen. Je eher damit angefangen wird, desto schneller wird das Kind lernen, wie es mit anderen auf wirklich demokratische Weise in Beziehung tritt, die Bedürfnisse anderer respektiert und erkennt, wenn seine eigenen Bedürfnisse respektiert werden.

Bei uns ausgebildete Eltern, nachdem ihre Kinder älter sind und sie mit Methode III bekannt machen, nachdem sie sich an die zwei Macht-Kampf-Methoden gewöhnt haben, haben es stets schwerer als Eltern, die mit der Anwendung von Methode III von Anfang an beginnen.

Ein Vater berichtete in seinem Kursus, daß sein ältester Sohn bei den ersten paar Gelegenheiten, bei denen seine Frau und er es mit Methode III versuchten, sagte: »Was für eine neue psychologische Technik wendet ihr da an, um zu versuchen, uns dahin zu bringen, das zu tun, was *ihr* wollt?« Dieser scharfsichtige Sohn, an die Sieg-Niederlage-Konfliktbewältigung (bei der die Kinder gewöhnlich unterliegen) gewöhnt, fand es schwer, den guten Absichten seiner Eltern und ihrem ehrlichen Wunsch, es mit der Niederlage-losen Methode zu versuchen, Vertrauen entgegenzubringen. Im folgenden Kapitel werde ich modellartig zeigen, wie man es mit derartigem Widerstand bei Teenagern aufnimmt.

Gibt es nicht Zeiten, in denen Methode I angewendet werden muß?

Für diejenigen von uns, die in unserem Programm unterrichten, ist es zum Scherz geworden, daß in fast jedem neuen Kursus einige Eltern die Gültigkeit oder die Grenzen der Methode III durch ein oder zwei Fragen anfechten:

»Was ist denn aber, wenn Ihr Kind vor ein Auto auf die Straße läuft. Müssen Sie dann nicht Methode I anwenden?«
»Was ist denn aber, wenn Ihr Kind eine akute Blinddarmentzündung bekommt? Müssen Sie dann nicht Methode I anwenden, damit es ins Krankenhaus geht?«

Unsere Antwort auf diese beiden Fragen lautet: »Ja, natürlich.« Es gibt Krisensituationen, die sofortiges und entschlossenes Handeln verlangen. *Vor* der Krisensituation allerdings, in der das Kind vor ein Auto läuft oder ins Krankenhaus gebracht werden muß, kann Macht-lose Methode angewendet werden.

Wenn sich ein Kind angewöhnt, auf die Straße zu laufen, kann ein Elternteil zuerst versuchen, mit dem Kind über die Gefahr zu sprechen, die die Autos darstellen; es um das Grundstück herumführen und ihm erzählen, daß alles, was jenseits davon liegt, nicht sicher ist; ihm das Bild eines vom Auto überfahrenen Kindes zeigen, selber mit dem Auto einen Gegenstand kaputtfahren; einen Zaun um das Grundstück errichten oder es ein paar Tage beim Spiel vor dem Haus beobachten und es jedesmal ermahnen, wenn es die Grenzen überschreitet. Selbst wenn ich mir die strafende Einstellung zu eigen machte, würde ich das Leben meines Kindes nicht in der Annahme gefährden, daß die Bestrafung es davon abhalten würde, auf die Straße hinauszulaufen. Ich würde auf jeden Fall zuverlässigere Methoden anwenden wollen.

Bei Kindern, die krank werden und chirurgische Behandlung, Injektionen oder Medizin brauchen, können Macht-lose Methoden ebenfalls außerordentlich wirksam sein. Bei der folgenden Situation mit einer Neunjährigen befanden sie und ihre Mutter sich auf der Fahrt in die Dermatologische Klinik, um mit einer Reihe zweimal wöchentlicher Injektionen gegen ihren Heuschnupfen zu beginnen. Ihre Mutter bediente sich nur aktiven Zuhörens:

Betty (in einem langen Monolog): Ich will diese Spritzen nicht... Wer will schon Spritzen?... Spritzen tun weh... Wahrscheinlich muß ich sie dauernd kriegen... Zweimal die Woche... lieber schnaufe und niese ich... Warum hast du mir das angetan?
Mutter: Hmm - mm
Betty: Mammi, erinnerst du dich, als ich eine Menge Splitter im Knie hatte und hinterher eine Spritze bekam?
Mutter: Ja, ich erinnere mich. Du bekamst eine Tetanusspritze, nachdem der Doktor die Splitter herausgezogen hatte.

Betty: Die Schwester sprach mit mir und sagte, ich sollte mir ein Bild an der Wand ansehen. Auf diese Weise habe ich den Einstich der Nadel überhaupt nicht gemerkt.
Mutter: Manche Schwestern können Spritzen geben, ohne daß man es merkt.
Betty (bei der Ankunft): Da gehe ich nicht hinein.
Mutter (beim Hineingehen über die Schulter): Du würdest wirklich lieber nicht mitkommen.
Betty: (geht mit betonter Langsamkeit hinein).
Die Mutter beschrieb dann das Ergebnis – Betty ging schließlich hinein, hielt die Verabredungen wie vereinbart inne, bekam ihre Injektionen, und die Schwester machte ihr ein Kompliment über ihre Mitwirkung. Bettys Mutter fügte noch folgendes hinzu:
»Früher würde ich ihr einen langen Vortrag über die Notwendigkeit gehalten haben, den Behandlungsplan eines Arztes durchzuführen, oder ich würde ihr erzählt haben, wie sehr mir meine eigenen Allergieinjektionen helfen, oder ich hätte ihr gesagt, daß Injektionen eigentlich nicht sehr weh tun, oder darüber moralisiert, wie glücklich sie ist, keine anderen gesundheitlichen Probleme zu haben, oder ich hätte mich aufgeregt und ihr kurzerhand zu verstehen gegeben, daß sie mit dem Jammern aufhören soll. Bestimmt würde ich ihr keine Gelegenheit gegeben haben, sich der Schwester zu erinnern, die Injektionen gibt, ›daß man nicht einmal den Einstich der Nadel spürt‹.«

»Werde ich nicht den Respekt meiner Kinder verlieren?«
Manche Eltern, besonders Väter, fürchten, daß die Anwendung von Methode III ihre Kinder dazu veranlassen wird, den Respekt vor ihnen zu verlieren. Sie sagen uns:
»Ich habe Angst, daß meine Kinder mit mir machen werden, was sie wollen.«
»Sollten Kinder nicht zu ihren Eltern aufsehen?«
»Ich denke, Kinder sollten die Autorität ihrer Eltern respektieren?«
»Wollen Sie damit sagen, daß Eltern ihre Kinder als ihresgleichen behandeln?«
Manche Eltern sind sich im unklaren über den Ausdruck »Respekt«. Manchmal, wenn sie den Ausdruck gebrauchen, wie zum Beispiel in »meine Autorität respektieren«, meinen sie in Wirklichkeit, ohne das vielleicht zugeben zu können, »fürchten«. Sie haben Sorge, daß

ihre Kinder die Furcht vor den Eltern verlieren und dann nicht gehorchen, oder den Bemühungen, sie zu kontrollieren, Widerstand leisten. Mit dieser Definition konfrontiert, haben manche Eltern gesagt: »Nein, das meine ich nicht - ich möchte, daß sie mich wegen meiner Fähigkeiten, meines Wissens usw. respektieren. Ich würde wirklich nicht wollen, daß sie mich fürchten.«

Diese Eltern fragen wir dann: »Wie kommen *Sie* dazu, einen anderen Erwachsenen wegen *seiner* Fähigkeiten und *seinem* Wissen zu respektieren?« Die Antwort lautet gewöhnlich: »Nun, er wird seine Fähigkeiten bewiesen haben - irgendwie wird er sich *meinen Respekt erworben* haben.«

Im allgemeinen wird diesen Eltern klar, *daß auch sie sich den Respekt ihrer Kinder erwerben müssen*, indem sie ihr Können oder ihr Wissen beweisen.

Wenn sie es sich richtig überlegen, wissen die meisten Eltern, daß sie den Respekt eines anderen nicht verlangen können - sie müssen ihn sich erwerben. Wenn ihr Wissen und ihre Fähigkeiten Respekt verdienen, werden ihre Kinder sie respektieren. Andernfalls werden sie es nicht tun.

Eltern, die sich ehrliche Mühe gegeben haben, die Sieg-Niederlage-Methode durch Methode III zu ersetzen, entdecken im allgemeinen, daß ihre Kinder eine neue Art von Respekt für sie entwickelt haben - keinen Respekt, der auf Furcht beruht, sondern einen, der auf einer Veränderung in ihrer Vorstellung von dem *Elternteil als Person* basiert.

Ein Schulleiter schrieb mir den folgenden erschütternden Brief:

»Am besten kann ich Ihnen sagen, was das Elterliche Erfolgstraining in meinem Leben bedeutet hat, wenn ich Ihnen erzähle, daß meine Stieftochter mich von dem Augenblick meines Auftauchens an nicht mochte; sie war damals zweieinhalb Jahre alt. Das traf mich wirklich tief - ihre Geringschätzung. Kinder mögen mich im allgemeinen - nicht so Claudia. Ich begann, sie abzulehnen - ja, sie zu verabscheuen. Das ging so weit, daß ich einmal frühmorgens einen Traum hatte, in dem meine Empfindungen für sie so antagonistisch, so ablehnend waren, daß die Intensität der negativen Empfindungen mich mit einem Schock aufweckten. Da wußte ich, daß ich Hilfe brauchte. Ich ging zu einem Psychotherapeuten. Die Therapie verhalf mir zu einer gewissen Entspannung, aber Claudia mochte mich immer noch nicht. Sechs Monate nach der Psychothera-

pie – Claudia war inzwischen zehn Jahre alt – nahm ich an Ihrer Ausbildung teil und begann später, darin zu unterrichten. Innerhalb eines Jahres bestand zwischen Claudia und mir eine so fruchtbare Beziehung, wie ich es mir nur wünschen und träumen konnte. Sie ist jetzt dreizehn Jahre alt. Wir respektieren einander, wir mögen einander, wir lachen, streiten, spielen, arbeiten und weinen gelegentlich miteinander. Meine ›Promotionsurkunde‹ erhielt ich vor etwa einem Monat von Claudia. Unsere Familie aß in einem chinesischen Restaurant. Während wir unsere Glückskuchen öffneten, las Claudia schweigend den in ihrem Kuchen enthaltenen Zettel und reichte ihn mir dann mit den Worten: ›Dieser sollte für dich sein, Vater.‹ Er lautete: ›Du wirst glücklich in deinen Kindern sein und sie in dir.‹ Sehen Sie, ich habe Grund, Ihnen für die Ausbildung zu danken.«

Claudias Respekt für ihren Stiefvater, dem würden die meisten Eltern bereitwillig zustimmen, ist die Art von Respekt, die sie sich *in Wahrheit* von ihren Kindern wünschen. Methode III veranlaßt Kinder dazu, den auf Furcht beruhenden »Respekt« zu verlieren. Was aber hat ein Elternteil verloren, wenn er statt dessen eine weit bessere Art von Respekt erworben hat?

13. Die praktische Anwendung der »Niederlage-losen« Methode

Selbst nachdem Eltern davon überzeugt worden sind, mit der Anwendung der Niederlage-losen Methode beginnen zu wollen, stellen sie Fragen danach, wie man damit anfängt. Zudem stoßen manche Eltern im Anfang auf Schwierigkeiten. Hier sind einige Hinweise, wie man anfängt, wie man einige der verbreitetsten Probleme behandelt, denen Eltern begegnen, und wie man ärgerliche Konflikte bewältigt, die *unter Kindern* entstehen.

Wie beginnt man?

Eltern, die den größten Erfolg gehabt haben, mit der Niederlage-losen Methode zu beginnen, nehmen unseren Rat ernst, sich mit ihren Kindern zusammenzusetzen und ihnen zu erklären, um was es sich bei der Methode handelt. Vergessen sie nicht, die meisten Kinder sind mit dieser Methode ebensowenig vertraut wie die Eltern. Daran gewöhnt, daß Konflikte mit den Eltern durch Methode I oder Methode II bewältigt werden, muß man ihnen sagen, inwieweit sich Methode III davon unterscheidet.

Manche Eltern haben das gleiche Diagramm wie ihre Ausbildungsleiter verwendet. Sie zeichnen alle drei Methoden auf und beschreiben die Unterschiede. Sie geben zu, häufig auf Kosten der unterliegenden Kinder gesiegt zu haben und umgekehrt. Dann geben sie ihrer Ungeduld, von den Sieg-Niederlage-Methoden abzukommen und es mit der Niederlage-losen Methode zu versuchen, rückhaltslos Ausdruck.

Kinder werden durch eine derartige Einführung gewöhnlich mitgerissen. Sie sind neugierig, Methode III kennenzulernen, und begierig, sie auszuprobieren. Manche Eltern erklären zuerst, an einem Kursus in »effektiverer Elternschaft« teilgenommen zu haben und daß diese neue Methode zu den Dingen gehört, die sie jetzt gern ausprobieren würden. Dieser Auftakt ist natürlich für Kinder unter drei Jahren nicht geeignet. Bei ihnen beginnen Sie einfach ohne diese Erklärung.

Die sechs Schritte der Niederlage-losen Methode

Es hat den Eltern geholfen, wenn sie verstehen, daß die Niederlage-lose Methode eigentlich aus sechs einzelnen Schritten besteht. Wenn die Eltern diesen sechs Schritten folgen, machen sie mit sehr viel größerer Wahrscheinlichkeit erfolgreiche Erfahrungen:

1. Schritt: Den Konflikt identifizieren und definieren.
2. Schritt: Mögliche Alternativlösungen entwickeln.
3. Schritt: Die Alternativlösungen kritisch bewerten.
4. Schritt: Sich für die beste annehmbare Lösung entscheiden.
5. Schritt: Wege zur Ausführung der Lösung ausarbeiten.
6. Schritt: Spätere Untersuchung, um zu beurteilen, wie sie funktionierte.

Es gibt ein paar entscheidende Punkte, die im Zusammenhang mit jedem dieser Schritte verstanden werden müssen. Wenn Eltern diese entscheidenden Punkte verstehen und anwenden, vermeiden sie viele Schwierigkeiten und Irrtümer. Obgleich manche »schnellen« Konflikte geklärt werden, ohne alle Schritte zu durchlaufen, ist es für die Eltern besser, wenn sie verstehen, um was es in jedem Stadium geht.

1. Schritt: Den Konflikt identifizieren und definieren

Das ist die entscheidende Phase, wenn die Eltern wollen, daß das Kind miteinbezogen wird. Sie müssen seine Aufmerksamkeit gewinnen und sich dann seiner Bereitschaft versichern, am Problemlösen teilzunehmen. Ihre diesbezüglichen Chancen sind viel größer, wenn sie daran denken.

1. Eine Zeit zu wählen, in der das Kind nicht beschäftigt oder in Anspruch genommen ist oder irgendwohin geht, so daß es sich nicht sträubt oder darüber ärgert, unterbrochen oder aufgehalten zu werden.
2. Ihm klar und präzise zu sagen, daß es einen Konflikt gibt, der gelöst werden muß. Reden Sie nicht drum herum und seien Sie nicht zaghaft mit so wirkungslosen Feststellungen wie: »Möchtest du ein Problem lösen?« oder »Ich glaube, es wäre gut, wenn wir das zu klären versuchten«.
3. Dem Kind unmißverständlich und so leidenschaftlich wie Sie fühlen genau zu sagen, welche Empfindungen Sie haben, welche Ihrer Bedürfnisse nicht befriedigt werden oder was Sie beunruhigt. Dabei ist entscheidend, »Ich-Botschaften« zu senden: »*Ich* bin ärger-

lich gewesen, zu sehen, wie die Küche, die ich so mühselig saubergemacht habe, im Anschluß an deine Mahlzeit nach der Schule wieder ganz schmutzig wird«, oder: »*Ich* mache mir Sorgen darum, daß mit meinem Auto etwas passiert und du verletzt wirst, wenn du weiter die Geschwindigkeitsbegrenzungen überschreitest«, oder: »*Ich* empfinde es *mir* gegenüber als ungerecht, wenn ich so viel Arbeit im Haus tun muß und ihr Kinder könntet mir dabei helfen.«

4. Botschaften zu vermeiden, die das Kind herabsetzen oder beschuldigen, zum Beispiel: »Ihr Kinder seid unordentlich in der Küche gewesen«, »Du gehst mit meinem Auto leichtsinnig um«, »Ihr Kinder führt euch hier zu Hause wie eine Bande von Schnorrern auf«.
5. Ganz deutlich zu machen, daß es Ihr Wunsch ist, daß sie sich mit Ihnen zusammen an der Suche nach einer für *beide Seiten* annehmbaren Lösung beteiligen, einer Lösung, »mit der wir alle leben können«, bei der keiner unterliegt und beider Bedürfnisse befriedigt werden. Es ist entscheidend, daß die Kinder an die Aufrichtigkeit Ihres Wunsches glauben, eine Niederlage-lose Lösung zu finden. Sie müssen wissen, »der Name des Spiels« heißt Methode III, Niederlage-los, und nicht mehr Sieg-Niederlage in einer neuen Verkleidung.

2. Schritt: Mögliche Lösungen entwickeln
Der Schlüssel zu dieser Phase ist eine *Vielzahl von Lösungen*. Der Elternteil kann vorschlagen: »Was könnten wir zum Beispiel tun?«, »Wir wollen uns mögliche Lösungen überlegen«, »Laßt uns zusammen überlegen und mögliche Lösungen finden«, »Es muß viele verschiedene Möglichkeiten geben, dieses Problem zu lösen«. Dabei werden diese zusätzlichen entscheidenden Punkte helfen:
1. Versuchen Sie zuerst, von den Kindern Lösungen zu bekommen - Ihre eigenen können Sie später beisteuern. (Jüngeren Kindern fallen anfänglich vielleicht keine Lösungen ein.)
2. Äußerst wichtig: keine der vorgeschlagenen Lösungen bewerten, beurteilen oder herabsetzen. Dafür wird in der nächsten Phase Zeit sein. Akzeptieren Sie *alle Ideen* für Lösungen. Bei komplexen Ideen möchten Sie sie vielleicht aufschreiben. Bewerten oder beurteilen Sie Lösungen nicht einmal als »gut«, denn das könnte andeuten, daß andere auf der Liste weniger gut sind.

3. Versuchen sie an diesem Punkt, keinerlei Bemerkungen zu machen, aus denen hervorgeht, daß eine der vorgeschlagenen Lösungen unannehmbar für sie sein würde.
4. Wenn Sie die Niederlage-lose Methode bei einem Problem anwenden, in das mehrere Kinder verwickelt sind, und eines von ihnen schlägt keine Lösung vor, müssen Sie es vielleicht zu einem Beitrag ermuntern.
5. Fahren Sie fort, auf Alternativlösungen zu drängen, bis es aussieht, als ob keine mehr vorgeschlagen werden.

3. Schritt: Die Alternativlösungen kritisch bewerten

In dieser Phase ist es berechtigt, mit der kritischen Bewertung der vorgeschlagenen Lösungen zu beginnen. Der Elternteil kann sagen: »Also gut, welche dieser Lösungen sieht nach der besten aus?« oder: »Nun wollen wir mal sehen, welche Lösung die zu sein scheint, die wir wollen«, oder: »Was halten wir von all den verschiedenen Lösungen, die uns eingefallen sind?« oder: »Ist irgendeine besser als die andere?«

Im allgemeinen werden die Lösungen durch Streichung derjenigen, die entweder für Elternteil oder Kinder (aus was für Gründen immer) unannehmbar sind, auf eine oder zwei eingeengt. In diesem Stadium dürfen die Eltern nicht vergessen, ihre eigenen Empfindungen ehrlich zuzugeben - »Das würde mir nicht gefallen«, oder: »Das würde meine Bedürfnisse nicht befriedigen«, oder: »Ich glaube, diese Lösung wäre mir gegenüber ungerecht.«

4. Schritt: Sich für die beste Lösung entscheiden

Diese Stufe ist nicht so schwer zu bewältigen, wie Eltern oft denken. Wenn man sich an die vorangegangenen Schritte gehalten hat und der Austausch von Gedanken und Reaktionen offen und ehrlich gewesen ist, ergibt sich eine unbestreitbar überlegene Lösung oft ganz von selbst aus der Diskussion. Manchmal hat entweder der Elternteil oder das Kind eine sehr kreative Lösung vorgeschlagen, die offensichtlich die beste ist - und auch für jeden annehmbar.

Einige Tips, um zu einer endgültigen Lösung zu gelangen:
1. Fahren Sie fort, die übrigen Lösungen im Hinblick auf die Empfindungen der Kinder durch Fragen zu testen wie: »Mit dieser Lösung würdet ihr also einverstanden sein?«, »Sind wir mit die-

ser Lösung alle zufrieden?«, »Glaubt ihr, daß das unser Problem lösen würde?«, »Wird das funktionieren?«
2. Betrachten Sie keine Entscheidung als notwendigerweise endgültig und unmöglich zu ändern. Sie können sagen: »Also gut, laßt uns diese Lösung ausprobieren und sehen, ob sie funktioniert«, oder: »Wir scheinen dieser Lösung alle zuzustimmen - wir wollen anfangen, sie in die Tat umzusetzen und sehen, ob unsere Probleme wirklich durch sie gelöst werden«, oder: »Ich bin bereit, sie zu akzeptieren; würdet ihr bereit sein, es auf einen Versuch ankommen zu lassen?«
3. Wenn die Lösung eine Reihe von Punkten umfaßt, ist es eine gute Idee, sie aufzuschreiben, damit sie nicht vergessen werden.
4. Überzeugen Sie sich davon, daß klar verstanden worden ist, daß jeder die Verpflichtung eingeht, die Entscheidung durchzuführen: »Gut, wir sind uns alle darin einig«, oder: »Wir sind uns jetzt darüber klar, das ist unsere Abmachung, und wir sagen, daß wir uns an unseren Teil des ›Vertrags‹ halten werden.«

5. Schritt: Die Entscheidung ausführen

Nachdem eine Entscheidung getroffen worden ist, besteht häufig die Notwendigkeit, bis ins einzelne genau auszumachen, wie sie ausgeführt werden wird. Elternteil und Kinder müssen sich vielleicht damit beschäftigen: »*Wer* soll *was* bis *wann* tun?« oder: »Was brauchen wir nun, um das auszuführen?« oder: »Wann fangen wir an?«

Fragen, die bei Konflikten über häusliche und andere Arbeiten nicht selten diskutiert werden müssen, sind »Wie oft?«, »An welchen Tagen?« und »Was ist der verlangte Leistungsstandard?«

Bei Konflikten über die Schlafenszeit möchte eine Familie vielleicht darüber diskutieren, wer die Uhr im Auge behalten und die Zeit ansagen wird.

Bei Konflikten über die Ordnung in den Zimmern der Kinder muß vielleicht die Frage »wie ordentlich« untersucht werden.

Entscheidungen erfordern manchmal Einkäufe, wie eine Tafel als Nachrichtenzentrum, einen Wäschebeutel für das Kind, ein neues Bügeleisen für die Tochter, usw. In diesen Fällen mag es notwendig sein, zu klären, wer einkauft oder auch, wer zu bezahlen hat.

Fragen der Ausführung schiebt man am besten auf, bis eine klare Einigung über die endgültige Entscheidung besteht. Unsere Erfahrung besagt: wenn die endgültige Entscheidung einmal getroffen worden ist, werden Fragen der Ausführung gewöhnlich ziemlich leicht geklärt.

6. Schritt: Nachfolgende kritische Bewertung

Nicht alle ursprünglichen, aus der Niederlage-losen Methode hervorgehenden Entscheidungen stellen sich als gut heraus. Dementsprechend müssen Eltern manchmal bei dem Kind rückfragen und sich erkundigen, ob es noch einverstanden mit der Entscheidung ist. Kinder legen sich oft auf eine Entscheidung fest, die sich später als schwer ausführbar erweist. Oder ein Elternteil findet es vielleicht aus einer Reihe von Gründen schwer, seinen Vertrag einzuhalten. Vielleicht möchten Eltern nach einiger Zeit mit: »Wie funktioniert unsere Entscheidung?«, »Bist du noch mit unserer Entscheidung zufrieden?« Rückfrage halten. Das tut Kindern Ihr Interesse an ihren Bedürfnissen kund.

Manchmal bringt eine Weiterverfolgung Informationen zutage, die die Modifizierung der ursprünglichen Entscheidung notwendig machen. Oder es stellt sich als unmöglich heraus, am Wochenende abends um elf Uhr nach Hause zu kommen, wenn die Kinder eine Kinovorstellung mit zwei Filmen besuchen. Eine Familie entdeckte, daß ihre Macht-lose Klärung des Problems der häuslichen Pflichten von ihrer jüngsten Tochter, die sich bereit gefunden hatte, nach dem Abendessen abzuwaschen, in der Woche durchschnittlich fünf bis sechs Stunden Arbeit verlangte, während die ältere Tochter, deren Aufgabe darin bestand, einmal wöchentlich das gemeinsame Badezimmer und das Spielzimmer sauberzumachen, nur drei Stunden in der Woche zu arbeiten brauchte. Das schien der Jüngsten gegenüber ungerecht, darum wurde die Entscheidung nach zwei Wochen Probezeit modifiziert.

Natürlich durchlaufen nicht alle Sitzungen zur Macht-losen Problembewältigung planmäßig alle sechs Schritte. Manchmal werden Konflikte bewältigt, nachdem nur eine Lösung vorgeschlagen worden ist. Manchmal platzt irgendeiner beim dritten Schritt, wenn die vorher vorgeschlagenen Lösungen bewertet werden, mit der endgültigen Lösung heraus. Nichtsdestoweniger macht es sich bezahlt, an die sechs Schritte zu denken.

Die Notwendigkeit für aktives Zuhören und »Ich-Botschaften«

Weil die Macht-lose Methode die beteiligten Parteien dazu nötigt, sich zum Problemlösen zusammenzutun, ist effektive Kommunikation eine Voraussetzung. Demzufolge müssen sich die Eltern sehr auf aktives Zuhören verlegen und deutliche »Ich-Botschaften« senden. Eltern, die diese Fähigkeiten nicht gelernt haben, haben mit der Macht-losen Methode selten Erfolg.

Aktives Zuhören ist erforderlich, erstens, weil Eltern die Empfindungen und Bedürfnisse ihrer Kinder verstehen müssen. Was wollen sie? Warum bestehen sie darauf, etwas zu wollen, auch nachdem sie wissen, daß es für ihre Eltern unannehmbar ist? Welche Bedürfnisse veranlassen sie, sich auf bestimmte Weise zu verhalten?

Warum sträubt sich Renate dagegen, in die Vorschule zu gehen? Warum will Jane den karierten Regenmantel nicht tragen? Warum weint Fred und wehrt sich gegen seine Mutter, wenn sie ihn beim Babysitter absetzt? Worin bestehen die Bedürfnisse meiner Tochter, die es für sie so wichtig machen, die Sommerferien am Strand zu verbringen?

Aktives Zuhören ist ein wirkungsvolles Instrument, um einem Kind dabei zu helfen, sich zu eröffnen und seine wirklichen Bedürfnisse und wahren Empfindungen kundzutun. Wenn diese von den Eltern verstanden werden, ist es oft ein einfacher nächster Schritt, sich einen Weg zur Befriedigung dieser Bedürfnisse einfallen zu lassen, der kein für den Elternteil unannehmbares Verhalten mit sich bringen wird.

Da heftige Empfindungen - seitens der Eltern sowie seitens der Kinder - im Verlauf der Problemlösung auftreten können, ist aktives Zuhören von entscheidender Bedeutung und hilft, Empfindungen freizusetzen und sie zu zerstreuen, so daß mit effektivem Problemlösen fortgefahren werden kann.

Schließlich ist aktives Zuhören ein wichtiger Weg, um Kinder wissen zu lassen, daß die von ihnen vorgeschlagenen Lösungen verstanden und akzeptiert sind als in gutem Glauben gemachte Vorschläge, und daß alle ihre vorgeschlagenen Lösungen betreffenden Gedanken und Bewertungen gewünscht und akzeptiert sind.

»Ich-Botschaften« sind im Niederlage-losen Verfahren entscheidend, damit die Kinder wissen, wie der Elternteil empfindet, ohne dabei den Charakter des Kindes anzuzweifeln oder es durch Beschuldigungen und Beschämungen herabzusetzen. »Du-Botschaften« in der

Konfliktbewältigung provozieren gewöhnlich »Gegen-Du-Botschaften« und führen dazu, daß die Diskussion in ein unproduktives Wortgefecht ausartet, bei dem die streitenden Parteien darin wetteifern, zu sehen, wer den anderen am besten mit Beleidigungen verwunden kann.

»Ich-Botschaften« müssen auch gebraucht werden, um die Kinder wissen zu lassen, daß *Eltern* Bedürfnisse haben und es ihnen ernst damit ist, dafür zu sorgen, daß diese Bedürfnisse nicht ignoriert werden, allein weil das Kind seine Bedürfnisse hat. »Ich-Botschaften« geben zu verstehen: »Ich bin ein Mensch mit Bedürfnissen und Empfindungen«, »Ich habe ein Recht darauf, mein Leben zu genießen«, »Ich habe Rechte in unserer Familie«.

Der erste Macht-lose Versuch

In unseren Kursen wird den Eltern geraten, daß ihre erste Machtlose Problemlösungs-Sitzung wahrscheinlich besser irgendwelche lange bestehenden Konflikte aufgreifen sollte anstatt einen unmittelbareren und entzündlicheren. Bei dieser ersten Sitzung ist es auch klug, den Kindern Gelegenheit zu geben, irgendwelche Probleme zu identifizieren, die sie beunruhigen. So könnte der erste Versuch einer Macht-losen Konfliktbewältigung durch einen Elternteil etwa dargestellt werden:

»Da wir jetzt alle verstanden haben, was Macht-loses Problemlösen (oder Methode III) ist, wollen wir damit anfangen, einige Konflikte aufzuführen, die wir in unserer Familie haben. Zuerst einmal, welche Probleme haben wir nach Ansicht von euch Kindern? Welche Probleme würdet ihr gerne geklärt sehen? Welche Situationen machen euch Kindern Ärger?«

Der Vorteil, mit von den Kindern identifizierten Problemen zu beginnen, liegt auf der Hand. Erstens sind die Kinder begeistert, zu sehen, daß diese neue Methode zu ihrem Nutzen funktionieren kann. Zweitens bewahrt es sie vor der irrigen Annahme, daß die Eltern auf einen neuen Einfall gekommen sind, um nur ihre eigenen Bedürfnisse zu befriedigen. Eine Familie, die so begann, endete mit einer Liste von Beschwerden gegen das Verhalten ihrer Mutter:

Mutter geht nicht oft genug zum Einkaufen, um Lebensmittelvorräte im Haus zu haben.

Mutter hängt ihre Unterwäsche und Strümpfe im Badezimmer zum Trocknen auf und läßt nicht genug Platz für die Kinder.

Mutter sagt den Kindern oft nicht, wann sie nach der Arbeit heimkommt, um das Essen zu kochen.
Mutter verlangt vom Sohn (dem ältesten) zu oft, daß er seine zwei Schwestern chauffiert.
Nachdem sie ihre Beschwerden aufgeführt hatten, waren diese Teenager sehr viel empfänglicher dafür, einige der Probleme anzuhören, die die Mutter in bezug auf ihr Verhalten hatte.
Manchmal tut eine Familie klug daran, zu Beginn über die Grundregeln zu sprechen, deren es vielleicht bedarf, um eine effektive Macht-lose Problembewältigungs-Sitzung abzuhalten. Die Eltern können vorschlagen, daß alle sich verpflichten, nur einen sprechen zu lassen, ohne ihn zu unterbrechen. Es sollte unmißverständlich festgestellt werden, daß nicht abgestimmt werden soll - man sucht nach einer für alle annehmbaren Lösung. Kommen Sie überein, aus dem Zimmer zu gehen, wenn zwei der Beteiligten einen Konflikt klären, der die anderen nicht betrifft. Einigen Sie sich darauf, während des Problemlösens auf Raufereien zu verzichten. Eine Familie vereinbarte sogar, daß sie während ihrer Problemlöse-Konferenzen nicht ans Telefon gehen würden. Viele Familien haben den Gebrauch einer Tafel oder eines Notizblocks als Hilfe bei komplizierten Problemen nützlich gefunden.

Probleme, denen Eltern begegnen werden

Eltern machen bei dem Versuch, die neue Methode in die Praxis umzusetzen, häufig Fehler, und auch die Kinder brauchen Zeit, Konflikte ohne Machtanwendung lösen zu lernen, insbesondere Jugendliche, die jahrelange Erfahrungen mit Sieg-Niederlage-Methoden gehabt haben. Beide, Eltern *und* ihre Sprößlinge, müssen sich von manchen Verhaltensmustern trennen und einige neue lernen, und das funktioniert natürlich nicht immer glatt. Von den Eltern in unseren Kursen haben wir gelernt, welche Fehler am häufigsten gemacht werden und worin die verbreitetsten Probleme bestehen:

ANFÄNGLICHER ARGWOHN UND WIDERSTAND

Manche Eltern stoßen auf Widerstand gegen die Macht-lose Methode - und zwar stets, wenn die Kinder an jahrelangen, fortgesetzten Machtkampf mit den Eltern gewöhnte Teenager sind. Sie berichten:
»Jan lehnt es einfach ab, sich mit uns zusammenzusetzen.«

»Bernt wurde böse und verließ das Zimmer, nur weil er seinen Willen nicht durchsetzte.«
»Daniel saß einfach in mürrischem Schweigen da.«
»Klaus sagte, wir würden ja doch wie gewöhnlich unseren Willen bekommen.«
Am besten werden Eltern mit derartigem Argwohn und Widerstand fertig, wenn sie nicht auf der unmittelbaren Lösung des Problems bestehen und versuchen, mit Einfühlsamkeit zu verstehen, was das Kind *eigentlich* sagt. Aktives Zuhören ist das beste Instrument, um dahinterzukommen. Es ermutigt die Kinder vielleicht, mehr über ihre Empfindungen zu sagen. Wenn sie es tun, ist es ein Fortschritt, denn im Anschluß an die Äußerung ihrer Empfindungen werden diese Kinder oft mit der Problemlösung selber beginnen. Bleiben sie in sich zurückgezogen und nicht bereit zur Beteiligung, werden Eltern ihre eigenen Empfindungen senden wollen - natürlich als »Ich-Botschaften«.
»Ich will in dieser Familie nicht mehr meine Macht gebrauchen, aber ich will mich auch nicht der euren unterwerfen.«
»Es ist uns wirklich ernst damit, eine Lösung zu finden, die du akzeptieren kannst.«
»Wir versuchen weder, dich zum Nachgeben zu zwingen - noch wollen wir nachgeben.«
»Wir sind es müde, Streit in dieser Familie zu haben. Auf diese neue Art glauben wir, unsere Konflikte bewältigen zu können.«
»Wir möchten so gerne, daß du einen Versuch damit machst. Wir sind sicher, es wird funktionieren.«
Gewöhnlich beseitigen diese Botschaften erfolgreich Argwohn und Widerstand. Wenn nicht, können die Eltern das Problem einfach ein oder zwei Tage ungelöst lassen und es dann wieder mit der Macht-losen Methode versuchen.
Wir sagen den Eltern: »Erinnern Sie sich einfach daran, wie skeptisch und mißtrauisch Sie waren, als Sie uns im Kursus zum erstenmal über die Macht-lose Methode sprechen hörten. Das hilft Ihnen vielleicht, die erste skeptische Reaktion Ihrer Kinder zu verstehen.«

»WENN WIR NUN KEINE ANNEHMBARE LÖSUNG FINDEN?«
Das ist eine der häufigsten Befürchtungen der Eltern. Wenngleich sie in manchen Fällen gerechtfertigt ist, gelangen überraschend wenige Macht-lose Konfliktbewältigungs-Sitzungen zu keiner an-

nehmbaren Lösung. Gerät eine Familie in eine solche Sackgasse oder an so einen toten Punkt, dann gewöhnlich deshalb, weil Eltern und Kinder sich noch in einer von Sieg-Niederlage und Machtkampf bestimmten Gemütsverfassung befinden.

Unser Rat an die Eltern lautet: Versuchen Sie in solchen Fällen alles, was Ihnen nur einfällt. Zum Beispiel:

1. Weitersprechen.
2. Zum zweiten Schritt zurückkehren und weiter Lösungen entwickeln.
3. Halten Sie den Konflikt bis zu einer zweiten Sitzung am folgenden Tag in der Schwebe.
4. Äußern Sie eindringliche Bitten, wie: »Kommt, es muß doch eine Möglichkeit zur Lösung geben«, »Wir wollen uns wirklich Mühe geben, eine annehmbare Lösung zu finden«, »Haben wir schon alle möglichen Lösungen untersucht?« »Wir wollen uns noch größere Mühe geben«.
5. Decken Sie die Schwierigkeit auf und versuchen Sie festzustellen, ob irgendein unter der Oberfläche liegendes Problem oder ein »verborgener Punkt« den Fortgang hindert. Sie könnten sagen: »Ich möchte wissen, was hier los ist, das uns davon abhält, eine Lösung zu finden?« »Ärgern uns vielleicht noch andere Dinge, die wir nicht zur Sprache gebracht haben?«

Einer oder mehrere dieser Versuche funktionieren gewöhnlich, und das Problemlösen wird wieder aufgenommen.

RÜCKKEHR ZUR METHODE I, WENN MAN MIT METHODE III NICHT WEITERKOMMT?

»Wir haben es mit der Macht-losen Methode versucht und nichts erreicht. Darum mußten meine Frau und ich energisch werden und die Entscheidung treffen.«

Manche Eltern sind versucht, zu Methode I zurückzukehren. Das hat meistens recht ernste Konsequenzen. Die Kinder sind verstimmt; sie haben das Gefühl, zu dem Glauben verleitet worden zu sein, daß ihre Eltern es mit einer neuen Methode versuchten, und wenn es das nächstemal mit der Macht-losen Methode versucht wird, werden sie noch argwöhnischer und ungläubiger sein.

Es wird Eltern dringend geraten, nicht zu Methode I zurückzukehren. Nicht minder verhängnisvoll ist es, zu Methode II zurückzukehren und die Kinder siegen zu lassen, denn wenn es das nächstemal mit der Macht-losen Methode wird, werden sie darauf vorbereitet sein weiterzukämpfen, bis sie wieder ihren Willen durchsetzen.

SOLL IN DIE ENTSCHEIDUNG EINE STRAFE EINGEBAUT SEIN?
Eltern in unseren Kursen haben berichtet, daß sie (oder die Kinder), nachdem eine Macht-lose Entscheidung erreicht worden war, in die Vereinbarungen Sühnen oder Strafen einbauten, die zur Anwendung kommen, wenn die Kinder sich nicht an ihre Abmachungen hielten.
Meine frühere Reaktion auf diese Berichte bestand in dem Hinweis, daß gemeinsam festgesetzte Sühnen und Strafen in der Ordnung sein können, *wenn sie sich auch auf die Eltern erstrecken,* sollten *diese* ihren Teil des Vertrages nicht erfüllen. Heute denke ich anders über diese Frage.
Es ist besser, wenn die Eltern Sühnen und Strafen für das Versäumnis, eine Abmachung einzuhalten oder eine Methode-III-Entscheidung auszuführen, vermeiden. Erstens werden die Eltern den Kindern zu verstehen geben wollen, daß Bestrafung überhaupt nicht mehr angewendet wird, selbst wenn die Kinder sie anregen, wie es häufig der Fall ist. Zweitens ist mit Vertrauen - Vertrauen in die guten Absichten der Kinder und in ihre Integrität - mehr gewonnen. Die Kinder sagen zu uns: »Wenn ich das Gefühl habe, daß man mir vertraut, bin ich weniger geneigt, das Vertrauen zu enttäuschen. Habe ich aber das Gefühl, meine Eltern oder ein Lehrer vertrauen mir nicht, könnte ich ebensogut weitermachen und das tun, was sie bereits von mir erwarten. Ihrer Meinung nach bin ich schon schlecht. Ich bin bereits unterlegen, warum es also nicht gleich tun?«
Bei der Niederlage-losen Methode sollten Eltern einfach *annehmen, daß die Kinder die Entscheidung ausführen werden.* Das ist ein Bestandteil der neuen Methode - Vertrauen ineinander, Vertrauen in das Einhalten von Verpflichtungen, Versprechen halten, sich an seinen Teil des Vertrags halten. Jegliche Erwähnung von Sühne und Strafen verrät zwangsläufig Mißtrauen, Verdacht, Zweifel, Pessimismus. Das soll nicht heißen, daß Kinder sich *immer* an ihre Abmachungen halten werden. Sie werden es nicht tun. Es heißt nur, daß Eltern *annehmen* sollen, daß sie es tun werden. »Unschuldig, bis die Schuld erwiesen ist«, oder: »Verantwortungsbewußt, bis

die Verantwortungslosigkeit erwiesen ist«, lautet der Grundsatz, den wir empfehlen.

Wenn Vereinbarungen gebrochen werden

Es ist fast unvermeidlich, daß sich Kinder manchmal nicht an ihre Verpflichtungen halten werden. Hier sind einige Gründe dafür:
1. Vielleicht entdecken sie, daß sie eine Verpflichtung eingegangen sind, deren Ausführung zu schwer für sie ist.
2. Sie haben einfach nicht viel Erfahrung darin gehabt, selbstdiszipliniert und selbstbestimmend zu sein.
3. Bisher haben sie sich in bezug auf Disziplin und Kontrolle auf die elterliche Macht verlassen.
4. Sie haben sie vielleicht vergessen.
5. Vielleicht testen sie die Macht-lose Methode - testen, ob Vater und Mutter wirklich meinen, was sie sagen; testen, ob Kinder damit durchkommen können, ihr Versprechen zu brechen.
6. Sie haben sich seinerzeit vielleicht nur deswegen mit der Entscheidung einverstanden erklärt, weil sie der unbequemen Problemlöse-Sitzung müde wurden.

Alle diese Gründe sind von unseren Eltern als Gründe dafür angegeben worden, daß Kinder es versäumten, sich an ihre Verpflichtungen zu halten.

Wir lehren die Eltern, jeden Jugendlichen, der eine Vereinbarung nicht eingehalten hat, direkt und offen zu konfrontieren. Der Schlüssel besteht darin, dem Kind eine »Ich-Botschaft« zu senden - keine Beschuldigung, keine Herabsetzung, keine Drohung. Die Konfrontation sollte auch so bald wie möglich stattfinden, zum Beispiel so:

»Ich bin enttäuscht darüber, daß du dich nicht an deine Abmachung gehalten hast.«

»Es überrascht mich, daß du deinen Teil des Vertrages nicht eingehalten hast.«

»Hör mal, Jimmy, ich finde es nicht fair mir gegenüber, daß ich mich an meinen Teil des Vertrages gehalten habe, aber du dich nicht an den deinen.«

»Ich dachte, wir hätten vereinbart, zu ... und nun stelle ich fest, daß du deinen Teil nicht erledigt hast. Das gefällt mir nicht.«

»Ich hatte gehofft, wir hätten unser Problem gelöst, und jetzt ärgere ich mich darüber, daß wir es anscheinend nicht gelöst haben.«

Solche »Ich-Botschaften« werden bei dem Jugendlichen irgendeine Reaktion hervorrufen, die Ihnen vielleicht etwas mehr sagt und hilft, die Gründe zu verstehen. Das wiederum ist der Augenblick zu aktivem Zuhören. Immer jedoch muß der Elternteil am Ende klarmachen, daß bei der Niederlage-losen Methode von jedem Selbstverantwortung und Zuverlässigkeit erwartet werden. Es wird *erwartet*, daß die Verpflichtungen eingehalten werden: »Wir spielen hier kein Spiel – wir versuchen ernsthaft, einer des anderen Bedürfnisse zu berücksichtigen.«

Das mag echte Disziplin, echte Integrität, echte *Arbeit* verlangen. Je nach den Gründen, warum das Kind sein Wort nicht hielt, finden die Eltern vielleicht, daß »Ich-Botschaften« wirksam sind; daß sie das Problem erneut aufnehmen und eine bessere Lösung finden müssen; oder schließlich, daß sie dem Kind behilflich sein wollen, Wege zu finden, die ihm dabei helfen, sich zu erinnern.

Wenn ein Jugendlicher vergißt, können die Eltern die Frage aufwerfen, was er tun könnte, um das nächstemal daran zu denken. Braucht er eine Uhr, einen Wecker, eine Notiz für sich selbst, eine Nachricht am Schwarzen Brett, den berühmten Knoten im Taschentuch, einen Kalender, ein Zeichen in seinem Zimmer?

Sollen die Eltern den Jugendlichen erinnern? Sollen sie die Verantwortung dafür übernehmen, ihm zu sagen, wann er das tun muß, wozu er sich bereit erklärt hat? *Unter keinen Umständen,* sagen wir. Abgesehen von der Unannehmlichkeit für die Eltern, hat es den Effekt, das Kind abhängig zu halten, die Entwicklung seiner *Selbst*disziplin und *Eigen*verantwortlichkeit aufzuhalten. Kinder an das erinnern, was zu tun sie sich selbst verpflichtet haben, heißt, sie zu verhätscheln – sie werden dadurch behandelt, als ob sie unreif und verantwortungslos sind. Und das werden sie weiterhin bleiben, es sei denn, die Eltern beginnen sofort damit, *die entsprechende Verantwortung zum Kind zu verlegen – wohin sie gehört*. Ist das Kind dann vergeßlich, senden Sie ihm eine »Ich-Botschaft«.

Wenn Kinder daran gewöhnt gewesen sind, zu siegen

Eltern, die sich weitgehend auf Methode II verlassen haben, berichten häufig über Schwierigkeiten beim Umschalten auf Methode III, weil ihre Kinder, daran gewöhnt, meistens ihren Willen zu bekommen, sich nachdrücklich dagegen wehren, in eine Methode der Problemlösung einbezogen zu werden, die von ihnen verlangen könnte, ein bißchen zu geben, zu kooperieren, entgegenzukommen. Solche Kinder sind so daran gewöhnt, auf Kosten der unterliegenden Eltern zu siegen, daß sie diese vorteilhafte Position im Konkurrenzkampf natürlich ungerne aufgeben. Wenn die Eltern derartiger Familien anfänglich starkem Widerstand gegen die Machtlose Methode begegnen, bekommen sie oft Angst und geben es manchmal auf, sie in die Tat umzusetzen. Es sind oft Eltern, die aus Angst vor der Wut und den Tränen ihrer Kinder der Methode II zuneigen.

Ein Umschalten auf Methode III wird daher von vorher nachgiebigen Eltern sehr viel mehr Kraft und Festigkeit verlangen, als sie gewöhnt gewesen sind, ihren Kindern gegenüber an den Tag zu legen. Diese Eltern müssen irgendwie eine neue Kraftquelle finden, um sich von ihrer bisherigen Haltung, die doch nur »Frieden um jeden Preis« wollte, zu lösen. Oft hilft es, sie an den furchtbaren Preis zu erinnern, den sie in Zukunft zu zahlen haben werden, wenn ihre Kinder immer siegen. Sie müssen überzeugt davon sein, daß sie als Eltern auch Rechte haben. Oder sie müssen daran erinnert werden, daß ihre gewöhnliche Nachgiebigkeit gegenüber dem Kind es selbstsüchtig und rücksichtslos gemacht hat. Eltern wie diese sind nicht leicht davon zu überzeugen, daß Elternschaft eine Freude sein kann, wenn ihre Bedürfnisse ebenfalls befriedigt werden. Sie müssen sich ändern *wollen* und auf allerlei Störungen seitens des Kindes gefaßt sein, wenn sie auf Methode III umschalten. Während der Zeit des Umschaltens müssen die Eltern auch gewillt sein, Empfindungen mit den Kenntnissen des aktiven Zuhörens zu behandeln und unter Verwendung guter, klarer »Ich-Botschaften« ihre eigenen Empfindungen zu senden.

In einer Familie hatten die Eltern Schwierigkeiten mit einer dreizehnjährigen Tochter, daran gewöhnt, ihren Willen durchzusetzen. Bei ihrem ersten Versuch, Methode III anzuwenden, bekam das Mädchen einen Wutanfall und rannte, als ihm klar wurde, daß es sich nicht durchsetzen würde, weinend in sein Zimmer. Anstatt es zu trösten oder zu ignorieren, wie sie es gewöhnlich getan hatten, ging der Vater ihm nach und sagte: »Ich bin im Augenblick verdammt ärgerlich mit dir! Hier bringen wir etwas zur Sprache, das deiner Mutter und mir Kummer bereitet, und du läufst davon! Ich habe wirklich den Eindruck, daß du dich den Teufel um unsere Bedürfnisse scherst. Das gefällt mir nicht! Ich finde es unfair. Wir möchten,

daß dieses Problem jetzt gelöst wird. Wir wollen nicht, daß du unterliegst, aber wir werden ganz gewiß auch nicht diejenigen sein, die unterliegen, während du siegst. Ich glaube, wir können eine Lösung finden, bei der wir beide siegen, aber das können wir mit Sicherheit nicht, so lange du nicht an den Tisch zurückkommst. Also, willst du wieder zu mir an den Tisch kommen, damit wir eine gute Lösung finden?«
Nachdem sie sich die Tränen abgewischt hatte, kam die Tochter mit ihrem Vater zurück, und innerhalb von wenigen Minuten gelangten sie zu einer für das Kind und die Eltern zufriedenstellenden Lösung. Die Tochter lief nie wieder aus einer Problemlösungs-Sitzung davon. Als klar war, daß ihre Eltern sich nicht länger von ihr auf diese Art kontrollieren ließen, hörte sie auf, zu versuchen, durch ihre Wut über ihre Eltern Macht auszuüben.

Die Macht-lose Methode für Konflikte zwischen Kind und Kind
Die meisten Eltern gehen an die unvermeidlichen und nur zu häufigen Konflikte zwischen zwei Kindern mit der gleichen Sieg-Niederlage-Orientierung heran, die sie bei Kind-Eltern-Konflikten anwenden. Die Eltern haben das Gefühl, die Rolle des Richters, Schiedsrichters oder Unparteiischen spielen zu müssen - *sie* übernehmen die Verantwortung dafür, Tatsachen beizubringen, festzustellen, wer recht und wer unrecht hat, und zu entscheiden, welche Lösung es sein soll. Diese Orientierung hat einige schwerwiegende Nachteile und resultiert im allgemeinen in bedauerlichen Konsequenzen für alle Beteiligten. Die Macht-lose Methode ist meistens wirksamer bei der Lösung solcher Konflikte und viel leichter für die Eltern. Sie spielt auch eine wichtige Rolle dabei, die Kinder zu beeinflussen, reifer, verantwortungsbewußter, unabhängiger, selbstdisziplinierter zu werden.
Wenn Eltern als Richter oder Schiedsrichter an Kind-Kind-Konflikte herangehen, machen sie den Fehler, sich selber das Problem sozusagen anzueignen; indem sie als »Problemlöser« einschreiten, verwehren sie den Kindern die Gelegenheit, die Verantwortung dafür zu übernehmen, ihre *eigenen* Konflikte zu besitzen und zu lernen, wie sie sie durch ihre *eigenen* Bemühungen bewältigen. Das hindert ihre Kinder daran, zu wachsen und reif zu werden, und kann sie für immer von einer Autorität abhängig bleiben lassen, die ihre Konflikte *für* sie löst. Vom Standpunkt der Eltern ist der

schlimmste Effekt der Sieg-Niederlage-Einstellung, daß ihre Kinder fortfahren werden, alle Konflikte vor die Eltern zu bringen. Anstatt ihre Konflikte selbst zu lösen, laufen sie zu den Eltern, damit sie ihre Streitigkeiten und Meinungsverschiedenheiten beilegen:

»Mammi, Peter neckt mich - sag ihm, er soll aufhören.«

»Pappi, Margret läßt mich nicht mit der Knetmasse spielen.«

»Ich will schlafen, aber Franz redet immerzu. Sag ihm, er soll still sein.«

»Er hat mich zuerst geschlagen, es ist seine Schuld. Ich habe ihm nichts getan.«

Derartige »Appelle an die Autorität« sind in den meisten Familien etwas Alltägliches, weil die Eltern es zulassen, daß sie in die Streitigkeiten *ihrer Kinder* hineingezogen werden.

In unseren Kursen bedarf es einiger Überzeugungskunst, um Eltern dahin zu bringen, diese Streitigkeiten als die Streitigkeiten ihrer Kinder zu akzeptieren, daß *die Kinder* das Problem haben. Die meisten Streitigkeiten und Konflikte zwischen Kindern gehören in den Bereich *Probleme, die das Kind hat*, den oberen Bereich unserer graphischen Darstellung:

Probleme, die das Kind hat
Keine Probleme
Probleme, die die Eltern haben

Wenn Eltern daran denken, diese Konflikte dort einzuordnen, wohin sie gehören, dann können sie vermittels geeigneter Methoden mit ihnen umgehen:

1. Sich vollkommen aus dem Konflikt heraushalten.
2. Türöffner, Aufforderungen zum Sprechen.
3. Aktives Zuhören.

Peter und Tomas, zwei Brüder, zerren beide an einem Spielzeuglastauto, einer am vorderen, der andere am hinteren Ende. Beide schreien und brüllen; einer weint. *Jeder versucht, seine Macht anzuwenden, um seinen Willen durchzusetzen.* Wenn die Eltern sich aus diesem Konflikt heraushalten, finden die Jungen vielleicht selbst einen Weg zu einer Lösung. Wenn ja, schön und gut; ihnen ist Gelegenheit gegeben worden, zu lernen, wie sie ihre Probleme selbständig lösen. Indem sie sich aus dem Konflikt heraushielten, haben die Eltern beiden Jungen dabei geholfen, ein wenig zu wachsen.

Wenn die Jungen sich weiter streiten und die Eltern das Gefühl haben, ihr Einschreiten würde von Nutzen sein, um den Kindern das Problemlösen zu erleichtern, erweisen sich ein Türöffner oder eine Aufforderung oft als Hilfe. Das geht so:

Peter: Ich will den Lastwagen! Gib mir den Lastwagen! Laß los! Laß los!

Tomas: Ich hatte ihn zuerst! Er ist gekommen und hat ihn mir weggenommen. Ich will ihn wiederhaben!

Elternteil: Ich sehe, ihr habt einen echten Streit um den Lastwagen. Möchtet ihr herkommen und darüber sprechen? Ich würde gerne dabei helfen, wenn ihr darüber sprechen wollt.

Manchmal macht nur so ein Türöffner dem Konflikt sofort ein Ende. Es ist, als ob Kinder manchmal lieber selbst eine Lösung finden würden, statt sie im Verlauf einer Diskussion in Gegenwart eines Elternteils zu erarbeiten. Sie denken: »Ach, es lohnt sich eigentlich gar nicht.«

Manche Konflikte können von den Eltern eine aktive Rolle verlangen. In solchen Fällen kann der Elternteil durch aktives Zuhören zum Problemlösen anregen und sich in einen »Transmissionsriemen« verwandeln, nicht in einen Schiedsrichter. Das funktioniert, modellartig, folgendermaßen:

Peter: Ich will den Lastwagen! Gib mir den Lastwagen! Laß los! Laß los!

Elternteil: Peter, du willst wirklich den Lastwagen haben.

Tomas: Aber ich hatte ihn zuerst! Er kam rein und nahm ihn mir weg. Ich will ihn wiederhaben!

Elternteil: Tomas, du meinst, der Lastwagen steht dir zu, weil du ihn zuerst gehabt hast. Du bist böse auf Peter, weil er ihn dir weggenommen hat. Ich sehe, ihr habt da wirklich einen Konflikt. Fällt dir eine Möglichkeit ein, das Problem zu lösen? Hast du eine Idee?

Tomas: Er soll ihn mir geben.
Elternteil: Peter, Tomas schlägt diese Lösung vor.
Peter: Ja, natürlich, dann würde er nämlich seinen Willen kriegen.
Elternteil: Tomas, Peter sagt, ihm gefällt diese Lösung nicht, denn dann würdest du siegen und er unterliegen.
Tomas: Na, ich würde ihn mit meinem Auto spielen lassen, bis ich mit dem Lastwagen fertig bin.
Elternteil: Peter, Tomas schlägt eine andere Lösung vor - du darfst mit seinem Auto spielen, während er mit dem Lastwagen spielt.
Peter: Komme ich dran, mit dem Lastwagen zu spielen, wenn er fertig ist, Mammi?
Elternteil: Tomas, Peter möchte sich vergewissern, ob du ihn mit dem Lastwagen spielen läßt, wenn du fertig bist?
Tomas: Na gut, ich bin bald damit fertig.
Elternteil: Peter, Tomas sagt, es ist ihm recht.
Peter: Also gut.
Elternteil: Ich glaube, ihr beide habt das Problem damit gelöst, nicht wahr?

Eltern haben über viele derartige erfolgreiche Konfliktbewältigungen zwischen Kindern berichtet, bei denen die Eltern zuerst die Macht-lose Methode vorschlugen und dann durch aktives Zuhören die Kommunikation zwischen den Streitenden ermöglichten. Diejenigen Eltern, denen es schwerfällt, zu glauben, daß sie ihre Kinder an der Macht-losen Betrachtungsweise interessieren können, müssen daran erinnert werden, daß Kinder in Abwesenheit von Erwachsenen ihre Konflikte oft durch die Macht-lose Methode bewältigen - in der Schule, auf dem Spielplatz, bei Spiel und Sport und anderswo. Ist ein Erwachsener zugegen und läßt sich als Richter oder Schiedsrichter hineinziehen, neigen Kinder dazu, den Erwachsenen zu gebrauchen - jedes appelliert, in dem Versuch, auf Kosten des unterliegenden anderen Kindes zu siegen, an die Autorität des Erwachsenen.

Gewöhnlich begrüßen Eltern die Macht-lose Methode zur Bewältigung von Kind-Kind-Konflikten, denn fast alle haben bei dem Versuch, die Streitigkeiten ihrer Kinder zu schlichten, schlechte Erfahrungen gemacht. Wenn ein Elternteil versucht, einen Konflikt zu bewältigen, empfindet ein Kind die Entscheidung des Elternteils stets als ungerecht und reagiert dem Elternteil gegenüber mit Groll und Feindseligkeit. Manchmal ziehen sich die Eltern den Zorn bei-

der Kinder zu, weil sie vielleicht beiden Kindern verwehren, um was sie sich stritten (»Nun darf keiner von euch beiden mit dem Lastwagen spielen!«).
Nachdem sie es mit der Macht-losen Einstellung versucht und die Verantwortung, ihre eigene Lösung zu finden, den Kindern überlassen haben, erzählen uns viele Eltern, wie unendlich erleichtert sie darüber sind, einen Weg zu finden, sich aus der Rolle des Richters oder Schiedsrichters herauszuhalten. Sie sagen uns: »Es ist eine solche Erleichterung, das Gefühl zu haben, ihre Meinungsverschiedenheiten nicht beilegen zu müssen. Am Ende pflegte ich immer als der Bösewicht dazustehen, gleichgültig, wie ich entschied.«
Ein weiteres voraussagbares Ergebnis, Kinder dazu zu veranlassen, ihre eigenen Konflikte durch die Macht-lose Methode beizulegen, besteht darin, daß sie allmählich aufhören, mit ihren Streitigkeiten und Meinungsverschiedenheiten zu den Eltern zu kommen. Nach einer Weile lernen sie, der Gang zu den Eltern bedeutet nur, daß sie am Ende ohnehin ihre eigene Lösung finden werden. Folglich legen sie diese alte Gewohnheit ab und beginnen, ihre Konflikte selbständig zu bewältigen. Wenige Eltern können dem Reiz dieses Ergebnisses widerstehen.

Wenn beide Elternteile in Eltern-Kind-Konflikte verwickelt sind
Manchmal stoßen Familien auf heikle Probleme, wenn sie sich Konflikten mit den Kindern gegenübersehen, an denen beide Eltern beteiligt sind. Dabei gibt es verschiedene Möglichkeiten:

JEDER FÜR SICH ALLEINE
Wesentlich ist, daß jeder Elternteil als »unabhängig Handelnder« am Niederlage-losen Problemlösen teilnimmt. Sie sollten nicht erwarten, eine »geschlossene Front« zu bilden oder sich in jedem Konflikt auf derselben Seite zu befinden, obschon das gelegentlich der Fall sein könnte. Das ausschlaggebende Element Niederlage-losen Problemlösens ist die Wahrhaftigkeit jedes Elternteils – jeder muß seine oder ihre persönlichen Empfindungen und Bedürfnisse genau darlegen. Jeder Elternteil ist in der Konfliktbewältigung ein einzelner und individueller Teilnehmer und sollte das Problemlösen als einen Vorgang ansehen, in den drei oder mehr Einzelpersonen verwickelt sind, nicht gegen die Kinder verbündete Eltern.

Manche der im Verlauf des Problemlösens in Erwägung gezogenen Lösungen können für die Mutter unannehmbar, für den Vater dagegen annehmbar sein. Manchmal können sich der Vater und sein Teenager-Sohn in einer bestimmten Frage einig sein, und die Mutter kann einen ganz anderen Standpunkt vertreten. Manchmal kann sich die Mutter mehr ihrem Sohn anschließen, während der Vater auf eine andere Lösung drängt. Manchmal werden sich der Vater und die Mutter in ihrem Standpunkt nahe sein, und der Standpunkt des Teenagers steht im Widerspruch dazu. Manchmal wird sich jeder der Beteiligten im Gegensatz zu den anderen finden. Familien, die die Niederlage-lose Methode praktizieren, entdecken, daß je nach Art des Konfliktes alle diese Kombinationen auftreten. Der Schlüssel zur Niederlage-losen Konfliktbewältigung besteht darin, diese Differenzen durchzuarbeiten, bis man zu einer für alle annehmbaren Lösung gelangt.

In unseren Kursen haben wir von den Eltern erfahren, welche Konfliktarten am häufigsten ausgeprägte Differenzen zwischen Vätern und Müttern verursachen:

1. Bei Konflikten, in denen es um die Möglichkeit einer körperlichen Verletzung der Kinder geht, stellen Väter sich am häufigsten auf die Seite der Kinder.
2. Mütter scheinen häufiger als Väter für die Neigung ihrer Töchter Partei zu ergreifen, sich auf Beziehungen zu Jungen einzulassen und für alles, was damit zusammenhängt: Make up, Verabredungen, Stil der Kleidung, Telefonanrufe usw. Väter sträuben sich nicht selten gegen die Einsicht, daß ihre Töchter sich mit jungen Männern zu verabreden beginnen.
3. Väter und Mütter sind sich in Fragen, die das Auto der Familie betreffen, oft uneinig.
4. Mütter haben im Hinblick auf Ordnung und Sauberkeit der Wohnung gewöhnlich anspruchsvollere Maßstäbe als Väter.

Das Entscheidende ist, daß Väter und Mütter verschieden sind, und wenn jeder Elternteil wahrhaftig und aufrichtig sein soll, werden diese Unterschiede unvermeidlich in Konflikten zwischen den Eltern und ihren Kindern zum Vorschein kommen. Durch das Diskutieren echter Differenzen zwischen Vätern und Müttern in Konfliktsituationen - ihr Menschsein zeigen und von ihren Kindern sehen lassen - entdecken Eltern, daß sie von ihnen eine neue Art von Respekt und Zuneigung erhalten. In dieser Hinsicht unterscheiden

Kinder sich nicht von Erwachsenen - auch sie kommen dazu, die zu
lieben, die menschlich sind und lernen jenen zu mißtrauen, die es
nicht sind. Sie möchten, daß ihre Eltern wahrhaftig sind und nicht
die »Rolle« von Eltern spielen, die beständig ihrer Übereinstimmung miteinander Ausdruck geben, ob diese Übereinstimmung nun
tatsächlich besteht oder nicht.

Ein Elternteil wendet Methode III an, der andere nicht
Wir werden oft gefragt, ob es für einen Elternteil möglich ist, Konflikte durch die Niederlage-lose Methode III zu bewältigen, während der andere eine andere Einstellung hat. (Diese Frage erhebt
sich in unseren Kursen und erhebt sich überhaupt, weil nicht immer
beide Partner zusammen sich mit dieser Erziehungsmethode befassen, obgleich wir die Beschäftigung *beider* Eltern damit dringend
empfehlen.)
In manchen Fällen, in denen nur ein Elternteil - vielleicht die Mutter - auf die Niederlage-lose Methode festgelegt ist, beginnt sie einfach, alle ihre Konflikte mit den Kindern durch Anwendung der
Niederlage-losen Methode zu bewältigen, und läßt den Vater fortfahren, bei seinen Konflikten Methode I anzuwenden. Das braucht
nicht zu viele Probleme zu verursachen, nur daß sich die Kinder,
die sich des Unterschieds vollkommen bewußt sind, beim Vater
beschweren, daß ihnen seine Einstellung nicht mehr gefiele und sie
wünschten, er würde Probleme auf die Art ihrer Mutter lösen. Manche Väter reagieren auf diese Beschwerde, indem sie sich ebenfalls
mit dieser Methode ernsthaft auseinandersetzen. Typisch für solche
Väter ist der, der in der ersten Stunde eines Kursus erschien und
bekannte:
»Ich glaube, ich bin heute aus Notwehr hier, weil ich einzusehen
begann, zu welch guten Ergebnissen meine Frau mit ihrer neuen
Methode kam. Ihre Beziehung zu den Kindern hat sich verbessert,
und meine nicht. Mit ihr sprechen sie, aber mit mir wollen sie nicht
sprechen.«
Ein anderer Vater bemerkte in der ersten Stunde des Kursus, an
dem er teilnahm, nachdem seine Frau einen früheren Kursus mit-
gemacht hatte:
»Ich möchte den Damen, die an diesem Kursus ohne ihren Ehemann
teilnehmen, sagen, was sie von ihm erwarten können. Wenn Sie
damit anfangen, die neuen Methoden des Zuhörens, Konfrontierens

und Problemlösens bei den Kindern anzuwenden, wird er sich verletzt und ausgeschlossen vorkommen. Er wird das Gefühl haben, daß ihm seine Rolle als Vater abgenommen wird. Sie werden Resultate erzielen, aber er kann es nicht. Ich fuhr meine Frau an und sagte: ›Was erwartest du von mir - ich nehme nicht an diesem verdammten Kursus teil.‹ Verstehen Sie, warum ich jetzt sage, daß ich es mir nicht leisten kann, nicht an dem Kursus teilzunehmen?«
Manche Väter, die sich die neuen Kenntnisse nicht aneignen und mit ihrer Methode-I-Einstellung zufrieden bleiben, haben von ihren Frauen oft viel auszustehen. Eine Frau erzählte uns, daß sie Ressentiments zu entwickeln begann und schließlich ganz aggressiv ihrem Mann gegenüber wurde, weil sie nicht ertragen konnte, zu sehen, wie er Konflikte durch Machtanwendung löste. »Jetzt erkenne ich, welchen Schaden Methode I den Kindern zufügt, und ich kann einfach nicht daneben sitzen und zusehen, wie er die Kinder auf diese Weise verletzt«, berichtete sie uns. Eine andere sagte: »Ich kann sehen, daß er sein Verhältnis zu den Kindern ruiniert, und das enttäuscht mich und macht mich traurig. Sie brauchen das Verhältnis zu ihm, aber es geht rapide vor die Hunde.«
Manche Mütter gewinnen die Hilfe von anderen Kursusteilnehmern, um den Mut zu finden, ihre Ehemänner offen und ehrlich zu konfrontieren. Ich erinnere mich einer attraktiven jungen Mutter, der im Kursus zu der Einsicht verholfen wurde, wie sehr sie sich tatsächlich selbst vor ihrem Mann fürchtete und es daher vermieden hatte, ihn mit ihren Empfindungen im Hinblick auf die Anwendung von Methode I zu konfrontieren. Dadurch, daß sie mit uns darüber diskutierte, gewann sie irgendwie genügend Mut, um nach Hause zu gehen und ihm von ihren Empfindungen zu sprechen, die sie im Kursus identifiziert hatte:
»Ich liebe meine Kinder zu sehr, um daneben zu stehen und mit anzusehen, wie du sie verletzt. Ich weiß, daß das, womit ich mich beschäftigt habe, besser für die Kinder ist, und ich möchte, daß auch du diese Methoden lernst. Ich habe immer Angst vor dir gehabt und kann sehen, daß du auf die Kinder genauso wirkst.«
Die Wirkung ihrer Konfrontation überraschte diese Mutter. Zum erstenmal in ihrer Beziehung hörte er sie bis zu Ende an. Er sagte ihr, ihm sei nicht bewußt gewesen, wie sehr er sie und die Kinder beherrsche, und erklärte sich später bereit, sich mit ihr zusammen über das Problem zu »hocken«.

Nicht immer ist die Entwicklung so günstig wie in dieser Familie, wenn ein Elternteil damit fortfährt, Methode I anzuwenden. Ich bin sicher, daß dieses Problem in einigen Familien nie bewältigt wird. Darüber hören wir zwar selten etwas, doch es ist wahrscheinlich, daß manche Ehemänner und Frauen sich in ihren Methoden der Konfliktbewältigung nie einig werden oder in manchen Fällen ein in unseren Methoden geschulter Elternteil unter dem Druck eines Ehepartners, der es ablehnt, auf die Anwendung von Macht bei der Bewältigung von Konflikten zu verzichten, sogar zu seinen alten Methoden zurückkehren kann.

»KÖNNEN WIR ALLE DREI METHODEN ANWENDEN?«
Gelegentlich begegnen wir einem Elternteil, der an die Wirksamkeit der Niederlage-losen Einstellung glaubt und ihre Gültigkeit akzeptiert, jedoch nicht bereit ist, die beiden Sieg-Niederlage-Einstellungen aufzugeben.
»Wird sich ein guter Elternteil nicht je nach Art des Problems einer vernünftigen Mischung aller drei Methoden bedienen?« fragt mich ein Vater in einem meiner Kurse.
In Anbetracht der Furcht mancher Eltern, alle Macht über ihre Kinder aufzugeben, ist dieser Gesichtspunkt zwar verständlich, aber nicht haltbar. Wie es unmöglich ist, »ein kleines bißchen schwanger« zu sein, so ist es unmöglich, bei Eltern-Kind-Konflikten ein kleines bißchen demokratisch zu sein. Erstens: die meisten Eltern, die sich einer Kombination aller drei Methoden bedienen wollen, meinen in Wahrheit, daß sie sich das Recht vorbehalten wollen, bei wirklich entscheidenden Konflikten doch Methode I anzuwenden. Ihre Einstellung heißt mit einfachen Worten: »In Dingen, die von nicht allzu großer Bedeutung für die Kinder sind, will ich sie bei der Entscheidung mitsprechen lassen, aber ich werde mir das Recht vorbehalten, in sehr entscheidenden Fragen einen Beschluß nach meinem eigenen Willen zu fassen.«
Da wir gesehen haben, wie Eltern es mit dieser gemischten Einstellung versuchten, geht unsere Erfahrung dahin, daß sie einfach nicht funktioniert. Kinder, die einmal einen Geschmack davon bekommen haben, wie wohltuend es ist, Konflikte zu bewältigen, ohne zu unterliegen, sind empört darüber, wenn die Eltern zu Methode I zurückkehren. Oder sie können jedes Interesse daran verlieren, sich im Zusammenhang mit *unwichtigen Problemen* an Methode III zu

beteiligen, weil sie es so übelnehmen, im Zusammenhang mit *wichtigeren Problemen* zu unterliegen.

Ein weiteres Ergebnis der Einstellung »vernünftige Mischung« ist, daß die Kinder lernen, bei Anwendung von Methode III mißtrauisch gegen ihre Eltern zu werden, weil sie gelernt haben, daß - liegen die Karten auf dem Tisch und zum Beispiel der Vater hat im Hinblick auf ein Problem starke Empfindungen - er am Ende ohnehin siegen wird. Warum also sollten sie sich am Problemlösen beteiligen? Immer, wenn es ein wirklicher Konflikt wird, wissen sie, daß Vater seine Macht anwendet, um auf jeden Fall zu siegen.

Manche Eltern wurschteln sich durch, indem sie Methode III gelegentlich bei Problemen anwenden, bei denen die Kinder keine ausgeprägten Empfindungen haben - die weniger entscheidenden Probleme. Methode III jedoch sollte *immer* angewendet werden, wenn ein Konflikt entscheidend ist und ausgeprägte Empfindungen und Überzeugungen seitens der Kinder beinhaltet. Vielleicht ist es ein Prinzip aller menschlichen Beziehungen, daß *man bereit sein mag, sich der Macht eines anderen zu unterwerfen, wenn man am Ergebnis des Konflikts nicht sonderlich interessiert ist, jedoch sichergehen möchte, bei der Entscheidung mitzusprechen, wenn man am Ergebnis wirkliches Interesse nimmt.*

Funktioniert die Niederlage-lose Methode jemals nicht?

Die Antwort auf diese Frage lautet: »Natürlich.« Wir sind in unseren Kursen manchen Eltern begegnet, die aus verschiedenen Gründen Methode III nicht wirksam in die Tat umsetzen können. Obschon wir diese Gruppe nicht systematisch untersucht haben, offenbart ihre Teilnahme am Kursus nicht selten, warum sie erfolglos sind.

Manche sind zu ängstlich, um ihre Macht aufzugeben, der Gedanke der Anwendung von Methode III bedroht ihre althergebrachten Wertvorstellungen und Überzeugungen im Hinblick auf die Notwendigkeit von Autorität und Macht in der Kindererziehung. Oft haben diese Eltern eine sehr verzerrte Vorstellung von der menschlichen Psyche. Ihrer Ansicht nach kann man Menschen nicht vertrauen, und sie sind sicher, daß der Wegfall der Autorität nur dazu führen wird, daß ihre Kinder wilde, selbstsüchtige Ungeheuer werden. Die meisten dieser Eltern versuchen erst gar nicht, Methode III anzuwenden.

Manche der erfolglosen Eltern haben berichtet, daß ihre Kinder sich einfach weigerten, am Niederlage-losen Problemlösen teilzunehmen. Gewöhnlich waren es ältere Teenager, die ihre Eltern bereits abgeschrieben haben oder die so verbittert und zornig über ihre Eltern sind, daß ihrer Meinung nach Methode III den Eltern viel mehr zu geben scheint als sie verdienen. Einige dieser Jugendlichen sind zu mir zu Einzeltherapiestunden gekommen, und ich muß bekennen, daß ich oft das Gefühl gehabt habe, es würde das beste für sie sein, den Mut zu finden, sich von ihren Eltern zu trennen, ihr Zuhause zu verlassen und neue Beziehungen zu suchen, die vielleicht befriedigender sind. Ein scharfsichtiger Junge, aus der Oberschule, kam selbst zu der Schlußfolgerung, daß seine Mutter sich nie ändern würde. Nachdem er auf Grund der Lektüre der Kursusnotizen seiner Eltern sehr vertraut mit dem geworden war, was bei uns gelehrt wird, vertraute mir dieser aufgeweckte Teenager die folgende Empfindung an:

»Meine Mutter wird sich nie ändern. Sie wendet die Methoden, die Sie lehren, nie an. Ich glaube, ich muß die Hoffnung, daß sie sich ändern wird, einfach aufgeben. Es ist schade, aber ihr ist nicht zu helfen. Jetzt muß ich eine Möglichkeit finden, selbst meinen Unterhalt zu verdienen, damit ich von zu Hause fortgehen kann.«

Es liegt für alle von uns auf der Hand, daß eine kurze Beschäftigung mit der angedeuteten Erziehungsmethode nicht alle Eltern gleich verändert – insbesondere jene nicht, die ihre unwirksamen Methoden seit fünfzehn Jahren oder mehr praktiziert haben. Bei manchen dieser Eltern gelingt es nicht, eine Umkehr zu bewirken. Darum sind wir so entschieden der Meinung, daß Eltern diesen neuen Grundsatz der Kindererziehung lernen müssen, wenn ihre Kinder jung sind. Wie alle menschlichen Beziehungen können alle Eltern-Kind-Beziehungen so brüchig und schlecht werden, daß sie vielleicht irreparabel sind.

14. Wie vermeidet man, als Elternteil »gefeuert« zu werden

Immer und immer häufiger werfen Kinder ihre Eltern aus ihrem Leben einfach heraus. Mit Eintritt in das Jugendalter entlassen Kinder ihre Mütter und Väter, schreiben sie ab, beenden die Beziehungen zu ihnen. Das geschieht heute in Tausenden von Familien, ungeachtet ihrer gesellschaftlichen und wirtschaftlichen Verhältnisse. Scharenweise verlassen Jugendliche physisch und psychisch ihre Eltern, um anderswo, gewöhnlich bei Gruppen von ihresgleichen, befriedigendere Beziehungen zu finden.
Warum geschieht das? Ich bin durch meine Erfahrungen in der Arbeit mit Tausenden von Eltern überzeugt davon, daß diese Kinder durch das Verhalten ihrer Eltern - durch eine bestimmte, spezifische Art des Verhaltens - aus ihren Familien getrieben worden sind. Eltern werden von ihren Kindern »gefeuert«, wenn sie an ihnen herumnörgeln und auf sie einreden, damit sie die von ihnen gehegten Wertvorstellungen und Überzeugungen ändern. Jugendliche entlassen ihre Eltern, wenn sie das Gefühl haben, daß ihnen ihre fundamentalen Bürgerrechte verwehrt werden.
Eltern verlieren dadurch, daß sie dort zu verzweifelt und hartnäckig zu beeinflussen suchen, wo die Kinder am versessensten darauf sind, über ihre eigenen Überzeugungen und ihr eigenes Geschick zu bestimmen, die Möglichkeit, konstruktiven Einfluß auf ihre Kinder zu haben. Ich will dieses entscheidende Problem hier untersuchen und spezifische Methoden vorschlagen, mit Hilfe derer es sich vermeiden läßt, auf Grund dieser Fragen als Eltern gefeuert zu werden.
Obwohl die Niederlage-lose Methode von dramatischer Wirksamkeit sein kann, wenn Eltern die Fähigkeit erwerben, sie in die Tat umzusetzen, gibt es bestimmte, unvermeidliche Konflikte, von denen Eltern *nicht erwarten sollten, daß sie bewältigt werden,* selbst nicht bei geschickter Anwendung dieser Methode, weil sie dem Problemlösen nach Methode III zu oft nicht zugänglich sind.
Und wenn die Eltern ihre Kinder an der Konfliktbewältigung die-

ser Probleme zu beteiligen suchen, wird es ihnen mehr als wahrscheinlich nicht gelingen. Die Eltern dahin zu bringen, das zu verstehen und zu akzeptieren, stellt eine schwierige Aufgabe dar, denn es verlangt die Trennung von etlichen uralten Vorstellungen und Überzeugungen in bezug auf die Rolle der Eltern in unserer Gesellschaft.
Wenn es über Fragen, die liebgewordene Wertvorstellungen, Überzeugungen und den persönlichen Geschmack betreffen, zu Familienkonflikten kommt, müssen sie von den Eltern vielleicht anders behandelt werden, weil die Kinder oft nicht bereit sind, diese Fragen an den Verhandlungstisch zu bringen oder sich am Problemlösen zu beteiligen. Das heißt *nicht*, daß die Eltern den Versuch, ihre Kinder durch das Lehren von Wertvorstellungen zu beeinflussen, aufgeben müssen. Sie werden sich jedoch, um effektiv zu sein, einer anderen Annäherung zu bedienen haben.

Eine Frage der Wertvorstellungen
Zu Konflikten zwischen Eltern und Kind kommt es unvermeidlich über Verhaltensweisen, die in komplexer Beziehung zu Überzeugungen, Wertvorstellungen, Stil, Vorlieben und Lebensphilosophie des Kindes stehen. Nehmen Sie als erstes Beispiel lange Haare. Für die meisten Jungen haben lange Haare heute eine wichtige symbolische Bedeutung. Es ist nicht notwendig, daß ein Elternteil alle Komponenten der symbolischen Bedeutung langer Haare versteht; *wesentlich* ist, zu begreifen, wie wichtig es für den Sohn ist, das Haar lang zu tragen. *Er mißt langem Haar einen Wert bei.* Für ihn bedeutet es etwas sehr Wichtiges. Er bevorzugt langes Haar - in gewissem Sinne *muß* er sein Haar lang tragen; er will es nicht nur einfach.
Versuche der Eltern, dieses Bedürfnis zu frustrieren, oder nachdrückliche Bemühungen, ihm das zu nehmen, was für ihn von großem Wert ist, werden fast unvermeidlich auf hartnäckigen Widerstand stoßen. Durch langes Haar drückt der Jugendliche aus, daß er tut, *was er will, sein eigenes Leben lebt, nach seinen eigenen Wertvorstellungen und Überzeugungen handelt.*
Versuchen Sie, Ihren Sohn zu beeinflussen, sein Haar zu schneiden, und er wird Ihnen wahrscheinlich sagen:
»Es ist mein Haar.«
»Mir gefällt es so.«

»Ich habe ein Recht darauf, *mein* Haar so zu tragen, wie ich will.«
»Laß mich in Ruhe.«
»Es beeinträchtigt dich in keiner Weise.«
»Ich schreibe dir nicht vor, wie du dein Haar tragen sollst, also schreibe mir nicht vor, wie ich meins trage.«
Diese Botschaften, übrigens »Ich-Botschaften«, richtig entschlüsselt, geben dem Elternteil zu verstehen: »Ich glaube, ein Recht auf meine eigenen Wertvorstellungen zu haben, so lange ich nicht sehen kann, inwieweit sie dich auf greifbare oder konkrete Weise beeinträchtigen.« Angenommen, es wäre mein eigener Sohn, würde ich sagen müssen, daß er recht hat. Wie lang er sein Haar trägt, beeinträchtigt auf keine erdenkliche Weise greifbar oder konkret die Befriedigung meiner eigenen Bedürfnisse: es wird mir keine Entlassung eintragen, es wird mein Einkommen nicht verringern, es wird mich nicht daran hindern, Freunde zu haben oder neue zu finden, es wird mich zu keinem schlechteren Golfspieler machen, es wird mich nicht daran hindern, dieses Buch zu schreiben oder meinen Beruf auszuüben, und es wird mich gewiß nicht davon abhalten, mein Haar *kurz* zu tragen. Es wird mich nicht einmal Geld kosten (tatsächlich wird es mich weniger kosten, wenn ich ihm bisher den Friseur bezahlt habe).
Und doch, viele Verhaltensweisen, wie die Art, in der ein Junge sein Haar trägt, werden von den meisten Eltern aufgegriffen und zu Problemen gemacht, die sie gefühlsmäßig zu »besitzen« glauben. Im folgenden ist beschrieben, was sich daraus für einen Elternteil ergab, der zu uns kam:
Elternteil: Ich kann es einfach nicht ausstehen, wenn dein Haar so lang ist. Warum läßt du es nicht schneiden?
Sohn: Es gefällt mir so.
Elternteil: Das kann nicht dein Ernst sein. Du siehst wie ein Hippie aus.
Sohn: Na und?
Elternteil: Wir müssen diesen Konflikt irgendwie bewältigen. Ich kann mich mit deinem Haar so nicht einverstanden erklären. Was können wir machen?
Sohn: Es ist mein Haar, und ich trage es so wie ich will.
Elternteil: Warum schneidest du es nicht wenigstens ein bißchen?
Sohn: Ich schreibe dir doch auch nicht vor, wie du dein Haar tragen sollst, oder?

Elternteil: Aber ich sehe auch nicht schlampig aus.
Sohn: Nun hör aber mal, ich sehe nicht schlampig aus. Meinen Freunden gefällt es so - besonders den Mädchen.
Elternteil: Das ist mir gleichgültig, ich finde es abscheulich.
Sohn: Na, dann sieh mich eben nicht an.

Der Junge ist ganz offensichtlich nicht bereit, an einer Konfliktlösung in bezug auf sein Haar teilzunehmen, denn, wie er sich ausdrückt: »Es ist mein Haar.« Wenn der Elternteil darauf besteht, das Haarproblem weiter zu verfolgen, ist das Endergebnis, daß der Junge sich zurückzieht - er wird sich von dem Elternteil abwenden, das Haus verlassen oder in sein Zimmer gehen.

Dennoch schalten sich Eltern beharrlich ein, um derartige Verhaltensweisen zu modifizieren, und diese Einmischung führt fast immer zu Streitigkeiten, Widerstand und Unwillen der Kinder und gewöhnlich zu einer bedenklichen Verschlechterung der Eltern-Kind-Beziehung.

Wenn Kinder den Versuchen, ein Verhalten zu modifizieren, von dem sie das Gefühl haben, es wird die Bedürfnisse ihrer Eltern nicht beeinträchtigen, heftigen Widerstand entgegensetzen, unterscheidet sich ihr Verhalten nicht von dem Erwachsener. Kein Erwachsener will sein Verhalten modifizieren, wenn er überzeugt davon ist, daß es keinen anderen verletzt. Sowohl Erwachsene als auch Kinder werden energisch darum kämpfen, sich ihre Freiheit zu erhalten, wenn sie die Empfindung haben, jemand setzt ihnen zu, ein Verhalten zu ändern, das die Bedürfnisse des anderen Menschen nicht beeinträchtigt.

Das ist einer der gefährlichsten Fehler, den die Eltern machen können, und einer der häufigsten Gründe für ihr Versagen. Wenn Eltern ihre Versuche, Verhaltensweisen zu modifizieren, auf das beschränken würden, was die elterlichen Bedürfnisse beeinträchtigt, würde es weitaus weniger Rebellion, weniger Konflikte und weniger Eltern-Kind-Beziehungen geben, die brüchig werden. Unklugerweise kritisieren, überreden und setzen die meisten Eltern ihren Kindern zu, Verhaltensweisen zu modifizieren, die keinen greifbaren oder konkreten Effekt auf den Elternteil haben. In Notwehr schlagen die Kinder zurück, widersetzen sich, rebellieren oder brechen aus.

Nicht selten reagieren Kinder durch Übertreibung gerade der Dinge, die ihre Eltern sie bedrängen, nicht zu tun, wie es so oft im Fall von langen Haaren geschieht. Andere Kinder mögen aus Angst vor elterlicher Autorität nachgeben, hegen dem Elternteil gegenüber aber einen tiefen Groll oder Haß, weil er sie dazu veranlaßt hat, sich zu ändern.

Viel von der Aufsässigkeit der heutigen Jugendlichen - ihre Proteste, ihre Sit-ins, ihre Kämpfe gegen das Establishment - kann den Eltern oder anderen Erwachsenen angelastet werden, die Druck auf sie ausübten, um ein Verhalten zu modifizieren, von dem die Kinder das Gefühl haben, es geht nur sie etwas an.

Kinder rebellieren nicht gegen die *Erwachsenen* - sie rebellieren gegen die *Versuche* der Erwachsenen, *ihnen ihre Freiheit zu nehmen*. Sie rebellieren gegen Bestrebungen, sie zu ändern oder nach dem Bild der Erwachsenen zu formen, gegen Belästigungen der Erwachsenen, dagegen, daß Erwachsene sie zwingen, in Übereinstimmung mit dem zu handeln, was Erwachsene für richtig oder falsch halten.

Wenn Eltern ihren Einfluß gebrauchen und ein Verhalten zu modifizieren versuchen, das *nicht* das persönliche Leben der Eltern beeinträchtigt, verlieren sie tragischerweise den Einfluß, ein Verhalten zu modifizieren, das sie *wirklich* beeinträchtigt.

Meine Erfahrung mit Kindern jeglichen Alters ist, daß sie gewöhnlich durchaus bereit sind, ihr Verhalten zu modifizieren, wenn ihnen klar ist, daß das, *was sie tun, sich tatsächlich störend auf die Befriedigung der Bedürfnisse eines anderen auswirkt*. Wenn Eltern die Versuche, das Verhalten ihrer Kinder zu modifizieren, auf das beschränken, was sie greifbar oder konkret berührt, finden sie die Kinder im allgemeinen aufgeschlossen für Änderungen, gewillt, die Bedürfnisse ihrer Eltern zu respektieren, und zum »Problemlösen« bereit.

Der Stil der Kleidung - ebenso wie langes Haar - hat für Kinder einen großen symbolischen Wert. Zu meiner Zeit waren es ausgebliche gelbe Cordhosen und schmutzige (immer *sehr* schmutzige) niedrige Wildlederstiefel. Ich kann mich entsinnen, wenn ich neue Wildlederstiefel kaufte, war es ein Ritual für mich, sie mit Schmutz einzureiben, bevor ich überhaupt nur daran dachte, sie zu tragen. Heute sind es schmutzige Jeans, Ponchos, Perlen, zehenfreie Sandalen, randlose Brillen, Miniröcke, keine Büstenhalter und dergleichen mehr.

Wie habe ich um mein Recht gekämpft, diese Cordhosen und Wild-

8.700 neuen Zustellfahrzeugen und Direkttransporten im Fernverkehr sorgt die Post dafür, daß Ihr Post-Paket auf dem kürzesten Weg ans Ziel kommt.

Viel drin für die Sicherheit.

Sicheres Zeichen: die neuen Ident- und Leitcodes auf jedem Post-Paket. Sind die Paketdaten einmal im Computernetz der Post erfaßt und gespeichert, läßt sich der Versandweg mit Tracking und Tracing lückenlos verfolgen.

Wir werden jeden Tag besser.

Deutsche Post AG

lederstiefel zu tragen! Ich hatte diese Symbole sehr nötig. Am wichtigsten war: meine Eltern konnten keine logischen Gründe dafür anführen, daß die Tatsache, daß ich sie trug, sie auf greifbare oder konkrete Weise auch nur berührte!

Es gibt Situationen, in denen ein Kind die Tatsache verstehen und akzeptieren wird, daß seine Art, sich zu kleiden, eine greifbare oder konkrete Auswirkung auf seine Eltern hat. Ein Beispiel dafür ist das von dem Mädchen und dem karierten »Regenmantelproblem«, das ich wiederholt angeführt habe. In dieser Situation war es dem Mädchen klar, wenn sie ohne geeigneten Schutz mehrere Häuserblocks weit im Regen zum Bus ginge, würden ihre Sachen später in die Reinigung müssen, oder sie könnte sich einen Schnupfen holen, wodurch ihre Eltern genötigt würden, Medizin zu kaufen oder Zeit damit zu verbringen, sie zu Hause zu pflegen.

Ein zweites Beispiel für ein dem Niederlage-losen Problemlösen zugängliches Problem war der Konflikt über den Wunsch meiner Tochter, den Sommer über unbeaufsichtigt nach Newport Beach zu fahren. In diesem Fall war ihr klar, daß wir vor Sorge nicht schlafen oder mitten in der Nacht geholt werden könnten, wenn sie sich zufällig in einer Gruppe Jugendlicher befinden würde, die vor den Jugendrichter kamen.

Selbst der Konflikt über das lange Haar eines Sohnes könnte, wie in einer mir bekannten Familie, in seltenen Fällen für Problemlösungen zugänglich sein. Der Vater war Schulleiter. Er hatte das Gefühl, seine Stellung in dieser konservativen Gemeinde könnte gefährdet sein, wenn die Leute das lange Haar seines Sohnes als Beweis dafür nähmen, daß der Vater für die Stellung zu liberal war. In dieser Familie akzeptierte es der Sohn als greifbaren und konkreten Effekt seines langen Haares auf das Leben seines Vaters. Er erklärte sich aus echter Rücksichtnahme auf die Bedürfnisse seines Vaters bereit, das Haar beträchtlich kürzer zu schneiden.

Das wäre vielleicht nicht das Ergebnis in einer anderen Familie in der gleichen Lage gewesen. Besonders, weil »die Meinung der anderen Leute« oft auch nur als Vorwand der Eltern genommen wird, den eigenen Willen, versteckt, durchzusetzen. Das Entscheidende ist: *das Kind muß* die Logik *akzeptieren können,* daß sein Verhalten einen greifbaren oder konkreten Effekt auf den Elternteil hat. Nur dann wird es gewillt sein, sich auf Niederlage-lose Problemlösungen einzulassen. Die Lehre für die Eltern ist, besser stichhaltige

Gründe dafür anführen zu können, daß ein bestimmtes Verhalten einen greifbaren und konkreten Effekt auf ihr Leben hat, sonst könnte das Kind nicht zu verhandeln gewillt sein.

Hier folgen weitere Verhaltensweisen, die, wie uns einige Eltern berichteten, nicht als Gegenstand von Verhandlungen akzeptiert wurden, weil die Kinder nicht davon zu überzeugen waren, daß ihr Verhalten die Eltern auf irgendeine greifbare oder konkrete Art berühren würde:

Teenager-Tochter, die Miniröcke liebt.
Teenager-Sohn, der ausgeblichene Jeans und ramponierte Segeltuchschuhe trägt.
Jugendlicher, der eine Gruppe von Freunden bevorzugte, die seinen Eltern nicht gefiel.
Ein Kind, das bei den Schularbeiten trödelte.
Ein Kind, das die Oberschule verlassen will, um Popmusiker zu werden.
Ein Teenager-Mädchen, das sich auf Hippie-Art kleidete.
Vierjähriger, der noch immer sein Nuckeltuch mit sich herumtrug.
Kind, das durch seine Faxen im Unterricht Schwierigkeiten mit den Lehrern bekam.
Jugendlicher, der sich weigerte, zur Kirche zu gehen.

Methode III ist offensichtlich keine Methode, um Kinder nach dem Wunsch der Eltern zu formen. Wenn Eltern versuchen, die Methode zu diesem Zweck anzuwenden, ist sicher, daß die Kinder es durchschauen werden und Widerstand leisten. Dann laufen die Eltern Gefahr, jede Chance zu vernichten, sie bei Problemen anzuwenden, die sie berühren - zum Beispiel, wenn Kinder ihren häuslichen Pflichten nicht nachkommen, übermäßigen Lärm machen, Eigentum zerstören, Vaters Auto zu schnell fahren, ihre Sachen in der Wohnung herumliegen lassen, ihre schmutzigen Schuhe nicht abtreten, bevor sie ins Haus kommen, den Fernsehapparat für sich alleine beanspruchen, die Küche nicht aufräumen, nachdem sie sich etwas zu essen gemacht haben, Vaters Werkzeug nicht in den Werkzeugkasten zurücklegen, durch die Blumenbeete trampeln und zahllose andere Verhaltensweisen.

Eine Frage der Bürgerrechte
Zu den Kämpfen zwischen Kind-Eltern über Haarlänge und andere

Verhaltensweisen, von denen Kinder das Gefühl haben, daß sie ihre Eltern weder greifbar noch konkret berühren, gehört die Frage nach dem Bürgerrecht Jugendlicher. Sie haben das Gefühl, das *Recht* zu haben, das Haar auf ihre Weise zu tragen, ihre eigenen Freunde zu wählen, ihre Art von Kleidung zu tragen, usw. Und die heutige Jugend wird, ebenso wie in anderen Zeiten, dieses Recht hartnäckig verteidigen.
Jugendliche, wie auch Erwachsene, Gruppen oder Nationen, werden kämpfen, um sich ihre Rechte zu erhalten. Sie werden sich mit allen Mitteln, die sie haben, dem Versuch widersetzen, ihnen ihre Freiheit oder Autonomie zu nehmen. Das sind wichtige Dinge für sie, die sich nicht durch Verhandlung, Übereinkommen oder Problemlösen aus der Welt schaffen lassen.
Warum sehen Eltern das nicht ein? Warum verstehen Eltern nicht, daß ihre Söhne und Töchter Menschen sind und daß es *in der Natur des Menschen liegt, um die Freiheit zu kämpfen,* wann immer ein anderer sie bedroht. Warum können Eltern nicht verstehen, daß wir es hier mit etwas sehr Grundlegendem und Fundamentalem zu tun haben - dem Bedürfnis des Menschen, seine Freiheit zu bewahren? Warum begreifen die Eltern nicht, daß die Bürgerrechte in der Familie beginnen müssen?
Ein Grund, warum Eltern selten daran denken, daß ihre Kinder im unteilbaren Besitz von Bürgerrechten sind, ist die weitverbreitete Auffassung, daß Eltern ihre Kinder »zu eigen haben«. Unter Vertretung dieser Auffassung rechtfertigen Eltern ihre Bestrebungen, ihre Kinder zu formen, sie zu bilden, sie zu unterweisen, zu modifizieren, zu kontrollieren, sie einer Gehirnwäsche zu unterziehen. Kindern Bürgerrechte oder bestimmte, unveräußerliche Freiheiten zuzugestehen, hat zur Voraussetzung, Kinder als Einzelmenschen oder unabhängige Persönlichkeiten zu betrachten, die *ein eigenes Leben haben.* Nicht viele Eltern sehen ihre Kinder so. Es fällt vielen sehr schwer, dem Kind die Freiheit zu gewähren, das zu werden, was es will; vorausgesetzt, sein Verhalten stört den Elternteil nicht dabei, das zu werden, war es werden will.

»Kann ich meine Wertvorstellungen nicht lehren?«
Das ist eine der am häufigsten gestellten Fragen, denn die meisten Eltern haben ein tiefes Bedürfnis danach, ihre liebsten Wertvorstellungen an ihre Nachkommen weiterzugeben. Unsere Antwort

lautet: »Natürlich - Sie *können* Ihre Wertvorstellungen nicht nur lehren, sondern Sie *werden* es auch unvermeidlich tun.« Eltern können gar nicht anders, als ihre Kinder ihre Wertvorstellungen lehren, einfach deshalb, weil Kinder zwangsläufig die Wertvorstellungen ihrer Eltern lernen, indem sie beobachten, was ihre Mütter und Väter tun, und hören, was sie sagen, und sehen, wie sie in bestimmten Situationen reagieren.

Der Elternteil als Vorbild

Eltern, wie auch viele andere Erwachsene, mit denen Kinder in Kontakt kommen werden, wenn sie heranwachsen, werden *Vorbilder* für sie sein. Eltern sind ein ständiges Vorbild für ihre Nachkommen - durch ihre Handlungen demonstrieren sie noch deutlicher als durch ihre Worte, welchen Dingen sie Wert beimessen und an was sie glauben.

Eltern können ihre Wertvorstellungen lehren, indem sie sie vorleben. Wenn sie wollen, daß ihre Kinder Ehrlichkeit schätzen, müssen die Eltern täglich ihre eigene Ehrlichkeit demonstrieren. Wenn sie wollen, daß ihre Kinder Großzügigkeit schätzen, müssen sie sich großzügig verhalten. Wenn sie wollen, daß ihre Kinder sich »christliche Werte« zu eigen machen, müssen sie sich selbst wie Christen verhalten. Das ist der beste und vielleicht der einzige Weg für Eltern, Kinder ihre Wertvorstellungen zu »lehren«.

»Richte dich nach dem, was ich sage, nicht nach dem, was ich tue«, ist keine wirksame Einstellung bei der Unterweisung von Kindern in den Wertvorstellungen ihrer Eltern. »Richte dich nach dem, was ich *tue*«, kann dagegen ein Kind mit großer Wahrscheinlichkeit modifizieren oder beeinflussen.

Eltern, die wollen, daß ihre Kinder ehrlich sind, werden ihr Vorhaben zunichte machen, wenn sie bei Erhalt einer unerwünschten Einladung am Telefon vor ihren Kindern lügen: »Oh, wir würden gerne kommen, aber wir erwarten Besuch von auswärts.« Oder wenn Vater mittags bei Tisch erwähnt, wie schlau er seine Einkommensteuererklärung mit abzugsfähigen Unkosten ausgepolstert hat. Oder wenn Mutter ihre Teenager-Tochter warnt: »Nun wollen wir Vater aber nicht sagen, wieviel ich für die neue Lampe bezahlt habe.« Oder wenn beide Eltern ihren Kindern im Zusammenhang mit Sex, Leben, Religion nicht die ganze Wahrheit sagen.

Eltern, die wollen, daß ihre Kinder der Gewaltlosigkeit in menschlichen Beziehungen Wert beimessen, werden als Heuchler erscheinen, wenn sie körperliche Züchtigungen anwenden, um zu »disziplinieren«. Ich erinnere mich einer beißenden Karikatur, die einen Vater darstellt, der seinen übers Knie gelegten Sohn prügelt und schreit: »Das wird dich hoffentlich lehren, dein kleines Brüderchen nicht zu schlagen.«

Eltern lehren Kinder ihre eigenen Wertvorstellungen, indem *sie selbst ein entsprechendes Leben führen*, nicht, *indem sie Kinder zwingen, nach bestimmten Regeln zu leben*. Ich bin der festen Überzeugung, einer der Hauptgründe, warum Jugendliche heute unter Protest viele der Wertvorstellungen der erwachsenen Gesellschaft ablehnen, ist die Feststellung, daß Erwachsene auf die verschiedenste, oft subtile Weise das zu praktizieren versäumen, was sie predigen. Kinder entdecken zu ihrem Entsetzen, daß die Schulbücher in den Oberschulen nicht die ganze Wahrheit über die Regierung und die Geschichte sagen, oder daß ihre Lehrer durch Verschweigen mancher Tatsachen des Lebens lügen. Sie können nicht umhin, empört über die Erwachsenen zu sein, die gewisse Prinzipien der Sexualmoral predigen, wenn sie im Fernsehen Filmen und Serien ausgesetzt sind, die ein sexuelles Verhalten der Erwachsenen darstellen, das im Widerspruch zu der Moral steht, für die sie ihren Kindern gegenüber eintreten.

Ja, Eltern können ihre Wertvorstellungen lehren, wenn sie sie vorleben. Aber wie viele Eltern tun das? Ihre Wertvorstellungen lehren, ja, das dürfen Sie, aber durch Beispiel, nicht durch Überredung oder durch elterliche Autorität. Lehren Sie, was immer für Sie selbst von Wert war, aber dadurch, daß Sie ein Vorbild sind, das seine Wertvorstellungen in die Praxis umsetzt.

Was Eltern Sorgen macht, ist, daß ihre Kinder sich nicht von *ihren Wertvorstellungen überzeugen lassen könnten*. Das stimmt - sie lassen sich möglicherweise nicht überzeugen. Vielleicht gefallen ihnen manche Wertvorstellungen der Eltern nicht, oder sie sehen vielleicht vollkommen richtig, daß manche der von den Eltern vertretenen Wertvorstellungen zu Ergebnissen führen, die Kinder nicht mögen (wie im Fall mancher Jugendlicher von heute, die den Patriotismus ablehnen, weil sie darin eine Wertvorstellung sehen, die ein Verhalten zeitigt, das oft zum Krieg führt und in der Geschichte oft geführt hat).

Wenn sie befürchten, daß Jugendliche sich nicht von ihren Wertvor-

stellungen überzeugen lassen könnten, fallen Eltern stets auf das Argument zurück, daß sie berechtigt sind, Macht anzuwenden, um ihren Kindern ihre Wertvorstellungen aufzudrängen. »Sie sind zu jung, um selbst zu urteilen«, lautet die am häufigsten angeführte Rechtfertigung dafür, Kindern Wertvorstellungen aufzudrängen.
Ist es überhaupt *möglich,* einem anderen, gesunden Menschen durch Macht und Autorität Wertvorstellungen aufzudrängen? Ich glaube nicht. Mit größter Wahrscheinlichkeit besteht das Resultat darin, daß diejenigen, deren Ansichten man beeinflussen möchte, sich einer derartigen Dominierung noch heftiger widersetzen und ihren Glauben und ihre Wertvorstellungen oft um so hartnäckiger verteidigen. Macht und Autorität mögen die *Handlungen* anderer kontrollieren, sie kontrollieren selten ihre *Gedanken, Ideen und Überzeugungen.*

Die Eltern als Ratgeber

Außer der Beeinflussung kindlicher Wertvorstellungen durch das Vorbild, können sich Eltern einer weiteren Methode bedienen, um das zu lehren, was sie als »richtig oder falsch« empfinden. Sie können ihre Kinder an ihrem Wissen, ihren Ideen und ihren Erfahrungen *teilhaben lassen,* genauso wie ein therapeutischer Berater es tut, wenn seine Dienste von einem Klienten erbeten werden. Dabei gibt es einen Haken. Der erfolgreiche Berater läßt *teilhaben.* Anstatt zu predigen, *bietet er an.* Anstatt aufzudrängen, *schlägt er vor.* Noch entscheidender ist: der erfolgreiche Berater läßt teilhaben, bietet an und schlägt vor, aber nicht mehr als *einmal.* Der Berater bietet seinen Klienten den Vorteil seines Wissens und seiner Erfahrung, gewiß, aber er plagt sie nicht Woche auf Woche, beschämt sie nicht, wenn sie sich seine Ideen nicht zu eigen machen, drängt seinen Gesichtspunkt nicht weiter auf, wenn er Widerstand seitens des Klienten spürt. Der erfolgreiche Berater bietet seine Ideen an, dann *überläßt er seinem Klienten die Verantwortung* dafür, sie sich zu eigen zu machen oder sie abzulehnen. Verhielte sich ein Berater, wie die meisten Eltern es tun, würde ihn sein Klient wissen lassen, daß seine Dienste nicht länger erwünscht wären.
Die heutigen Jugendlichen entlassen ihre Eltern - teilen ihnen mit, daß ihre Dienste nicht länger erwünscht sind - weil wenige Eltern ihren Kindern effektive Berater sind. Sie halten Vorträge, schmeicheln, drohen, warnen, überreden, flehen, predigen, moralisieren und beschämen ihre Kinder, alles in dem Bestreben, sie zu zwingen,

das zu tun, was sie für richtig halten. Eltern wenden sich tagein, tagaus erneut mit ihren erzieherischen oder moralisierenden Botschaften an ihre Kinder. Sie gestehen dem Kind nicht die Verantwortung zu, sich etwas zu eigen zu machen oder abzulehnen, maßen sich aber selber die Verantwortung für das Lernen ihrer Kinder an. Die Einstellung der meisten Eltern als Berater ist, daß *ihre Klienten einverstanden sein müssen;* sind sie es nicht, haben sie das Gefühl, sie hätten versagt.

Die Eltern machen sich »harter Verkaufsmethoden« schuldig. Kein Wunder, daß die Kinder in den meisten Familien verzweifelt zu ihren Eltern sagen: »Laß mich in Ruhe«, »Hör auf, hinter mir her zu sein«, »Ich weiß, was du denkst, du brauchst es mir nicht jeden Tag zu sagen«, »Hör auf, mir Vorträge zu halten«, »Das ist genug«, »Leb wohl«.

Die Lehre für die Eltern lautet, daß sie ihren Kindern hilfreiche Berater sein *können* - sie können sie an ihren Ideen, ihrer Erfahrung und ihrem Willen teilhaben lassen -, wenn sie nicht vergessen, wie *effektive* Berater zu handeln, auf daß sie nicht von den Klienten, denen sie helfen wollen, »gefeuert« werden.

Wenn Sie glauben, etwas Nützliches über die Wirkung von Zigaretten auf die menschliche Gesundheit zu wissen, sagen Sie es Ihren Kindern. Wenn Sie das Gefühl haben, die Religion habe einen wichtigen Einfluß auf Ihr Leben gehabt, sprechen Sie einmal mit Ihren Kindern darüber. Wenn Sie zufällig auf einen guten Artikel über die Wirkung von Drogen auf das Leben junger Menschen stoßen, geben Sie die Zeitschrift Ihren Kindern oder lesen Sie ihrer Familie den Artikel laut vor. Wenn Sie Unterlagen über die Chancen eines Studiums haben, stellen Sie sie Ihren Kindern zur Verfügung. Wenn Sie in Ihrer Jugend gelernt haben, wie man Schularbeiten weniger ermüdend gestaltet, bieten Sie Ihren Kindern Ihre Methode an. Wenn Sie glauben, auf dem Gebiet vorehelicher Geschlechtsbeziehung Bescheid zu wissen, berichten Sie zu gegebener Zeit Ihren Kindern Ihre Entdeckungen.

Eine weitere Anregung gründet sich auf meine eigene Erfahrung als Psychotherapeut, in welcher Eigenschaft ich erfuhr, daß mein wertvollstes Instrument bei der Arbeit mit meinen Klienten im aktiven Zuhören bestand. Wenn ich neue Ideen anbot, reagierten meine Klienten anfänglich fast immer mit Widerstand und Abwehr, zum

Teil deshalb, weil meine Ideen ihren eigenen Überzeugungen und Gewohnheitsmustern gewöhnlich zuwiderliefen. Wenn ich diesen Empfindungen aktiv zuhören konnte, verschwanden sie im allgemeinen, und die neuen Ideen wurden schließlich angenommen. Eltern, die Kinder ihre eigenen Überzeugungen und Wertvorstellungen lehren wollen, müssen auf Widerstand gegen ihre Ideen gefaßt sein und auf Einwände auf ihre Ideen empfindsam reagieren. Wenn Ihnen Widerstand begegnet, vergessen Sie das aktive Zuhören nicht. Es wird Ihnen zustatten kommen, wenn Sie Ihren Kindern ein Berater sind.

Daher sagen wir zu den Eltern, die dieses Buch lesen: »Gewiß, Sie können versuchen, Kinder Ihre Wertvorstellungen zu lehren, aber hören Sie damit auf, sie so hart zu bedrängen! Legen Sie sie deutlich dar, aber hören Sie auf, sie ihnen einzuhämmern! Lassen Sie sie großzügig daran teilhaben, aber ohne ihnen zu predigen. Bieten Sie sie zuversichtlich an, aber drängen Sie sie nicht auf! Ziehen Sie sich hinterher mit Anstand zurück und erlauben Sie Ihrem »Klienten«, zu entscheiden, ob sie sich Ihre Ideen zu eigen machen oder sie ablehnen wollen. Und vergessen Sie nicht, sich aktiven Zuhörens zu bedienen! Wenn Sie das alles tun, könnte es sein, daß Ihre Kinder Sie wieder um Ihre Dienste bitten. Sie geben Ihnen vielleicht eine feste Anstellung, überzeugt davon, dáß Sie ihnen ein nützlicher Berater sein können. Vielleicht wollen Sie sie eben nicht feuern.

»Mich mit dem abfinden, was ich nicht ändern kann«

Der Leser erinnert sich vielleicht eines Gebets, das oft zitiert worden ist:

> Herr, gib mir den Mut, zu ändern, was ich ändern kann;
> Die innere Gelassenheit, mich mit dem abzufinden,
> was ich nicht ändern kann;
> Und die Weisheit, den Unterschied zu erkennen.

»Die innere Gelassenheit, mich mit dem abzufinden, was ich nicht ändern kann«, bezieht sich auf das, was ich gerade behandelt habe. Denn es gibt viele kindliche Verhaltensweisen, die zu ändern Eltern möglicherweise einfach nicht imstande sind. Die einzige Alternative ist, sich mit dieser Tatsache abzufinden.

Viele Eltern sträuben sich heftig gegen unsere Idee, ihren Kindern nur Ratgeber zu sein. Sie sagen:

»Aber ich habe die Verantwortung dafür, zu sorgen, daß mein Kind keine Zigaretten raucht.«

»Ich muß meine Autorität gebrauchen, um meine Tochter an vorehelichem Geschlechtsverkehr zu hindern.«

»Ich bin nicht gewillt, in der Frage des Haschischrauchens nur als Ratgeber zu fungieren. Ich muß mehr tun, um meine Kinder von dieser Versuchung abzuhalten.«

»Ich werde mich nicht damit zufriedengeben, daß mein Kind nicht jeden Tag seine Schularbeiten macht.«

Verständlicherweise haben viele Eltern im Hinblick auf bestimmte Verhaltensweisen so entschiedene Ansichten, daß sie den Versuch nicht aufgeben wollen, ihre Kinder zu beeinflussen, aber bei objektivem Zusehen überzeugen sie sich gewöhnlich davon, daß sie keine andere mögliche Alternative haben, außer aufzugeben - sich mit dem abzufinden, was sie nicht ändern können.

Nehmen Sie als Beispiel das *Zigarettenrauchen*. Angenommen, die Eltern haben Teenagern alle Fakten gegeben (ihre eigenen schlechten Erfahrungen mit dieser Gewohnheit, die Aufklärungsschriften der Gesundheitsbehörden, Presseartikel). Und nun stellen Sie sich vor, der Jugendliche entscheidet sich dennoch dafür, zu rauchen. Was können die Eltern tun? Wenn sie ihn vom Rauchen zu Hause abzuhalten versuchen, wird er zweifellos rauchen, wenn er nicht zu Hause ist (und wahrscheinlich auch zu Hause rauchen, wenn die Eltern abwesend sind). Es liegt auf der Hand: sie können das Kind nicht immer begleiten, wenn es das Haus verläßt, oder zu Hause bleiben, wenn es daheim ist. Selbst wenn sie es beim Rauchen erwischen - was können sie schließlich tun? Wenn sie Hausarrest verhängen, wird es einfach warten, bis die Zeit des Hausarrestes vorüber ist und wieder zu rauchen anfangen. Theoretisch könnten sie versuchen, ihm mit Ausschluß aus der Familie zu drohen; wenige Eltern aber sind gewillt, es mit einer so extremen Maßnahme zu versuchen, weil sie wissen, daß sie am Ende ihre Drohung vielleicht ausführen müßten. Tatsächlich haben Eltern darum keine gangbarere Alternative, als sich damit abzufinden, daß sie nicht in der Lage sind, ihre Teenager zu veranlassen, mit dem Rauchen aufzuhören. Ein Elternteil formulierte sein Dilemma zutreffend, als er sagte: »Die einzige Möglichkeit, meine Tochter am Rauchen zu hindern, würde darin bestehen, sie an den Bettpfosten zu fesseln.«

Die Schularbeiten, ein Problem, das in vielen Familien zu Konflikten führt, sind ein weiteres Beispiel. Was können Eltern tun, falls das Kind seine Schularbeiten nicht machen will? Wenn sie es zwingen, in sein Zimmer zu gehen, wird es wahrscheinlich sein Radio anstellen oder »herumspielen« und alles andere, nur nicht seine Schularbeiten machen. Das Entscheidende ist, man kann einfach niemanden zum Studieren oder Lernen zwingen. »Man kann ein Pferd ans Wasser führen, aber zum Trinken kann man es nicht zwingen«, ist ebenso anwendbar auf ein Kind, das man zu seinen Schularbeiten zwingt.

Nun, und wie steht es mit dem *vorehelichen Geschlechtsverkehr*? Hier läßt sich dasselbe Prinzip anwenden. Es ist Eltern unmöglich, ihre heranwachsende Tochter ständig zu beaufsichtigen. In einem meiner Kurse gab ein Vater zu: »Ich könnte ebensogut aufhören, zu versuchen, meine Tochter von vorehelichen Sexerfahrungen abzuhalten, denn schließlich kann ich ja nicht jedesmal, wenn sie ausgeht, das Gewehr im Anschlag auf dem Rücksitz des Autos mitfahren.«

Weitere Verhaltensweisen können der Liste von Dingen hinzugefügt werden, die Eltern zu ändern keine Macht haben.

Starkes Make up,
Trinken,
in der Schule in Schwierigkeiten geraten,
mit bestimmten Kindern verkehren,
sich mit Angehörigen anderer Völker und Religionen verabreden,
Hasch rauchen usw.

Ein Elternteil kann nichts anderes tun, als dadurch Einfluß zu nehmen versuchen, daß er ein Vorbild, ein wirksamer Berater ist und zu den Kindern eine »therapeutische« Beziehung entwickelt. Darüber hinaus, was noch? Wie ich es sehe, kann ein Elternteil sich nur mit der Tatsache abfinden, daß er letzten Endes keine Macht hat, derartige Verhaltensweisen zu verhindern, wenn das Kind zu ihnen entschlossen ist.

Vielleicht ist das einer der Preise, die man dafür zahlt, Kinder zu haben. Sie können Ihr *Bestes* tun und dann das Beste *hoffen,* auf lange Sicht gesehen aber laufen Sie Gefahr, daß Ihre größten Anstrengungen nicht gut genug sein könnten. Schließlich bitten dann vielleicht auch Sie: »Herr, gib mir die innere Gelassenheit, mich mit dem abzufinden, was ich nicht ändern kann.«

Die Zwei-Spalten-Methode, um mit dem Niederlage-losen Problemlösen zu beginnen

In Familien, in denen sich Eltern der Methode I bedient oder im Hinblick auf Verhaltensweisen, die sie nicht greifbar oder konkret berühren, sehr viel an ihren Kindern herumgemäkelt und genörgelt haben, ist es oft schwer, mit Niederlage-losem Problemlösen zu beginnen, weil die Beziehungen zu den Kindern so schlecht geworden sind. Die Kinder sind bereits zornig auf die Eltern und gegenüber jeglicher Art von elterlicher Einmischung sehr ablehnend und mißtrauisch gegenüber jedem neuerlichen Versuch, ihr Verhalten zu modifizieren. Wenn die Eltern dann an sie herantreten und eine Zusammenkunft vorschlagen, um zu versuchen, ihre Konflikte zu bewältigen, weigern sich die Kinder entweder, daran beteiligt zu werden, oder gehen mit dem Entschluß in die Zusammenkunft, die neuesten Bestrebungen der Eltern, sie ihrer Freiheit zu berauben, zunichte zu machen.

Wir dachten uns eine überraschend einfache Methode aus, um Widerstand und Mißtrauen, die die Kinder in eine Problemlöse-Sitzung mitbringen, zu überwinden. Alles, was die Eltern brauchen, ist ein Bleistift und ein Blatt Papier, das durch einen von oben nach unten gezogenen Strich in zwei Spalten eingeteilt ist. Der Elternteil kann die Sitzung eröffnen, indem er etwa sagt:

»Wir wollen einen neuen Weg zur Bewältigung der zwischen uns bestehenden Konflikte ausprobieren. In der Vergangenheit haben oft wir gesiegt und ihr seid unterlegen oder ihr habt gesiegt und wir sind unterlegen. Wir würden nun gern versuchen, Lösungen unserer Konflikte zu finden, die für uns alle annehmbar sind – so daß niemand unterliegt. Der Grundsatz dieser neuen Methode ist, daß, was wir auch entscheiden, für jeden annehmbar sein muß, und wir werden nicht aufhören, nach Lösungen zu suchen, bis wir eine finden, die wir alle annehmen werden und bereit sind, auszuführen. Ich habe ein in zwei Spalten aufgeteiltes Stück Papier mitgebracht. Auf dieses Blatt Papier werden wir unsere Probleme und Konflikte, wie sie von irgendeinem von uns zur Sprache gebracht werden, aufschreiben. In der linken Spalte werde ich die Konflikte aufführen, die wir im Hinblick auf das Verhalten von euch Kindern gehabt haben, das uns nicht wirklich greifbar oder konkret berührt, obgleich es uns vielleicht Kummer gemacht hat. Etwas, das mir sofort einfällt, sind eure Schularbeiten. In die rechte Spalte werde

ich diejenigen Konflikte schreiben, die wir im Hinblick auf das Verhalten von euch Kindern hatten, das uns wirklich berührt, Dinge, die ihr tut und die unser Leben unmittelbar beeinträchtigen. Zum Beispiel, daß ihr die Abfalleimer nicht hinaustragt.

Wenn wir mit unserer Liste fertig sind, versprechen wir, wegen keinem der Probleme in der linken Spalte an euch herumzunörgeln oder zu mäkeln. Wir werden dieses Problem einfach unter den Tisch fallen lassen – niemand piesackt euch mehr. Nehmt zum Beispiel die Schularbeiten. Wir sind bereit, sie nie wieder zu erwähnen – es wird von euch abhängen, wann ihr sie macht und ob ihr sie macht. Ihr seid imstande, euch selbst darum zu kümmern.

Alle Probleme in der rechten Spalte müssen auf irgendeine Weise geklärt werden, damit wir für jedes eine Lösung finden, die für uns alle annehmbar ist – niemand unterliegt. Hat noch jemand Fragen, wie wir dabei vorgehen werden? (Nach Beantwortung von Fragen) Schön, dann wollen wir anfangen, die Probleme aufzuschreiben. Jeder kann ein Problem zur Sprache bringen. Dann werden wir uns mit jedem der angeführten Probleme befassen und entscheiden, ob es in die rechte oder die linke Spalte kommt.«

Wird diese Methode in einer Familie angewendet, sind die Kinder so überrascht und begeistert davon, alle Probleme in der linken Spalte aus dem Fenster fliegen zu sehen, daß sie sich den Problemen der rechten Spalte dann mit viel mehr Verhandlungsbereitschaft zuwenden, sehr viel motivierter, Lösungen anzubieten und sich auf eine zu einigen, die sowohl die Bedürfnisse der Eltern als auch ihre eigenen befriedigen würde.

Es folgt eine Liste von Problemen, die eine Familie aufstellte. In dieser wie in den meisten Familien standen in der linken Spalte sehr viel mehr Probleme als in der rechten.

Probleme, für die vereinbarungsgemäß das Kind verantwortlich ist (kein gemeinsames Problemlösen)	Probleme, die zur Lösung anstehen
1. Seine Schularbeiten – wieviel es lernt, wann es lernt, ob es lernt.	1. Wie groß sein Beitrag zu der im Haus notwendigen Arbeit ist.

2. Wie es das Haar trägt.

3. Wann es ins Bett geht.

4. Was es ißt.

5. Was es zur Schule anzieht.

6. Die Wahl seiner Freunde.
7. Wie oft es badet.
8. Wie es sich sein Zimmer einrichtet.
9. Wohin es geht, wenn es ausgeht.
10. Wie es sein Taschengeld ausgibt.

2. Das Problem des Taschengeldes; was die Eltern und was das Kind kauft.

3. Das Problem, daß die Eltern nicht erfahren, ob das Kind zum Essen nach Hause kommt oder nicht.

4. Das Problem der Benutzung des Familienautos.

5. Das Problem, daß das Kind die von ihm verursachte Unordnung im Wohnzimmer der Familie nicht aufräumt.

---

15. Wie Eltern Konflikte vermeiden können, indem sie sich selber ändern

Das letzte Konzept, das wir den Eltern anbieten, besteht darin, daß sie viele Konflikte zwischen sich und dem Kind vermeiden können, indem sie manche ihrer eigenen Einstellungen ändern. Dieser Gedanke wird zuletzt angeführt, weil es für Eltern einigermaßen bedrohlich sein kann, wenn ihnen gesagt wird, daß *sie* manchmal diejenigen sein könnten, die sich anstatt ihrer Kinder ändern sollten. Den meisten Eltern fällt es viel leichter, neue Methoden zur Veränderung ihrer *Kinder* und neue Methoden zur Veränderung der *Umwelt* zu akzeptieren, als sich mit dem Gedanken vertraut zu machen, sich *selbst* zu ändern.

Elternschaft wird in unserer Gesellschaft eher als eine Möglichkeit betrachtet, Wachstum und Entwicklung der Kinder, anstatt Wachstum und Entwicklung der Eltern zu beeinflussen. Elternschaft bedeutet zu oft, Kinder »erziehen«; an ihnen ist es, sich den Eltern anzupassen. Es gibt nach dieser Auffassung nur *schwierige Kinder*, aber nicht und niemals *schwierige Eltern*. Angeblich gibt es nicht einmal problematische Eltern-Kind-Beziehungen.

Und doch weiß jeder Elternteil, daß es in seinen Beziehungen zu einem Ehepartner, einem Freund, einem Verwandten, einem Vorgesetzten oder Untergebenen Zeiten gibt, in denen *er* sich ändern muß, um ernstliche Konflikte zu vermeiden oder den gesunden Zustand der Beziehung zu erhalten. Jeder hat die Erfahrung gemacht, daß er seine eigene Einstellung im Hinblick auf das Verhalten eines anderen ändert - der Art eines anderen Menschen dadurch annehmender gegenübersteht, daß er seine eigene Einstellung zum Verhalten des anderen ändert. Sie mögen sehr verärgert gewesen sein über die gewohnheitsmäßige Neigung eines Freundes, sich bei Verabredungen zu verspäten. Im Lauf der Jahre beginnen Sie sie zu akzeptieren, lachen vielleicht darüber und ziehen Ihren Freund damit auf. Jetzt werden Sie nicht mehr ärgerlich darüber; Sie akzeptieren sie als eine der Eigenschaften Ihres Freundes. Sein *Verhalten* hat sich nicht geändert. Ihre *Einstellung* zu seinem Verhalten hat sich geändert. *Sie* haben sich angepaßt. *Sie* haben sich geändert.

Auch Eltern können ihre Einstellung zum Verhalten von Kindern ändern.

Petras Mutter wurde gegenüber dem Bedürfnis ihrer Tochter, kurze Röcke zu tragen, annehmender, als sie an die Zeit in ihrem Leben zurückdachte, in der sie sich zum Entsetzen ihrer Mutter sklavisch nach dem Stil der kniefreien Röcke und heruntergerollten Strümpfe richtete.

Peters Vater wurde der übersteigerten Lebhaftigkeit seines dreijährigen Sohnes gegenüber annehmender, nachdem er in einer Diskussionsgruppe mit anderen Eltern hörte, daß diese Art des Verhaltens für Jungen dieses Alters sehr typisch ist.

Ein Elternteil täte daher klug daran zu erkennen, daß er die Anzahl von Verhaltensweisen, die er unannehmbar findet, dadurch verringern kann, daß er dem Verhalten seines Kindes oder der Kinder im allgemeinen gegenüber annehmender wird.

Das ist nicht so schwer, wie es aussehen mag. Viele Eltern werden nach ihrem ersten Kind dem kindlichen Verhalten gegenüber sehr viel annehmender, und oft sogar noch annehmender nach dem zweiten oder dritten Kind. Nachdem sie ein Buch über Kinder gelesen haben, nach einem Vortrag über Elternerziehung oder nach Erfahrungen als Jugendleiter können Eltern Kindern gegenüber ebenfalls annehmender werden. Direkter Kontakt mit Kindern oder selbst das Lernen über Kinder aus der Erfahrung anderer kann die Einstellung eines Elternteils merklich verändern. Es gibt noch mehr signifikante Möglichkeiten für Eltern, sich zu ändern, damit sie ihren Kindern gegenüber annehmender werden.

Kann man sich selbst gegenüber annehmender werden?

Wie annehmend Menschen anderen gegenüber sind und wie annehmend sie sich selbst gegenüber sind, steht, wie Untersuchungen zeigen, in direkter Beziehung. Ein Mensch, der sich selbst als Mensch annimmt, empfindet wahrscheinlich sehr viel mehr Annahme für andere. Menschen, die vieles an sich selbst nicht tolerieren können, finden vieles an anderen gewöhnlich schwer zu tolerieren.

Ein Elternteil muß sich selbst die eindringliche Frage stellen: »Wie sehr gefällt mir der Mensch, der ich bin?«

Deutet die ehrliche Antwort auf mangelnde Annahme seiner selbst als Mensch, muß dieser Elternteil sein eigenes Leben einer erneuten Prüfung unterziehen, um mit seinen eigenen Leistungen zufriedener zu werden. Menschen mit einem hohen Grad von Selbstannahme und Selbstschätzung sind im allgemeinen produktiv Leistende, die ihre eigenen Fähigkeiten nutzen, ihr eigenes Potential verwirklichen, die etwas vollenden, die Handelnde sind.

Eltern, die ihre eigenen Bedürfnisse durch unabhängige, produktive Leistung befriedigen, nehmen nicht nur sich selbst an, sondern *brauchen die Befriedigung ihrer Bedürfnisse auch nicht in der Art des Verhaltens ihrer Kinder zu suchen.* Sie haben es nicht nötig, daß sich ihre Kinder auf bestimmte Weise entwickeln. Menschen mit hoher, auf der festen Grundlage ihrer eigenen, unabhängigen Leistung beruhenden Selbstachtung sind ihren Kindern und der Art ihres Verhaltens gegenüber annehmender.

Hat ein Elternteil andererseits wenige oder keine Quellen der Befriedigung und Selbstachtung im eigenen Leben und muß Befriedigung weitgehend aus der Art ziehen, in der andere seine Kinder einschätzen, ist er seinen Kindern gegenüber wahrscheinlich nicht annehmend - insbesondere gegenüber den Verhaltensweisen, von denen er fürchtet, sie könnten ihn als schlechten Elternteil erscheinen lassen.

Angewiesen auf diese »indirekte Selbst-Annahme«, wird solch ein Elternteil es *nötig haben, daß seine Kinder sich auf bestimmte, spezifische Weise verhalten.* Und er ist ihnen gegenüber mit größerer Wahrscheinlichkeit nicht annehmend und aufgebracht über sie, wenn sie von seiner Vorlage abweichen.

»Gute Kinder« heranzuziehen - leistungsstark in der Schule, gesellschaftlich erfolgreich, tüchtig im Sport usw. - ist für viele Eltern zu einem Statussymbol geworden. Sie »brauchen« es, stolz auf ihre Kinder zu sein; sie brauchen es, daß ihre Kinder sich auf eine Weise verhalten, die sie in den Augen anderer als gute Eltern erscheinen läßt. In gewissem Sinne *benutzen* viele Eltern ihre Kinder dazu, sich das Gefühl des Eigenwerts und der Selbstachtung zu verschaffen. Wenn ein Elternteil keine andere Quelle hat, die ihm Eigenwert und Selbstachtung geben kann, was sich unglücklicherweise von sehr, sehr vielen Müttern sagen läßt (und auch von manchen Vätern), deren Leben sich auf die Erziehung »guter« Kinder beschränkt, sind die Weichen für eine Abhängigkeit von den Kindern gestellt, die die Eltern überängstlich macht und sie sehr darauf angewiesen sein läßt, daß sich die Kinder auf bestimmte Weise verhalten.

Wessen Kinder sind es?
Viele Eltern rechtfertigen nachdrückliche Versuche, ihre Kinder nach einem vorbestimmten Muster zu formen, indem sie sagen: »Es sind schließlich *meine* Kinder, nicht wahr?« oder: »Haben Eltern nicht das Recht, *ihre eigenen* Kinder in jeder Weise zu beeinflussen, die sie für die beste halten?«
Ein Elternteil, der ein Kind als seinen *Besitz*, »sein eigen Fleisch und Blut«, ansieht, und daher ein Recht zu haben glaubt, das Kind auf bestimmte Weise zu formen, wird sehr viel eher geneigt sein, dem Verhalten des Kindes gegenüber keine Annahme zu empfinden, wenn das Verhalten von der vorgeschriebenen Form abweicht. Ein Elternteil, der das Kind als jemanden ansieht, der ganz für sich und sogar ganz unterschiedlich ist - keineswegs im »Besitz« des Elternteils -, empfindet zwangsläufig gegenüber vielen Verhaltensweisen des Kindes annehmender, weil keine Form, kein vorher bestimmtes Muster für das Kind existiert. Ein solcher Elternteil kann die Einzigartigkeit eines Kindes bereitwilliger akzeptieren, ist eher imstande dazu, das Kind das werden zu lassen, was es genetisch zu werden fähig ist.
Ein annehmender Elternteil ist gewillt, das Kind sein eigenes »Programm« fürs Leben entwickeln zu lassen; ein weniger annehmender Elternteil empfindet das Bedürfnis, das Leben für das Kind zu programmieren.
Viele Eltern betrachten ihre Kinder als »Fortsetzungen ihrer selbst«. Das veranlaßt einen Elternteil oft dazu, sich große Mühe zu geben, um das Kind zu beeinflussen, das zu sein, was der Elternteil als gutes Kind definiert, oder das zu werden, was der Elternteil zu seinem Bedauern selbst nicht geworden ist. Sozialpsychologen sprechen heute viel von »Einzelsein«. Die Beweise mehren sich, daß in intakten menschlichen Beziehungen jeder Mensch dem anderen gestatten kann, von ihm »gesondert« zu sein. Je mehr diese Einstellung des Einzelseins vorhanden ist, desto geringer das Bedürfnis, den anderen zu ändern, intolerant seiner Individualität und unannehmend seinem unterschiedlichen Verhalten gegenüber zu sein.
In meiner klinischen Arbeit mit gestörten Familien, aber auch in der Beschäftigung mit »ganz normalen« Familien ist es häufig notwen-

dig, die Eltern zu erinnern: »Sie haben ein Leben geschaffen, nun lassen Sie es das Kind haben.« Lassen Sie es entscheiden, was es mit dem Leben, das Sie ihm gegeben haben, tun will. Gibran hat dieses Prinzip sehr schön in *The Prophet* formuliert:
Deine Kinder sind nicht deine Kinder.
Sie sind Söhne und Töchter der Sehnsucht des Lebens nach sich selbst.
Sie kommen durch dich, aber nicht von dir.
Und obgleich sie bei dir sind, gehören sie doch nicht zu dir.
Du darfst ihnen deine Liebe, aber nicht deine Gedanken geben, denn sie haben ihre eigenen Gedanken ...
Du darfst danach streben, wie sie zu sein, aber trachte nicht danach, sie dir anzugleichen.
Denn das Leben geht nicht rückwärts, noch hält es sich mit dem Gestern auf.

Eltern *können* sich selbst modifizieren und die Anzahl der Verhaltensweisen verringern, die unannehmbar für sie sind, indem sie zu der Einsicht kommen, daß ihre Kinder nicht *ihre* Kinder sind, keine Fortsetzungen ihrer selbst, sondern einzeln, einzigartig. Ein Kind hat das Recht, das zu werden, was zu werden es fähig ist, gleichgültig, wie verschieden vom Elternteil oder der elterlichen Vorlage für das Kind. Das ist sein *unveräußerliches* Recht.

Mögen Sie Kinder wirklich – oder nur einen bestimmten Kindertyp?

Ich habe Eltern gekannt, die behaupten, Gefallen an Kindern zu haben, durch ihr Verhalten aber deutlich zeigen, daß sie nur bestimmte Arten von Kindern mögen. Tragischerweise lehnen Väter, denen viel an Sportlern liegt, oft einen Sohn ab, dessen Interessen und Talente unsportlich sind. Mütter, die Wert auf körperliche Schönheit legen, können eine Tochter ablehnen, die nicht der kulturellen Schablone körperlicher Schönheit entspricht. Eltern, deren Leben durch Musik bereichert worden ist, zeigen unmusikalischen Kindern oft, wie tief enttäuscht sie von ihnen sind. Eltern, die Wert auf akademische und geisteswissenschaftliche Befähigungen legen, können einem Kind, das diese spezifische Art der Intelligenz nicht besitzt, irreparablen emotionalen Schaden zufügen.
Für die Eltern werden weniger Verhaltensweisen unannehmbar

sein, wenn sie erkennen, daß eine unendliche Vielfalt von Kindern auf die Welt kommt und daß es unendlich mannigfaltige Wege gibt, die sie im Leben einschlagen können. Diese unendliche Vielfalt der lebenden Formen ist die der Natur eigene Schönheit und das Wunder des Lebens.

Ich sage Eltern oft: »Wünschen Sie nicht, daß sich Ihr Kind zu etwas Bestimmtem entwickelt, wünschen Sie nur, daß es sich entwickelt.« Mit dieser Einstellung werden Eltern unvermeidlich bei sich feststellen, daß sie gegenüber jedem Kind mehr und mehr Annahme empfinden und Freude und Begeisterung erleben, wenn sie das Werden eines jeden beobachten.

Sind Ihre Wertvorstellungen und Überzeugungen die einzig richtigen?

Obwohl Eltern offensichtlich älter und erfahrener sind als ihre Kinder, ist es häufig weniger offensichtlich, daß ihnen ihre spezielle Erfahrung oder ihr Wissen den ausschließlichen Zugang zur Wahrheit vermittelt oder sie mit genügend Weisheit ausgestattet haben, um immer zu beurteilen, was richtig und was falsch ist. »Erfahrung ist ein guter Lehrmeister«, aber sie lehrt nicht immer, was richtig ist; Wissen ist besser als Unwissenheit, aber ein gut unterrichteter Mensch ist nicht immer weise.

Es hat mich beeindruckt zu sehen, wie viele Eltern, die sich in den Beziehungen zu ihren Kindern in großen Schwierigkeiten befinden, Menschen mit sehr ausgeprägten und sehr strengen Vorstellungen von dem sind, was richtig und was falsch ist. Daraus folgt, *je sicherer Eltern sind, daß ihre eigenen Wertvorstellungen und Überzeugungen richtig sind, desto mehr tendieren sie dazu, sie ihren Kindern aufzudrängen* (und anderen gewöhnlich auch). Es folgt gleichfalls daraus, daß solche Eltern geneigt sind, unannehmend gegenüber Verhaltensweisen zu sein, die von ihren eigenen Wertvorstellungen und Überzeugungen abzuweichen scheinen.

Eltern, deren System der Wertvorstellungen und Überzeugungen flexibler, durchlässiger, für Veränderungen zugänglicher, weniger schwarz-weiß ist, sind geneigt, sehr viel annehmender gegenüber einer Verhaltensweise zu sein, die den Anschein hat, von ihren Wertvorstellungen und Überzeugungen abzuweichen. Noch einmal, nach meiner Beobachtung ist die Wahrscheinlichkeit, daß solche Eltern Vorlagen aufdrängen oder ihre Kinder nach vorbestimmten

Mustern zu formen versuchen, geringer. Das sind Eltern, denen es leichter fällt, zu akzeptieren, daß ihr Sohn langes Haar oder Holzperlenketten trägt, *obgleich* sie sie für sich vielleicht ablehnen; denen es leichter fällt, kurze Röcke, im Wandel begriffene Muster des Sexualverhaltens, unterschiedlichen Kleidungsstil, Anti-Establishment-Proteste, Rebellion gegen die Autorität der Schule, Anti-Kriegsdemonstrationen oder gesellschaftlichen Verkehr mit Kindern einer anderen »Rasse« oder eines anderen kulturellen Erbes zu akzeptieren. Das sind die Eltern, die es irgendwie zu akzeptieren scheinen, daß Wandel unvermeidbar ist, »daß das Leben nicht rückwärts geht, noch sich mit dem Gestern aufhält«, daß die Überzeugungen und Wertvorstellungen einer Generation nicht notwendigerweise die der nächsten sind, daß unsere Gesellschaft Verbesserungen braucht, daß gegen manche Dinge heftig protestiert werden sollte und daß es eine irrationale und repressive Autorität nur zu sehr verdient, auf heftigen Widerstand zu stoßen. Eltern mit diesen Einstellungen finden viel mehr Verhaltensweisen der Jugend verständlich, gerechtfertigt und aufrichtig annehmbar.

Ist Ihre primäre Beziehung die zu Ihrem Ehepartner?

Viele Eltern sehen und suchen ihre primäre Beziehung bei ihren Kindern, anstatt bei ihrem Ehepartner. Insbesondere Mütter verlassen sich weitgehend auf ihre Kinder, um Befriedigung und Freude zu erhalten, die richtiger aus der ehelichen Beziehung kommen sollte. Das führt häufig dazu, daß man »die Kinder vorgehen läßt«, »für die Kinder opfert« oder fest darauf zählt, daß die Kinder »gut geraten«, weil die Eltern so viel in die Eltern-Kind-Beziehung investieren. Das Verhalten ihrer Kinder bedeutet *viel zu viel* für diese Eltern. Es ist allzu entscheidend, wie die Kinder sich verhalten. Diese Eltern meinen, daß Kinder beständig beobachtet, gelenkt, geführt, überwacht, beurteilt, eingeschätzt werden müssen. Es fällt diesen Eltern sehr schwer, ihren Kindern zu erlauben, Fehler zu machen oder im Leben zu straucheln. Sie haben das Gefühl, daß ihre Kinder vor Mißerfolgen geschützt, vor allen möglichen Gefahren abgeschirmt werden müssen.

Eltern, die sich in unsere Erziehungsmethode hineingedacht haben, sind imstande, eine zwanglosere Beziehung zu ihren Kindern zu haben. Das wichtigste ist ihre eheliche Beziehung. Ihre Kinder haben einen bedeutsamen Platz in ihrem Leben inne, aber es ist ein beinahe sekundärer Platz - wenn nicht sekundär, jedenfalls nicht wichtiger als der Platz des Ehepartners. Solche Eltern scheinen ihren Kindern viel mehr Freiheit und Unabhängigkeit zu gestatten. Diese Eltern genießen das Zusammensein mit ihren Kindern, aber nur für beschränkte Zeit; sie verbringen auch gerne Zeit mit ihrem Ehepartner. Sie investieren nicht ausschließlich in ihre Kinder, sondern auch in ihre Ehe. Wie sich ihre Kinder verhalten oder wieviel sie leisten, ist daher nicht das entscheidendste für sie. Sie neigen eher zu der Meinung, daß Kinder ihr eigenes Leben haben und mehr Freiheit erhalten sollten, um sich selbst zu formen. Solche Eltern scheinen ihre Kinder weniger häufig zu korrigieren und überwachen ihre Beschäftigungen weniger intensiv. Sie können da sein, wenn ihre Kinder sie brauchen, aber sie empfinden nicht das starke Bedürfnis, sich einzumischen oder sich ins Leben der Kinder zu drängen, ohne dazu aufgefordert zu sein. Dabei vernachlässigen sie ihre Kinder natürlich nicht. Sie sind gewiß besorgt um sie, aber nicht ängstlich. Sie sind interessiert, aber nicht aufdringlich. »Kinder sind Kinder«, ist ihre Einstellung, darum können sie dem gegenüber, was sie sind - nämlich Kinder -, annehmender sein. Effektive Eltern sind häufiger belustigt als niedergeschmettert über die Unreife ihrer Kinder oder über ihre Schwächen.

Die Eltern in dieser letzten Gruppe sind offensichtlich eher geneigt, annehmender zu sein - sie werden sich über weniger Verhaltensweisen ärgern. Sie werden weniger das Bedürfnis haben, zu kontrollieren, einzuschränken, zu lenken, zu verbieten, zu strafen, zu ermahnen, zu predigen. Sie können ihren Kindern mehr Freiheit erlauben - mehr »Einzelsein«. Die Eltern in der ersten Gruppe neigen dazu, weniger annehmend zu sein. Sie haben das Bedürfnis, zu kontrollieren, einzuschränken, zu lenken, zu verbieten, Macht auszuüben, zu strafen usw. Weil ihre Beziehung zu den Kindern das wichtigste ist, haben die Eltern starke Bedürfnisse, das Verhalten ihrer Kinder zu überwachen und ihr Leben zu programmieren.

Ich bin dahin gelangt, klarer zu erkennen, warum es Eltern, die eine unbefriedigende Beziehung zu ihrem Ehepartner haben, so schwerfällt, ihren Kindern gegenüber annehmend zu sein. Sie haben es zu nötig, daß ihnen ihre Kinder die Freude und Befriedigung geben, die in ihrer ehelichen Beziehung fehlen.

Können Eltern ihre Einstellung ändern?
Kann dieses Buch - oder ein Kursus - eine Änderung derartiger elterlicher Einstellungen herbeiführen? Können Eltern lernen, Kindern gegenüber annehmender zu werden? Vor sechs Jahren würde ich skeptisch gewesen sein. Wie die meisten Praktiker in beratenden Berufen hatte ich gewisse, aus meiner konventionellen Ausbildung übernommene Vorurteile. Den meisten von uns wurde gelehrt, daß Menschen sich nicht stark verändern - es sei denn, sie machen eine intensive Psychotherapie unter Leitung eines ausgebildeten Therapeuten durch, die gewöhnlich von sechs Monaten bis zu einem Jahr und sogar noch länger dauert.

In den letzten Jahren hat eine radikale Verschiebung im Denken der fachlich ausgebildeten »Veränderer« stattgefunden. Die meisten von uns haben bei Menschen die Beobachtung signifikanter Veränderungen in Einstellung und Verhaltensweise als Folge von Erfahrungen in »Wachstumsgruppen« gemacht. Die meisten Fachleute akzeptieren heute den Gedanken, daß es bei Menschen zu bedeutsamen Veränderungen kommen kann, wenn sie Gelegenheit zu Gruppenerlebnissen haben, offen und aufrichtig miteinander sprechen, an Empfindungen teilhaben lassen und Probleme in einer Atmosphäre diskutieren können, in der sie sich einfühlsam verstanden und liebevoll angenommen fühlen.

Beispielsweise unsere Kurse sind anscheinend ein solches Erlebnis. Aber ich führe das hier nur als ein Beispiel für mögliche andere Gruppenerlebnisse an! Eltern teilen in zwangloser Umgebung Empfindungen und Probleme miteinander. Sie sitzen im Kreis; jeder kann sprechen, wann immer er will; sie werden ermuntert, über ihre Empfindungen in bezug auf ihre Kinder zu sprechen; sie erfahren, daß die meisten Eltern die gleichen Probleme wie sie haben. Und sie werden sich durch Erfahrung bewußt, daß andere Menschen sich wirklich für sie interessieren.

Die Eltern werden dazu veranlaßt, ihren Widerspruch frei zu äußern und offen über jeglichen Widerstand gegen die neuen Ideen und Methoden zu sprechen. Die Eltern erhalten Gelegenheit, die neuen Methoden in der sicheren Atmosphäre des Grupenraums zu praktizieren, bevor sie zu dem Versuch ermuntert werden, sie zu Hause auszuprobieren, und ihre anfängliche Unbeholfenheit in der Anwendung der neuen Methoden wird von der Gruppe akzeptiert und verstanden.

Fast alle Eltern in solchen Gruppen - sei es bei unseren Kursen oder sei es in Kinderladen-Elterngruppen o. ä. - erkennen und geben häufig offen zu, daß ihre gegenwärtigen Einstellungen und Methoden als Eltern viel zu wünschen übriglassen. Viele wissen, daß sie bereits mit einem oder mehreren ihrer Kinder erfolglos gewesen sind; andere fürchten sich vor dem, was ihre gegenwärtigen Methoden ihren Kindern letzten Endes antun könnten; alle wissen sehr wohl, wie viele Kinder in Schwierigkeiten geraten und wie viele Eltern-Kind-Beziehungen sich verschlechtern, wenn die Kinder ins Jugendalter kommen.

Dementsprechend besitzen diese Eltern die Bereitschaft und den Willen, sich zu ändern - neue, wirksamere Methoden zu lernen, die Fehler anderer Eltern (oder ihre eigenen) zu vermeiden und sich mit jeder Methode zu beschäftigen, die ihnen ihre Aufgabe erleichtern könnte. Die Eltern müssen erst noch gefunden werden, die ihre Kinder nicht besser erziehen möchten!

Nicht alle Eltern sind in relativ kurzer Zeit imstande, die Änderungen in ihren Einstellungen zu vollziehen, die erforderlich sind, um ihren Kindern gegenüber annehmender zu werden. Manche kommen zu der Erkenntnis, daß es ihrer Ehe an gegenseitiger Erfüllung fehlt, so daß einer oder beide den Kindern gegenüber nicht die richtige Einstellung finden. Entweder finden sie selten die Zeit oder die Energie, weil so viel davon in ihre eigenen ehelichen Konflikte geht, oder sie finden, daß sie ihren Kindern gegenüber nicht annehmend sein können, weil sie als Mann oder Frau sich selbst gegenüber nicht annehmend empfinden.

Andere Eltern finden es schwer, sich von dem tyrannischen Wertsystem zu befreien, das sie von ihren eigenen Eltern übernommen haben und das sie nun dazu veranlaßt, bei ihren Kindern übertrieben kritisch und unannehmend zu sein. Noch andere haben Schwierigkeiten bei der Modifizierung der Einstellung, daß sie ihre Kinder »besitzen«, oder ihrer eingewurzelten Festlegung auf das Ziel, ihre Kinder einer vorbestimmten Form anzugleichen; diese Haltung findet sich meistens bei Eltern, die stark beeinflußt gewesen sind von religiösen Dogmen, die den Eltern sagen, daß sie die moralische Verpflichtung haben, aus ihren Kindern Konvertiten zu machen, auch wenn das vielleicht bedeutet, sich der elterlichen Macht und Autorität zu bedienen oder Methoden der Beeinflussung anzuwenden, die sich nicht allzusehr von Gehirnwäsche unterscheiden.

Für manche Eltern, denen es schwerfällt, ihre eigenen grundlegenden Einstellungen zu modifizieren, öffnet die Gruppenerfahrung, aus welchen Gründen auch immer, manchmal auch die Tür, nach einer anderen Art der Hilfe zu suchen - Gruppentherapie, Eheberatung, Familien- oder sogar Einzeltherapie.

Die Lektüre dieses Buches kann natürlich nicht dasselbe sein wie die Teilnahme an einem Kursus unter Leitung eines ausgebildeten Lehrers und in Gesellschaft einer Gruppe von anderen Eltern. Dennoch habe ich das Gefühl, daß die meisten Eltern in der Lage sein werden, zu einem klaren Grundverständnis dieser neuen Kindererziehung zu kommen. Viele Eltern werden imstande sein, sich durch dieses Buch ein annehmbares Maß an Geschicklichkeit in dem spezifischen Können anzueignen, das notwendig ist, um diese Grundsätze zu Hause in die Praxis umzusetzen. Dieses Können kann vom Leser häufig und lange nach Beendigung dieses Buches praktiziert werden - nicht nur in der Beziehung zu seinen Kindern, sondern auch in den Beziehungen zu Ehepartner, Geschäftsfreunden, Eltern und Bekannten.
Um in der Erziehung verantwortungsbewußter Kinder effektiver zu werden, wird nach unserer Erfahrung Arbeit nötig sein, fleißige Arbeit - ob der Anstoß dazu nun durch die Lektüre dieses Buches oder durch konkrete Erfahrungen in Gruppen kommt, die kritisch und selbstkritisch um eine Erziehung ringen, bei der das Kind als sich selbst regulierend verstanden wird; oder ob der Anstoß durch den Blick kommt, den jeder auf sein Verhalten und seine Einstellungen selber gewinnen kann, wenn er sich die vorne vorgeführten Verhaltensmuster ehrlich ansieht.
Welche Aufgabe aber verlangt schließlich keine Arbeit?

16. Die anderen Eltern Ihrer Kinder

Ihr ganzes Leben hindurch werden Ihre Kinder dem Einfluß anderer Erwachsener ausgesetzt sein, denen Sie bestimmte elterliche Verantwortungen übertragen. Da diese Menschen bei Ihren Kindern elterliche Funktionen ausüben, werden auch sie einen starken Einfluß auf Wachstum und Entwicklung Ihrer Kinder haben. Ich beziehe mich natürlich auf Großeltern, Verwandte, Babysitter, Lehrer, Schulleiter und Berater, Sporttrainer, Ferienlagerleiter und Freizeitleiter, Vereinsleiter, Pfadfinderführer und -führerinnen, Kindergottesdiensthelfer, Jugendbundleiter und Bewährungshelfer.
Wenn Sie Ihre Kinder derartigen »Ersatzeltern« anvertrauen – welche Gewähr haben Sie dann in bezug auf deren Verhalten? Werden diese Erwachsenen Beziehungen zu Ihren Söhnen und Töchtern schaffen, die »therapeutisch« und konstruktiv oder »nicht therapeutisch« und destruktiv sein werden? Wie effektiv werden sie als Helfer Ihrer Kinder sein? Können Sie diesen Jugendpflegern Ihre Kinder anvertrauen und sich darauf verlassen, daß sie nicht geschädigt werden?
Das sind wichtige Fragen, weil das Leben Ihrer Kinder von allen Erwachsenen, zu denen sie Beziehungen entwickeln, stark beeinflußt werden wird.
Viele dieser Erwachsenen haben eine Ausbildung hinter sich. Und es mehren sich die Zeichen, daß auch die uralt überkommenen Ausbildungsprinzipien sich langsam positiv verändern. Aber man kann sagen, daß die meisten dieser fachlich ausgebildeten Personen in ihrer Einstellung zu Kindern und in ihren Methoden im Umgang mit ihnen eine bemerkenswerte Ähnlichkeit mit Eltern haben. Auch sie versäumen gewöhnlich, den Kindern zuzuhören; auch sie sprechen in einer Art mit Kindern, die sie herabsetzt und ihrer Selbstachtung schadet; auch sie verlassen sich zur Manipulation und Kontrolle kindlicher Verhaltensweisen weitgehend auf Autorität und Macht; auch sie sind auf zwei Sieg-Niederlage-Methoden der Konfliktbewältigung fixiert; auch sie nörgeln und schelten, predigen

und beschämen Ihre Kinder in dem Versuch, ihre Wertvorstellungen und Überzeugungen zu bestimmen und sie nach ihrer Vorstellung zu formen.
Es gibt natürlich Ausnahmen, ebenso wie es unter den Eltern Ausnahmen gibt. Im großen und ganzen aber mangelt es den Erwachsenen, mit denen das Leben Ihrer Kinder in Berührung kommt, an den Grundeinstellungen und Befähigungen, um wirkliche Helfer zu sein. Ebenso wie die Eltern sind sie nicht entsprechend geschult worden, um effektive »therapeutisch Wirkende« in der zwischenmenschlichen Beziehung zu einem Kind oder Erwachsenen zu sein. Und so können sie Ihren Kindern leider Schaden zufügen.
Ich werde Schulleiter und deren Verwaltung als Beispiel nehmen - was aber nicht besagt, daß sie *besonders* ineffektiv sind oder die Schulung am nötigsten haben. Weil sie aber so viel Zeit mit Ihren Kindern verbringen, haben sie am ehesten die Möglichkeit, sie zu beeinflussen, sei es zum Guten oder zum Schlechten. Auf Grund von Erfahrung in der Arbeit in vielen Schulbezirken ist klar, daß Schulen, mit sehr wenigen Ausnahmen, grundsätzlich autoritäre Institutionen sind, die ihren organisatorischen Aufbau und ihre Führungsphilosophie, so hart das vielleicht klingt, immer noch nach dem Vorbild von militärischen Organisationen gestalten.
Richtlinien und Regeln für das Verhalten von Schülern sind fast stets einseitig von Erwachsenen an der Spitze der Hierarchie ohne Mitwirkung von Jugendlichen festgelegt, von denen erwartet wird, daß sie ihnen Folge leisten. Übertretungen dieser Regeln ziehen Bestrafungen nach sich - in manchen Fällen, ob Sie es glauben oder nicht, körperliche Züchtigung. Selbst Klassenlehrern wird bei der Festsetzung von Verhaltensrichtlinien, die durchzusetzen von ihnen erwartet wird, kaum Mitsprache eingeräumt. Trotzdem richtet sich die Beurteilung dieser Lehrer gewöhnlich mehr danach, wie erfolgreich sie die Ordnung in der Klasse aufrechterhalten als danach, wie erfolgreich sie zum Lernen anregen.
Außerdem zwingen die Schulen Kindern einen Lehrplan auf, den die meisten von ihnen für langweilig und vollkommen bedeutungslos im Hinblick auf das halten, was in ihrem Leben vorgeht. Wenn sie dann erkennen, daß ein solcher Lehrplan die Schüler wahrscheinlich nicht durch Interesse und Relevanz motiviert, wenden die Schulen fast durchweg ein System von Belohnungen und Bestrafungen an - die allgegenwärtigen Zensuren -, das nahezu garantiert, daß

ein gewisser, ziemlich großer Prozentsatz von Kindern als »unter dem Durchschnitt« eingestuft werden wird.

Im Unterricht werden die Kinder von den Lehrern häufig gescholten und herabgesetzt. Sie werden für ihre Fähigkeit, das zu wiederholen, was ihnen zu lesen aufgegeben worden ist, belohnt und für eine andere Meinung oder Widerspruch häufig bestraft. Fast durchweg sind die Lehrer, wenigstens in den letzten Volksschulklassen und in der Unter- und Oberstufe der Oberschulen, gänzlich ineffektiv und können ihre Klassen nicht zur Teilnahme an sinnvollen Gruppendiskussionen bewegen, weil viele Lehrer auf Beiträge der Schüler gewohnheitsmäßig mit den »zwölf Straßensperren« reagieren. Daher wird eine offene und ehrliche Kommunikation der Schüler, mit Ausnahme einiger weniger jüngerer Lehrkräfte, von allen Lehrern verhindert.

Wenn Kinder im Unterricht »ungezogen« sind, wie sie es in einem derartig »nicht therapeutischen« und uninteressanten Klima natürlich sein werden, begegnet man den Konflikten gewöhnlich mit Methode I, in manchen Fällen mit Methode II. Den Kindern wird häufig befohlen, sich beim Direktor oder dessen Vertreter zu melden, von denen man annimmt, daß sie diese Lehrer-Schüler-Konflikte zu bewältigen versuchen – *obgleich einer der Konfliktpartner nicht anwesend ist* – nämlich der Lehrer. So geht der Schulleiter meistens von der Annahme aus, daß das Kind schuld hat, und bestraft es unverzüglich, liest ihm die Leviten oder ringt ihm das Versprechen ab, »aufzuhören und abzulassen«.

In den meisten Schulen werden den Schülern schamlos die Bürgerrechte verweigert – das Recht der freien Rede, das Recht, das Haar zu tragen, wie sie es wollen, das Recht, die Kleider zu tragen, die ihnen gefallen, das Recht, anderer Meinung zu sein. Die Schulen verwehren Kindern auch das Recht, sich zu weigern, gegen sich selbst auszusagen, und wenn Kinder Unannehmlichkeiten haben, folgt die Verwaltung selten dem den Bürgern durch das Rechtssystem garantierten »vorgeschriebenen gesetzlichen Verfahren«.

Ist das ein verzerrtes Bild der Schulen? Ich glaube nicht. Viele andere Beobachter des Schulsystems sehen dieselben Mängel.* Man

---

* Siehe die Hinweise auf Publikationen von Glaser, Holt, Neill, Rogers in der Bücherliste des Anhangs.

braucht überdies nur Jugendliche zu fragen, was sie von Schulen und Lehrern halten. Die meisten Kinder sagen, daß sie die Schule hassen und ihre Lehrer sie respektlos und ungerecht behandeln. Immer häufigere Schulstreiks sind dafür ein Indiz. Die meisten Kinder kommen dazu, die Schule als eine Stätte zu betrachten, die sie aufsuchen *müssen*; sie empfinden das Lernen als etwas, das selten angenehm ist oder Spaß macht; sie empfinden das Studium als ermüdende Arbeit, und sie sehen ihre Lehrer als unfreundliche Polizisten. Mit Ausnahme zum Beispiel jener Fälle, in denen sich eine ganze Schulklasse mit einem Lehrer solidarisiert, der von borniertem Verwaltungsapparaturen wegen seiner »neumodischen« Einstellungen relegiert werden soll!

Wenn Kinder aber Erwachsenen anvertraut werden, deren Behandlung die üblichen negativen Reaktionen bei ihnen hervorruft, dann kann man nicht erwarten, daß die Eltern die ganze Schuld dafür auf sich nehmen, wie ihre Kinder sich entwickeln. Man kann Eltern Schuld geben, gewiß, aber andere Erwachsene müssen sich mit ihnen in die Schuld teilen.

Was können die Eltern tun? Können sie konstruktiven Einfluß auf die anderen Eltern ihrer Kinder ausüben? Können sie bei der Entscheidung, wie mit ihren Kindern gesprochen wird und wie sie von anderen Erwachsenen behandelt werden, ein Mitspracherecht haben? Ich glaube, daß sie es können und daß sie es müssen. Aber sie müssen viel weniger passiv und fügsam werden, als sie es in der Vergangenheit gewesen sind.

Erstens, müssen sie sich selbst dazu aufrufen, in allen Institutionen, die der Jugend dienen, Hinweise darauf zu entdecken, daß ihre Kinder von Erwachsenen kontrolliert und unterdrückt werden, die willkürlich Macht und Autorität ausüben. Sie müssen aufstehen und diejenigen bekämpfen, die es befürworten, »streng mit Kindern zu sein«, die die Anwendung von Macht im Umgang mit Kindern unter dem Motto von »Recht und Ordnung« sanktionieren; die autoritäre Methoden mit der Begründung rechtfertigen, daß man Kindern nicht zutrauen kann, verantwortlich und selbstdiszipliniert zu sein.

Eltern dürfen nicht abseits stehen und müssen sich für die Bürgerrechte ihrer Kinder einsetzen, wann immer sie durch Erwachsene bedroht sind, die das Gefühl haben, Kinder verdienen solche Rechte nicht.

Eltern können auch Programme befürworten und unterstützen, die neue Ideen und Methoden zur Durchführung von Schulreformen bieten - wie die, die Lehrplanänderungen vorsehen, das Zensursystem abschaffen, neue Unterrichtsmethodologien einführen, den Schülern mehr Freiheit geben, selbständig und in selbst bestimmtem Tempo zu arbeiten, individualisierten Unterricht bieten, Kindern Gelegenheit geben, sich mit Erwachsenen an der Schulverwaltung zu beteiligen, oder Lehrer darin schulen, in ihren Beziehungen zu Kindern therapeutischer und menschlicher zu sein.
Solche Programme sind in Gemeinden, die ihre Schulen verbessern wollen, bereits vorhanden. Viele weitere befinden sich im Stadium der Planung. Die Eltern brauchen vor derartigen neuen Erziehungsprogrammen keine Angst zu haben, sondern sollten sie statt dessen begrüßen und die Verantwortlichen ermutigen, sie auszuprobieren und ihre Auswirkungen zu testen.

Die Resultate, die wir mit unseren Kursen gehabt haben, sind ermutigend gewesen, und ich führe hier einige Beispiele an.
In einer Oberschule zog der Schulleiter Lehrer sowie Schüler bei der Neufassung der Verhaltensregeln für Schüler heran. Diese partizipierende Erwachsenen-Schüler-Problemlösegruppe ließ das alte, umfangreiche Buch mit Verordnungen fallen und ersetzte es durch zwei einfache Richtlinien: niemand hat das Recht, einen anderen beim Lernen zu stören, und niemand hat das Recht, einem anderen körperlichen Schaden zuzufügen! Der Schulleiter berichtete von folgendem Resultat:
»*Die reduzierte Ausübung von Macht und Autorität resultierte in einer selbstbestimmenderen Schülerschaft, in der die Schüler mehr Verantwortung für ihr eigenes Verhalten sowie für das Verhalten anderer übernahmen.*«
In einer anderen Schule reduzierte ein Lehrer die Anzahl »unannehmbarer und störender Handlungen« durch Anwendung unseres Konfliktbewältigungsverfahrens nach Methode III in einer Klasse, die sich aus mangelnder Disziplin praktisch aufgelöst hatte, von dreißig Prozent per Unterrichtsstunde auf durchschnittlich 4,5 Prozent. Ein nachfolgender Fragebogen ergab, daß 76 Prozent der Schüler der Ansicht war, daß die Klasse seit den Problemlösesitzungen mehr Arbeit leistete, und 95 Prozent waren der Ansicht, daß die Atmosphäre in der Klasse entweder »besser« oder »viel besser« war.

Der Leiter einer Mittelschule schrieb über die Auswirkung seiner Auseinandersetzung mit dem geschilderten Erziehungsprogramm auf ihn und seine Schule:

1. Disziplinarprobleme sind um mindestens fünfzig Prozent zurückgegangen. Ich halte es für eine befriedigende und wirksame Methode zur Behandlung von Verhaltensproblemen, ohne die Schüler vom Unterricht auszuschließen. Ich habe festgestellt, daß der Ausschluß vom Unterricht das Problem nur für drei oder vier Tage beseitigt, und er tut nichts, um den Ursachen des Verhaltens entgegenzuwirken. Die Kenntnisse, die ich erworben habe, ermöglichen das Problemlösen beim Schüler selbst, zwischen Mitarbeiterstab und Verwaltung und zwischen Lehrern und Schülern.

2. Wir haben Schulversammlungen eingerichtet, in denen wir das Gefühl haben, Konflikten vorzubeugen, bevor sie auftauchen. Wir bedienen uns des Elterlichen Erfolgstrainings und haben mit Erfolg verhindert, daß aus Konflikten Verhaltensprobleme wurden.

3. Dadurch, daß ich den Schülern erlaubte, verantwortlich für ihre Handlungen und ihr Verhalten zu sein und das Recht zu haben, mit ihren eigenen Problemen fertig zu werden, hat sich mein Verhältnis zu den Schülern ungeheuer gebessert.

Der Leiter einer Volksschule schrieb uns diese Beurteilung des Erziehungsprogramms:

1. Die Lehrer empfinden Vertrauen in ihre eigenen Fähigkeiten, mit schwierigen Verhaltensproblemen fertig zu werden.

2. Das emotionelle Klima des Klassenzimmers ist weitaus entspannter, weitaus gesünder.

3. Die Kinder werden bei der Aufstellung der Richtlinien, unter denen sich ihre Schulerfahrungen aufbauen, herangezogen. Daher sind sie diesen Richtlinien persönlich verpflichtet.

4. Die Kinder lernen, wie sie soziale Probleme ohne Anwendung von Gewalt oder Manipulation lösen.

5. Bedeutend weniger »disziplinarische Fälle« werden an mich verwiesen.

6. Das Verhalten der Lehrer ist bei weitem angemessener, das heißt, Schülerberatung findet jetzt statt, wenn der Schüler ein Problem hat, nicht, wenn der Lehrer ein Problem hat.

7. Die Lehrer sind weitaus erfolgreicher im Lösen ihrer eigenen

Probleme, ohne Zuflucht zur Machtanwendung gegenüber den Kindern zu nehmen.
8. Das Talent der Lehrer, sinnvolle Eltern-Lehrer-Konferenzen abzuhalten, hat zugenommen.

Man *kann* signifikante Änderungen in Schulen herbeiführen, indem man Schulverwaltung und Lehrer in den gleichen Kenntnissen schult, die ich in diesem Buch angedeutet habe. Aber wir haben gesehen, daß in den Gemeinden, in denen die Eltern darauf festgelegt sind, den Status quo zu erhalten, viele sich vor Änderungen fürchten oder durchdrungen sind von der Tradition eines autoritären Umgangs mit der Jugend und die Schulen Änderungen gegenüber nicht aufgeschlossen sind.

Meine Hoffnung ist, daß mehr Eltern beeinflußt werden können, damit anzufangen, ihren Kindern zuzuhören, wenn sie über die Behandlung klagen, die sie von vielen Lehrern, Sporttrainern, Kindergärtnerinnen und Jugendführern erfahren. Sie können sich auf die Stichhaltigkeit der Empfindungen ihrer Kinder zu verlassen beginnen, wenn diese sagen, daß sie die Schulen hassen, oder sich über die Art ärgern, in der Erwachsene sie behandeln. Eltern können feststellen, was mit diesen Institutionen nicht in Ordnung ist, indem sie den Kindern zuhören und diese Institutionen nicht beständig verteidigen.

Nur durch aufgewachte Eltern werden diese Institutionen beeinflußt werden, demokratischer, menschlicher und »therapeutischer« zu werden. Was mehr als alles andere, das ich weiß, vonnöten ist, ist nichts Geringeres als eine vollkommen neue Grundeinstellung über den Umgang mit Kindern und Jugendlichen: *ein neues Bürgerrecht für die Jugend.* Die Gesellschaft kann Kinder ebensowenig noch länger so behandeln, wie sie vor zweitausend Jahren behandelt wurden, wie sie die Art, in der in der Vergangenheit überall in der Welt Minderheiten behandelt worden sind, sanktionieren kann.

Ich beschreibe eine solche Grundeinstellung der Erwachsenen-Kind-Beziehungen in Form eines Glaubensbekenntnisses, auf dem unser Erziehungsprogramm aufgebaut worden ist. Es wurde vor etlichen Jahren in dem Versuch geschrieben, die Grundeinstellung in eine prägnante und leicht verständliche Form zu fassen.

Ein Glaubensbekenntnis für meine Beziehungen zur Jugend

Du und ich stehen in einer Beziehung zueinander, an der mir liegt und die ich beibehalten möchte. Trotzdem ist jeder von uns ein Einzelmensch mit seinen eigenen, einzigartigen Bedürfnissen und dem Recht, zu versuchen, diese Bedürfnisse zu befriedigen. Ich will versuchen, deinem Verhalten gegenüber aufrichtig annehmend zu sein, wenn du trachtest, deine Bedürfnisse zu befriedigen, oder Probleme hast, deine Bedürfnisse zu befriedigen.

Wenn du mich an deinen Problemen teilnehmen läßt, will ich versuchen, annehmend und verständnisvoll auf eine Art zuzuhören, die es dir ermöglichen wird, deine eigenen Lösungen zu finden, anstatt von meinen abhängig zu sein. Wenn du ein Problem hast, weil mein Verhalten dich bei der Befriedigung deiner Bedürfnisse beeinträchtigt, ermuntere ich dich, mir offen und ehrlich zu sagen, was du empfindest. In diesen Augenblicken will ich zuhören und dann versuchen, mein Verhalten, wenn ich es kann, zu modifizieren.

Wenn dein Verhalten mich jedoch bei der Befriedigung meiner eigenen Bedürfnisse beeinträchtigt und mich deshalb veranlaßt, dir gegenüber unannehmend zu empfinden, werde ich dich an meinen Problemen teilnehmen lassen und dir, so offen und aufrichtig ich kann (und in dem Vertrauen, daß du meine Bedürfnisse hinreichend respektierst, um zuzuhören und dann zu versuchen, dein Verhalten zu modifizieren), genau sagen, was ich empfinde.

Bei den Gelegenheiten, bei denen keiner von uns sein Verhalten modifizieren kann, um die Bedürfnisse des anderen zu befriedigen, und wir feststellen, daß in unserer Beziehung ein Bedürfniskonflikt besteht, wollen wir uns verpflichten, jeden derartigen Konflikt zu bewältigen, ohne daß weder du noch ich jemals zur Anwendung von Macht Zuflucht nehmen, um auf Kosten des unterliegenden anderen zu siegen. Ich respektiere deine Bedürfnisse, muß aber auch meine eigenen respektieren. Wir wollen uns daher immer bemühen, Lösungen unserer unvermeidlichen Konflikte zu suchen, die für uns beide annehmbar sein werden. Auf diese Weise werden deine Bedürfnisse befriedigt werden, meine aber auch - keiner wird unterliegen, keiner wird siegen.

Infolgedessen kannst du fortfahren, dich als Mensch durch die Befriedigung deiner Bedürfnisse zu entfalten, aber ich kann es auch. Darum kann unsere Beziehung immer gesund bleiben, weil sie gegenseitig befriedigend sein wird. Jeder von uns kann das werden, was zu sein er fähig ist. Und wir können fortfahren, im Gefühl gegenseitigen Respekts und gegenseitiger Liebe, in Freundschaft und in Frieden Beziehungen zueinander zu haben.

Obwohl ich nicht daran zweifle, daß dieses Glaubensbekenntnis, wenn es von Erwachsenen in Institutionen, die der Jugend dienen, übernommen und praktiziert wird, mit der Zeit konstruktive Reformen zuwege bringen würde, bin ich mir auch darüber klar, daß eine solche Reform vielleicht noch lange auf sich warten lassen wird. Schließlich sind die Erwachsenen von heute die Kinder von gestern und selbst die Produkte ineffektiver Elternschaft.
Wir brauchen eine *neue* Elterngeneration, die den Aufruf, die Kenntnisse zur Erziehung verantwortungsbewußter Kinder in der Familie zu lernen, akzeptieren wird. Denn das ist der Ort, an dem alles beginnen muß. Und dort kann es heute beginnen, in dieser Minute - in Ihrer Familie.

Anhang

1. Auf Empfindungen hören (Eine Übung)

ANLEITUNG. Kinder teilen den Eltern viel mehr als Worte oder Gedanken mit. Hinter den Worten verbergen sich oft Empfindungen. Es folgen einige typische »Botschaften«, die Kinder senden. Lesen Sie jede davon einzeln durch und versuchen Sie sorgfältig, auf Empfindungen zu hören. In der rechten Spalte schreiben Sie dann die Empfindung oder die Empfindungen nieder, die Sie gehört haben. Kümmern Sie sich nicht um den »Inhalt«, und schreiben Sie nur die Empfindungen auf - gewöhnlich ein oder mehrere Worte. Etliche der Äußerungen enthalten vielleicht mehrere unterschiedliche Empfindungen - schreiben Sie alle hauptsächlichen Empfindungen auf, die Sie hören, und numerieren Sie jede unterschiedliche Empfindung. Wenn Sie fertig sind, vergleichen Sie Ihre Liste mit der des Schlüssels und bewerten Sie jede Äußerung entsprechend der Bewertungsanleitung.

Das Kind sagt	Das Kind empfindet
BEISPIEL: Ich weiß nicht, was los ist. Ich verstehe es nicht. Vielleicht sollte ich einfach aufhören, mir Mühe zu geben.	1. Ratlos. 2. Entmutigt. 3. Ist versucht, aufzugeben.

1. Junge, Junge, nur noch zehn Tage, bis die Ferien anfangen.
2. Sieh mal, Vati, ich baue ein Flugzeug mit meinem neuen Werkzeug.
3. Hältst du meine Hand, wenn wir in den Kindergarten gehen?
4. Mensch, ist das öde. Ich weiß nicht, was ich tun soll.

5. Ich werde nie so gut sein wie Pit. Ich übe und übe, und er ist immer noch besser als ich.
6. Mein neuer Lehrer gibt uns zu viele Schularbeiten auf. Ich kann nie alles schaffen. Was soll ich bloß machen?
7. Alle anderen Kinder sind an den Strand gegangen. Ich habe niemand, mit dem ich spielen kann.
8. Pits Eltern erlauben ihm, mit dem Fahrrad zur Schule zu fahren. Aber ich kann besser Fahrrad fahren als Pit.
9. Ich hätte zu dem kleinen Hans nicht so gemein sein sollen. Ich glaube, das war unrecht von mir.
10. Ich will mein Haar lang tragen - es ist mein Haar, oder nicht?
11. Findest du, daß ich diesen Bericht richtig abfasse? Ob er wohl gut genug sein wird?
12. Warum hat die alte Schachtel mich nach Schulschluß überhaupt in der Ecke stehen lassen? Ich war nicht der einzige, der geredet hat. Am liebsten möchte ich ihr eins auf die Nase geben.
13. Das kann ich allein tun. Du brauchst dich nicht einzumischen. Ich bin alt genug, um es selbst zu tun.
14. Rechnen ist zu schwer. Ich bin zu dumm, um das zu begreifen.

15. Geh weg. Laß mich in Ruhe. Ich will weder mit dir noch mit sonst jemandem sprechen. Dir ist sowieso egal, was mit mir geschieht.
16. Eine Zeitlang war ich gut, aber jetzt bin ich schlechter als vorher. Ich gebe mir viel Mühe, aber das scheint nichts zu nützen. Was hat das alles für einen Zweck?
17. Ich würde bestimmt gern gehen, aber ich kann sie einfach nicht anrufen. Wenn sie mich nun auslacht, weil ich sie auffordere?
18. Ich will nie wieder mit Rita spielen. Sie ist blöd und gemein.
19. Ich bin richtig froh, daß ich als Baby von dir und Vati geboren worden bin, anstatt von anderen Eltern.
20. Ich glaube, ich weiß, was ich mache, aber vielleicht ist es doch nicht richtig. Ich scheine immer das Falsche zu tun. Was meinst du, was ich tun sollte, Vati? Soll ich arbeiten oder aufs Gymnasium gehen?

NUN BEWERTEN SIE IHRE REAKTIONEN UNTER VERWENDUNG DES PUNKTSCHLÜSSELS AUF DER NÄCHSTEN SEITE.
1. Bewerten Sie jede Reaktion unmittelbar links von den laufenden Nummern.
2. Addieren Sie alle Ihre Punkte und schreiben Sie die Gesamtpunktzahl auf die Bewertungsschlüsselseite.

ANLEITUNG	BEWERTUNGSSCHLÜSSEL
	Auf Empfindungen hören

	1. a) froh
	b) erleichtert
	2. a) stolz
	b) erfreut
	3. a) ängstlich
	b) furchtsam
	4. a) gelangweilt
Geben Sie sich 4 Punkte für Re-aktionen, von denen Sie das Gefühl haben, daß sie denen des Bewertunngsschlüssels entsprechen.	b) ratlos
	5. a) fühlt sich unzulänglich
	b) entmutigt
	6. a) empfindet die Aufgabe als zu schwer
	b) fühlt sich besiegt
	7. a) zurückgelassen
	b) einsam
	8. a) empfindet die Eltern als ungerecht
	b) kommt sich tüchtig vor
	9. a) fühlt sich schuldbewußt
	b) bedauert seine Handlungsweise
Geben Sie sich 2 Punkte für Reaktionen, die nur teilweise zutreffen oder bei denen Sie eine besondere Empfindung ausgelassen haben.	10. a) ärgert sich über Einmischung der Eltern
	11. a) hat einige Zweifel
	b) ist nicht sicher
	12. a) zornig
	b) haßerfüllt
	13. a) kommt sich tüchtig vor
	b) will keine Hilfe
	14. a) frustriert
	b) fühlt sich unzulänglich
	15. a) fühlt sich verletzt
	b) empfindet Ärger
	c) fühlt sich ungeliebt
Geben Sie sich 0 Punkte, wenn Ihre Reaktion ganz falsch war.	16. a) entmutigt
	b) möchte aufgeben

17. a) möchte hingehen
    b) ängstlich
18. a) ärgerlich
19. a) dankbar
    b) anerkennt die Eltern
20. a) ungewiß
    b) unsicher

Ihre Gesamtpunktzahl_____

WIE SIE IM ERKENNEN VON EMPFINDUNGEN RANGIEREN
61–80 Überragendes Erkennen von Empfindungen
41–60 Überdurchschnittliches Erkennen von Empfindungen
21–40 Unterdurchschnittliches Erkennen von Empfindungen
 0–20 Schlechtes Erkennen von Empfindungen

2. Unwirksame Botschaften erkennen (Eine Übung)

ANLEITUNG: Lesen Sie jede Situation und die vom Elternteil gesendete Botschaft. In der Spalte *Mangelhaftes Senden, weil* schreiben Sie die Gründe dafür auf, warum die Botschaft des Elternteils als Sendung nicht wirksam war, und verwenden Sie die folgende Liste von »Sendefehlern«:

Untertreiben
Beschuldigen, verurteilen
Indirekte Botschaft, Sarkasmus
Lösungen, Befehle senden
Sekundären Empfindungen Luft machen
Beschimpfen
Antippen und weglaufen

Situation und Botschaft	Mangelhaftes Senden, weil
BEISPIEL: Zehnjähriger läßt offens Fahrtenmesser auf dem Boden des Kinderzimmers liegen. »Das war so dumm, das Baby hätte sich schneiden können.«	Beschuldigen, verurteilen
1. Die Kinder streiten sich darüber, welches Fernsehprogramm sie sehen. »Hört mit dem Streiten auf und stellt augenblicklich den Apparat ab.«	
2. Tochter kommt um 1.30 Uhr nachts nach Hause, nachdem sie zugestimmt hat, um 12 Uhr zurück zu sein. Der Elternteil ist sehr besorgt gewe-	

sen, daß ihr etwas geschehen sein könnte. Elternteil erleichtert, als sie schließlich kommt. »Man kann dir also nicht vertrauen, das sehe ich. Ich bin so böse auf dich. Du wirst einen Monat lang Hausarrest haben.«

3. Zwölfjähriger ließ Tür zum Schwimmbecken offenstehen und brachte damit Zweijährigen in Gefahr. »Was wolltest du? Deinen kleinen Bruder ertrinken lassen? Ich bin wütend mit dir.«

4. Lehrer schickt den Eltern einen Brief, in dem er erklärt, der Elfjährige führe zu viele laute und »schmutzige« Reden in der Klasse. »Komm mal her und erkläre mir, warum du deine Eltern mit deinem ungewaschenen Mundwerk in Verlegenheit bringen willst?«

5. Mutter ist böse und sehr frustriert, weil das Kind trödelt und sie zu einer Verabredung zu spät kommen läßt. »Mutter wäre es lieb, wenn du ihr gegenüber rücksichtsvoller wärst.«

6. Mutter kommt nach Hause und findet das Wohnzimmer in großer Unordnung vor, nachdem sie die Kinder gebeten hatte, es in Anbetracht zu

erwartenden Besuchs sauberzuhalten. »Ich hoffe, ihr beiden hattet auf meine Kosten viel Spaß heute nachmittag.«	
7. Vater fühlt sich vom Anblick und Geruch der schmutzigen Füße seiner Tochter abgestoßen. »Wäschst du dir denn niemals wie andere Leute die Füße? Marsch, unter die Dusche.«	
8. Das Kind stört Sie, weil es durch Purzelbaumschlagen die Aufmerksamkeit Ihres Besuchs auf sich lenkt. Mutter sagt: »Du kleiner Angeber.«	
9. Mutter ist ärgerlich mit dem Kind, weil es das Geschirr nach dem Abwaschen nicht fortgeräumt hat. Als das Kind zum Schulbus rennt, ruft die Mutter: »Weißt du auch, daß ich heute morgen sehr ärgerlich mit dir bin?«	

Vergleichen Sie Ihre Antworten mit diesen:
1. Lösungen senden.
2. Beschuldigen, verurteilen, sekundären Empfindungen Luft machen. Lösungen senden.
3. Beschuldigen, verurteilen, sekundären Empfindungen Luft machen.
4. Beschuldigen, verurteilen.
5. Beschuldigen, verurteilen, untertreiben.
6. Indirekte Botschaft.
7. Indirekte Botschaft, Lösung senden, beschuldigen, verurteilen.
8. Beschimpfen.
9. Antippen und weglaufen.

Schreiben Sie unter Vermeidung aller »Sendefehler« für jede der oben angeführten Situationen passende »Ich-Botschaften«.

1.

2.

3.

4.

5.

6.

7.

8.

9.

3. »Ich-Botschaften« senden (Eine Übung)

ANLEITUNG: Jede Situation, die »Du-Botschaften« in der zweiten Spalte untersuchen und dann eine »Ich-Botschaft« in die dritte Spalte eintragen. Wenn Sie fertig sind, vergleichen Sie Ihre »Ich-Botschaften« mit dem Schlüssel auf Seite 302.

Situation	»Du-Botschaft«	»Ich-Botschaft«
1. Vater möchte Zeitung lesen. Kind klettert fortwährend auf seinen Schoß. Vater ärgerlich.	»Du darfst niemals jemanden beim Lesen stören.«	
2. Mutter arbeitet mit dem Staubsauger. Kind zieht fortwährend den Stecker aus der Steckdose. Mutter ist in Eile.	»Du bist unartig.«	
3. Kind kommt mit sehr schmutzigen Händen und Gesicht zu Tisch.	»Du bist kein verantwortungsbewußter großer Junge. So etwas würde ein kleines Baby tun.«	
4. Kind schiebt das Zubettgehen immer wieder hinaus. Mutter und Vater möchten sich über eine Privatangelegenheit unterhalten, die für sie wichtig ist. Kind lungert weiter herum und	»Du weißt, du hättest längst zu Bett gehen sollen. Du versuchst nur, uns zu ärgern. Du brauchst deinen Schlaf.«	

verhindert ihr Gespräch.		
5. Kind hört nicht auf, darum zu betteln, mit ins Kino genommen zu werden, hat aber sein Zimmer einige Tage nicht aufgeräumt, eine Aufgabe, die zu erledigen es sich bereit erklärt hat.	»Du verdienst es nicht, ins Kino zu gehen, wenn du so rücksichtslos und egoistisch gewesen bist.«	
6. Kind hat den ganzen Tag geschmollt und ist verstimmt gewesen. Mutter weiß nicht warum.	»Nun komm schon, hör mit dem Schmollen auf. Entweder bessert sich deine Laune, oder du mußt rausgehen und draußen schmollen. Du nimmst irgend etwas zu ernst.«	
7. Kind stellt den Plattenspieler so laut, daß es die Unterhaltung der Eltern im Nebenzimmer stört.	»Kannst du nicht mehr Rücksicht auf andere nehmen? Warum mußt du das so laut stellen?«	
8. Kind hat versprochen, die für die Abendgesellschaft benötigten Servietten zu bügeln. Tagsüber hat es getrödelt, jetzt ist bis zur Ankunft der Gäste nur noch eine Stunde Zeit, und es hat noch nicht mit der Arbeit angefangen.	»Du hast den ganzen Tag gebummelt und deine Arbeit vernachlässigt. Wie kannst du nur so gedankenlos und ohne Verantwortungsgefühl sein?«	

9. Kind vergaß, sich zur vereinbarten Zeit, zu der es nach Hause kommen sollte, um mit Mutter Schuhe einzukaufen, einzustellen. Mutter ist in Eile.	»Du solltest dich schämen. Schließlich habe ich mich bereit erklärt, mit dir zu gehen, und dann kümmerst du dich nicht darum, wieviel Uhr es ist.«

SCHLÜSSEL

1. »Ich kann nicht die Zeitung lesen und gleichzeitig spielen. Ich bin wirklich ärgerlich, wenn ich nicht ein bißchen Zeit für mich haben kann, um mich zu erholen und die Zeitung zu lesen.«
2. »Ich habe es furchtbar eilig, und es macht mich wirklich böse, wenn ich dadurch aufgehalten werde, daß ich den Stecker immer wieder reinstecken muß. Mir ist nicht nach spielen zumute, wenn ich zu arbeiten habe.«
3. »Ich kann nicht mit Genuß essen, wenn ich diesen Schmutz sehe. Mir wird davon übel, und ich habe keinen Appetit mehr.«
4. »Mutter und ich müssen etwas sehr Wichtiges besprechen. Wir können uns in deiner Gegenwart nicht darüber unterhalten, und wir haben keine Lust zu warten, bist du endlich ins Bett gehst.«
5. »Ich habe keine große Lust, etwas für dich zu tun, wenn du dich nicht an unsere Abmachung über dein Zimmer hältst. Ich habe das Gefühl, ausgenutzt zu werden.«
6. »Es tut mir leid, dich so unglücklich zu sehen, aber ich weiß nicht, wie ich dir helfen kann, weil ich nicht weiß, warum du so niedergedrückt bist.«
7. »Ich bin ein bißchen enttäuscht. Ich wollte eine Weile mit deinem Vater verbringen, aber der Lärm macht uns verrückt.«
8. »Ich fühle mich von dir im Stich gelassen. Den ganzen Tag habe ich gearbeitet, um alles für unsere Party vorzubereiten, und nun muß ich mir noch Sorgen um die Servietten machen.«
9. »Ich mag das nicht, wenn ich mir den Tag genau einteile, damit wir für dich Schuhe kaufen gehen können, und dann erscheinst du nicht einmal.«

4. Die Anwendung elterlicher Autorität (Eine Übung)

ANLEITUNG: Nachfolgend ist eine Liste typischer Dinge aufgeführt, die Eltern in ihrer Beziehung zu Kindern tun. Durch Objektivität und Ehrlichkeit werden Sie bei dieser Übung einen wichtigen Aspekt Ihrer Rolle als Elternteil kennenlernen - wie Sie sich Ihrer elterlichen Autorität bedienen.

Sie müssen jede Behauptung lesen und dann auf dem Antwortblatt angeben, ob es für Sie als Elternteil wahrscheinlich oder unwahrscheinlich ist, daß Sie das tun, was behauptet wird (entweder genau das, was behauptet wird, oder etwas Ähnliches).

Wenn Sie keine Kinder haben oder der Absatz sich auf ein älteres oder jüngeres Kind oder nicht auf das Geschlecht Ihres Kindes bezieht, sagen Sie einfach, wie Sie glauben, daß Sie sich verhalten würden. Kreuzen Sie nur eine der Alternativen an. Nur wenn Sie einen Absatz nicht verstehen oder sehr unsicher sind, sollten Sie das Fragezeichen ankreuzen.

    U Unwahrscheinlich, daß Sie das oder etwas Ähnliches tun.
    W Wahrscheinlich, daß Sie das oder etwas Ähnliches tun.
    ? Nicht sicher oder unverständlich.

Damit Sie die in dieser Übung verwendeten Ausdrücke verstehen, lesen Sie die folgenden Definitionen:

»Bestrafen«   Dem Kind irgendeine Art von Unannehmlichkeit verursachen, indem Sie ihm etwas verweigern, das es möchte, oder ihm körperlich oder psychisch Schmerz zufügen.

»Rügen«   Hart formulierte Kritik, »schelten« oder »ausschimpfen«, herunterputzen, negativ bewerten.

»Drohen«   Das Kind vor möglicher Bestrafung warnen.

»Belohnen«   Dem Kind etwas Angenehmes antun, indem Sie ihm etwas geben, das es möchte.

»Lob«   Das Kind positiv bewerten; etwas Gutes von ihm sagen.

BEISPIEL: Sie verlangen von Ihrem Kind, in Gegenwart von Erwachsenen um Erlaubnis zum Sprechen zu bitten.   U W ?
Durch Ankreuzen des U würden Sie angeben, daß Sie das wahrscheinlich nicht von ihm verlangen würden.

GEBEN SIE IHRE ANTWORTEN AUF DEM ANTWORTBLATT AN
(Seite 306)

1. Sie entfernen Ihren Sohn vom Klavier, wenn er nicht aufhört, darauf herumzuhämmern, nachdem Sie ihm gesagt haben, daß es unerträglich für Sie wird.
2. Sie loben Ihr Kind dafür, daß es stets pünktlich zum Essen nach Hause kommt.
3. Sie rügen Ihren sechsjährigen Sohn, wenn er vor Gästen schlechte Manieren bei Tisch an den Tag legt.
4. Sie loben Ihren heranwachsenden Sohn, wenn Sie ihn bei der richtigen Art von Lektüre sehen.
5. Sie bestrafen Ihren Sohn, wenn er ein häßliches Wort gebraucht.
6. Sie belohnen Ihren Sohn, wenn er auf einem Plan angegeben hat, daß er kein einziges Mal seine Zähne zu putzen vergessen hat.
7. Sie veranlassen Ihren Sohn dazu, sich bei einem anderen Kind, das er sehr unhöflich behandelt hat, zu entschuldigen.
8. Sie loben Ihre Tochter, wenn Sie nicht vergißt, an der Schule zu warten, um von Ihnen mit dem Auto abgeholt zu werden.
9. Sie zwingen Ihren Sohn dazu, fast alles auf dem Teller aufzuessen, bevor er aufstehen darf.
10. Sie machen zur Bedingung, daß Ihre Tochter täglich ein Bad nimmt, und belohnen Sie, wenn sie nicht einen Tag im Monat ausläßt.
11. Sie bestrafen Ihren Sohn oder verweigern ihm etwas, wenn Sie ihn bei einer Lüge ertappen.
12. Sie stellen Ihrem heranwachsenden Sohn irgendeine Belohnung in Aussicht oder räumen ihm eine Vergünstigung ein, wenn er sich einen Fassonschnitt schneiden läßt, anstatt lange Haare zu tragen.
13. Sie bestrafen oder rügen Ihr Kind, wenn es aus Ihrem Portemonnaie Geld stiehlt.
14. Sie versprechen Ihrer Tochter etwas, das sie sich wünscht, wenn sie davon absieht, zu viel Make-up zu verwenden.

15. Sie bestehen darauf, daß Ihr Kind etwas zum besten gibt, wenn es von Verwandten oder Besuchern darum gebeten wird.
16. Sie versprechen Ihrem Sohn etwas, von dem Sie wissen, daß er es sich wünscht, wenn er täglich eine bestimmte Zeit Klavierspielen übt.
17. Sie zwingen Ihren Zweijährigen, auf der Toilette zu bleiben, bis er sein »Geschäft« gemacht hat, wenn Sie wissen, daß es an der Zeit ist.
18. Sie führen ein System ein, durch das sich Ihr Sohn Belohnungen irgendwelcher Art verdienen kann, wenn er regelmäßig seinen häuslichen Pflichten nachkommt.
19. Sie bestrafen Ihren Sohn oder drohen ihm mit Strafe, wenn er zwischen den Mahlzeiten ißt, nachdem Sie ihm das verboten haben.
20. Sie versprechen irgendeine Belohnung, um Ihrem Sohn einen Anreiz zu geben, nach Verabredungen immer pünktlich nach Hause zu kommen.
21. Sie bestrafen oder rügen Ihren Sohn dafür, daß er sein Zimmer nicht aufräumt, nachdem er es beim Spielen auf den Kopf gestellt hat.
22. Sie führen ein System der Belohnungen als Ansporn für Ihre Tochter ein, die Dauer ihrer Telefongespräche zu beschränken.
23. Sie rügen Ihren Sohn, wenn er achtlos eines seiner teuren Spielsachen zerbricht oder ruiniert.
24. Sie versprechen Ihrer dreizehnjährigen Tochter irgendeine Belohnung, wenn sie aufs Rauchen verzichtet.
25. Sie bestrafen oder rügen Ihr Kind, wenn es frech ist oder respektlos redet.
26. Sie versprechen Ihrer Tochter eine Belohnung, wenn sie sich an ihren Studienplan hält, um ihre Zensuren zu verbessern.
27. Sie hindern Ihren Sohn daran, mehr Spielzeug ins Wohnzimmer zu bringen, wenn es zu unordentlich wird.
28. Sie sagen Ihrer Tochter, daß Sie stolz auf sie sind oder sich über ihre Wahl freuen, wenn Sie sehr einverstanden mit dem Jungen sind, mit dem sie ausgeht.
29. Sie lassen Ihren Sohn selbst den Schmutz aufwischen, wenn er achtlos Lebensmittel auf den Teppich schüttet.
30. Sie sagen Ihrer Tochter, sie sei ein liebes Kind, oder Sie belohnen sie, wenn sie stillhält, während Sie ihr die Haare kämmen.

31. Sie bestrafen Ihren Sohn, wenn er weiter in seinem Zimmer spielt, nachdem Sie annahmen, er sei zu seiner Schlafenszeit zu Bett gegangen.
32. Sie führen für Ihren Sohn ein Belohnungssystem ein, wenn er sich gewohnheitsmäßig die Hände wäscht, bevor er zu Tisch kommt.
33. Sie veranlassen Ihren Sohn, damit aufzuhören, oder Sie bestrafen ihn, wenn Sie ihn beim Berühren seiner Genitalien ertappen.
34. Sie führen eine Art von System ein, nach dem Sie Ihr Kind für die Pünktlichkeit, mit der es sich zur Schule fertig macht, belohnen.
35. Sie bestrafen oder rügen Ihre Kinder, wenn sie sich untereinander laut um ein Spielzeug streiten.
36. Sie loben oder belohnen Ihren Sohn dafür, daß er nicht weint, wenn er seinen Willen nicht durchsetzt oder seine Empfindungen verletzt sind.
37. Sie drohen Ihrem Sohn mit Strafe oder rügen ihn, wenn er Ihnen sagt, daß er eine Besorgung nicht erledigen will, um die Sie ihn mehrfach gebeten haben.
38. Sie versprechen, Ihrer Tochter etwas zu kaufen, daß sie sich gewünscht hat, wenn sie ihr Kleid sauberhält, bis Sie in ein paar Stunden zum Essen ausgehen.
39. Sie bestrafen oder rügen Ihren Sohn, wenn Sie sehen, daß er dem Mädchen von nebenan den Rock hochhebt oder sie in Verlegenheit bringt.
40. Sie bieten Ihrem Sohn eine Belohnung in Form von Geld für jedes Unterrichtsfach an, in dem er im nächsten Zeugnis seine Zensuren verbessert.

Auswertung
Die Anwendung elterlicher Autorität

1.	U	W	?	7.	U	W	?
2.	U	W	?	8.	U	W	?
3.	U	W	?	9.	U	W	?
4.	U	W	?	10.	U	W	?
5.	U	W	?	11.	U	W	?
6.	U	W	?	12.	U	W	?

13.	U	W	?	27.	U	W	?
14.	U	W	?	28.	U	W	?
15.	U	W	?	29.	U	W	?
16.	U	W	?	30.	U	W	?
17.	U	W	?	31.	U	W	?
18.	U	W	?	32.	U	W	?
19.	U	W	?	33.	U	W	?
20.	U	W	?	34.	U	W	?
21.	U	W	?	35.	U	W	?
22.	U	W	?	36.	U	W	?
23.	U	W	?	37.	U	W	?
24.	U	W	?	38.	U	W	?
25.	U	W	?	39.	U	W	?
26.	U	W	?	40.	U	W	?

AUSWERTUNGSANLEITUNG

1. Zählen Sie alle nach *ungeraden* Zahlen angekreuzten W's (1, 3, 5, 7 usw.)
2. Zählen Sie alle nach *geraden* Zahlen angekreuzten W's (2, 4, 6, 8 usw.)
3. Tragen Sie beide Zahlen in die untere Tabelle ein und schreiben Sie die Summe aller W's auf.

Ungerade W's	Diese Zahl zeigt den Grad an, bis zu dem Sie Bestrafungen anwenden oder mit Strafe drohen, um Ihr Kind zu kontrollieren oder Ihre Lösung von Problemen durchzusetzen.
Gerade W's	Diese Zahl zeigt den Grad an, bis zu dem Sie Belohnungen oder Ansporn anwenden, um Ihr Kind zu kontrollieren oder Ihre Lösung von Problemen durchzusetzen.
Summe der W's	Diese Zahl zeigt den Grad an, bis zu dem Sie sich beider Quellen elterlicher Macht bedienen, um Ihr Kind zu kontrollieren.

Anwendung von Bestrafung		Anwendung von Belohnung		Anwendung beider Arten von Macht	
Punktzahl	Bewertung	Punktzahl	Bewertung	Punktz.	Bewertung
0–5	sehr wenig	0–5	sehr wenig	0–10	antiautoritär
6–10	gelegentlich	6–10	gelegentlich	11–20	gemäßigt autoritär
11–15	häufig	11–15	häufig	21–30	ziemlich autoritär
16–20	sehr häufig	16–20	sehr häufig	31–40	sehr autoritär

5. Ein Verzeichnis der Folgen, die die typische Art nach sich zieht, mit der Eltern auf ihre Kinder reagieren

Befehlen, anleiten, kommandieren
Diese Botschaften sagen einem Kind, daß seine Empfindungen und Bedürfnisse nicht wichtig sind; es muß sich dem unterwerfen, was der Elternteil empfindet oder braucht. (»Es ist mir gleichgültig, was du tun willst; komm sofort ins Haus.«)
Sie geben Nicht-Annahme des Kindes, wie es im Augenblick ist, zu verstehen. (»Hör auf, herumzuzappeln.«)
Sie rufen Furcht vor der elterlichen Macht hervor. Das Kind vernimmt die Drohung, daß jemand, der größer und stärker als es selbst ist, ihm weh tun will. (»Geh in dein Zimmer - wenn du nicht gehorchst, werde ich schon dafür sorgen.«)
Sie können das Kind aufbringen und empören und es häufig dazu veranlassen, feindselige Empfindungen zu äußern, einen Wutanfall zu bekommen, zurückzuschlagen, Widerstand zu leisten, den elterlichen Willen auf die Probe zu stellen.
Sie können dem Kind zu verstehen geben, daß der Elternteil dem Urteilsvermögen oder dem Können des Kindes nicht traut. (»Faß die Schüssel nicht an.« »Komm deinem kleinen Bruder nicht zu nahe.«)

Warnen, ermahnen, drohen
Diese Botschaften können ein Kind dazu bringen, Angst und Unterwürfigkeit zu empfinden. (»Wenn du das tust, wirst du es bedauern.«)
Sie können ebenso wie das Befehlen, Anleiten und Kommandieren Empörung und Feindseligkeit hervorrufen. (»Wenn du nicht augenblicklich zu Bett gehst, bekommst du was auf den Hintern.«)
Sie können zu verstehen geben, daß der Elternteil keinen Respekt vor den Bedürfnissen und Wünschen des Kindes hat. (»Wenn du nicht aufhörst zu trommeln, werde ich böse.«)
Manchmal reagieren Kinder auf Warnungen und Drohungen mit der Antwort: »Es ist mir egal, was passiert. Ich will es trotzdem.«
Diese Botschaften fordern das Kind auch dazu auf, die Unabänder-

lichkeit der elterlichen Drohung auf die Probe zu stellen. Kinder sind manchmal versucht, etwas zu tun, vor dem sie gewarnt worden sind, nur, um selbst festzustellen, ob die von den Eltern vorhergesagten Konsequenzen tatsächlich eintreffen.

Zureden, moralisieren, predigen
Derartige Botschaften lassen die Macht äußerlicher Autorität, Pflicht oder Schuldigkeit auf das Kind wirken. Auf diese »solltest« und »müßtest« können Kinder mit Widerstand reagieren und ihre Position nur noch nachdrücklicher verteidigen.
Sie können einem Kind das Gefühl geben, daß der Elternteil seinem Urteil nicht traut - daß es besser daran täte, das zu akzeptieren, was andere für richtig halten. (»Du solltest das Richtige tun.«)
Sie können Schuldgefühle in einem Kind wachrufen - das Gefühl, daß es »schlecht« ist. (»So darfst du nicht denken.«)
Sie können einem Kind das Gefühl geben, daß der Elternteil seinem Glauben an die Vorbilder oder Wertvorstellungen anderer nicht traut. (»Du solltest deine Lehrer stets respektieren.«)

Raten, Vorschläge machen oder Lösungen geben
Solche Botschaften werden von dem Kind oft als Beweis dafür empfunden, daß der Elternteil kein Zutrauen in das Urteilsvermögen oder die Fähigkeit des Kindes hat, seine eigene Lösung zu finden.
Sie können ein Kind beeinflussen, vom Elternteil abhängig zu werden und aufzuhören, selbst zu denken. (»Was soll ich tun, Vati?«)
Kinder reagieren manchmal sehr unwillig auf Ideen oder Ratschläge der Eltern. (»Laß mich das allein überlegen.« »Ich will nicht gesagt bekommen, was ich zu tun habe.«)
Ratschläge verraten dem Kind manchmal Ihre überlegene Einstellung. (»Deine Mutter und ich wissen, was für dich am besten ist.«)
Kinder können auch ein Gefühl der Inferiorität bekommen. (»Warum habe ich nicht daran gedacht?« »Du weißt immer besser, was man tun muß.«)
Ratschläge können einem Kind das Gefühl geben, daß der Elternteil es überhaupt nicht verstanden hat. (»Das würdest du nicht vorschlagen, wenn du wirklich wüßtest, wie mir zumute war.«)
Ratschläge führen manchmal dazu, daß das Kind ohne eigene Ideen zu entwickeln die ganze Zeit damit verbringt, auf die Ideen seiner Eltern zu reagieren.

Strafpredigten halten, logische Argumente vorbringen
Der Versuch, einen anderen zu belehren, gibt dem »Schüler« oft das Gefühl, daß man ihn minderwertig, untergeordnet, unzulänglich erscheinen läßt. (»Du glaubst immer alles zu wissen.«)
Logik und Tatsachen machen ein Kind oft defensiv und unwillig. (»Glaubst du vielleicht, das weiß ich nicht?«)
Kinder wie Erwachsene mögen es selten, wenn man ihnen zeigt, daß sie unrecht haben. Demzufolge verteidigen sie ihre Position bis zum bitteren Ende. (»Du bist im Unrecht, ich habe recht.« »Du kannst mich nicht überzeugen.«)
Im allgemeinen hassen Kinder elterliche Strafpredigten. (»Sie reden und reden, und ich muß nur dasitzen und zuhören.«)
Kinder nehmen oft zu verzweifelten Methoden Zuflucht, um von den Eltern vorgebrachte Tatsachen abzuwerten. (»Ach, du bist einfach zu alt, um zu wissen, was vorgeht.« »Du bist starrköpfig.«)
Kinder kennen die Tatsachen bereits recht gut, die die Eltern beharrlich fortfahren, sie zu lehren, und ärgern sich über die darin liegende Andeutung, daß sie unwissend sind. (»Ich weiß das alles, du brauchst mir das nicht zu sagen.«)
Manchmal entscheiden sich Kinder dafür, die Tatsachen zu ignorieren. (»Das ist mir egal« »Na und?« »Das passiert mir nicht.«)

Verurteilen, kritisieren, widersprechen, beschuldigen
Wahrscheinlich mehr als alle anderen, bringen die Botschaften das Kind dazu, sich unzulänglich, minderwertig, dumm, unwert, schlecht zu fühlen. Die Vorstellung des Kindes von sich selbst wird durch Urteil und Bewertung der Eltern geformt. Wie der Elternteil das Kind beurteilt, wird das Kind sich selbst beurteilen. (»Ich habe so oft gehört, ich bin ungezogen, daß ich das Gefühl zu haben begann, ungezogen sein zu müssen.«)
Negative Kritik ruft Gegenkritik hervor. (»Ich habe dich das gleiche tun sehen.« »Du bist auch nicht so tüchtig.«)
Bewertung beeinflußt Kinder dahingehend, ihre Empfindungen für sich zu behalten oder etwas vor den Eltern zu verbergen. (»Wenn ich es ihnen erzählte, würde ich nur kritisiert werden.«)
Kinder wie Erwachsene hassen es, negativ beurteilt zu werden. Sie reagieren defensiv, einfach um ihr Selbstimage zu schützen. Oft werden sie zornig und empfinden, auch wenn das Urteil zutreffend ist, Haß gegenüber dem beurteilenden Elternteil.

Häufige Bewertung und Kritik geben manchen Kindern das Gefühl, daß sie nicht gut sind und ihre Eltern sie nicht lieben.

Loben, zustimmen
Im Gegensatz zur allgemeinen Überzeugung, daß Lob Kindern immer guttut, hat es oft einen negativen Effekt. Eine positive Einschätzung, die nicht der Vorstellung des Kindes von sich selbst entspricht, kann Feindseligkeit hervorrufen: »Ich bin nicht hübsch, ich bin häßlich.« »Ich hasse mein Haar.« »Ich habe nicht gut gespielt, ich war miserabel.«
Wenn ein Elternteil positiv urteilt, folgern Kinder, daß er bei anderer Gelegenheit auch negativ urteilen kann. Überdies kann das Ausbleiben von Lob in einer Familie, in der häufig Lob angewendet wird, vom Kind als Kritik ausgelegt werden. (»Du hast keine nette Bemerkung über mein Haar gemacht, also muß es dir nicht gefallen.«)
Oft wird Lob vom Kind als Manipulation empfunden – als unmerkliche Art, das Kind zu beeinflussen, das zu tun, was der Elternteil will. (»Du sagst das nur, damit ich fleißiger lerne.«)
Kinder folgern manchmal, daß ihre Eltern sie nicht verstehen, wenn sie sie loben. (»Du würdest das nicht sagen, wenn du wüßtest, was ich wirklich mir selbst gegenüber empfand.«)
Kinder fühlen sich oft verlegen und unbehaglich, wenn Lob gespendet wird, insbesondere in Gegenwart ihrer Freunde. (»Ach, Vati, das ist nicht wahr.«)
Kinder, die viel gelobt werden, können dazu kommen, davon abhängig zu sein oder es sogar zu verlangen. (»Du hast nichts darüber gesagt, daß ich mein Zimmer aufgeräumt habe.« »Wie sehe ich aus, Mutter?« »War ich nicht ein braver kleiner Junge?« »Ist das nicht eine gute Zeichnung?«)

Beschimpfen, lächerlich machen, beschämen
Derartige Botschaften können von verheerender Wirkung auf das Selbstimage des Kindes sein. Sie können das Kind dazu veranlassen, sich unwert, schlecht, ungeliebt zu fühlen.
Die häufigste kindliche Reaktion auf solche Botschaften besteht darin, den Eltern ebenso zu antworten. (»Und du bist ein gräßlicher Meckerer.« »Sieh mal an, wer nennt mich hier faul?«)
Wenn ein Kind von einem Elternteil, der es zu beeinflussen ver-

sucht, eine solche Botschaft erhält, ist die Wahrscheinlichkeit, daß es sich durch realistische Selbstbetrachtung ändert, sehr viel geringer. Statt dessen kann es sich auf die unfaire Botschaft des Elternteils einstellen und sich selbst entschuldigen. (»Ich sehe mit Lidschatten gar nicht billig aus. Das ist lächerlich und ungerecht.«)

Interpretieren, analysieren, diagnostizieren
Derartige Botschaften verraten dem Kind, daß es der Elternteil »durchschaut« hat, seine Motive kennt oder weiß, warum es sich so verhält. Dergleichen elterliches Psychoanalysieren kann für das Kind bedrohlich und frustrierend sein.
Wenn die Analyse oder die Interpretation des Elternteils zufällig korrekt ist, fühlt sich das Kind vielleicht in Verlegenheit gebracht oder bloßgestellt. (»Du hast keine Verabredungen, weil du zu scheu bist.« »Du tust das nur, um Aufmerksamkeit zu erregen.«)
Wenn die Analyse oder Interpretation des Elternteils, wie so oft, falsch ist, wird das Kind über die ungerechte Beschuldigung böse werden. (»Ich bin nicht eifersüchtig – das ist albern.«)
Kinder spüren oft eine überlegene Haltung seitens des Elternteils. (»Du glaubst, du weißt so viel.«) *Eltern, die ihre Kinder häufig analysieren, geben ihnen zu verstehen, daß die Eltern sich überlegen, klüger, gescheiter fühlen.*
Die »Ich-weiß-warum«- und »Ich-durchschaue-dich«-Botschaften schneiden für den Augenblick eine weitere Kommunikation seitens des Elternteils ab und lehren das Kind, seine Eltern nicht an Problemen teilhaben zu lassen.

Beruhigen, bemitleiden, trösten, unterstützen
Derartige Botschaften sind nicht so hilfreich, wie die meisten Eltern glauben. Ein Kind zu beruhigen, wenn es sich durch irgend etwas gestört fühlt, überzeugt es vielleicht einfach davon, daß Sie es nicht verstehen. (»Das könntest du nicht sagen, wenn du wüßtest, was für Angst ich habe.«)
Eltern beruhigen und trösten, weil es ihnen unangenehm ist, wenn ihr Kind sich verletzt, verärgert, entmutigt oder dergleichen fühlt. Solche Botschaften sagen dem Kind, daß Sie wollen, es soll aufhören, so zu empfinden. (»Sei nicht traurig, es wird alles gut werden.«)
Kinder können die Beruhigungen der Eltern als Versuche durch-

schauen, sie zu ändern, und sie mißtrauen dem Elternteil häufig. (»Du sagst das nur, damit mir wieder besser zumute ist.«)
Bagatellisieren oder bemitleiden bereitet oft einer weiteren Kommunikation ein Ende, weil das Kind spürt, daß Sie wollen, es soll aufhören, so zu empfinden.

Auf den Grund gehen, fragen, verhören
Fragen können Kindern Ihren Mangel an Vertrauen, Ihren Verdacht oder Ihren Zweifel zu verstehen geben. (»Hast du dir die Hände gewaschen, wie ich es dir gesagt habe?«)
Ebenso durchschauen Kinder manche Fragen auch als Versuche, »sie aus ihrer Stellung hervorzulocken«, nur damit die Eltern sie dann überrumpeln. (»Wie lange hast du gelernt? Nur eine Stunde? Na, für die Arbeit verdienst du eine 4.«)
Kinder fühlen sich durch Fragen häufig bedroht, besonders, wenn sie nicht verstehen, warum der Elternteil sie befragt. Achten Sie darauf, wie oft Kinder sagen: »Warum fragst du das?« *oder* »Worauf willst du hinaus?«
Wenn Sie einem Kind Fragen stellen, das Sie an einem Problem teilhaben läßt, vermutet es vielleicht, daß Sie Material sammeln, um das Problem an seiner Stelle zu lösen, anstatt es selbst eine Lösung finden zu lassen. (»Seit wann empfindest du so? Hat es etwas mit der Schule zu tun? Wie steht es in der Schule?«) *Häufig wollen Kinder nicht, daß ihre Eltern die Antwort auf ihr Problem finden: Wenn ich mit meinen Eltern darüber spreche, werden sie mir nur sagen, was ich tun soll.«*
Wenn Sie jemandem, der Sie an einem Problem teilhaben läßt, Fragen stellen, beschränkt jede Frage die Freiheit dieses Menschen, über die Dinge zu sprechen, über die er sprechen will – in gewissem Sinne diktiert jede Frage seine nächste Botschaft. Wenn Sie fragen: »Wann bemerktest du diese Empfindung zuerst?« *geben Sie diesem Menschen zu verstehen, nur über den Beginn dieser Empfindung und über nichts anderes sprechen zu sollen. Darum ist es so entsetzlich unangenehm, wie von einem Rechtsanwalt ins Kreuzverhör genommen zu werden – Sie haben das Gefühl, Ihre Geschichte genauso erzählen zu müssen, wie es seine Fragen verlangen. Daher ist ein Verhör keineswegs eine gute Methode, einem anderen die Kommunikation zu erleichtern. Es kann statt dessen eine schwerwiegende Beschränkung seiner Freiheit darstellen.*

Zurückziehen, ablenken, aufheitern, zerstreuen
Derartige Botschaften können dem Kind mitteilen, daß Sie kein Interesse an ihm haben, seine Empfindungen nicht respektieren oder es regelrecht zurückweisen.

Kinder sind im allgemeinen ganz ernsthaft dabei und in Anspruch genommen davon, wenn sie das Bedürfnis haben, über etwas zu sprechen. Wenn Sie mit Späßen reagieren, können Sie sie dazu veranlassen, sich verletzt und zurückgewiesen zu fühlen.

Kinder abzulenken oder ihre Empfindungen zu zerstreuen, mag im Augenblick erfolgreich scheinen, aber die Empfindungen eines Menschen verschwinden nicht immer. Sie tauchen später oft wieder auf. Beiseite geschobene Probleme sind selten gelöste Probleme.

Kinder wie Erwachsene möchten mit Respekt angehört und verstanden werden. Wenn ihre Eltern sie beiseite schieben, lernen sie bald, ihre wichtigen Probleme und Empfindungen anderswohin zu tragen.

6. Lektüre, die wir den Eltern empfehlen

Axline, Virginia M.: *Dibs*. Das wunderbare Aufblühen eines menschlichen Wesens, New York; Ballantine Books, 1969. Deutsche Ausgabe Scherz Verlag, München 5. Auflage 1971.

Die erschütternde Geschichte von der Entwicklung und Veränderung eines Kindes im Verlauf der Therapie bei der Autorin, die zu den Pionieren der Patient-bezogenen Spieltherapie gehört. Demonstriert aktives Zuhören und die Macht der Sprache der Annahme.

Axline, Virginia M.: *Play Therapy*. Boston: Houghton Mifflin, 1947. Das erste Buch, das die Anwendung der patientbezogenen Methode in der Kindertherapie beschreibt. Demonstriert die Anwendung aktiven Zuhörens. Behandelt den Begriff der Beschränkungen. Bringt eine Vielfalt an Material und aufgezeichnete Interviews. Die beschriebenen Techniken können von den Eltern zu Hause angewendet werden. Veränderte deutsche Ausgabe im Reinhardt Verlag München, 1971. Vgl. Nachtrag Literaturverzeichnis.

Baruch, Dorothy W.: *New Ways in Discipline*. New York: McGraw-Hill, 1949.

Eines der meistgelesensten Bücher für Eltern. In einfachem Stil geschrieben. Veranschaulicht die Anwendung aktiven Zuhörens. Behandelt Probleme der Belohnung und Bestrafung. Zeigt, wie Eltern die Methoden der Spieltherapie zu Hause anwenden können.

Bettelheim, Bruno: *Die Kinder der Zukunft*. New York: Macmillan Co., 1969. Deutsche Ausgabe Molden Verlag Wien, 1971.

Eine eingehende Studie über Kinder und Kindererziehung im Kibbuz in Israel. Zieht daraus Lehren für amerikanische Eltern und kommt zu Folgerungen für unsere Methoden der Kindererziehung und Ausbildung, besonders in Elendsvierteln. Will den Eltern helfen, eine umfassendere Vorstellung davon zu bekommen, wie unsere Gesellschaft ihre Kinder effektiver erziehen könnte.

Button, Alan DeWitt: *The Authentic Child*. New York: Random House, 1969.

Eingehende Analyse der Charakteristiken des Kindes, das durch seine Beziehung zu authentischen Eltern zu Authentizität gelangt. Betont die Bedeutung der elterlichen Annahme, Ehrlichkeit und Bereitschaft, menschlich zu sein. Will den Eltern helfen, das Schöne in ihren Kindern zu sehen und in einer gegenseitigen, Macht-losen Beziehung Freude zu erleben. Lehnt fertige Lösungen in der Elternerziehung zugunsten der Entwicklung spontan offenen Beziehung zu Kindern ab.

Bronfenbrenner, Urie: *Two Worlds of Childhood:* U. S. und U. S. S. R. New York: Russell Sage Foundation, 1970.

Wissenschaftlicher Bericht einer vergleichenden Studie über Praktiken der Kindererziehung in Amerika und der Sowjetunion. Zeigt, wie amerikanische Eltern ihre Kinder dazu getrieben haben, von ihresgleichen und dem Fernsehen erzogen zu werden. Zeigt Eltern, wie sie dabei versagen, ihren Kindern Freiheit zu geben, und wie wir es im Gegensatz zu sowjetischen Eltern versäumen, unsere Kinder dazu zu erziehen, kooperativ, altruistisch und selbstdiszipliniert zu sein.

Donovan, Frank R.: *Wild Kids*. Harrisburg, Pennsylvania: Stackpole Books, 1967.

Eine Überraschung für Menschen, die der heutigen Jugend und ihrem Verhalten unannehmend gegenüberstehen. Zeigt, wie Kinder im Verlauf der Geschichte gegen Autorität rebelliert haben. Zeigt, wie Kinder aller Generationen von Erwachsenen ausgebeutet und beherrscht worden sind.

Dreikurs, Rudolf: *Kinder fordern uns heraus*. Des Moines, Iowa:

Meredith Press, 1964. Deutsche Ausgabe Klett Verlag Stuttgart, 1970.

Ein vielgelesenes Buch für Eltern, das eine in der Adlerschen Theorie wurzelnde Einstellung zur Kindererziehung präsentiert. Dreikurs' Einstellung weist einige deutliche Ähnlichkeiten mit unserem Programm auf, doch auch manche Unterschiede, insbesondere im Bereich von Disziplin und Konflikten. Eltern werden dieses Buch zum besseren Verständnis ihrer Kinder nützlich finden, obgleich sich bestimmte empfohlene Techniken als nicht in Übereinstimmung mit der Methode des Elterlichen Erfolgstrainings erweisen werden.

Ginott, Haim G.: *Eltern und Kinder.* New York: Macmillan, 1963. Deutsche Ausgabe Hallwag Verlag Bern, 1969.

Bestseller und leicht zu lesendes Buch, das Eltern den Unterschied zwischen destruktivem und konstruktivem (therapeutischem) Gespräch mit Kindern zeigt. Obgleich es reich an kurzen Beispielen ist, bringt das Buch keine ausführlichen Fälle, die veranschaulichen, wie aktives Zuhören in der Kinderberatung angewendet werden kann. Anders als unser Programm sanktioniert Ginotts Einstellung zur Disziplin, daß Eltern Grenzen setzen und Vorschriften machen. Das Buch ist voller nützlicher Ideen für die Behandlung spezifischer Probleme - Eifersucht, das Aufstehen und Anziehen, Schlafenszeit, Fernsehen, usw. Für manche dieser Probleme befürwortet der Autor nachdrücklich eine »richtige« Lösung.

Ginott, Haim G.: *Eltern und Teenager,* New York: Macmillan Co., 1969. Deutsche Ausgabe Droemer Verlag München, 1969.

Konzentriert sich in erster Linie darauf, wie Eltern sich der Sprache der Annahme bedienen können, um auf Botschaften von Teenagern zu reagieren. Zeigt die destruktive Wirkung von Kritik, Beleidigung, Lob und Strafpredigten. Bietet Ratschläge für die Behandlung von Problemen im Hinblick auf Verabredungen, Kleidung, Sex, Trinken, Drogen. Der Autor vertritt oft nachdrückliche Ansichten in bezug darauf, wie Eltern handeln »sollten«. Vertritt eine sich von der Einstellung des elterlichen Erfolgstrainings unterscheidende Theorie der Disziplin. Reich an Beispielen, bietet jedoch keine theoretische Fundierung, die alle seine Beispiele miteinander verbindet.

Glasser, William: *Schools Without Failure*. New York: Harper and Row, 1969.

Eine äußerst kritische Würdigung amerikanischer Schulen; zeigt, wie Lehrer, Zensuren und aufgezwungene Lehrpäne zum Versagen der Kinder beitragen. Stellt Unterrichtsmethoden vor, um den Kindern größere Freiheit im Reden und Denken zu geben. Behandelt das Problem, wie Disziplin ohne Strafen zu erreichen ist.

Gordon, Thomas: *Group-Centered Leadership*. Boston: Houghton Mifflin, 1955.

Einer der ersten Versuche, die patientbezogene Theorie auf das Gebiet der Führung, Aufsicht und Administration anzuwenden. Zeigt die Ursprünge von Gordons gruppenbezogener Problemlöse-Methode. Nützlich für Eltern, die sich für Familienkonferenzen Kenntnisse in der Gruppenführung aneignen wollen. Wird für Eltern, die Führungsrollen außerhalb der Familie innehaben und gruppenbezogene Prinzipien anwenden wollen, um das schöpferische Potential ihrer Gruppen freizusetzen, nützlich sein.

Holt, John: *How Children Fail*. New York: Dell Publishing Co., 1964.

Ein Lehrer gibt eine scharfsinnige Analyse dessen, was Lehrer und Unterricht den Kindern antun, um sie zum Versagen zu bringen - selbst Kinder, die gute Zensuren erhalten. Zeigt die Auswirkungen der Bewertung. Zeigt, wie Schulen Kinder gelangweilt, ängstlich und verwirrt machen. Sowohl Eltern als auch Lehrer werden dieses Buch faszinierend finden.

Holt, John: *The Underachieving School*. New York: Pitman Publishing Corp., 1969.

Eine kritische Untersuchung der Unzulänglichkeiten amerikanischer

Schulen. Vertritt die Ansicht, daß Lehrer als Helfer effektiver sein sollten, daß Bewerten und autoritäre Kontrolle das Lernen des Kindes gefährlich beeinträchtigen. Ein wichtiges Buch - ein Buch, das Eltern helfen wird, neue Einsichten im Hinblick darauf zu erlangen, wie Kinder behandelt und ausgebildet werden sollten.

Hymes, James L.: *The Child Under Six*. Englewood Cliffs, New Jersey: Prentice Hall, 1963.

Wird Eltern helfen, zu größerem Verständnis junger Kinder und ihrer Entwicklung zu gelangen. Schenkt der Eltern-Kind-Beziehung und dem Kommunikationsvorgang zwischen ihnen wenig Beachtung. Schwach, was Disziplin und die Behandlung von Konflikten angeht.

Jourard, Sidney M.: *The Transparent Self*. New York: D. van Nostrand, 1964.

Bringt die Hypothese, daß der Mensch gesünder, funktionsfähiger und anderen nützlicher sein kann, wenn er den Mut findet, anderen gegenüber wirklich er selbst zu sein. Das Verbergen von Empfindungen und Gedanken verhindert vertraute Beziehungen und führt zu emotionaler Krankheit.

Katz, Robert I.: *Empathy*. New York: The Free Press of Glencoe, Macmillan Co., 1963.

Wissenschaftlichste und vollständigste Behandlung der Einfühlung in menschliche Beziehungen - was sie ist und was sie zu tun vermag, um einem anderen Menschen wachsen zu helfen. Brauchbar für Eltern, die sich ein besseres Verständnis für diese wesentliche Einstellung und Befähigung des Helfers wünschen.

Missildine, W. Hugh: *Your Inner Child of the Past*. New York: Simon and Schuster, 1963.

Nützlich für Eltern, die sich in bezug auf den Einfluß, den ihre Eltern auf *ihre* Persönlichkeiten hatten, selbst besser verstehen wollen. Wird Eltern helfen, zu besserem Verständnis der Komplexität von Eltern-Kind-Beziehungen zu kommen und zu verstehen, wie Eltern ihre Kinder beeinflussen können.

Neill, A. S.: *Summerhill*. New York: Hart Publishing Co., 1960. Deutsche Ausgaben der Bücher von A. S. Neill im Rowohlt Verlag, Reinbek bei Hamburg, 1969 ff. Vgl. Literaturverzeichnis.

Bericht über eine Pionier-Schule in England, in der der Versuch unternommen worden ist, die Prinzipien der Demokratie und die Elemente einer therapeutischen Gemeinschaft in ein Schulinstitut zu bringen.

Neill, A. S.: *Freedom - Not Licence*. New York: Hart Publishing Co., 1966. Deutsche Ausgaben der Bücher von A. S. Neill im Rowohlt Verlag.

Neill nimmt die seiner *Summerhill School* zugrundeliegende Theorie, wendet sie in spezifischer Form auf die Erwachsenen-Kind-Beziehung an und weist auf den Unterschied zwischen Freiheit und übertriebener Nachgiebigkeit hin. Wird Eltern größeres Verständnis für die Macht des den Kindern entgegengebrachten Vertrauens geben. Untermauert Gedanken des elterlichen Erfolgstrainings.

Putney, Shell, und Putney, Gail: *The Adjusted American*. New York: Harper, 1964.

Eines der besten Bücher, um sich selbst und andere zu verstehen. Nachdrücklich empfohlen.

Rogers, Carl R.: *Client-Centered Therapy*. Boston: Houghton Mifflin, 1951.

Grundlegende Schrift über Theorie und Praxis patientbezogener Psychotherapie, aus der die Begriffe von Annahme und aktivem Zuhören abgeleitet wurden. Ausgezeichnet für Eltern, die sich besseres Verständnis für das wünschen, was nötig ist, um anderen ein Helfer zu sein. Dieses Buch enthält die Ursprünge eines Großteils von Gordons Theorie und einer grundlegenden Einstellung zu Menschen.

Rogers, Carl R.: *On Becoming a Person*. Boston: Houghton Mifflin, 1963.

Eine Sammlung von Rogers Schriften, die seine Gedanken über Therapie, Erziehung, das Ich, das gesunde Individuum und die helfende Beziehung behandeln. Brauchbar für Eltern, die die umfassendere Bedeutung Patient-bezogener Therapie verstehen und das Wesen Rogers als Persönlichkeit verstehen wollen.

Rogers, Carl R.: *Freedom to Learn*. Columbus, Ohio: Charles E. Merrill, 1969.

Legt die Anwendung patientbezogener Theorie und Rogers Theorie auf Schulen und den Unterricht in den Klassen dar. Demonstriert, wie Lehrer im Unterricht ein freiheitliches Klima schaffen und Schülern helfen können, voll funktionsfähig und selbstbestimmend zu werden.

Spock, Benjamin: *The Common Sense Book of Baby and Child Care*. New York: Duell, Sloane and Pearce, 1957. Deutsche Ausgaben der Bücher von Benjamin Spock im Ullstein Verlag Berlin, 1963 ff. Vgl. Literaturverzeichnis.

Die revidierte Ausgabe von Spocks klassischem und weltberühmtem Buch für Eltern. Gibt praktische und leicht verständliche Vorschläge für Hunderte von Problemen. Ausgezeichnet, um Eltern zu helfen, mit Problemen des Fütterns, der täglichen Pflege, von Krankheit, von Sex, des Schlafens und Spielens fertig zu werden. Eine der besten Quellen, um zu verstehen, wie Kinder sind. Der Schwerpunkt jedoch liegt nicht auf der Eltern-Kind-Beziehung, noch werden Eltern lernen, wie sie mit Kindern in Verbindung treten oder Konflikte bewältigen. Spock legt eine sehr unbestimmte und unvollständige Ansicht über Disziplin dar.

7. Literaturverzeichnis und -hinweise*

Abraham, K.: Äußerungsformen des weiblichen Kastrationskomplexes. Internat. Zeitschr. f. Psychoanal., Bd. VII, 1921
Ackerman, N. W.: The Psychodynamics of Family Life. New York, 1958
Ackerman, N. W., und M. L. Behrens: The Family Approach and Levels of Intervention. American Journal of Psychotherapy 22, 1968, S. 5
Adler, A.: Menschenkenntnis. Zürich, 1947
Adorno, Theodor W.: Postscriptum zu Alexander Mitscherlich: Das soziale und persönliche Ich. Kölner Zeitschrift für Soziologie und Sozialpsychologie 18, 1966, S. 37
Aengenendt, J.: Psychologie des ersten Lebensjahres. Bonn, 1954
Aichhorn, A.: Erziehungsberatung. Zeitschr. f. psychoanal. Pädagogik, Bd. VI
Allport, G.: Treibjagd auf Sündenböcke. Berlin, 1951
Antiautoritäre Erziehung und Kinderanalyse. Mit Beiträgen von Wera Schmidt, Melanie Klein, Anna Freud, Nelly Wolffheim und Alice Balint. Verlag »Zerschlagt das bürgerliche Copyright«, Raubdruck, o. J.
Ausübel, D. P.: Theory and Problems of Child Development. New York, 1958

Bakwin, H.: Loneliness in Infants. American Journal of Diseases of Children, 63. Jg. 1942
Balint, Alice: Vgl. Antiautoritäre Erziehung und Kinderanalyse
-, Versagen und Gewähren in der Erziehung. Zeitschr. f. psychoanal. Pädagogik, Bd. X, 1936
Balint, M.: Angstlust und Regression. Stuttgart, 1960
Beaumont, H., u. Hetzer, H.: Das Schauen und Greifen des Kindes. Z. Psychol. 1929
Beckmann, D., H. E. Richter u. J. Scheer: Kontrolle von Psychotherapieresultaten. Psyche 23, 1969, S. 805
Bell, N. W., u. E. F. Vogel: A Modern Introduction to the Family. London, 1960
Bender, L., und H. Yarnell: An Observation Nursery: A Study of 250 Children in the Psychiatric Division of Bellevue Hospital. American Journal of Psychiatry, 97. Jg. 1941
Benedek, Th.: The Emotional Structure of the Family. In: The Family, the Function and Destiny, hg. v. R. N. Anshen, New York, 1959
-, Elternschaft als Entwicklungsphase. Jahrb. der Psychoanalyse, Bd. 1, 1960

* Besonders wichtige oder nützliche Bücher sind halbfett gedruckt. D. Red.

Benjamin, Walter: Über Kinder, Jugend und Erziehung. Mit Abbildungen von Kinderbüchern und Spielzeug aus der Sammlung Benjamin. Frankfurt, 1969, edition suhrkamp 391
Berna, Jacques: Erziehungsschwierigkeiten und ihre Überwindung. Bern und Stuttgart, 1954
Bernfeld, S.: Psychologie des Säuglings. Wien, 1925
Bornstein, St.: Unbewußtes der Eltern in der Erziehung der Kinder. Zeitschrift für psychoanalytische Pädagogik 8, 1934
Boszormenyi-Nagy, J., u. J. L. Framo: Intensive Family Therapy. New York, 1965
Brill, N. Q., u. H. A. Storrow: Soziale Schicht und psychiatrische Behandlung. In: Der Kranke in der modernen Gesellschaft. Köln u. Berlin, 1967
Brody, S.: Simultaneous Psychotherapy of Married Couples. In: J. Massermann (Hrsg.): Current Psychiatric Therapies. New York, 1961
Bossard, J. H. S.: The Sociology of Child Development. New York, 1948
-, u. E. S. Boll: Family Situations. University of Pennsylvania Press, Philadelphia, 1943
Bühler, C.: Kindheit und Jugend. Leipzig, 1928
Bühler, K.: Abriß der geistigen Entwicklung des Kleinkindes. Heidelberg, 1958
Bühler, C., u. Hetzer, H.: Kleinkindertest. Leipzig, 1932
Burlingham, D. T.: Kinderanalyse und Mutter. Zeitschr. f. psychonal. Pädagogik, Bd. VI, 1932
-, Die Einfühlung des Kleinkindes in die Mutter. Imago, Bd. XXI, 1935
-, Child Analysis an the Mother. Psychoanalytic Quarterly 4, 1935
-, A. Goldberger u. A. Lussier: Simultaneous Analysis of Mother and Child. Psychoanalytic Study of the Child, 1955
Busemann, A.: Kindheit und Reifezeit. Frankfurt, 1965

Clauser, Günter: Die moderne Elternschule. Freiburg, Basel, Wien, 1969
Clauss, G., u. Hiebsch, H.: Kinderpsychologie. Berlin-Ost, 1961
Coerper, C., Hagen, W., u. Thomae, H.: Deutsche Nachkriegskinder. Stuttgart, 1954

Die Familie tiefenpsychologisch gesehen. Hrsg. vom Institut für Psychotherapie und Tiefenpsychologie. Stuttgart, 1962
Dreikurs, Rudolf, u. Soltz, Vicky: Kinder fordern uns heraus. Stuttgart, 1966
Durfee, H., und K. Wolf: Anstaltspflege und Entwicklung im ersten Lebensjahr. Zeitschr. f. Kinderforschung. 42. Jg. 1934
Dührssen, Annemarie: Psychotherapie bei Kindern und Jugendlichen. Göttingen, 1960
-, Heimkinder und Pflegekinder in ihrer Entwicklung. Beiheft zur Praxis der Kinderpsychologie und Kinder-Psychotherapie. Göttingen, 1958
-, Psychogene Erkrankungen bei Kindern und Jugendlichen. Göttingen, 1954
Engelmayer, O.: Das Kindes- und Jugendalter. München, 1964

Erikson, Erik H.: **Wachstum und Krisen der gesunden Persönlichkeit.** Stuttgart, 1953
-, Trieb und Umwelt in der Kindheit. In: Freud in der Gegenwart, T. W. Adorno und W. Dirks, Frankfurt, 1957
-, **Kindheit und Gesellschaft.** Stuttgart, 1968
-, **Einsicht und Verantwortung. Die Rolle des Ethischen in der Psychoanalyse.** Stuttgart, 1968
-, Das Problem der Identität. Psyche, Bd. X, 1956

Federn, P., u. Meng, H. (Hrsg.): Praxis der Kinder- und Jugendpsychologie. Bern, 1960
Fenichel, O.: Über Erziehungsmittel. Zeitschr. f. psychoanal. Pädagogik, Bd. IX, 1935
Ferenczi, S.: Versuch einer Genitaltheorie. Internat. Psychoanal. Verlag, Leipzig-Wien-Zürich 1924
-, Die Anpassung der Familie an das Kind. Zeitschr. f. psychoanal. Pädagogik, Bd. II, 1928
-, Entwicklungsstufen des Wirklichkeitssinnes. Leipzig, 1913
Fraiberg, Selma H.: **Das verstandene Kind. Die ersten fünf Jahre. Im Anhang Beiträge zu den Themen Antiautoritäre Erziehung, zum Problem des Frühlesenlernens, über den Kindergarten heute sowie die Adressen der Erziehungsberatungsstellen in der Bundesrepublik, Österreich und der Schweiz. Beiträge von: Monika Seifert, Annemarie Sänger und Brigitte van Veen.** Hamburg, 1970
Freud, Anna: Vgl. Antiautoritäre Erziehung und Kinderanalyse
-, Wege und Irrwege in der Kinderentwicklung. Suttgart, 1965
-, Erzieher und Neurose. Zeitschr. f. psychoanal. Pädagogik, Bd. VI, 1932
-, Die Erziehung des Kleinkindes vom psychoanalytischen Standpunkt aus. Zeitschr. f. psychoanal. Pädagogik, Bd. VIII, 1934
-, Das Ich und die Abwehrmechanismen. London, 1952
-, Psychoanalysis and Education. The Psychoanalyt. Study of the Child. Bd. IX, 1954
-, Das Ich und die Abwehrmechanismen. München, 1964
-, Einführung in die Psychoanalyse für Pädagogen. München, 1963
-, Drei Abhandlungen zur Sexualtheorie. London, 1950
-, Abriß der Psychoanalyse. London, 1950
Freud, A., u. Burlingham, D.: Kriegskinder. Jahresbericht des Kinderheims Hampstead. London, 1945
Freud, Sigmund: Massenpsychologie und Ich-Analyse. Ges. Werke Bd. XIII

Geist, W.: Das Vaterproblem in der psychotherapeutischen Praxis. In: Vorträge über das Vaterproblem in Psychotherapie, Religion und Gesellschaft, hg. v. W. Bitter. Stuttgart, 1954
Gesell, Anton: Körperseelische Entwicklung in der frühen Kindheit. Halle a. S., 1931
-, **Säugling und Kleinkind in der Kultur der Gegenwart. Bad Nauheim, 1953**
-, **Das Kind von fünf bis zehn. Bad Nauheim, 1954**

Giltay, H.: Zur Psychologie des Ichideals. Psychoanalytische Bewegung 3, 1932
Ginott, Haim G.: Eltern und Kinder. Elternratgeber für eine verständnisvolle Erziehung. Hamburg, 1971. rororo 6081
Gutes Spielzeug. Kleines Handbuch für die richtige Wahl. Ulm, 1956

Haffter, C.: Kinder aus geschiedenen Ehen. Bern, 1948
Hartmann, H.: Ich-Psychologie und Anpassungsproblem. Stuttgart, 1960
Hegeler, Sten: Wie ist das eigentlich, Mutter? München/Basel, 1961
Heigl-Evers, A., u. F. Heigl: Geben und Nehmen in der Ehe. Stuttgart, 1961
Heimann, M.: The Problem of Family Diagnosis. In: V. W. Eisenstein (Hrsg.): Neurotic Interaction in Marriage. New York, 1956
Hellmann, I., O. Friedmann u. E. Shepheard: Simultaneous Analysis of Mother and Child. The Psychoanalytic Study of the Child 15, 1960
Hereford, C. F.: Changing Parental Attitudes through Group Discussion. Austin, 1963
Hollingshead, A. B., u. F. Redlich: Social Class und Mental Illness. New York, 1958
Hug-Hellmuth, H.: Vom »mittleren« Kind. Imago, Bd. VII, 1921
-, Aus dem Seelenleben des Kindes. Leipzig und Wien, 1913

Inhelder, B.: Die affektive und kognitive Entwicklung des Kindes. Z. Psychol. 1956
Inkeles, A., und D. J. Levinson: National Character: The Study of Modal Personality and Sociocultural Systems. In: Handbook of Social Psychology, Bd. II, 1954
Jacobson, E.: The Self and the Object World. The Psychoanal. Study of the Child, Bd. IX, 1954
Jaspers, K.: Allgemeine Psychopathologie. Berlin-Heidelberg, 1946
Jorswieck, E., u. J. Katwan: Neurotische Symptome. Eine Statistik über Art und Auftreten in den Jahren 1947, 1956 und 1965. Zeitschrift für Psychosomatische Medizin 13, 1967

Kalwitzki, Arno: Ferien mit Kindern. Wegweiser für Eltern zu kinderfreundlichen Urlaubsplätzen. Düsseldorf/Wien, 1967
Katz, D., u. Katz, R.: Gespräche mit Kindern. Berlin, 1928
Krieger, Ott: »Klarheit«, Gespräche mit Jungen und Mädchen über die Geschlechtlichkeit. Hamburg, 1963
Kanner, L.: Child Psychiatry. Springfield, 1957
-, Parental Perfectionism as a Pathogenic Agent. In: Psychiatrie u. Gesellschaft. Bern-Stuttgart, 1958
Kemper, W.: Enuresis. Heidelberg, 1949
Klein, Melanie: Vgl. Antiautoritäre Erziehung und Kinderanalyse
-, Die Psychoanalyse des Kindes. Internat. Psychoanal. Verlag, Wien, 1932
Koch, Friedrich: Negative und positive Sexualaufklärung. Heidelberg, 1971
König, R.: Materialien zur Soziologie der Familie. Beiträge zur Soziologie und Sozialphilosophie, hg. v. R. König, Bd. I, Bern, 1946

-, Überorganisation der Familie als Gefährdung der seelischen Gesundheit. In: Federn-Meng: Die Psychohygiene. Bern, 1949
-, Soziologie der Familie. In: Soziologie; hg. von Gehlen u. Schelsky. Düsseldorf-Köln, 1955
Kündig, W.: Zum Geschwisterhaß. Zeitschr. f. psychoanal. Pädagogik, Bd. III, 1929

Laforgue, R.: Familienneurosen in psychoanalytischer Sicht. Zeitschr. f. Psychosomatische Medizin 7. Jg. 1960
Langeveld, M. J.: Einführung in die theoretische Pädagogik. Stuttgart, 1965
Leonard, George B.: Erziehung durch Faszination. Lehren und Lernen für die Welt von morgen. München, 1971
Lossli-Usteri, Marguerite: Die Angst des Kindes. Bern, 1948

Matthiesen, Hayo: So lernen unsere Kinder morgen. Die neue Bildung. Vorschule, Gesamtschule, Gesamthochschule. Hamburg, 1971
Mead, M.: Geschlecht und Temperament in primitiven Gesellschaften. Hamburg, 1959
Meili, R.: Anfänge der Charakterentwicklung. Bern, 1957
Meng, Heinrich: Zwang und Freiheit in der Erziehung. Bern, 1961
-, Psychoanalyse und Sexualerziehung. Zeitschr. f. psychoanal. Pädagogik, Bd. V, 1931

Neill, Alexander Sutherland: Theorie und Praxis der antiautoritären Erziehung. Das Beispiel Summerhill. Hamburg, 1969. rororo 6707/8
-, Das Prinzip Summerhill. Fragen und Antworten. Argumente, Erfahrungen, Ratschläge. Hamburg, 1971. rororo 6690
-, Summerhill pro und contra. 15 Ansichten zu A. S. Neills »Theorie und Praxis«. Hamburg, 1971. rororo 6704
-, Die grüne Wolke. Den Kindern von Summerhill erzählt. Hamburg, 1971

Oerter, R.: Moderne Entwicklungspsychologie. Donauwörth, 1967
Ott, Ernst: Vorschulische Intelligenzförderung. Stuttgart, 1970

Pfister, O.: Elternfehler in der Erziehung der Sexualität und Liebe. Der Ursprung der Elternfehler. Zeitschr. f. psychoanal. Pädagogik, Bd. III, 1929
Piaget, Jean: Das moralische Urteil beim Kinde. Zürich, 1954
-, Psychologie der Intelligenz. Zürich, 1948
Piaget, J., u. Inhelder, B.: Die Psychologie der frühen Kindheit. Basel, 1951
Piaget, J., u. Szeminska, A.: Die Entwicklung des Zahlbegriffs beim Kinde. Stuttgart, 1965
Prohoska, L.: Kind und Jugendlicher der Gegenwart. Wien, 1956

Rapaport, D.: Die Struktur der psychoanalytischen Theorie. Versuch einer Systematik. Stuttgart, 1961

Remplein, H.: Die seelische Entwicklung des Menschen im Kindes- und Jugendalter. München, 1958
Richter, Horst-Eberhard: Eltern, Kind und Neurose. Hamburg, 1969. rororo 6082/3
-, Patient Familie. Entstehung, Struktur und Therapie von Konflikten in Ehe und Familie. Hamburg, 1970
-, Über Formen der Regression. Psyche Bd. XI, 1957
-, Die narzißtischen Projektionen der Eltern auf das Kind. Jahrb. d. Psychoanal. Bd. 1, 1960

Sänger, Annemarie: vgl. Fraiberg, Selma H.
Scarbath, Horst: Geschlechtserziehung. Motive, Aufgaben und Wege. Heidelberg, 1967
Scharbert, J.: Art. »Geburt« in: Höfer, Josef, und Karl Rahner (Hg.), Lexikon für Theologie und Kirche. Bd. 4, Freiburg, 1960, Sp. 562
Scheler, Max: Das Ressentiment im Aufbau der Moralen. In: Abhandlungen und Aufsätze, Bd. I, Verlag der weißen Bücher, 1915
Schelsky, Helmut: Die Wandlungen der Familie. Rundfunkvortrag im Sender RIAS, Berlin, 12. August 1954
-, Wandlungen der Deutschen Familie in der Gegenwart. Stuttgart, 1955
-, Die skeptische Generation; eine Soziologie der deutschen Jugend. Düsseldorf-Köln, 1957
-, Soziologie der Sexualität. Hamburg, 1961
-, Verdunkelung oder Gegenaufklärung in der Soziologie der Sexualität. In: Psyche, Band X, 1956/57, Seite 837 ff.
Schiff, H.: Elternfehler - Kinderschicksal. Formen der Fehlerziehung. Wien, 1948
Schmalohr, E.: Frühe Mutterentbehrung bei Mensch und Tier. München, 1968
Schmidt-Kolmer, E.: Verhalten und Entwicklung des Kleinkindes. Berlin, 1960
-, Der Einfluß der Lebensbedingungen auf die Entwicklung des Kindes im Vorschulalter. Berlin, 1963
Schmidt, Wera: Vgl. Antiautoritäre Erziehung und Kinderanalyse
Schottlaender, F.: Die Mutter als Schicksal; Bilder und Erfahrungen aus der Praxis eines Psychotherapeuten. Stuttgart, 1966
Schultz-Hencke, Harald: Der gehemmte Mensch. Stuttgart, 1947
-, Einführung in die Psychoanalyse. Jena, 1927
Schwenger, Hannes: Antisexuelle Propaganda. Sexualpolitik in der Kirche. Hamburg, 1969
-, Das Weltbild des katholischen Vulgärschrifttums. Sonderreihe aus gestern und heute, Heft 16, München, 1968
Seelmann, Kurt: Gespräche mit Kindern und Jugendlichen über sexuelle Fragen. In: Erziehung zur Sexualität, Beiträge zur Sexualforschung, Heft 24. Stuttgart, 1961
-, Kind, Sexualität und Erziehung. München und Basel, 1964
Seifert, Monika: Vgl. Fraiberg, Selma H.
Selbach, C., und H. Selbach: Über die psychische Dynamik versprengter Gruppen. In: Psychiatrie und Gesellschaft. Bern-Stuttgart, 1950

Speck, O.: Kinder erwerbstätiger Mütter. Stuttgart, 1956
Spitz, René, A.: Vom Säugling zum Kleinkind Stuttgart, 1967
-, Nein und Ja. Stuttgart, 1960
-, Die Entstehung der ersten Objektbeziehungen. Stuttgart, 1957
-, Vom Säugling zum Kleinkind. Stuttgart, 1967
-, Frühkindliches Erleben und Erwachsenenkultur bei den Primitiven. Imago 21, 1935
-, **Nein und Ja; die Ursprünge der menschlichen Kommunikation. Stuttgart, 1959**
-, Die Bedeutung der ersten Lebensjahre. In: Das Kind in unserer Zeit. Stuttgart, 1958
-, Autorität und Onanie. In: Psyche, 6. Jg., 1952, 4. Heft
Spock, Benjamin: Große Hand führt kleine Hand. Das Kind und sein Weg ins Leben. Darmstadt/Berlin, 1963
-, Säuglings- und Kinderpflege. Darmstadt/Berlin, 1967
Stern, E.: Über Verhaltens- und Charakterstörungen bei Kindern und Jugendlichen. Zürich, 1953
Stern, C., u. Stern, W.: Die Kindersprache. Leipzig, 1922
Stern, W.: Psychologie der frühen Kindheit. Heidelberg, 1952

Thomä, H., u. B. Thomä: Die Rolle der Angehörigen in der psychoanalytischen Technik. Psyche 22, 1968
Thurn, H.: Art. »Aszese und Erziehung« in: Lexikon der Pädagogik, 1. Bd., 4. Aufl., Freiburg, 1964, Sp. 221 ff.
Tinbergen, N.: Instinktlehre, Berlin/Hamburg, 1956
Toman, W.: Die Familienkonstellation und ihre psychologische Bedeutung. In: Aus der Werkstatt des Erziehungsberaters. Wien, 1960
Topfmeier, Christa: Schriften und Lehrmittel zur Geschlechtserziehung. Köln, 1965
Trillhaas, Wolfgang: Sexualethik. Göttingen, 1969

Undeutsch, Udo: Die Sexualität im Jugendalter. In: Studium Generale, 3. Jg., 1950, Heft 8

Veen, Brigitte van: Vgl. Fraiberg, Selma H.

Waedler, R.: Zur Frage der psychischen Konflikte im frühen Lebensalter. Leipzig, 1936
-, Die Grundlagen der Psychoanalyse. Bern/Stuttgart, 1963
Wallace, A. F., u. R. D. Fogelson: The Identity Struggle. In: Boszormenyi-Nagy u. J. L. Framo (Hrsg.): Intensive Family Therapy. New York, 1965
Watson, A. S.: The Conjoint Psychotherapy of Marriage Partners. American Journal of Orthopsychiatry 33, 1963
Weber, Max: Die Objektivität sozialwissenschaftlicher und sozialpolitischer Erkenntnis. Archiv f. Sozialwissenschaft, Bd. XIX, 1904
Weidemann, F.: Das Kind im Heim. Z. Kinderpsychiat. 26, 1959
Wetterling, Horst: Behütet und betrogen. Das Kind in der deutschen Wohlstandsgesellschaft. Hamburg, 1966

Weisgerber, Leo: Die sprachliche Gestaltung der Welt. Düsseldorf, 1962
Wilkening, Walther: Erziehungsfehler - Ursache von Frauenleiden. In: Konstitutionelle Medizin, Bd. 2, 1953/54
Wolffheim, Nelly: Vgl. Antiautoritäre Erziehung und Kinderanalyse
-, Von den Anfängen der Kinderanalyse und der psychoanalytischen Pädagogik. Psyche, Bd. V, 1951
Wrage, Karl Horst: Mann und Frau. Grundfragen der Geschlechterbeziehung. Gütersloh, 1966
Wurst, F.: Umwelteinflüsse auf Wachstum und Entwicklung. München, 1964
Wurzbacher, G.: Leitbilder gegenwärtigen deutschen Familienlebens. Stuttgart, 1958

Züblin, Walter: Das schwierige Kind. Einführung in die Kinderpsychiatrie. Stuttgart, 1967. Auch: dtv wr 4048
Zullinger, Hans: Zur Psychologie des Kinderspieles. O. J.
-, Gespräche über Erziehung. Bern/Stuttgart, 1960
-, Heilende Kräfte im kindlichen Spiel. Stuttgart, 1952
-, **Die Angst unserer Kinder. Stuttgart, 1966**
-, **Schwierige Kinder. Bern/Stuttgart, 1951**
-, Umgang mit dem kindlichen Gewissen. Stuttgart, 1953
-, Einführung in die Kinderseelenkunde. Bern, 1967
-, Bausteine zur Kinderpsychotherapie und Kindertiefenpsychologie. Bern, 1966

Nachtrag:
Axline, Virginia M.: Kinder-Spieltherapie im nicht-direktiven Verfahren. München, 1971
Brezinka, W.: Erziehung als Lebenshilfe. Stuttgart, o. J.
Engelmayr, O.: Pädagogische Entwicklungs- und Lebenshilfe. München, 1956
Ruppert, I. P.: Sozialpsychologie im Raum der Erziehung, Weinheim, 1952

Register

Ablehnung 105
Ablenken, aufheitern, zerstreuen 51
Achtung 55
Ärger, Zorn 169
Aggression 170
Aktives Zuhören 17, 53 ff., 58 ff.,
 61 ff., 64 ff., 67 ff., 70 ff., 73 ff.,
 77 ff., 81 ff., 84 ff., 87 ff., 90 ff.,
 94 ff., 97 ff., 100, 102 ff., 199 ff.,
 211, 233, 238, 241, 245, 261 ff.,
 279
Analysieren, diagnostizieren, interpretieren 50
Angst 13, 31, 42 f., 61, 79, 93, 134,
 175 f., 222 f., 275
Annahme, Nichtannahme 16, 23 ff.,
 26 ff., 30 ff., 34 ff., 37 ff., 40 ff.,
 46, 65 f., 82, 84, 106, 136 f.,
 178 ff., 269 ff., 273, 275, 277, 283
Anpassung 176
Autorität, Macht 19 f., 34 f., 152 f.,
 163 ff., 168 f., 176 f., 182, 197,
 259, 306
Autoritäre Institutionen 280 f.

Babys 97 f., 218 f.
Baby und aktives Zuhören 100 f.
Bedürfnisse 31, 56, 86, 95, 97 f.,
 102, 105, 112, 129, 132, 145, 154,
 160 f., 163, 183 ff., 211, 229, 243,
 255, 266, 270 ff., 275, 286
Bedürfniskonflikt 12 f., 16, 19, 68,
 134 f., 148 ff., 187
Befehlen, drohen, anordnen 71, 73,
 110, 309
Behauptungsmechanismen 171 f.,
 177, 197
Beispiel 259
Beruhigen, bemitleiden, trösten
 50, 71, 313

Beschimpfen, lächerlich machen,
 beschämen 50, 71, 117
Beschuldigen, schwindeln, klatschen
 171 f.
Beschuldigen, gegenseitig 172
Beurteilen, bewerten 49
Bewertung 39, 82
Beziehung 15 ff., 38, 52, 70, 78, 95,
 144 ff., 154, 163, 195, 223, 249 ff.,
 268, 271, 277 f., 286 ff.
Beziehung zum Ehepartner 274,
 278
Beziehung zu Gleichaltrigen 205
Beziehung, therapeutische 264
»Bitte sagen« 167
Botschaften, verschlüsselte 57
Bürgerrechte 250, 256 ff., 281 f.,
 285

Dankbar sein, »eines Tages wirst
 du dafür dankbar sein« 184
Demokratische Lösung von Konflikten 247
Disziplin 15, 21, 259, 284
Dogmen, religiöse 277
Drogen, Rauschgift, Haschisch 11,
 86, 89, 141, 179, 210, 261, 263 f.
Drohen, ermahnen, warnen 48
»Du-Botschaften« 114 ff., 117 f.,
 121 f., 124 ff., 127, 179, 231, 238

Effektivität 12, 21 f.
Egoismus 19, 22
Eigenleben des Kindes achten 95
»Eigene« Kinder 257
Einfluß anderer Erwachsener 279
Einmischen 43, 253, 275
Einschmeicheln 175
Einstellung ändern 276 ff.
»Einzel sein« 65, 271

Eltern-Kind-Beziehung 14, 33, 34 f., 51 f., 159, 182 f.
Eltern-Kind-Konflikte, unvermeidliche 144 ff.
Eltern-Kind-Machtkampf 146 ff.
Eltern-Lehrer-Beziehung 285
Elterliche Schwäche 208
Empfindungen 30, 35, 59, 62 f., 65, 91 ff., 125, 133, 222, 225, 243
Empfindungen, primäre und sekundäre 126 f.
Entwöhnung, früh oder spät 101 f.
»Erziehen durch zuhören« 123
Essen 74
Experimentelle Neurosen 181

Falsche Annahme 30 ff.
Familienentscheidungen 210
Familienkonferenz, altbekannte 206 f.
»Fehler« 43
Fernsehen 24, 177, 205, 213, 275
Flaschenernährung/Stillen 101
»Flegeljahre« 12, 164 f.
Freiheit 20, 169
»Fremde im selben Haus« 119
»Frieden um jeden Preis« 238
Fütterung, auf Verlangen/nach Plan 101

Gäste 143
Gefühl 45
»Gehirnwäsche« bei Kindern 277
Gehorsam 19, 151, 163, 175
Generationsunterschied 12, 18, 196
Geschlechtsbeziehung 261
Geschlechtsverkehr 263 f.
Geschlossene Front der Eltern 29, 243
Gespräch 41
Gruppen, Gruppenverhalten, Gruppenerlebnis, Gruppentheorie 212, 276 f., 278 f., 281
Gut, »wir wissen, was für dich gut ist...« 160

Haar, langes 129, 169, 251 ff., 254 ff., 267, 281

Häusliche Pflichten 130, 213, 229, 266 f.
Hausarbeit 24
Hausarrest 10
Hilfsbereitschaft 80

»Ich-Botschaften« 114 ff., 117 f., 120 ff., 124 ff., 127 ff., 131 ff., 225 ff., 230 f., 237 ff.
Imaginärer Spielgefährte 177
Im Bett lesen 204
Inkonsequenz 181
Intoleranz 271

Kennedy, John F. 209
Kinder als »Besitz« 271
Kinderladen 277
Kindertyp, bestimmter 272 f.
Kleidung 254 ff., 257
Kommandieren, anordnen, befehlen 48
Kommunikation, Kommunikationsprozeß 12, 14, 42, 46, 55 ff., 89 f., 92, 97, 99 ff., 105 f., 108, 115, 179, 281
»Kompromiß« 209
Konflikte, Konfliktbewältigung 12, 15, 19 ff., 105, 145 ff., 148 ff., 154, 156 f., 185, 187 ff., 190 ff., 193 ff., 196 ff., 200 ff., 205, 208 f., 211 ff., 214 ff., 219, 225 ff., 228 f., 231, 239 ff., 243 ff., 251 ff., 255, 265 f., 268 ff., 279, 283 ff., 286 ff.
Konfliktarten 244 f.
Konflikte vermeiden 215
Konsequenz, vgl. Inkonsequenz 23, 29, 166, 180 f.
Krisen 220
Kritik 39, 112
Kritisieren, urteilen, beschuldigen 49

Lehrer, vgl. Schule 46, 49 f., 60, 70, 81, 235
Lehrer-Schüler-Beziehung 182 f.
Lehrer-Schüler-Konflikte 281 f.
Loben, zustimmen 49, 312

Lösungsbotschaft 109
Lügen 35, 184

Macht, Autorität 14, 149, 154, 158, 161, 165, 178, 182 ff., 185 ff., 188 ff., 197, 216 f., 239, 246 f., 260, 264 f., 277, 282, 285
Macht, Auswirkungen elterlicher Macht auf das Kind 167 ff.
Macht, Grenzen elterlicher Macht 162 ff.
Machtkampf 219, 232
Macht-lose Methode 220, 242
Macht-lose Methode bei Babys 218 f.
Make-up 264
Manipulation 87, 161, 284
Meier, Norman 180
Minirock 256 f., 274
Mitbestimmung 192
Moralisieren, predigen, zureden, raten, ermahnen, belehren, bewerten, urteilen 17, 39, 48, 71, 87, 90, 110, 260 f., 275, 280, 310
Motivation 193

Nachgiebigkeit 16
Nachmittagsschläfchen 201 f.
Nachrichtenzentrale in der Wohnung (Schwarzes Brett o. ä.) 140 f., 297
Nichteinmischung 43
Nicht um Erlaubnis bitten 215

Opfer 22
Ordnung und Sauberkeit 130, 228, 280

Passives Zuhören 44 f., 55
Probleme, Problemlösung 11 f., 14, 16 f., 21, 37, 39 f., 45, 47, 51, 59, 63 ff., 67 ff., 70 ff., 74, 77, 85 f., 96 ff., 99, 101, 105 ff., 109 f., 129, 132, 190 f., 193, 196, 198 ff., 203 ff., 207, 209 ff., 213, 216 f., 226 ff., 232, 236 ff., 240 ff., 243 ff., 247 ff., 265, 276 f., 283 f.
»Problemkinder« 106

Ratschläge 67
Rattenversuch (Konditionierungsexperiment) 165 f., 180 f.
Rauchen 163
Rebellion 35
Recht der Kinder, eine andere Meinung zu haben 381 f.
Reform 287
Respekt 221 ff., 224
Respekt vor den Bedürfnissen des Kindes 197
Rivalität, geschwisterliche 172
Rolle, Rollenverhalten 29 f., 125, 245, 251
Rolle der Eltern 22
Rollenverhalten 23
Rücksicht 16

Sauberkeit, vgl. Ordnung 189
Sauberkeit, Erziehung zur 101 f.
Selbstachtung 15, 42, 112 f., 114, 270
Selbstbestimmung 156
Selbstdisziplin 153
Selbstmord 11
Selbstregulierung 152, 278
Selbstverantwortung 153
Sexualmoral 259
Sieg/Niederlage 19 ff., 147 ff., 150, 154 f., 156 f., 186 ff., 189 f., 193 f., 203, 206 ff., 213 ff., 219, 224 ff., 227 ff., 230 ff., 234 ff., 237 ff., 240 ff., 243 ff., 250 ff., 255 f., 265 ff., 279
Siegen müssen, ungern unterliegen 173 f.
Spock, Benjamin 98 f.
Solidarisierung mit dem Lehrer 282
Standard-Lösung, »beste Lösung« 191
»Stolz« 43
Strafe, Bestrafung, vgl. auch Belohnung 13, 17, 19, 156 f., 161 f., 164, 166, 170 ff., 173 ff., 176 ff., 180, 235, 275, 280 ff., 303
Streit zwischen Kindern 253
Strenge 16, 20, 153

Studium 49
Schäden, psychische 43
Schule 11, 18, 45, 47, 52, 69, 75 f., 78, 80, 84, 87, 128, 159, 164, 169, 185, 200 ff., 205, 208 f., 216 f., 242, 249, 259 f., 267, 270 f., 274, 280 f.
Schularbeiten 37, 60, 261, 263 ff.
Schuldgefühl 33, 53, 83, 112 f., 124, 155, 184
Schulreform 283
Schulstreik 282
Schulsystem 281 f.
Schwierige Kinder, schwierige Eltern 268 ff.

Taschengeld 18, 205, 213
Therapie, Therapeut, therapeutischer Berater 13, 39 ff., 44, 53, 77 ff., 80, 96, 222, 260, 278
Toleranz 22, 25
Träumen, phantasieren 177
Trennungsangst 200
Trotz, Widerstand, Rebellion 168 f.
»Typischen Zwölf«, die 51, 53, 61, 72, 78, 86 f.
Tyrannisieren, dominieren 172 f.

Überreden 73
Übungen 291, 296, 300, 303
Umwelt, Umwelt verändern 136 ff., 140 ff.
Ungerechtigkeit 113
Untertreibung der Empfindungen 123
Urteil 39, 59, 113, 125
Urteilen, anordnen, predigen etc. 62

»Vater weiß das besser« 183
Verabredungen 130
Verantwortung, Verantwortungslosigkeit 16, 18, 22, 60 f., 64, 112, 205, 237

Verbünden, sich gegen die Eltern 174 f.
Vereinbarungen brechen 236 f.
Verhalten, sogenanntes richtiges und falsches 25, 31, 35, 127, 161 ff., 166
Verhalten modifizieren (verändern) 107, 110, 117, 123, 165, 179, 205, 268 ff.
Verhalten entschlüsseln, bei Babys 99
Verhalten, wortloses 100
Verhaltensmuster 197, 274
Verhören, forschen, fragen, ausfragen 50, 314
Versagen 11, 253
Verschlüsselte Botschaften 85
Verurteilen 311
Vorbild 258 f., 264
Vorschule 198 f., 230
Vorstellung, Vorstellungen 43
Vorurteil 21, 89

Warnen, drohen 110
»Wenn du älter bist...« 160
Wertgefühl 42
Wertvorstellungen und Überzeugungen 18, 39, 248, 252, 257 ff., 273, 280
Widerstand 35
Willen durchsetzen 154, 241
»Wohl der Gesellschaft« 181
Wohl, »zu deinem eigenen Wohl« 183
Wortlose Botschaften 31
Wunsch nach Autorität 178
Wutanfälle 105, 154

Zensuren 45, 61, 169, 205, 281, 283
Zubettgehen 203 f.
Züchtigung, körperliche 13, 259
Zuhören 37, 99
Zuhören bei Babys 97
Zwischenmenschliche Beziehungen 14

Erwin Lausch
Mutter wo bist du?
Auch kleine Kinder haben Rechte

Hoffmann und Campe

Es ist ein Skandal, daß eine der wesentlichsten Entdeckungen über den Menschen permanent mißachtet wird: das Naturgesetz, nach dem bereits in den ersten Lebensjahren eines Kindes die Weichen für sein ganzes späteres Leben gestellt werden. In dieser Zeit ist der enge Kontakt zu einer festen Bezugsperson existenz-notwendig. Erwin Lausch beweist in diesem Buch, daß die Unsicherheit unserer Kinder, die zunehmenden Verhaltensstörungen, die wachsende Jugendkriminalität und die allgemeine Brutalisierung ihre Ursache im Mangel an Mutterliebe haben. Sein Buch ist darum so wichtig, weil es den Müttern und Vätern zeigt, was sie in den entscheidenden ersten Jahren falsch machen — und doch so leicht richtig machen könnten.

329 S., Pb